普通高等教育"十二五"规划教材

U0864764

信息论基础与应用

王燕妮　编　著

北京邮电大学出版社
www.buptpress.com

内 容 简 介

《信息论基础与应用》系统地讲述了信息论与编码的基本理论，共8章，内容包括：香农信息论的基本概念，各种离散信源、连续信源及其信息测度，离散信道、连续信道及其信道容量的计算，无失真信源编码定理、限失真信源编码定理及其常用的信源编码方法，有噪信道编码定理及其编码方法，信息论相关学科的应用与发展。在离散信源的信息熵、离散信道、离散信源编码以及信道编码章节后面都提供了相应内容的 MATLAB 仿真源程序，供教学使用。每章《信息论基础与应用》都力求内容精练、易读，强调掌握信息论与编码的基本理论与方法以及在通信系统中的应用。

《信息论基础与应用》可作为高等院校通信与信息类及相关专业本科生或低年级研究生学习的教材或教学参考书，也可供从事相关专业的科研和工程技术人员参考。

图书在版编目(CIP)数据

信息论基础与应用 / 王燕妮编著. --北京：北京邮电大学出版社，2015.1(2016.12 重印)
ISBN 978-7-5635-4269-7

Ⅰ. ①信… Ⅱ. ①王… Ⅲ. ①信息论 Ⅳ. ①G201

中国版本图书馆 CIP 数据核字(2015)第 002380 号

书　　名：信息论基础与应用
著作责任者：王燕妮　编著
责 任 编 辑：孔　玥
出 版 发 行：北京邮电大学出版社
社　　址：北京市海淀区西土城路 10 号(邮编：100876)
发 行 部：电话：010-62282185　传真：010-62283578
E-mail：publish@bupt.edu.cn
经　　销：各地新华书店
印　　刷：保定市中画美凯印刷有限公司
开　　本：787 mm×1 092 mm　1/16
印　　张：19
字　　数：492 千字
印　　数：2 001—3 000 册
版　　次：2015 年 1 月第 1 版　2016 年 12 月第 2 次印刷

ISBN 978-7-5635-4269-7　　　　定　价：38.00 元

· 如有印装质量问题，请与北京邮电大学出版社发行部联系 ·

前 言

信息论基础即香农信息论，是主要研究信息传输和信息处理的一般规律的科学。自从美国数学家 C. E. Shannon 于 1948 年创立信息论以来，经过众多通信科技工作者的不断努力研究和创新，信息理论取得了巨大的成果。在信息的度量、信息的传输、信源的压缩编码与纠错编码等方面都有重大突破，极大地促进了通信技术的不断发展。

在参考了大量国内外信息论优秀教材和参考资料的基础上，作者结合多年的教学、科研实践经验编写了《信息论基础与应用》。本书以信息熵为基本概念，以香农三个编码定理——无失真信源编码定理、有噪信道编码定理和限失真信源编码定理为核心内容，研究通信系统中信息的度量、信源的编码以及信息通过信道有效和可靠传输等理论问题。

本课程是通信工程、电子信息工程等相关专业高年级本科生及研究生必修的专业基础课。本书以使学生更好地理解信息论基本原理、掌握基本方法、提高分析能力为目的，力求简单易懂，由浅入深、以学生最容易理解的方式介绍信息论的基本内容及应用。

全书共有 8 章。第 1、2、3、4 章是信息理论基础章节，主要阐述信息的概念、信息的度量，信息熵、平均互信息以及数据处理定理；信息传输中的损失熵、噪声熵、平均互信息与各类熵的关系，各种离散信道容量的计算；连续信源的信息测度，连续信道的信息传输率与信道容量。第 5、6、7 章是信息理论编码章节，是香农信息论的核心内容，主要介绍无失真信源编码、有噪信道编码和限失真信源编码的基本概念、定理及编码方法。第 8 章讨论信息理论的应用与其他学科的交叉发展。每章内容都配有适当的例题以及 MATLAB 上机实验环节，为学生提供更多的信息论基本问题解题示范，开阔学生的解题思路，进一步提高信息论课程理论教学的质量。书中一些公式、定义、定理的证明，力图推算简洁，重点突出公式、定理所表达的物理含义。在每章课后，有适量的配套习题，这对于学生深入理解基本概念，掌握和运用基本的解题方法，提高解决与信息论有关的基础性或综合性问题的能力是很有必要的。附录为上机作业。

本书在编写过程中参阅的国内外文献以及网站资料已尽量列出，若有遗漏深表歉意，在此对本书所引用文献的作者深表感谢。西安建筑科技大学李昌华教授、于军琪教授、王慧琴教授、王民教授、张立材副教授对本书的编写提出了许多宝贵的意见，在此一并表示衷心的感谢。

由于水平有限，书中难免有不足和不妥之处，恳请读者批评指正。

作 者

2014 年 6 月

目录

第1章 绪论

一、学习内容

1. 信息的概念。
2. 信息论研究的对象、目的和内容。
3. 信息论的发展简史和现状。

二、学习目标

1. 理解信息的概念及通信系统模型。
2. 理解信息论研究的主要目的和内容。
3. 了解信息论的发展简史和现状。

三、重点与难点

重点:信息的概念及其研究的主要目的和内容。
难点:信息的概念。

信息论是运用概率论与数理统计的方法研究信息、信息熵、通信系统、数据传输、密码学、数据压缩等问题的应用数学学科。信息论将信息的传递作为一种统计现象来考虑,给出了估算通信信道容量的方法。信息传输和信息压缩是信息论研究中的两大领域,这两个方面又由信息传输定理、信源-信道编码定理相互联系。美国数学家、信息论的创始人香农被称为是“信息论之父”。人们通常将香农于1948年10月发表于《贝尔系统技术学报》上的论文 *A Mathematical Theory of Communication*(通信的数学理论)作为现代信息论研究的开端。随着信息理论的迅猛发展和信息概念的不断深化,信息论涉及的内容早已超越了狭义的通信工程,进入了信息科学这一更广阔、更新兴的领域。

任何一门科学都有它自身的基本概念,理解和掌握这些基本概念是学习这门科学的基础。传统科学的基本概念是物质和能量,而信息论最基本和最重要的概念就是信息。

本章的主要内容是讨论信息的概念,信息论研究的对象和内容以及信息论的建立与发展。

1.1 信息的基本概念

信息(Information)是物质运动规律总和。它是客观事物状态和运动特征的一种普遍形式，客观世界中大量地存在、产生和传递着以这些方式表示出来的各种各样的信息。

南唐李中《暮春怀故人》诗："梦断美人沉信息，目穿长路倚楼台。" 宋陈亮《梅花》诗："欲传春信息，不怕雪埋藏。"《水浒传》第四四回：" 宋江大喜，说道："只有贤弟去得快，旬日便知信息。"巴金《家》三一："二表哥的事情怎样了？为什么连信息也不给我一个？"

现代科学指事物发出的消息、指令、数据、符号等所包含的内容。人类通过获得、识别自然界和社会的不同信息来区别不同事物，得以认识和改造世界。在一切通信和控制系统中，信息是一种普遍联系的形式。陈原《社会语言学》4.1："按物理学的观念，信息只不过是被一定方式排列起来的信号序列。"在社会交际活动中，这个定义还不够：信息还必须有一定的意义，或者说信息必须是"意义的载体"。《科学画报》1983 年第 1 期："整个地铁的运行靠一台中心电子计算机控制，它赖以控制的信息，来自装在车站以及车站之间线路上的高灵敏度仪器。"

当今社会，"信息"一词在各种场合都被广泛采用，但如同数学中的"集合"一词一样，要给它下一个严格的定义却异常之难。即使是信息论的奠基人香农在其著名论文《通信的数学理论》中，也没有给信息下一个明确的定义。香农论文发表之后，由于其方法新颖，引来许多专家学者对信息进行深入研究，研究中碰到的首要问题就是要给"信息"一词下一个明确的定义。很多学者都给"信息"下过定义，流行的说法不下百种，而且对此还展开了一些重要的哲学争论。各种说法一则出发点不同，二则所站角度不一样，有些甚至带有较明显的学科倾向，但都在一定层面上对信息概念做了描述。

信息既是信息论的出发点，也是它的归宿。具体地说，信息论的出发点是认识信息的本质和它的运动规律；它的归宿则是利用信息来达到某种具体的目的。

什么是信息？

1.1.1 信息的定义

信息论中常常把消息中有意义的内容称为信息。1948 年，香农在题为《通信的数学理论》的论文中指出："信息是用来消除随机不定性的东西"。同年，美国著名数学家、控制论的创始人维纳在《控制论》一书中，指出："信息就是信息，既非物质，也非能量。"

信息是有价值的，就像不能没有空气和水一样，人类也离不开信息。因此人们常说，物质、能量和信息是构成世界的三大要素。所以说，信息的传播是极其重要与有效的。

信息是事物的运动状态和过程以及关于这种状态和过程的知识。它的作用在于消除观察者在相应认识上的不确定性，它的数值则以消除不确定性的大小，或等效地以新增知识的多少来度量。虽然有着各式各样的传播活动，但所有社会传播活动的内容从本质上说都是信息。

信息相关资料：图片信息（又称作讯息或资讯）是一种消息，通常以文字或声音、图像的形式来表现，是数据按有意义的关联排列的结果。信息由意义和符号组成。文献是信息的一种，即通常讲到的文献信息。信息就是指以声音、语言、文字、图像、动画、气味等方式所表示的实际内容。

香农将信息定义为事物存在方式或运动状态的不确定性的描述。这里的"事物"泛指存在于人类社会、思维活动和自然界中一切可能的对象。"存在方式"指事物的内部结构和外部联系。"运动状态"则是指事物在时间和空间上变化所展示的特征、态势和规律。

信息的基本概念在于它的不确定性，已确定的事物都不含信息。其特征有：

- 接收者在收到信息之前，对它的内容是不知道的，所以，信息是新知识、新内容；
- 信息是能使认识主体对某一事物的未知性或不确定性减少的有用知识；

- 信息可以产生，也可以消失，同时信息可以被携带、存储及处理；
- 信息是可以度量的，信息量有多少的差别。

例如，气象预报：

甲：
$$\begin{bmatrix} X \\ p(x) \end{bmatrix} = \begin{bmatrix} \text{晴} & \text{阴} & \text{大雨} & \text{小雨} \\ 1/2 & 1/4 & 1/8 & 1/8 \end{bmatrix}$$

乙：
$$\begin{bmatrix} Y \\ p(y) \end{bmatrix} = \begin{bmatrix} \text{晴} & \text{阴} & \text{大雨} & \text{小雨} \\ 1/4 & 1/4 & 1/4 & 1/4 \end{bmatrix}$$

"甲地晴"比"乙地晴"的不确定性小。

例 1.1 甲袋红、白球各 50 个，乙袋红、白、蓝、黑球各 25 个。比较从甲袋中取出一个球是红球的事件和从乙袋中取出一个球是红球的事件发生的难易程度，也就是事件发生的不确定性。

"甲袋中取红球"比"乙袋中取红球"的不确定性小。

由此可知某一事物状态出现的概率越大，其不确定性越小，反之，某一事物状态出现的概率越小，其不确定性越大。若某一事物状态出现的概率接近于 1，即预料中肯定会出现的事件，那它的不确定性就接近于 0。

某一事物状态的不确定性的大小，与该事物可能出现的不同状态数目和各状态出现的概率大小有关。既然不确定性的大小能够度量，可见信息是可以测度的。

概率空间：$\begin{bmatrix} X \\ p(x) \end{bmatrix} = \begin{bmatrix} x_1 & \cdots & x_i & \cdots & x_n \\ p(x_1) & \cdots & p(x_i) & \cdots & p(x_n) \end{bmatrix}$

样本空间指某事物各种可能出现的不同状态，先验概率 $p(x_i)$ 即是选择符号 x_i 作为消息的概率。对 x_i 的不确定性可表示为先验概率 $p(x_i)$ 的倒数的某一函数。

自信息：

$$I(x_i) = \log \frac{1}{p(x_i)} \tag{1.1}$$

互信息：

$$I(x_i; y_j) = \log \frac{1}{p(x_i)} - \log \frac{1}{p(x_i | y_j)} \tag{1.2}$$

后验概率 $p(x_i | y_j)$ 指接收端收到消息 y_j 后而发送端发的是 x_i 的概率。

香农定义的信息概念在现有的各种理解中，是比较深刻的，它有许多优点。

(1) 它是一个科学的定义，有明确的数学模型和定量计算。

(2) 它与日常用语中信息的含义是一致的。

例如，设某一事件 x_i 发生的概率等于 1，即 x_i 是预料中一定会发生的必然事件，如果事件 x_i 果然发生了，收信者将不会得到任何信息(日常含义)，不存在任何不确定性。

因为 $p(x_i) = 1$，所以

$$I(x_i) = \log \frac{1}{p(x_i)} = 0$$

即自信息等于零。反之如果 x_i 发生的概率很小，一旦 x_i 果然发生了，收信者就会觉得很意外和惊讶，获得的信息量很大。

因为 $p(x_i) \ll 1$，故得：

$$I(x_i) = \log \frac{1}{p(x_i)} \gg 1$$

(3) 定义排除了对信息一词某些主观上的含义。

1.1.2 信息的特征

信息作为客观世界存在的第三要素，具有以下特征。

(1) 可度量：信息可采用某种度量单位进行度量以表征其量值的大小和多少，并进行信息编码。如现代计算机使用的二进制。

(2) 可识别：信息可采取直观识别、比较识别和间接识别等多种方式来获知。

(3) 可转换：信息可以从一种形态转换为另一种形态。如自然信息可转换为语言、文字和图像等形态，也可转换为电磁波信号或计算机代码等。

(4) 可存储：信息可以存储。大脑就是一个天然信息存储器。人类发明的文字、摄影、录音、录像以及计算机存储器等都可以进行信息的存储以保留信息。

(5) 可处理：人脑就是最佳的信息处理器。人脑的思维功能可以进行决策、设计、研究、写作、改进、发明、创造等多种信息处理活动。计算机也具有信息处理功能。

(6) 可传递：信息的传递是与物质和能量的传递同时进行的。语言、表情、动作、报刊、书籍、广播、电视、电话等是人类常用的信息传递方式。

(7) 可再生：信息经过处理后，可以其他形式再生。如自然信息经过人工处理后，可用语言或图形等方式再生成信息。输入计算机的各种数据文字等信息，可用显示、打印、绘图等方式再生成信息。

(8) 可压缩：信息可以进行压缩，可以用不同的信息量来描述同一事物。人们常常用尽可能少的信息量描述一件事物的主要特征。

(9) 可利用：信息是物质和事物固有的，是普遍存在的。它具有普遍性，因此信息具有可利用性。

(10) 可共享：由于信息是普遍存在的，因此信息是可共享的。

1.1.3 信息、消息和信号的关系

消息是表达客观物质运动和主观思维活动的状态，不讲述详细的经过和细节，以简要的语言文字迅速传播新近事实的新闻体裁，也是最广泛、最经常采用的新闻基本体裁，如文字、语言、图像等。消息传递过程即是消除不确定性的过程：收信者存在不确定，收信前，不知消息的内容；干扰使收信者不能判定消息的可靠性，收信者得知消息内容后，消除原先的“不确定”。

消息的结构：(一)标题：1. 引题(眉题、肩题)：交代背景；2. 主标题：概括主要新闻或消息；3. 副标题：补充说明主标题。(二)导语：一般是对事件或事件中心的概述。(三)主体：承接导语，扣住中心，对导语所概括事实作比较具体的叙述，是导语内容的具体化。(四)背景：说明原因、条件、环境等。(五)结语：或小结，或指出事情发展方向等。消息的三个特点：真实性，实效性，传播性。

信息与消息的关系可描述为：形式上传输消息，实质上传输信息；消息具体，信息抽象；消息是表达信息的工具，信息载荷在消息中，同一信息可用不同形式的消息来载荷；消息可能包含丰富的信息，也可能包含很少的信息。

信号(也称为讯号)是运载消息的工具，是消息的载体。从广义上讲，它包含光信号、声信号和电信号等。例如，古代人利用点燃烽火台而产生的滚滚狼烟，向远方军队传递敌人入侵的消息，这属于光信号；当我们说话时，声波传递到他人的耳朵，使他人了解我们的意图，这属于

声信号;遨游太空的各种无线电波、四通八达的电话网中的电流等,都可以用来向远方表达各种消息,这属于电信号。把消息变换成适合信道传输的物理量,如光信号、电信号、声信号和生物信号等,人们通过对光、声、电信号进行接收,才知道对方要表达的消息。

对信号的分类方法很多,按数学关系、取值特征、能量功率、处理分析、所具有的时间函数特性、取值是否为实数等,信号可以分为确定性信号和非确定性信号(又称随机信号)、连续信号和离散信号、能量信号和功率信号、时域信号和频域信号、时限信号和频限信号、实信号和复信号等。

信息、消息和信号三者之间的关系可总结为:消息携带着信息,消息是信息的运载工具;消息是信息的表现形式,信息是消息的具体内容。信号是消息的物理体现。在通信系统中,系统传输的是信号,但本质的内容是消息。消息包含在信号之中,信号是消息的载体。通信的结果是消除或部分消除不确定性,从而获得信息。

1.2 信息论研究的内容

1.2.1 通信系统模型

通信的基本问题是在存储或通信等情况下,精确或者是近似再现信源发出的消息。在通信领域中,所需要研究的主要内容是通信中的有效性和可靠性,有的时候还要考虑信息传输的安全性。通信系统的一般模型如图 1.1 所示。

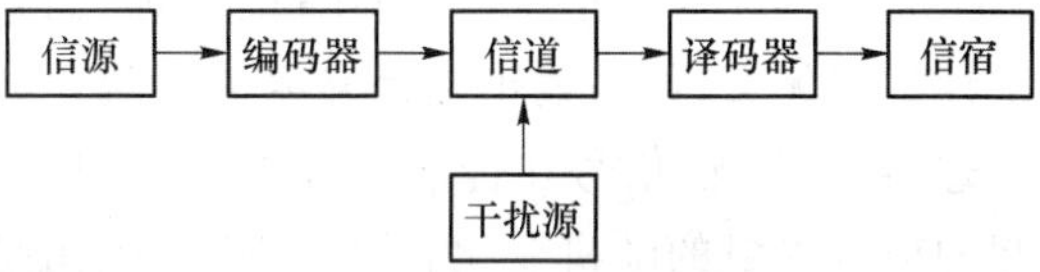

图 1.1 通信系统的一般模型

1. 信源

信源是产生消息的来源,可以是文字、语言、图像等;可以是连续的,也可以是离散的。信源本身十分复杂,在信息论中一般只是对信源的输出进行研究。信源输出是以符号形式表示具体信息,是信息的载体。尽管信源输出形式很多,但是可以对其进行分类,其表现形式要么是连续的,要么是离散的。如文字、符号、数字等符号或者符号序列,其符号的取值都是可数的,这样的消息就是离散的;对于语音、图像等在时间上连续变化的参量,符号的取值都是不可数的,这样的消息是连续的。无论信源输出的符号是连续的还是离散的,它们都必须是随机的,否则无论是信源的特征研究还是通信研究都没有意义。信源模块主要是研究信源发出消息的统计特征以及信源产生的信息速率。

2. 编码器

编码器是将信源发出的符号转化为适合信道传输的信号的设备,一般包括信源编码、信道编码和调制器等。编码器的模型如图 1.2 所示。

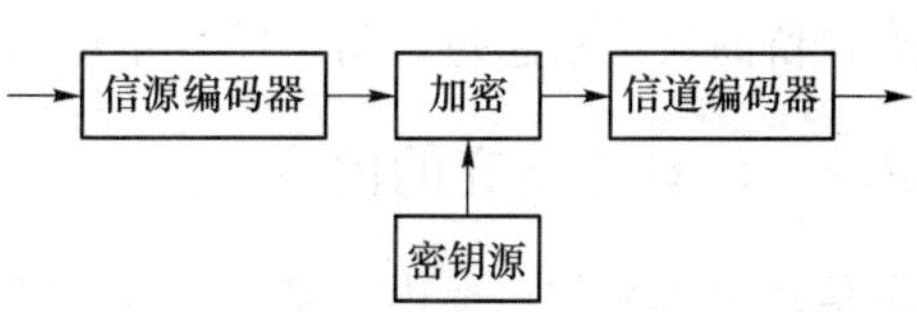

图 1.2 编码器的模型

① 信源编码器:主要解决有效性问题,在一定的准则下对信源输出进行变换和处理,目的是提高信息传输的效率,即通过去除信源输出符号的冗余,使信源输出的每个符号携带更多的信息量,从而降低信息传递所需要的符号数量,提高传输效率。

② 信道编码器:由纠错编码器和调制器组成,目的在于充分利用信道的传输能力,并可靠

地传输信息。

纠错编码器：对信源输出进行变换处理，通过增加冗余提高对信道干扰的抵抗力，从而保证信息传输的可靠性。由于信道中存在干扰，数据传递的过程中会出现错误，信道编码可以提供检测或者是纠正数据传输错误的能力，从而提高数据传输的可靠性。

调制器：将信道编码的输出变换为适合信道传输要求的信号。信道编码器输出的数字信号并不适合信道的传输，需要对其进行相应的信号变换和调制，然后将变换后的信号送往信道进行传输。

加密：为了提高信息传输的安全性，有时需要进行加密处理，这就需要扩展码位。加密处理同时也会降低系统传输效率，即有效性。

3. 信道

信道是信息传输的媒质。信道将携带信息的信号从一个地方传送到另一个地方。常见的信道有明线、电缆、光纤、无线电波、纸张、图片甚至空气等。在水中，通信可以采用声波传输，声波传输的媒质是水，所以水也是信道。随着科学技术的发展，大量的信息需要存储，存储器也是信道。

4. 干扰源

通信系统中的各部分都会受到干扰，信号的类型不同，经过的信道不同，所遭受的噪声、干扰也有差异。将各种干扰等效成一个方框作用于信道。干扰源的统计特征是划分信道的重要因素，并是决定信道传输能力的决定因素。

干扰源的分类：

① 加性干扰：由外界引入的随机干扰，如电磁干扰、设备内部噪声，它们与信道输入的信号统计特征无关，信道输出则是输入的干扰之和。

② 乘性干扰：信号在传播过程中，由于物理条件的变化，如温度、电离层位置的随机变化引起的信号参量的随机变化，此时信道的输出是输入信号与某些随机变量相乘的结果。

信息论就是对干扰进行数学上的描述，确定它们对信号传输的影响，从而给出在无干扰的情况下，信道的传输能力。

5. 译码器

译码器是编码器的逆过程，其目的是为了准确或者近似再现信源发出的消息。与编码器相对应，译码器一般是由解调器、信道译码器和信源译码器组成。其作用就是从受干扰的信号里最大限度地提取出有关信源输出消息的信息，尽可能精确地恢复信源的输出并送给信宿。其中心问题就是研究各种可实现的解调和译码的方法。

6. 信宿

信宿是信息的载体，即接收消息的人或机器，与信源处于不同地点或存在于不同时刻。它要对传送过来的信息提出可接受的条件，即提出一定的准则，发端将以此来确定对信源处理时所要保留的最小信息量。信宿的数量可以是一个，也可以是多个，取决于具体应用的需要。

1.2.2 信息论研究的内容

信息论研究的主要内容是为设计有效的、可靠的通信系统提供理论依据。由于消息中包含着信息，所以消息的传输系统也是信息的传输系统，简称通信系统。人们通过消息的传输和处理过程来研究信息传输和处理过程中的共同规律。信息论是运用概率论与数理统计的方法研究信息传输和信息处理系统中一般规律的新兴学科。核心问题是信息传输的有效性和可靠性以及两者间的关系。

根据研究内容范围的大小，可对信息论进行分类：

狭义信息论也称经典信息论。主要研究：信息的测度、信道容量、信源编码、信道编码。这部分内容是信息论的基础理论，又称香农信息理论。如图 1.3 所示。

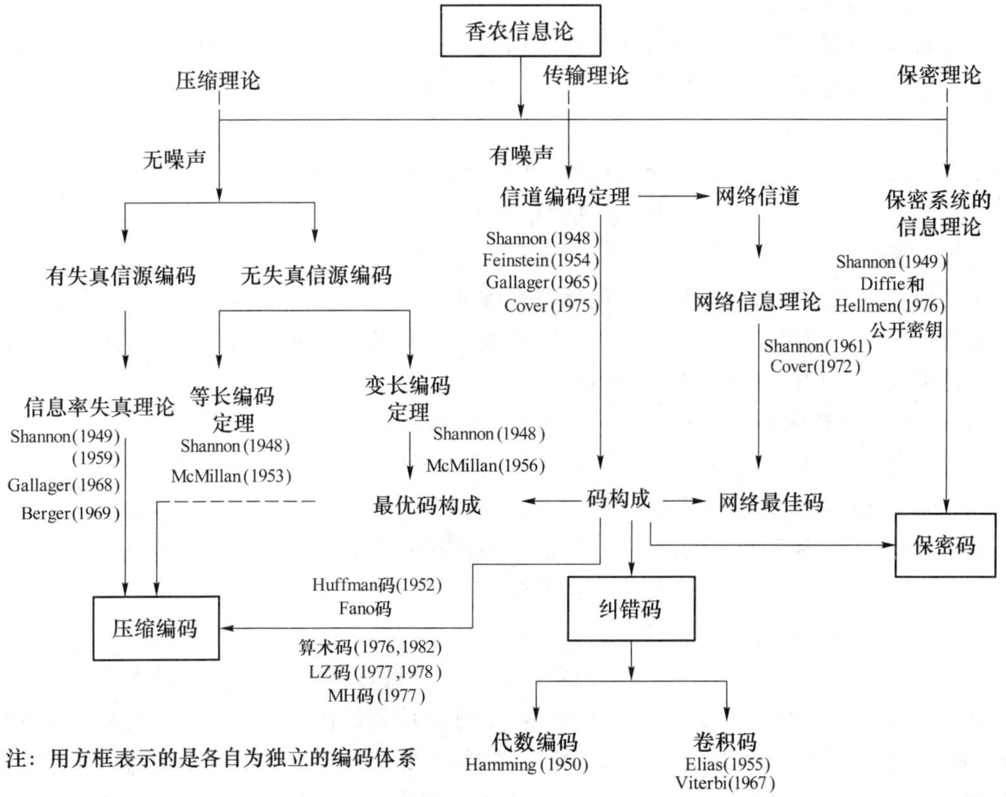

图 1.3　香农信息论的科学体系

一般信息论主要是研究信息传输和处理的问题。除了香农理论以外，还包括噪声理论、信号滤波和预测、统计检测与估计理论、调制理论、信息处理理论以及保密理论等。后一部分内容是以美国科学家维纳为代表。

广义信息论不仅包括上述两方面的内容，而且包括所有与信息有关的自然和社会领域。如模式识别、计算机翻译、心理学、遗传学、神经生理学、语言学、语义学甚至包括社会学中有关信息的问题。

研究一个概括性很强的通信系统，其目的就是要找到信息传输过程的共同规律。一旦总结出这种共同的规律，就可以用来指导具体通信系统的设计，使设计出来的各种通信系统具有更高的可靠性和有效性。可靠性高，就是要使信源发出的信息经信道传输以后，尽可能的准确不失真地再现在接收端。有效性高，就是经济效果好，即用尽可能短的时间和尽可能少的设备来传送一定数量的信息。两者的结合就能使系统达到最优化。

提高可靠性和提高有效性常常会发生矛盾，这就要统筹兼顾。例如，为了兼顾有效性，有时就不一定要求绝对准确的在接收端再现原来的信息，而是允许一定的误差或一定的失真，或者说允许近似地再现原来的消息。

关于信息论研究的具体内容，有人认为信息论只是概率论的一个分支，因为香农信息论确实为概率论开拓了一个新的分支。但如果把信息论限制在数学的范围内，这就太狭隘了。也有人认为信息论只是熵的理论，这是某些物理学家的观点。他们对熵特别感兴趣，熵的概念确实是香农信息论的基本概念之一，但信息论的全部内容要比熵广泛得多。

在本课程中，我们讨论的范围限于狭义信息论之内，大致包括以下几个方面：

(1) 通信的系统理论研究

主要研究利用统计数学工具分析信息和信息传输的统计规律，其具体内容有：①信息的度量；②信息速率与熵；③信道传输能力——信道容量。

(2) 信源的统计特征

主要包括：①文字(如汉字)、字母(如英文)统计特征；②语音的参数分析和统计特征；③图片及活动图像(如电视)的统计特征；④其他信源的统计特征。

(3) 编码理论与技术的研究

主要包括：①有效性编码：用来提高信息传输效率，主要是针对信源的统计特征进行编码，所以有时也称为信源编码；②抗干扰编码：用来提高信息传输的可靠性，主要是针对信道统计特征进行编码，所以有时候也称为信道编码。

(4) 提高信息传输效率的研究

主要包括：①功率的节约；②频带的压缩；③传输时间的缩短，即快速传输问题。

(5) 抗干扰理论与技术的研究

主要包括：①各种调制制度的抗干扰性；②理想接收机的实践。

(6) 噪声中的信号检测理论与技术的研究

主要包括：①信号检测的最佳准则；②信号最佳检测的实践。

信息论的研究内容极为广泛，是一门新兴的边缘学科，是当代信息科学基本的和重要的理论基础。信息论是一门应用概率论、随机过程、数理统计和近代代数的方法来研究广义的信息传输、提取和处理系统中一般规律的工程科学；它的主要目的是提高信息系统的可靠性和有效性以便达到系统的最优化；它的主要内容包括香农理论、编码理论、维纳理论、检测和估计理论、信号设计和处理理论、调制理论和随机噪声理论等。

由于信息论研究的内容极为广泛，而各分支又有一定的相对独立性，因此本书仅仅讨论了信息论的基本理论。

1.3 信息论的建立、发展与应用

信息论是 20 世纪 40 年代在现代通信技术发展的基础上诞生的，是研究信息的获取、储存、传递、计量、处理和利用等问题的一门新兴学科。20 世纪 30 年代以前，科学技术革命和工业革命主要表现在能量方面，如新的动力机、工具机的出现。其实质是人的感觉器官和效应器官的延长，是人的体力劳动的解放。30 年代以后，科学技术所发生的革命性变化，主要表现在信息方面，表现在信息的传递、储存、加工、处理等技术和通信、控制机以及人工智能的发展。其实质是人的思维器官的伸展，是人的脑力劳动的解放。

人们对于信息的认识和利用，可以追溯到古代的通信实践。中国古代的“烽燧相望”和古罗马地中海诸城市的“悬灯为号”，可以说是传递信息的原始方式。随着社会生产的发展，科学技术的进步，人们对传递信息的要求急剧增加。到了 20 世纪 20 年代，如何提高传递信息的能力和可靠性已成为普遍重视的课题。1924 年美国奈奎斯特和德国居普夫、缪勒等人发现电信号的传输速率与信道带宽度成比例的关系，从而最早提出了信息问题。1928 年，哈特莱发表《信息传输》，首先提出信息是包含在消息中的信息量，而代码、符号这类消息是信息的具体方式。他还提出了信息定量问题，认为可以用消息出现概率的对数来度量其中所包含的信息。如从 S 个符号中选出 N 个符号组成一组消息。则共有 S^N 个可能性。其信息量为 $H=N\log S$。这一理论是现代信息理论的起源，但当时未引起人们的注意。

直到第二次世界大战期间，一些与通信技术有关的新技术陆续出现，如雷达、无线电通信、电子计算机、脉冲技术等，为信息论的建立提供了技术基础。同时，作为信息论数学基础的概率论也得到飞速发展。在这种条件下，许多科学家从不同角度对信息论的基本理论进行了研究。1948 年，美国数学家 C. E. 香农发表《通信的数学理论》，1949 年发表《噪声中的通信》，从而奠定了信息论的基础，创立了信息论。维纳提出的关于度量信息量的数学公式开辟了信息论的广泛应用前景。1951 年美国无线电工程学会承认信息论这门学科，此后得到迅速发展。20 世纪 50 年代是信息论向各门学科冲击的时期，60 年代信息论不是重大的创新时期，而是一个消化、理解的时期，是在已有的基础上进行重大建设的时期。研究重点是信息和信源编码问题。

20 世纪 70 年代以后，随着数字计算机的广泛应用和社会信息化的迅速发展，信息论正逐渐突破香农狭义信息论的范围，发展为一门不仅研究语法信息，而且研究语义信息和语用信息的科学。它的建立是人类认识的一个飞跃。世界上各种事物都是充满矛盾不断发展的，物质的运动主要是靠内部矛盾运动所产生的能量，而事物之间的普遍联系则靠的是信息。信息是关于事物的运动状态和规律，而信息论的产生与发展过程，就是立足于这个基本性质。信息论迅速渗透到各个不同学科领域，但还不够完善。为了适应科学技术发展的需要，迎接信息化社会的到来，一门新的科学正在迅速兴起，这就是广义信息论，或者称作信息科学。信息科学是由信息论、控制论、计算机、人工智能和系统论等相互渗透、相互结合而形成的一门新兴综合性学科。信息科学登上现代科技舞台，与能量科学、材料科学鼎足而立，将为科学技术的发展做出贡献。

信息就是一种消息，它与通信问题密切相关。随着计算机的广泛应用，通信系统的能力也有很大提高，如何更有效地利用和处理信息，成为日益迫切的问题。人们越来越认识到信息的重要性，认识到信息可以作为与材料和能源一样的资源而加以充分利用和共享。信息的概念和方法已广泛渗透到各个科学领域，它迫切要求突破香农信息论的狭隘范围，以便使它能成为人类各种活动中所碰到的信息问题的基础理论，从而推动其他许多新兴学科进一步发展。目前，人们已把早先建立的有关信息的规律与理论广泛应用于物理学、化学、生物学等学科中去。一门研究信息的产生、获取、变换、传输、存储、处理、显示、识别和利用的信息科学正在形成。

信息科学是人们在对信息的认识与利用不断扩大的过程中，在信息论、电子学、计算机科学、人工智能、系统工程学、自动化技术等多学科基础上发展起来的一门边缘性新学科。它的任务主要是研究信息的性质，研究机器、生物和人类关于各种信息的获取、变换、传输、处理、利用和控制的一般规律，设计和研制各种信息机器和控制设备，实现操作自动化，以便尽可能地把人脑从自然力的束缚下解放出来，提高人类认识世界和改造世界的能力。信息科学在安全问题的研究中也有着重要应用。

目前信息论的两个方面的内容都取得了更大的发展。在香农信息论方面，当前值得注意的动向是信息概念的深化；多址和多用户信道（双向信道，广播信道，多元连接型信道等）理论的发展；多重相关信源理论的发展；信息率失真理论的发展及其在数据压缩和图像处理中的应用等问题。这些领域都是与20世纪80年代信息工程——空间通信、计算机网络、图像电子学等密切相关的。

在维纳信息论方面，光纤通信、成像雷达以及二维图像信息处理正在迅猛发展。为此，我们对量子检测和估计理论、非参数测量和估计理论以及非线性检测与估计理论都要给予足够的重视。

相关知识

“信息论之父”香农

克劳德·艾尔伍德·香农(Claude Elwood Shannon，1916—2001)，美国数学家、信息论的创始人。密西根大学学士，麻省理工学院博士。

“通信的基本问题就是在一点重新准确地或近似地再现另一点所选择的消息”。这是数学家香农在他的惊世之著《通信的数学理论》中的一句名言。

克劳德·香农出生于美国密西根州的Petoskey。在Gaylord小镇长大，当时镇里只有三千居民。父亲是该镇的法官，他们父子的姓名完全相同，都是Claude Elwood Shannon。母亲Mabel Wolf Shannon是镇里的中学校长。他生长在一个有良好教育的环境，不过父母给他的科学影响好像还不如祖父的影响大。香农的祖父是一位农场主兼发明家，发明过洗衣机和许多农业机械，这对香农的影响比较直接。此外，香农的家庭与大发明家爱迪生(Thomas Alva Edison，1847—1931)还有远亲关系。

香农的大部分时间是在贝尔实验室和MIT(麻省理工学院)度过的。1936年香农在密西根大学获得数学与电气工程学士学位，然后进入MIT念研究生。1938年香农在MIT获得电气工程硕士学位，硕士论文题目是*A Symbolic Analysis of Relay and Switching Circuits*(继电器与开关电路的符号分析)。这是首次用布尔代数进行开关电路分析，并证明布尔代数的逻辑运算，可以通过继电器电路来实现，明确地给出了实现加、减、乘、除等运算的电子电路的设计方法。这篇论文成为开关电路理论的开端。

哈佛大学的Howard Gardner教授曾说：“这可能是本世纪最重要、最著名的一篇硕士论文。”

1940年香农在MIT获得数学博士学位，而他的博士论文却是关于人类遗传学的，题目是*An Algebra for Theoretical Genetics*(理论遗传学的代数学)。这说明香农的科学兴趣十分广泛，后来他在不同的学科方面发表过许多有影响的文章。

在读学位的同时，他还用部分时间跟温尼法·布什(Vannevar Bush)教授进行微分分析器的研究。这种分析器是早期的机械模拟计算机，用于获得常微分方程的数值解。1941年香农

发表了 *Mathematical Theory of The differential Analyzer*（微分分析器的数学理论）。

1941 年香农以数学研究员的身份进入新泽西州的 AT&T 贝尔电话公司，并在贝尔实验室工作到 1972 年，从 24 岁到 55 岁，整整 31 年。1956 年他当了 MIT 的访问教授，1958 年成为正式教授，1978 年退休。

人们描述香农的生活，白天他总是关起门来工作，晚上则骑着他的独轮车来到贝尔实验室。他的同事 D. Slepian 写到："我们大家都带着午饭来上班，饭后在黑板上玩玩数学游戏，但克劳德很少过来。他总是关起门来工作。但是，如果你要找他，他会非常耐心地帮助你。他能立刻抓住问题的本质。他真是一位天才，在我认识的人中，我只对他一人使用这个词。"

香农与 John Riordan 一起工作，1942 年发表了一篇关于串并联网络的双终端数的论文。这篇论文扩展了麦克马洪（Percy A. MacMahon，1854—1929）1892 年在 Electrician 上发表的论文理论。1948 年则创立了信息论。

在漫长的岁月里，香农思考过许多问题。除在普林斯顿高等研究院工作过一年外，主要都在麻省理工学院和贝尔实验室度过。需要说明的是，在第二次世界大战时，香农博士也是一位著名的密码破译者。他在贝尔实验室的破译团队主要是追踪德国飞机和火箭，尤其是在德国火箭对英国进行闪电战时起了很大作用。1949 年香农发表了另外一篇重要论文 *Communication Theory of Secrecy Systems*（保密系统的通信理论），正是基于这种工作实践，它的意义是使保密通信由艺术变成科学。

1948 年香农在 *Bell System Technical Journal* 上发表了 *A Mathematical Theory of Communication*。论文由香农和威沃共同署名。前辈威沃（Warren Weaver，1894—1978）当时是洛克菲勒基金会自然科学部的主任，他为文章写了序言。后来，香农仍然从事技术工作，而威沃则研究信息论的哲学问题。顺便提一句，该论文刚发表时，使用的是不定冠词 A，收入论文集时改为定冠词 The。

2001 年 2 月 24 日，香农在马萨诸塞州 Medford 辞世，享年 85 岁。

今天，我们怀念香农，要熟悉他的两大贡献：一是信息理论、信息熵的概念；另一是符号逻辑和开关理论。我们更应该学习他好奇心强、重视实践、追求完美、永不满足的科学精神，这是他获得成功的重要经验。

习 题 一

1.1 试述信息与消息、信号之间的区别与联系，并举例说明。

1.2 试述信息的概念。

1.3 说明信息具有哪些特征和性质。

1.4 说明通信系统模型由哪几部分组成？并详细讨论每一部分的功能。

1.5 讨论信息论的研究内容。

第2章 离散信源

一、学习内容

1. 信源的分类及其数学模型的表示。
2. 离散信源的信息熵及其基本性质。
3. 马尔可夫信源及其信息熵。
4. 信源剩余度等信息测度。

二、学习目标

1. 了解离散信源和连续信源的数学模型。
2. 掌握自信息,信息熵的计算方法、物理含义及其性质。
3. 了解离散无记忆扩展信源的数学模型及其信息熵。
4. 掌握离散平稳信源的数学模型及其信息测度。
5. 理解马尔可夫信源的定义,信息熵及其求解步骤。

三、重点与难点

重点:信源的统计特性和数学模型,各类离散信源的信息测度。

难点:离散平稳信源的联合熵,条件熵及各种信息熵之间的关系,马尔可夫信源的信息熵。

信源是信息的来源,可以是人、机器、自然界的物体等。信号的产生(物)被称为信源,相对应的概念应该是信号的接受(物)被称为信宿。信源发出信息的时候,一般以某种讯息的方式表现出来,可以是符号,如文字、语言等,也可以是信号,如图像、声响等。本章介绍离散信源及其信息测度,重点研究信源的统计特性和数学模型,以及各类离散信源的信息测度,并引入信息论的一些基本概念和重要结论。

2.1 信源的数学模型及分类

信源是产生消息、符号、消息序列和连续消息的源泉,在数学上可以用随机变量、随机序列和随机过程来表示。信息是抽象的,信源则是具体的。例如,人们谈话,人的发声系统就是语声信源;观看电视,被摄制的客观物体和人物就是图像信源。另外还有文字信源、数据信源、遥感信源等。

2.1.1 随机变量描述信源输出的消息

最基本的信源是单个消息(符号)信源,它可以用随机变量 X 及其概率分布 P 来表示。通常写成(X,P)。根据信源输出的随机变量的取值集合,信源可以分为离散信源和连续信源两类。

1. 离散信源

离散信源即是输出的消息是有限的或可数的,每次只输出一个消息,即两两不相容。

在实际情况中,存在着很多这样的信源,例如,投硬币、书信文字、计算机的代码、电报符号、阿拉伯数字码等。这些信源输出的都是单个符号(或代码)的消息,它们符号集的取值是有限的或可数的。

例如,扔骰子,每次试验结果必然是 1～6 点中的某一个面朝上。可以用一个离散型随机变量 X 来描述这个信源输出的消息。

$$\begin{bmatrix} X \\ p(x) \end{bmatrix} = \begin{bmatrix} x_1, & x_2, & x_3, & x_4, & x_5, & x_6 \\ 1/6, & 1/6, & 1/6, & 1/6, & 1/6, & 1/6 \end{bmatrix}$$

并满足
$$\sum_{i=1}^{6} p(x_i) = 1$$

我们可用一维离散型随机变量 X 来描述这些信息的输出。这样的信息称为离散信源。其数学模型就是离散型的概率空间:

$$\begin{bmatrix} X \\ p(x) \end{bmatrix} = \begin{bmatrix} x_1 & \cdots & x_i & \cdots & x_n \\ p(x_1) & \cdots & p(x_i) & \cdots & p(x_n) \end{bmatrix} \tag{2.1}$$

$$\left(0 \leqslant p(x_i) \leqslant 1, \sum_{i=1}^{n} p(x_i) = 1\text{:完备集条件}\right)$$

其中,$p(x_i)$为信源输出符号 $x_i(i=1,2,\cdots,n)$的先验概率。

当信源给定,其相应的概率空间就已给定;反之,如果概率空间给定,这就表示相应的信源已给定。因此概率空间能表征离散信源的统计特性。

式(2.1)表示信源可能的消息(符号)数是有限的,只有 n 个:$x_1,x_2,\cdots,x_n$,而且每次必定选取其中一个消息输出,满足完备集条件。这是最基本的离散信源。

2. 连续信源

连续信源输出的消息数是无限的或不可数的,每次只输出一个消息,其数学模型表示为连续型的概率空间。

$$\begin{bmatrix} X \\ p(x) \end{bmatrix} = \begin{bmatrix} (a,b) \\ p(x) \end{bmatrix} \text{或} \begin{bmatrix} R \\ p(x) \end{bmatrix} \tag{2.2}$$

$$\left(\int_a^b p(x)\mathrm{d}x = 1 \text{ 或} \int_R p(x) = 1\text{: 完备集条件}\right)$$

例如,随机取一干电池,测电压值作为输出符号,该信源每次输出一个符号,但符号的取值是在[0,1.5]之间的所有实数,每次测量值是随机的,可用连续型随机变量 X 来描述。

在有些情况下,可将符号的连续幅度进行量化使其取值转换成有限的或可数的离散值,也就是把连续信源转换成离散信源来处理。

2.1.2 随机序列描述信源输出的消息

离散序列信源根据 X 的平稳性与否，可以分为平稳信源与非平稳信源。同时根据序列信源中各个消息前后的关联关系，离散序列信源又分为无记忆和有记忆两类。当序列信源中的各个消息相互统计独立时，称信源为离散无记忆信源。若同时具有相同的分布，则称信源为离散平稳无记忆信源。当序列信源中各个消息前后有关联时，称信源为离散有记忆信源。描述它一般比较困难，尤其当记忆长度很大时。但在很多实际问题中仅须考虑有限记忆长度，特别是当信源系列中的任一消息仅与其前面的一个消息有关联，数学上称它为一阶马尔可夫链。在马尔可夫链中，若其转移概率与所在位置无关，则称为齐次马尔可夫链。若同时还满足当转移步数充分大时与起始状态无关，则称它为齐次遍历马尔可夫链。例如，数字图像信源常采用这一模型。

1. 离散平稳信源

信源输出的随机序列 $X=(X_1,X_2,\cdots,X_N)$ 中 $X_i(i=1,2,\cdots,N)$ 为取值离散的离散型随机变量，X 的各维概率分布都与时间起点无关(任意两个不同时刻 X 的各维概率分布都相同)。

2. 连续平稳信源

信源输出的随机序列 $X=(X_1,X_2,\cdots,X_N)$ 中 $X_i(i=1,2,\cdots,N)$ 为取值连续的连续性随机变量，X 的各维概率密度函数都与时间起点无关(任意两个不同时刻 X 的各维概率密度函数都相同)。

3. 离散无记忆信源(离散平稳信源)

信源输出的随机序列 $X=(X_1,X_2,\cdots,X_N)$ 中 $X_i(i=1,2,\cdots,N)$ 统计独立，X_i 取值于同一概率空间 X。

$$P(X)=P(X_1X_2\cdots X_N)=\prod_{i=1}^{N}P(X_i) \tag{2.3}$$

若信源输出的随机序列 X 的各维联合概率分布均与时间起点无关，即当 $t=i,t=j,i\neq j$ 时有

$$\begin{gathered}P(x_i)=P(x_j)\\ P(x_ix_{i+1})=P(x_jx_{j+1})\\ \vdots\\ P(x_ix_{i+1}\cdots x_{i+N})=P(x_jx_{j+1}\cdots x_{j+N})\end{gathered} \tag{2.4}$$

则信源完全平稳，信源输出的序列 X 也是完全平稳的。这种各维联合概率分布均与时间起点无关的完全平稳信源称为离散平稳信源。

4. 离散无记忆信源 X 的 N 次扩展信源

由离散无记忆信源输出 N 长的随机序列构成的信源。

$$\begin{bmatrix}X^N\\ P(\alpha_i)\end{bmatrix}=\begin{bmatrix}\alpha_1, & \alpha_2, & \cdots, & \alpha_q^N\\ P(\alpha_1), & P(\alpha_2), & \cdots, & P(\alpha_q^N)\end{bmatrix} \tag{2.5}$$

$$\alpha_i=(a_{i_1}a_{i_2}\cdots a_{i_N})(i_1,i_2,\cdots,i_N=1,2,\cdots q)$$

满足 $P(x=\alpha_i)=P(a_{i_1}a_{i_2}\cdots a_{i_N})=\prod_{i_k=1}^{q}P(a_{i_k})$，$\sum_{i=1}^{q^N}P(\alpha_i)=\sum_{i=1}^{q^N}\prod_{i_k=1}^{q}P(a_{i_k})=1$。

5. 有记忆信源

一般情况下，信源在不同时刻发出的符号之间是相互依赖的，即信源输出的平稳随机序列 $X=(X_1,X_2,\cdots,X_N)$ 中，各随机变量 $X_i(i=1,2,\cdots,N)$ 之间是有依赖的。如在汉字序列中前后文字的出现是有依赖的，不能认为是彼此不相关的。

例如，布袋中有 100 个球，80 个红球，20 个白球。先取出一个球，记下颜色后不放回布袋，接着取另一个。而在取第二个球时布袋中的红球、白球概率已与取第一个球时不同，此时的概率分布与第 1 个球的颜色有关：

若第 1 个球为红色，则取第二个球时的概率 $p(a_1)=0.79, p(a_2)=0.2$；

若第 1 个球为白色，则取第二个球时的概率 $p(a_1)=0.8, p(a_2)=0.19$。

即组成消息的两个球的颜色之间有关联，是有记忆的信源，这种信源就称作发出符号序列的有记忆信源。例如，由英文字母组成单词，字母间是有关联性的，不是任何字母的组合都能成为有意义的单词，同样不是任何单词的排列都能形成有意义的文章等。这些都是有记忆信源。

此时的联合概率表示比较复杂，需要引入条件概率来反映信源发出符号序列内各个符号之间的记忆特征：

$$\begin{aligned}&p(x_1,x_2,\cdots,x_L)\\&=p(x_1)p(x_2\mid x_1)p(x_3\mid x_2x_1)\cdots p(x_L\mid x_{L-1}\cdots x_1)\end{aligned}\tag{2.6}$$

表述的复杂度将随着序列长度的增加而增加。

实际上信源发出的符号往往只与前若干个符号有较强的依赖关系，随着长度的增加依赖关系越来越弱，因此可以根据信源的特性和处理时的需要限制记忆的长度，使分析和处理简化。

6. 马尔可夫信源

信源输出的随机序列 $X=(X_1,X_2,\cdots,X_N)$ 中 $X_i(i=1,2,\cdots,N)$ 之间有依赖关系，但记忆长度有限。若记忆长度为 $m+1$，则称为 m 阶马尔可夫信源。（信源每次发出的符号只与前 m 个符号有关，与更前面的符号无关。）

$$P(x_i\mid\cdots x_{i+2}x_{i+1}x_{i-1}x_{i-2}x_{i-3}\cdots x_{i-m}\cdots x_1)=P(x_i\mid\cdots x_{i+2}x_{i+1}x_{i-1}x_{i-2}x_{i-3}\cdots x_{i-m})$$
$$(i=1,2,\cdots,N)\tag{2.7}$$

若上述条件概率与时间起点 i 无关，该信源称为时齐马尔可夫信源。

2.1.3 随机过程描述信源输出的消息

连续的随机过程信源，一般很复杂且很难统一描述。但在实际问题中往往可采用以下两类方法。最常见的处理方法是将连续的随机过程信源在一定的条件下转化为离散的随机序列信源；另一种方法则是把连续的随机过程信源按易于分析的已知连续过程信源处理。实际上，绝大多数连续随机过程信源都近似地满足限时(T)、限频(F)的条件。这时，连续的随机过程可以转化为有限项傅里叶级数或抽样函数的随机序列，而抽样函数表达式尤为常用。但这两种方式在一般情况下其转化后的离散随机序列是相关的，即信源是有记忆的。这给进一步分析带来一定的困难。另外一种是将连续随机过程展开成相互线性无关的随机变量序列，这种展开称为卡休宁-勒维展开。由于实现困难，这种展开除具有一定理论价值外，实际上很少被采用。直接按随机过程来处理信源受到分析方法的限制，人们还主要限于研究平稳遍历信源和简单的马尔可夫信源。

信源输出的消息是时间(或空间)上和取值上都是连续的函数则称为随机波形信源。对随机波形信源经过取样可以转化为连续平稳信源。

以上对不同统计特性的信源可用随机变量、随机序列和随机过程来描述其输出的消息，它们能很好地反映信源的随机性质。图 2.1 简要地描述信源的分类及各类信源的数学模型，并标出信源之间的转换关系。

- 平稳信源
  - 离散平稳信源
    - 离散无记忆信源
    - 离散有记忆信源
      - 记忆长度无限长
      - 记忆长度有限（马尔可夫信源）
  - 连续平稳信源
- 非平稳信源

图 2.1　信源的分类图

2.2　离散信源的信息熵

离散信源输出是单个符号的消息，且这些消息是两两互不相容的。可用一维随机变量来描述。

$$\begin{bmatrix} X \\ P(x) \end{bmatrix} = \begin{bmatrix} a_1, & a_2, & \cdots, & a_q \\ P(a_1), & P(a_2), & \cdots, & P(a_q) \end{bmatrix} \quad \left(\sum_{i=1}^{q} P(a_i) = 1\text{：完备集条件}\right)$$

即信源发出某一符号后，它能输出多少信息量？这样的信源能输出多少信息？这就是要解决信息的度量问题。

2.2.1　自信息

1. 自信息的含义

在通信的一般情况下，收信者所获取的信息量，在数量上等于通信前后不确定性的消除（减少）的量。

例 2.1　从 64 个数中选出某一个数。可先问“是否大于 32?”消除半数的可能，这样只要 6 次就可选出某数。

如果要选择的数是 35，则过程如下：

（1）大于/小于 32?　　　　大

经过第一次选择，$P(x_1) = 1/2$，获得的信息量为 $I[P(x_1)] = \log_2 \dfrac{1}{P(x_1)} = 1\ \text{bit}$。

（2）大于/小于 32＋16＝48?　　　　小

经过第二次选择，$P(x_2) = 1/2$，获得的信息量为 $I[P(x_2)] = \log_2 \dfrac{1}{P(x_2)} = 1\ \text{bit}$。

（3）大于/小于 48－8＝40?　　　　小

同理，获得的信息量为 $I[P(x_3)] = \log_2 \dfrac{1}{P(x_3)} = 1\ \text{bit}$。

（4）大于/小于 40－4＝36?　　　　小

（5）大于/小于 36－2＝34?　　　　大

（6）大于/小于 34＋1＝35　　　　等

最后一次选择，$P(x_6) = 1/2$，获得的信息量为 $I[P(x_6)] = \log_2 \dfrac{1}{P(x_6)} = 1\ \text{bit}$。因此需要选择 6 次可以选出 35。

如果要选择的数是 63,则其过程如下:

(1) 大于/小于　32?　　大

(2) 大于/小于　32+16=48?　　大

(3) 大于/小于　48+8=56?　　大

(4) 大于/小于　56+4=60?　　大

(5) 大于/小于　60+2=62?　　大

(6) 大于/小于　62+1=63　　等

同样,需要选择 6 次可以选出 63。这是因为每提问一次都会得到 1 bit 的信息量。因此,在 64 个数中选定某一数所需的信息量是 $\log_2 64=6$ bit。

由以上例题可知:

收到某消息获得的信息量(即收到某消息后获得关于某基本事件发生的信息量)

=不确定性减少的量

=收到此消息前关于某事件发生的不确定性－收到此消息后关于某事件发生的不确定性

无噪声时:

收到某消息获得的信息量=收到此消息前关于某事件发生的不确定性=信源输出的某消息中所含有的信息量

事件发生的不确定性与事件发生的概率有关。事件发生概率越小,不确定性就大;事件发生概率越大,不确定性就越小。

2. 自信息量 $I(x_i)$ 的性质

某事件发生所含有的信息量:

$$I(x_i) = f[P(x_i)]$$

(1) 非负性:

由于 $I[P(x_i)] = -\log P(x_i)$,$0 \leqslant P(x_i) \leqslant 1$,所以 $\log P(x_i) \leqslant 0$,则

$$I[P(x_i)] = -\log P(x_i) \geqslant 0$$

非负性可以理解为随机事件发生后,总能提供一些信息量,至少为零,不会因事件发生而使不确定性更大。

(2) 递减性:

$f[P(x_i)]$ 应是先验概率 $P(x_i)$ 的单调递减函数,即当 $P_1(x_1) > P_2(x_2)$ 时,

$$f[P_1] < f[P_2]$$

(3) 当 $P(x_i) = 1$,$f[P_i] = 0$。$P(x_i) = 1$ 表示事件是必然事件,没有不确定性,信息量为零。

(4) 当 $P(x_i) = 0$,$f[P_i] = \infty$。$P(x_i) = 0$ 表示事件为不可能发生的事件,但是若有消息表明不可能发生的事件要发生,则带来的信息量非常大。

(5) 可加性:

若两个统计独立信源符号同时出现,联合概率 $P(ab) = P(a)P(b)$,则

$$I(ab) = I(a) + I(b)$$

联合信息量等于它们分别的信息量之和。

根据上述的一般原则,可有 $I(x_i)$ 等于收到 x_i 前,收信者对信源发出符号 x_i 的不确定性。

这就是说,信源发出符号 x_i 的自信息量,在数量上等于信源发出符号 x_i 的不确定性。x_i 的度量问题,就转变为信源发出符号 x_i 的不确定性的度量问题。

3. 自信息量 $I(x_i)$ 的定义

我们知道,不确定性是与可能性相联系的,而可能性又可由概率的大小来表示。所以可以断言,自信息量 $I(x_i)$ 一定是信源发出符号 x_i 的先验概率 $P(x_i)$ 的某一函数。

例 2.2 设某班有三组项目可供同学选择,其中第一、二组为单选项目,第一组有 n 种不同的电子竞赛项目,随意选择一种,求当被告知"选择的电子竞赛项目为 i"时所获得的信息量。第二组有 m 种不同的体育项目,随意选择一种,求当被告知"选择的体育项目为 j"时所获得的信息量。第三组为组合项目,有 n 种电子竞赛项目,且每种电子竞赛项目都可与 m 种不同的体育项目两两组合,则共有 nm 种项目,随意选择一种,求当被告知"选择的电子竞赛项目为 i,体育项目为 j"时获得的信息量。

解:对于第一、二、三组项目,随意选择一种的概率分别为

$$p(x_i) = \frac{1}{n}, p(y_j) = \frac{1}{m}, p(x_i y_j) = \frac{1}{nm}$$

$$I(x_i) = -\log p(x_i) = \log n$$

$$I(y_j) = -\log p(y_j) = \log m$$

$$I(x_i y_j) = -\log p(x_i y_j) = \log nm = I(x_i) + I(y_j)$$

重要结论:设某单符号离散信源的信源空间为

$$\begin{bmatrix} X \\ P \end{bmatrix} = \begin{bmatrix} x_1 & x_2 & \cdots & x_n \\ p(x_1) & p(x_2) & \cdots & p(x_n) \end{bmatrix}$$

其中,$0 \leqslant p(x_i) \leqslant 1 (i=1,2,\cdots,n)$,且 $\sum_{i=1}^{n} p(x_i) = 1$,信源 X 发符号 $x_i (i=1,2,\cdots,n)$ 能提供的信息量,即 $x_i (i=1,2,\cdots,n)$ 的自信息量(简称自信息)为其出现概率倒数的对数。即

$$I(x_i) = \log \frac{1}{p(x_i)} = -\log p(x_i) \tag{2.8}$$

因为概率 $p(x_i)$ 越小,x_i 的出现就越稀少,一旦出现,所获得的信息量也就较大。由于 x_i 是随机出现的,它是 X 的一个样值,所以是一个随机量。而 $I(x_i)$ 是 x_i 的函数,它必须也是一个随机量。

$I(x_i)$ 可以描述为:

(1) 当事件 x_i 发生以前,表示事件 x_i 发生的不确定性;

(2) 当事件 x_i 发生以后,表示事件 x_i 所含有的信息量。

自信息量的单位:在信息论中常用的对数底是 2,

$$I(x_i) = \log_2 \frac{1}{P(x_i)} \tag{2.9}$$

$\log_2$ 可简写为 log,信息量的单位为比特(bit :binary unit);

若取自然对数,

$$I(x_i) = \ln \frac{1}{P(x_i)} \tag{2.10}$$

则信息量的单位为奈特(nat: nature unit);

若以 10 为对数底,

$$I(x_i) = \lg \frac{1}{P(x_i)} \tag{2.11}$$

则信息量的单位为哈特(hart:hartley)。

$$1\ \text{nat} = \log e \approx 1.433\ \text{bit}, 1\ \text{hart} = \log 10 \approx 3.322\ \text{bit}$$

例 2.3 一个 1，0 等概的二进制随机序列，求任一码元的自信息量。

解：二进制序列的任一码元不是为 0 就是为 1。

根据题意 $P(0)=P(1)=1/2$，所以 $I(0)=I(1)=-\log(1/2)=1$ bit

例 2.4 对于 2^n 进制的数字序列，假设每一符号的出现完全随机且概率相等，求任一符号的自信息量。

解：设 2^n 进制数字序列任一码元 a_i 的出现概率为 $P(a_i)$。根据题意，

$$P(a_i)=1/2^n$$

$$I(a_i) = -\log P(a_i) = -\log(1/2^n) = n\ \text{bit}$$

例 2.5 某地某月份的气象资料如表 2.1 所示，求相应事件的自信息量。

表 2.1 某地某月的气象资料

a_i	晴	阴	雨	多云
$P(a_i)$	1/2	1/4	1/8	1/8

解：

$$I(\text{晴})=-\log P(\text{晴})=1\ \text{bit}, I(\text{阴})=-\log P(\text{阴})=2\ \text{bit}$$

$$I(\text{雨})=-\log P(\text{雨})=3\ \text{bit}, I(\text{多云})=-\log P(\text{多云})=3\ \text{bit}$$

4. 联合自信息量

两个随机事件的离散信源数学模型为

$$\begin{bmatrix} XY \\ P(XY) \end{bmatrix} = \begin{bmatrix} a_1b_1, & a_1b_2, & \cdots, & a_nb_m \\ P(a_1b_1), & P(a_1b_2), & \cdots, & P(a_nb_m) \end{bmatrix}$$

其中，$0 \leqslant P(a_ib_j) \leqslant 1 (i=1,2,\cdots,n; j=1,2,\cdots,m)$，$\sum_{i=1}^{n}\sum_{j=1}^{m} P(a_ib_j) = 1$。

联合自信息量表示为

$$I(a_ib_j) = \log \frac{1}{P(a_ib_j)} \tag{2.12}$$

当 X 与 Y 相互独立时，

$$P(a_ib_j) = P(a_i)P(b_j)$$

$$I(a_ib_j) = -\log P(a_ib_j) = -\log P(a_i) - \log P(b_j) = I(a_i) + I(b_j) \tag{2.13}$$

式(2.13)说明两个随机事件相互独立时，同时发生得到的自信息量，等于两个随机事件各自独立发生得到的自信息量之和。

5. 条件自信息量

设在联合事件 XY 中，在 b_j 发生的条件下，发生 a_i 的条件概率为 $P(a_i|b_j)$，则条件自信息量为

$$I(a_i \mid b_j) = \log \frac{1}{P(a_i \mid b_j)} \tag{2.14}$$

表示在 b_j 发生的条件下，发生 a_i 所提供的信息量。

同样在 a_i 发生的条件下，发生 b_j 所提供的信息量为

$$I(b_j \mid a_i) = \log \frac{1}{P(b_j \mid a_i)} \tag{2.15}$$

自信息量、联合信息量和条件自信息量之间的关系有：

$$\begin{aligned} I(a_ib_j) &= -\log P(a_i)P(b_j \mid a_i) \\ &= I(a_i) + I(b_j \mid a_i) \\ &= I(b_j) + I(a_i \mid b_j) \end{aligned} \tag{2.16}$$

例 2.6 某班有 50%的同学是男同学，在男同学中有 80%参加电子竞赛项目，已知该班参加电子竞赛的人数占总数的 60%。假设收到"参加电子竞赛项目的同学是男同学"的消息，问可获得多少信息量？

解：设事件 A 为男同学，事件 B 为参加电子竞赛项目，则有

$$P(A) = 0.5, P(B) = 0.6, P(B \mid A) = 0.8$$

收到"参加电子竞赛项目的同学是男同学"的消息，是指 B 事件发生的条件下，A 事件发生，其概率为 $P(A|B)$。

根据贝叶斯公式，可得：

$$P(A \mid B) = \frac{P(AB)}{P(B)} = \frac{P(A)P(B \mid A)}{P(B)} = \frac{0.5 \times 0.8}{0.6} = \frac{2}{3}$$

则收到"参加电子竞赛项目的同学是男同学"的消息，获得的信息量为

$$I(A \mid B) = -\log P(A \mid B) = -\log \frac{2}{3} = 0.585 \text{ bit}$$

2.2.2 信息熵

1. 信息熵的定义

自信息是指信源发出的某一消息所含有的信息量。不同的消息，它们所含有的信息量也就不同。通常将自信息的数学期望称为信息熵，即为平均自信息量。信源的信息熵是表示整个信源的统计特性，是从平均意义上来表征信源的总体特性的。对于某特定的信源，其信息熵只有一个。不同的信源因统计特性不同，其信息熵也不同。

离散信源熵(平均不确定度/平均信息量/平均自信息量)定义为信源中各个符号不确定度的数学期望，即

$$H(X) = E[\log \frac{1}{P(a_i)}] = -\sum_{i=1}^{q} P(a_i)\log P(a_i) \tag{2.17}$$

$$H_r(X) = E = -\sum_{i=1}^{q} P(a_i) \log_r P(a_i) \quad (r\text{ 进制单位 / 符号}) \tag{2.18}$$

信息熵的单位取决于对数选取的底，以 2 为底，单位为比特/符号；以 e 为底，单位为奈特/符号；以 10 为底，单位为哈特/符号。

平均不确定度 $H(X)$ 的定义公式与热力学中熵表示形式相同，表征信源的总体特性的，也可以表征信源输出前的平均不确定度。

例 2.7 某一学习班有 30 名同学，12 名男生，18 名女生，若随机抽点一名同学，猜测其性别，求平均抽点一次所能获得的自信息量。

解：依据题意，这一随机事件的概率空间为

$$\begin{bmatrix} X \\ P \end{bmatrix} = \begin{bmatrix} x_1 & x_2 \\ 0.4 & 0.6 \end{bmatrix}$$

其中，x_1 表示抽点的同学为男同学，x_2 表示抽点的同学为女同学。

① 如果抽点的同学为男同学，则获得的信息量是

$$I(x_1) = -\log p(x_1) = -\log 0.4 \text{ bit}$$

② 如果抽点的同学为女同学,则获得的信息量是

$$I(x_2) = -\log p(x_2) = -\log 0.6 \text{ bit}$$

③ 如果每次抽点一名同学又放回去,再进行下一次抽点。则如此抽点名 n 次,男同学被抽点的次数为 $np(x_1)$次,女同学被抽点的次数为 $np(x_2)$次。随机抽点 n 次后总共所获得信息量为

$$np(x_1)I(x_1) + np(x_2)I(x_2)$$

④ 则平均抽点一次所获得的信息量为

$$\begin{aligned} H(X) &= \frac{1}{n}[np(x_1)I(x_1) + np(x_2)I(x_2)] \\ &= -[p(x_1)\log p(x_1) + p(x_2)\log p(x_2)] \\ &= 0.97 \text{ 比特 / 次} \end{aligned}$$

上例说明,自信息量 $I(x_1)$和 $I(x_2)$只是表征信源中各个符号的不确定度,一个信源总是包含着多个符号消息,各个符号消息又按概率空间的先验概率分布,因而各个符号的自信息量就不同,所以自信息量不能作为信源总体的信息量。

某一信源,不管它是否输出符号,只要这些符号具有某些概率特性,必有信源的熵值。当某一符号 x_i 的概率 $p(x_i)$为零时,$p_i \log_2 p_i$ 在熵公式中无意义,为此规定这时的 $p_i \log_2 p_i$ 也为零。当信源 X 中只含一个符号 X 时,必定有 $p(x)=1$,此时信源熵 $H(X)$为零。

2. 信息熵的物理含义

(1) 表示信源输出后,每个消息(符号)所提供的平均信息量。

(2) 表示信源输出前,信源的平均不确定性。

例如,有信源 X 和 Y,其概率空间分别为

$$\begin{bmatrix} X \\ P(x) \end{bmatrix} = \begin{bmatrix} a_1 & a_2 \\ 0.8 & 0.2 \end{bmatrix}, \begin{bmatrix} Y \\ P(y) \end{bmatrix} = \begin{bmatrix} a_1 & a_2 \\ 0.5 & 0.5 \end{bmatrix}$$

计算信息熵 $H(X)=0.72$ 比特/符号;$H(Y)=1$ 比特/符号。$H(Y)>H(X)$,因此信源 Y 比信源 X 的平均不确定性要大。

(3) 表征变量 X 的随机性。

在以上例子中,Y 信源的两个符号等概率出现,随机性很大;而 X 信源中第一个符号的出现几率很大,第二个符号出现几率很小,这样信源的随机性较小。

例 2.8 电视屏上约有 $500\times600= 3\times10^5$个格点,按每点有 10 个不同的灰度等级考虑,则共能组成 $n=10^{3\times10^5}$ 个不同的画面。按等概率 $1/10^{3\times10^5}$ 计算,平均每个画面可提供的信息量为

$$\begin{aligned} H(X) &= -\sum_{i=1}^{n} p(x_i)\log p(x_i) = -\log 10^{-3\times10^5} \\ &= 3\times10^5\times3.32 \text{ 比特 / 画面} \end{aligned}$$

例 2.9 有一篇千字文章,假定每字可从万字表中任选,则共有不同的千字文 $N=10000^{1000}=10^{4000}$篇,仍按等概率 $1/10000^{1000}$计算,平均每篇千字文可提供的信息量为

$$H(X) = \log N = 4\times10^3\times3.32 = 1.3\times10^4 \text{ 比特 / 千字文}$$

可见:"一个电视画面"平均提供的信息量远远超过"一篇千字文"提供的信息量。

例 2.10 设信源符号集 $X=\{x_1,x_2,x_3\}$,每个符号发生的概率分别为 $p(x_1)=1/2$,

$p(x_2)=1/4, p(x_3)=1/4$。

信源熵为

$$H(X)=-\frac{1}{2}\log\frac{1}{2}-\frac{1}{4}\log\frac{1}{4}-\frac{1}{4}\log\frac{1}{4}=1.5 \text{ 比特 / 符号}$$

例 2.11 设有两组同学参加运动比赛，甲组同学分别参加跑步、跳高、跳远三个项目的概率为$\begin{bmatrix} X \\ P(x) \end{bmatrix}=\begin{bmatrix} a_1 & a_2 & a_3 \\ 1/3 & 1/6 & 1/2 \end{bmatrix}$；乙组同学分别参加跑步、跳远两个项目的概率为$\begin{bmatrix} Y \\ P(y) \end{bmatrix}=\begin{bmatrix} b_1 & b_2 \\ 2/5 & 3/5 \end{bmatrix}$。试求两组同学报名参加体育比赛项目所提供的平均信息量。

解：甲组同学参加比赛所提供的平均信息量为

$$H(X)=H\left(\frac{1}{3},\frac{1}{6},\frac{1}{2}\right)=1.461 \text{ 比特 / 项目}$$

乙组同学参加比赛所提供的平均信息量为

$$H(Y)=H\left(\frac{2}{5},\frac{3}{5}\right)=0.97 \text{ 比特 / 项目}$$

若甲组同学分别参加跑步、跳高、跳远三个项目的概率为

$$\begin{bmatrix} X_1 \\ P(x) \end{bmatrix}=\begin{bmatrix} a_1 & a_2 & a_3 \\ 1/3 & 1/3 & 1/3 \end{bmatrix},\begin{bmatrix} X_2 \\ P(x) \end{bmatrix}=\begin{bmatrix} a_1 & a_2 & a_3 \\ 1 & 0 & 0 \end{bmatrix}$$

则分别提供的平均信息量为

$$H(X_1)=H\left(\frac{1}{3},\frac{1}{3},\frac{1}{3}\right)=1.585 \text{ 比特 / 项目}$$

$$H(X_2)=H(1,0,0)=0 \text{ 比特 / 项目}$$

若乙组同学分别参加跑步、跳远两个项目的概率为

$$\begin{bmatrix} Y_1 \\ P(y) \end{bmatrix}=\begin{bmatrix} b_1 & b_2 \\ 1/2 & 1/2 \end{bmatrix},\begin{bmatrix} Y_2 \\ P(y) \end{bmatrix}=\begin{bmatrix} b_1 & b_2 \\ 1 & 0 \end{bmatrix}$$

则分别所提供的平均信息量为

$$H(Y_1)=H\left(\frac{1}{2},\frac{1}{2}\right)=1 \text{ 比特 / 项目}$$

$$H(Y_2)=H(1,0)=0 \text{ 比特 / 项目}$$

由以上例题可以看出，当其中有一个事件是确定要发生时，整体的不确定性为零；当各个事件发生的概率都相等时，整体的不确定性最大；对于等概率事件，若事件的个数较多时，整体的不确定性较大。

3. 条件熵

已知事件 a_i 发生的条件下，信源 Y 的不确定性为

$$H(Y \mid X=a_i)=-\sum_{j=1}^{q}P(b_j \mid a_i)\log P(b_j \mid a_i) \tag{2.19}$$

则当信源 X 发生的条件下，信源 Y 的不确定性，即条件熵为

$$\begin{aligned} H(Y \mid X)&=\sum_{i=1}^{q}P(a_i)H(Y \mid X=a_i)=-\sum_{i=1}^{q}\sum_{j=1}^{q}P(a_i)P(b_j \mid a_i)\log P(b_j \mid a_i) \\ &=-\sum_{i=1}^{q}\sum_{j=1}^{q}P(a_ib_j)\log P(b_j \mid a_i) \end{aligned} \tag{2.20}$$

同理，当信源 Y 发生的条件下，信源 X 的条件熵为

$$H(X \mid Y)=-\sum_{i=1}^{q}\sum_{j=1}^{q}P(a_ib_j)\log P(a_i \mid b_j) \tag{2.21}$$

条件熵表示接收到信源 Y 后，对信源 X 仍然存在不确定性。

例 2.12 已知信源 X 发生的概率为 $p(x_1)=0.4$，$p(x_2)=0.6$，而 $p(y_1|x_1)=0.8$，$p(y_2|x_1)=0.2$，$p(y_1|x_2)=0.3$，$p(y_2|x_2)=0.7$。求条件熵 $H(Y|X)$。

解：由于 $H(Y \mid X)=-\sum_{i=1}^{q}\sum_{j=1}^{q}P(a_ib_j)\log P(b_j \mid a_i)$，题中已知 $p(y_i|x_i)$，需要求出 $p(x_iy_i)$。

$$p(x_iy_i)=p(x_i)p(y_i|x_i)$$

$$p(x_1y_1)=p(x_1)p(y_1|x_1)=0.4\times 0.8=0.32$$

$$p(x_1y_2)=p(x_1)p(y_2|x_1)=0.4\times 0.2=0.08$$

$$p(x_2y_1)=p(x_2)p(y_1|x_2)=0.6\times 0.3=0.18$$

$$p(x_2y_2)=p(x_2)p(y_2|x_2)=0.6\times 0.7=0.42$$

$$\begin{aligned}H(Y \mid X)&=-p(x_1y_1)\log p(y_1 \mid x_1)-p(x_1y_2)\log p(y_2 \mid x_1)\\&\quad -p(x_2y_1)\log p(y_1 \mid x_2)-p(x_2y_2)\log p(y_2 \mid x_2)\\&=0.82\ \text{比特 / 符号}\end{aligned}$$

4. 联合熵

联合熵定义为符号集 XY 上的每个元素对 x_iy_i 的联合自信息量 $H(XY)$，表示 XY 同时发生的不确定性：

$$H(XY)=-\sum_{i=1}^{q}\sum_{j=1}^{q}P(a_ib_j)\log P(a_ib_j) \tag{2.22}$$

各种熵之间的相互关系：

$$H(XY)=H(X)+H(Y \mid X)$$

$$H(XY)=H(Y)+H(X \mid Y)$$

$$H(X)\geqslant H(X \mid Y)$$

$$H(Y)\geqslant H(Y \mid X)$$

$$H(XY)\leqslant H(X)+H(Y)$$

对于通信系统，各种熵的意义如下：

- $H(X)$表示信源中每个符号的平均信息量（信源熵）。
- $H(Y)$表示信宿中每个符号的平均信息量（信宿熵）。
- $H(X|Y)$表示在输出端接收到 Y 的全部符号后，发送端 X 尚存的平均不确定性。这个对 X 尚存的不确定性是由于干扰引起的，称为信道疑义度（损失熵，含糊度）。
- $H(Y|X)$表示在已知 X 的全部符号后，对于输出 Y 尚存的平均不确定性，称为信道散布度（噪声熵）。
- $H(XY)$表示整个信息传输系统的平均不确定性（联合熵）。

例 2.13 有两个同时输出的信源 X 和 Y，其中 X 的信源符号为$\{A,B,C\}$，Y 的信源符号为$\{D,E,F,G\}$，已知 $P(X)$和 $P(Y|X)$，如表 2.2 所示，求该信源的联合熵和条件熵。

表 2.2　信源概率及条件概率

X		A	B	C
P(X)		1/2	1/3	1/6
P(Y|X)	D	1/4	3/10	1/6
	E	1/4	1/5	1/2
	F	1/4	1/5	1/6
	G	1/4	3/10	1/6

解:信源 X 的熵为

$$H(X)=-\sum_X P(X)\log P(X)=-\left(\frac{1}{2}\log\frac{1}{2}+\frac{1}{3}\log\frac{1}{3}+\frac{1}{6}\log\frac{1}{6}\right)$$

$$=1.461 \text{ 比特 / 符号}$$

信源 XY 输出每一对消息的联合概率为 $P(XY)=P(Y|X)P(X)$,结果如表 2.3 所示。

表 2.3　信源中每一对消息的联合概率

P(XY)		X		
		A	B	C
Y	D	1/8	1/10	1/36
	E	1/8	1/15	1/12
	F	1/8	1/15	1/36
	G	1/8	1/10	1/36

联合信源的联合熵:

$$H(XY)=-\sum_X\sum_Y P(XY)\log P(XY)$$

$$=-\left(4\times\frac{1}{8}\log\frac{1}{8}+2\times\frac{1}{10}\log\frac{1}{10}+2\times\frac{1}{15}\log\frac{1}{15}+\frac{1}{12}\log\frac{1}{12}+3\times\frac{1}{36}\log\frac{1}{36}\right)$$

$$=3.417 \text{ 比特 / 符号}$$

信源 Y 的条件熵(噪声熵):

$$H(Y\mid X)=-\sum_X\sum_Y P(XY)\log P(Y\mid X)$$

$$=-\left(4\times\frac{1}{8}\log\frac{1}{4}+2\times\frac{1}{10}\log\frac{3}{10}+2\times\frac{1}{15}\log\frac{1}{5}+\frac{1}{12}\log\frac{1}{2}+3\times\frac{1}{36}\log\frac{1}{6}\right)$$

$$=1.956 \text{ 比特 / 符号}$$

从上述结果可得:

$$H(XY)=H(X)+H(Y\mid X)=1.461+1.956=3.417 \text{ 比特 / 每对符号}$$

当两个信源统计独立时,$H(XY)=H(X)+H(Y)$为最大。

对第二个信源 Y,其熵 $H(Y)$的计算:

$$P(D)=\sum_X P(X)P(D\mid X)=P(A)P(D\mid A)+P(B)P(D\mid B)+P(C)P(D\mid C)$$

$$=\frac{1}{2}\times\frac{1}{4}+\frac{1}{3}\times\frac{3}{10}+\frac{1}{6}\times\frac{1}{6}=\frac{91}{360}$$

$$P(E)=\frac{1}{8}+\frac{1}{15}+\frac{1}{12}=\frac{33}{120}$$

$$P(F)=\frac{1}{8}+\frac{1}{15}+\frac{1}{36}=\frac{79}{360}$$

$$P(G)=\frac{1}{8}+\frac{1}{10}+\frac{1}{36}=\frac{91}{360}$$

$$H(Y)=-\sum_{Y}P(Y)\log P(Y)$$

$$=-\left(\frac{91}{360}\log\frac{91}{360}+\frac{33}{120}\log\frac{33}{120}+\frac{79}{360}\log\frac{79}{360}+\frac{91}{360}\log\frac{91}{360}\right)$$

$$=1.997\ \text{比特 / 符号}$$

联合熵的最大值为

$$H_{\max}(XY)=H(X)+H(Y)=1.461+1.997=3.458\ \text{比特 / 符号}$$

由于信源相关,联合熵则减小,减小量为

$$\Delta H=H_{\max}(XY)-H(XY)=3.458-3.417=0.041\ \text{比特 / 符号}$$

2.2.3 信息熵的基本性质

信息熵是信源概率空间的一种特殊的矩函数。

$$\begin{bmatrix}X\\P(x)\end{bmatrix}=\begin{bmatrix}a_1, & a_2, & \cdots, & a_q\\P(a_1), & P(a_2), & \cdots, & P(a_q)\end{bmatrix}$$

q 给定时,信源的信息熵为概率分布 $P(x)$的函数。

概率矢量 $P=(P(a_1),P(a_2),\cdots,P(a_q))=(p_1,p_2,\cdots,p_q)$满足 $\sum_{i=1}^{q}p_i=1$, $p_i\geqslant 0$,则熵函数定义为

$$H(X)=-\sum_{i=1}^{q}P(a_i)\log P(a_i)=-\sum_{i=1}^{q}p_i\log p_i=H(p_1,p_2,\cdots,p_q)=H(P) \tag{2.23}$$

熵函数有如下性质。

1. 对称性

$$H(p_1,p_2,\cdots,p_q)=H(p_2,p_3,\cdots,p_q,p_1)=\cdots=H(p_q,p_1,\cdots,p_{q-1}) \tag{2.24}$$

例如,对于以下信源

$$\begin{bmatrix}X\\P(x)\end{bmatrix}=\begin{bmatrix}a_1 & a_2 & a_3\\1/2 & 1/4 & 1/4\end{bmatrix},\begin{bmatrix}Y\\P(y)\end{bmatrix}=\begin{bmatrix}a_1 & a_2 & a_3\\1/4 & 1/2 & 1/4\end{bmatrix},\begin{bmatrix}Z\\P(z)\end{bmatrix}=\begin{bmatrix}a_1 & a_2 & a_3\\1/4 & 1/4 & 1/2\end{bmatrix}$$

$$H(X)=H\left(\frac{1}{2},\frac{1}{4},\frac{1}{4}\right)=1.5\ \text{比特 / 符号}$$

$$H(Y)=H\left(\frac{1}{4},\frac{1}{2},\frac{1}{4}\right)=1.5\ \text{比特 / 符号}$$

$$H(Z)=H\left(\frac{1}{4},\frac{1}{4},\frac{1}{2}\right)=1.5\ \text{比特 / 符号}$$

$$H(X)=H(Y)=H(Z)$$

可以看出,对于每一个事件 a_i 来说,各自提供的自信息量不同。但是从数学角度上讲,$H(P)=\sum p_i\log p_i$ 中的和式满足交换率;从随机变量的角度上讲,熵只与随机变量的总体统计特性有关,即与信源的总体的统计特性(含有的符号数、概率分布)有关。存在的局限性是不

能描述事件本身的具体含义和主观价值的。

2. 确定性

$$H(1,0)=H(1,0,0)=H(1,0,0,0)=\cdots=H(1,0,\cdots,0)=0 \tag{2.25}$$

$P=(p_1,p_2,\cdots,p_q)$中，当 $p_i=1$ 时，$p_i\log p_i=0$，对于其余分量 $p_j=0(j\neq i)$，$\lim\limits_{p_j\to 0} p_j\log p_j=0$。

从总体来看，信源虽然有不同的输出符号，但它只有一个符号几乎必然出现，而其他符号则是几乎不可能出现，那么，这个信源是一个确知信源，其熵等于零。

3. 非负性

$$H(P)=H(p_1,p_2,\cdots,p_q)=-\sum_{i=1}^{q}p_i\log p_i\geqslant 0(0<p_i<1,\log p_i<0) \tag{2.26}$$

随机变量 X 的概率分布满足 $0<p_i<1$，当取对数的底大于 1 时，$\log(p_i)<0$，$-p_i\log(p_i)>0$，即得到的熵为正值。当随机变量是一个确知量时熵才等于零。这种非负性适合于离散信源的熵，对连续信源来说这一性质并不存在。在后面第 4 章中连续信源的熵可能得到负值。

4. 扩展性

$$\lim_{\varepsilon\to 0}H_{q+1}(p_1,p_2,\cdots,p_q-\varepsilon,\varepsilon)=H_q(p_1,p_2,\cdots,p_q)\quad(\lim_{\varepsilon\to 0}\varepsilon\log\varepsilon=0) \tag{2.27}$$

由于

$$\begin{aligned}&\lim_{\varepsilon\to 0}H_{q+1}(p_1,p_2,\cdots,p_q-\varepsilon,\varepsilon)\\&=\lim_{\varepsilon\to 0}\left\{-\sum_{i=1}^{q-1}p_i\log p_i-(p_q-\varepsilon)\log(p_q-\varepsilon)-\varepsilon\log\varepsilon\right\}\\&=-\sum_{i=1}^{q}p_i\log p_i=H_q(p_1,p_2,\cdots,p_q)\end{aligned}$$

说明：信源的取值数增多时，若这些取值对应的概率很小（接近于零），则信源熵不变。

5. 可加性

统计独立信源 X 和 Y 的联合信源的熵等于分别熵之和。

$X=(p_1,p_2,\cdots,p_n)$，$Y=(q_1,q_2,\cdots,q_m)$，则

$$H(XY)=H(X)+H(Y) \tag{2.28}$$

即

$$\begin{aligned}&H_{nm}(p_1q_1,p_1q_2,\cdots,p_1q_m,p_2q_1,\cdots p_2q_m,p_nq_1,\cdots p_nq_m)\\&=H(p_1,p_2,\cdots,p_n)+H(q_1,q_2,\cdots,q_m)\end{aligned} \tag{2.29}$$

$$\sum_{i=1}^{n}p_i=1,\sum_{j=1}^{m}q_j=1,\sum_{i=1}^{n}\sum_{j=1}^{m}p_iq_j=1$$

证明：

$$\begin{aligned}&H_{nm}(p_1q_1,p_1q_2,\cdots,p_1q_m,p_2q_1,\cdots p_2q_m,p_nq_1,\cdots p_nq_m)\\&=-\sum_{i=1}^{n}\sum_{j=1}^{m}p_iq_j\log p_iq_j=-\sum_{i=1}^{n}\sum_{j=1}^{m}p_iq_j\log p_i-\sum_{i=1}^{n}\sum_{j=1}^{m}p_iq_j\log q_j\\&=-\sum_{j=1}^{m}q_j(\sum_{i=1}^{n}p_i\log p_i)-\sum_{i=1}^{n}p_i(\sum_{j=1}^{m}q_j\log q_j)\\&=-\sum_{i=1}^{n}p_i\log p_i-\sum_{j=1}^{m}q_j\log q_j\\&=H(p_1,p_2,\cdots,p_n)+H(q_1,q_2,\cdots,q_m)\end{aligned}$$

可加性是熵函数的一个重要特性，正因具有可加性，才使熵函数的形式是唯一的。

例 2.14 甲信源为$\begin{bmatrix} X \\ p(x) \end{bmatrix}=\begin{bmatrix} a_1 & a_2 & \cdots & a_n \\ 1/n & 1/n & \cdots & 1/n \end{bmatrix}$,乙信源为$\begin{bmatrix} Y \\ p(y) \end{bmatrix}=\begin{bmatrix} b_1 & b_2 & \cdots & b_m \\ 1/m & 1/m & \cdots & 1/m \end{bmatrix}$,它们的联合信源为

$$\begin{bmatrix} Z \\ p(z) \end{bmatrix}=\begin{bmatrix} c_1 & c_2 & \cdots & c_{nm} \\ \dfrac{1}{nm} & \dfrac{1}{nm} & \cdots & \dfrac{1}{nm} \end{bmatrix}$$

可计算得联合信源的联合熵:

$$H(Z)=H(XY)=\log(nm)=\log(m)+\log(n)=H(X)+H(Y)$$

6. 强可加性

两个相互关联的信源 X 和 Y 的联合信源的熵等于信源 X 的熵加上在 X 已知条件下信源 Y 的条件熵。$H(Y|X)$表示信源 X 输出一符号的条件下,信源 Y 再输出一符号所能提供的平均信息量,即条件熵。

关联:$P(Y=y_j\mid X=x_i)=p_{ij}(0\leqslant p_{ij}\leqslant 1;i=1,2,\cdots,n;j=1,2,\cdots,m)$

$$H(XY)=H(X)+H(Y\mid X) \tag{2.30}$$

$$\begin{aligned}&H_{nm}(p_1p_{11},p_1p_{12},\cdots,p_1p_{1m},p_2p_{21},\cdots,p_2p_{2m},p_np_{n1},\cdots,p_np_{nm})\\&=H_n(p_1,p_2,\cdots,p_n)+\sum_{i=1}^{n}p_iH_m(p_{i1},p_{i2},\cdots,p_{im})\end{aligned} \tag{2.31}$$

$$\sum_{i=1}^{n}p_i=1,\sum_{i=1}^{n}\sum_{j=1}^{m}p_ip_{ij}=1,\sum_{j=1}^{m}p_ip_{ij}=p_i\Rightarrow\sum_{j=1}^{m}p_{ij}=1$$

$$\left(\sum_{j=1}^{m}p_ip_{ij}=\sum_{j=1}^{m}p(X=x_i,Y=y_j)=P(X=x_i)=p_i\Rightarrow p_i\sum_{j=1}^{m}p_{ij}=p_i\right)$$

证明: $H_{nm}=-\sum_{i=1}^{n}\sum_{j=1}^{m}p_ip_{ij}\log p_ip_{ij}$

$$\begin{aligned}&=-\sum_{i=1}^{n}\sum_{j=1}^{m}p_ip_{ij}\log p_i-\sum_{i=1}^{n}\sum_{j=1}^{m}p_ip_{ij}\log p_{ij}\\&=-\sum_{i=1}^{n}(\sum_{j=1}^{m}p_{ij})p_i\log p_i-\sum_{i=1}^{n}p_i\sum_{j=1}^{m}p_{ij}\log p_{ij}\\&=-\sum_{i=1}^{n}p_i\log p_i+\sum_{i=1}^{n}p_i(-\sum_{j=1}^{m}p_{ij}\log p_{ij})\\&=H_n(p_1,p_2,\cdots,p_n)+\sum_{i=1}^{n}p_iH_m(p_{i1},p_{i2},\cdots,p_{im})\end{aligned}$$

$$H_m(p_{i1},p_{i2},\cdots,p_{im})=-\sum_{j=1}^{m}p_{ij}\log p_{ij}=H(Y\mid X=x_i)$$

$$\sum_{i=1}^{n}p_iH_m(p_{i1},p_{i2},\cdots,p_{im})=\sum_{i=1}^{n}p_iH(Y\mid X=x_i)=H(Y\mid X)$$

7. 递增性

若原信源 X 中有一个符号分割成了 m 个元素(符号),这 m 个元素的概率之和等于原元素的概率,而其他符号的概率不变,则新信源的熵增加。熵的增加量等于由分割而产生的不确定性量。

$$H_{n+m-1}(p_1,p_2,\cdots,p_{n-1},q_1,q_2,\cdots,q_m)$$

$$= H_n(p_1,p_2,\cdots,p_{n-1},p_n) + p_n H_m\left(\frac{q_1}{p_n},\frac{q_2}{p_n},\cdots,\frac{q_m}{p_n}\right)\left(\sum_{i=1}^{n} p_i = 1, \sum_{j=1}^{m} q_j = p_n\right) \quad (2.32)$$

证明：$H_{n+m-1}(p_1,p_2,\cdots,p_{n-1},q_1,q_2,\cdots,q_m)$

$$= -\sum_{i=1}^{n-1} p_i \log p_i - \sum_{j=1}^{m} q_j \log q_j$$

$$= -\sum_{i=1}^{n} p_i \log p_i + p_n \log p_n - \sum_{j=1}^{m} q_j \log q_j$$

$$= H_n(p_1,p_2,\cdots,p_{n-1},p_n) + \sum_{j=1}^{m} q_j \log p_n - \sum_{j=1}^{m} q_j \log q_j$$

$$= H_n(p_1,p_2,\cdots,p_{n-1},p_n) - \sum_{j=1}^{m} q_j \log \frac{q_j}{p_n}$$

$$= H_n(p_1,p_2,\cdots,p_{n-1},p_n) - p_n \sum_{j=1}^{m} \frac{q_j}{p_n} \log \frac{q_j}{p_n}$$

$$= H_n(p_1,p_2,\cdots,p_{n-1},p_n) + p_n H_m\left(\frac{q_1}{p_n},\frac{q_2}{p_n},\cdots,\frac{q_m}{p_n}\right)$$

例 2.15 运用熵函数的递增性，计算熵函数 $H\left(\frac{1}{2},\frac{1}{4},\frac{1}{8},\frac{1}{8}\right)$ 的数值。

解：根据熵函数的递增性，可得

$$H\left(\frac{1}{2},\frac{1}{4},\frac{1}{8},\frac{1}{8}\right) = H\left(\frac{1}{2},\frac{1}{4},\frac{1}{4}\right) + \frac{1}{4}H\left(\frac{1}{2},\frac{1}{2}\right)$$

$$= H\left(\frac{1}{2},\frac{1}{2}\right) + \frac{1}{2}H\left(\frac{1}{2},\frac{1}{2}\right) + \frac{1}{4}H\left(\frac{1}{2},\frac{1}{2}\right)$$

$$= \frac{7}{4}H\left(\frac{1}{2},\frac{1}{2}\right) = 1.75 \text{ 比特 / 符号}$$

递增性的推广

$$H_n(p_1,p_2,\ldots,p_n) = H_2(p_1,\sum_{i=2}^{n} p_i) + (\sum_{i=2}^{n} p_i) H_{n-1}\left(\frac{p_2}{\sum_{i=2}^{n} p_i},\frac{p_3}{\sum_{i=2}^{n} p_i},\cdots,\frac{p_n}{\sum_{i=2}^{n} p_i}\right)$$

$$= H_2(p_1,\sum_{i=2}^{n} p_i) + \sum_{i=2}^{n} p_i H_2\left(\frac{p_2}{\sum_{i=2}^{n} p_i},\frac{\sum_{i=3}^{n} p_i}{\sum_{i=2}^{n} p_i}\right) + \cdots +$$

$$\sum_{i=n-1}^{n} p_i H_2\left(\frac{p_{n-1}}{\sum_{i=n-1}^{n} p_i},\frac{p_n}{\sum_{i=n-1}^{n} p_i}\right) \quad (2.33)$$

式(2.33)表示 n 个元素的信源熵可以递推成$(n-1)$个二元信源的熵函数的加权和。这样，可使多元信源的熵函数的计算简化成计算若干个二元信源的熵函数。因此，熵函数的递增性又可称为递推性。

8. 极值性

在离散信源情况下，信源各符号等概率分布时，熵值达到最大：

$$H(p_1,p_2,\cdots,p_q) \leqslant H\left(\frac{1}{q},\frac{1}{q},\cdots,\frac{1}{q}\right) = \log q \quad (2.34)$$

该性质表明等概率分布信源的平均不确定性为最大。这是一个很重要的结论，称为最大离散熵定理。

证明：因为对数是∩型凸函数，满足詹森不等式 $E[\log Y]\leqslant\log E[Y]$，则有：

$$H(p_1,p_2,\ldots,p_q)=\sum_{i=1}^{q}p_i\log\frac{1}{p_i}\leqslant\log\left(\sum_{i=1}^{q}p_i\frac{1}{p_i}\right)=\log q \tag{2.35}$$

例 2.16 以二进制信源为例，信源的概率空间为 $\begin{bmatrix}X\\P(X)\end{bmatrix}=\begin{bmatrix}0 & 1\\p & 1-p\end{bmatrix}$，二进制信源的信息熵为 $H(X)=-[p\log p+(1-p)\log(1-p)]$，这时信息熵 $H(X)$ 是 p 的函数，熵函数 $H(p)$ 的曲线如图 2.2 所示。

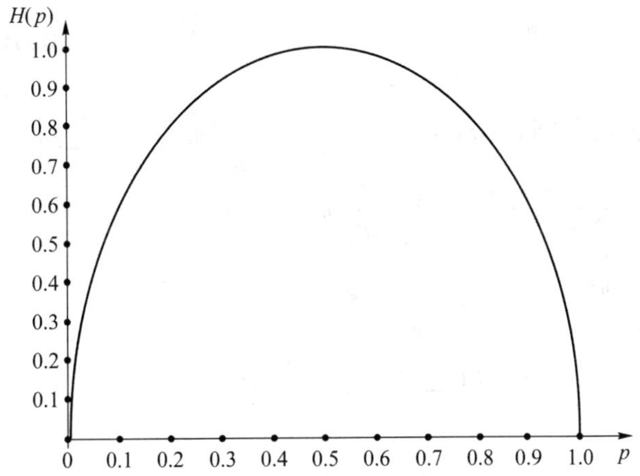

图 2.2 熵函数 $H(p)$ 的曲线

从图中可以得出熵函数的一些性质：

如果二进制信源的输出是确定的（$p=0$ 或 $p=1$），则该信源不提供任何信息；当二进制信源符号 0 和 1 等概率发生时，信源的熵达到最大值，等于 1 比特/符号；在等概率的二进制信源输出的二进制数字序列中，每一个二元数字提供 1 比特的信息量。如果符号不是等概率分布，则每一个二元数字所提供的平均信息量小于 1 比特。

补充知识点：

(1) 上凸函数的基本知识：

设 $f(x)$ 是实变量 x 的实值连续函数，如对定义域中的任何 x_1 和 x_2，满足不等式

$$f\left(\frac{x_1+x_2}{2}\right)\geqslant\frac{f(x_1)+f(x_2)}{2} \tag{2.36}$$

则称 $f(x)$ 是上凸函数。上凸函数的任何弦均位于函数图形之下，如图 2.3 所示。

证明：设 $\forall x\in[x_1,x_2]$，则 $\exists\, 0\leqslant\alpha\leqslant1$，使得

$$x=\alpha x_1+(1-\alpha)x_2 \tag{2.37}$$

其中，$\alpha=\dfrac{x_2-x}{x_2-x_1}$。不同的 α 值表示 $[x_1,x_2]$ 间不同的值。对于任意取值 x，得到 $f(x)$，如图 2.4所示。

$$f(x)=f[\alpha x_1+(1-\alpha)x_2] \tag{2.38}$$

$$h(x)=f(x_1)+\Delta x=f(x_1)+(x-x_1)\frac{f(x_2)-f(x_1)}{x_2-x_1}=\alpha f(x_1)+(1-\alpha)f(x_2) \tag{2.39}$$

$$f(x) \geqslant h(x) \tag{2.40}$$

$$f[\alpha x_1 + (1-\alpha)x_2] \geqslant \alpha f(x_1) + (1-\alpha)f(x_2) \tag{2.41}$$

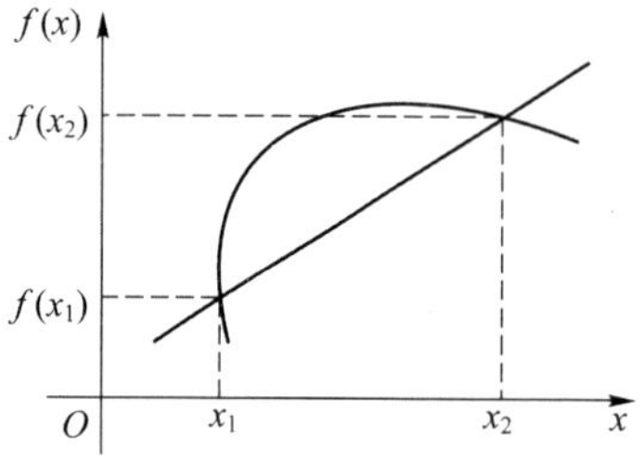

图 2.3　上凸函数图形

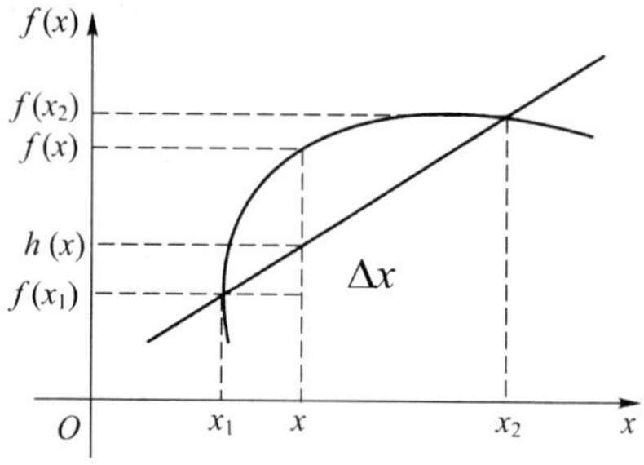

图 2.4　上凸函数的任意取值

推广到统计平均值的范畴，令 $m_1, m_2, \cdots, m_n$ 为任意整数，且 $\sum\limits_{i=1}^{n} m_i = n$，有

$$f\left(\frac{m_1 x_1 + m_2 x_2 + \cdots + m_n x_n}{n}\right) \geqslant \frac{1}{n}[m_1 f(x_1) + m_2 f(x_2) + \cdots + m_n f(x_n)] \tag{2.42}$$

令 $p_i = \dfrac{m_i}{n}$，$\sum\limits_{i=1}^{n} p_i = 1$，则

$$f\left(\sum_{i=1}^{n} p_i x_i\right) \geqslant \sum_{i=1}^{n} p_i f(x_i) \tag{2.43}$$

即

$$f[E(X)] \geqslant E[f(x)] \tag{2.44}$$

（2）最大离散熵定理：

约束条件为 $\sum\limits_{i=1}^{n} p_i = 1$，$H(P) = H(p_1, p_2, \cdots, p_q)$的最大值。作辅助函数

$$F(p_1, p_2, \cdots, p_q) = H(p_1, p_2, \cdots, p_q) + \lambda\left(\sum_{i=1}^{n} p_i - 1\right) = -\sum_{i=1}^{n} p_i \log p_i + \lambda\left(\sum_{i=1}^{n} p_i - 1\right) \tag{2.45}$$

则：

$$\frac{\partial F}{\partial p_1} = -(1 + \log p_1) + \lambda = 0 \tag{2.46}$$

$$\frac{\partial F}{\partial p_2} = -(1 + \log p_2) + \lambda = 0 \tag{2.47}$$

$$\vdots$$

$$\frac{\partial F}{\partial p_n} = -(1 + \log p_n) + \lambda = 0 \tag{2.48}$$

$$\frac{\partial F}{\partial \lambda} = \sum_{i=1}^{n} p_i - 1 = 0 \tag{2.49}$$

即

$$\begin{cases} -(1 + \log p_i) + \lambda = 0 \\ \sum\limits_{i=1}^{n} p_i - 1 = 0 \end{cases} \quad (i = 1, 2, \cdots, n) \tag{2.50}$$

所以

$$\begin{cases} p_i = 2^{\lambda-1} \\ 2^{\lambda-1} = \dfrac{1}{n} \end{cases} \tag{2.51}$$

故 $p_1=p_2=\cdots=p_n=\dfrac{1}{n}$时，$H(P)$取极大值：

$$H_{\max}(p_1,p_2,\cdots,p_q) = H\left(\frac{1}{n},\frac{1}{n},\cdots,\frac{1}{n}\right) = \log n \tag{2.52}$$

(3) 信源 X 的概率空间 $P=(p_1,p_2,\cdots,p_n)$，$0<p_i<1(i=1,2,\cdots,n)$，$\sum_{i=1}^{n} p_i = 1$，另 $x_i > 0$ $(i = 1,2,\cdots,n)$，有

$$\log\left(\sum_{i=1}^{n} p_i x_i\right) \geqslant \sum_{i=1}^{n} p_i \log x_i \tag{2.53}$$

其中，$\log x$ 为上凸函数。

设另一概率分量数同样也等于 n 的概率空间 $S=(s_1,s_2,\cdots,s_n)$，其中 $0<s_i<1(i=1,2,\cdots,n)$，$\sum_{i=1}^{n} s_i = 1$。令 $x_i=\dfrac{s_i}{p_i}(i=1,2,\cdots,n)$，则有当 $x_i>0(i=1,2,\cdots,n)$时：

$$\log\left(\sum_{i=1}^{n} p_i \frac{s_i}{p_i}\right) \geqslant \sum_{i=1}^{n} p_i \log \frac{s_i}{p_i} \tag{2.54}$$

$$\log\left(\sum_{i=1}^{n} s_i\right) \geqslant \sum_{i=1}^{n} p_i \log s_i - \sum_{i=1}^{n} p_i \log p_i \tag{2.55}$$

$$-\sum_{i=1}^{n} p_i \log p_i \leqslant -\sum_{i=1}^{n} p_i \log s_i \tag{2.56}$$

$$H(X) = H(p_1,p_2,\cdots,p_n) \leqslant -\sum_{i=1}^{n} p_i \log s_i \tag{2.57}$$

(4) $\ln x \leqslant x-1$

$$f(x) = x - 1 - \ln x \tag{2.58}$$

$$\ln x = \frac{\log x}{\log \mathrm{e}} \tag{2.59}$$

$$\log x = \ln x \log \mathrm{e} \tag{2.60}$$

$$f'(x) = 1 - \frac{1}{x} = 0, x = 1 \tag{2.61}$$

$$f''(x) = \frac{1}{x^2} > 0 \tag{2.62}$$

$f(x)$在 $x=1$ 处取极小值，$f(x)$极小值为 0。

$$\sum_{i=1}^{n} p_i \log \frac{s_i}{p_i} \leqslant \sum_{i=1}^{n} p_i \log \mathrm{e}\left(\frac{s_i}{p_i} - 1\right) = \log \mathrm{e} \sum_{i=1}^{n} (s_i - p_i) = 0 \tag{2.63}$$

$$-\sum_{i=1}^{n} p_i \log p_i \leqslant -\sum_{i=1}^{n} p_i \log s_i \tag{2.64}$$

$$H(X) = H(p_1,p_2,\cdots,p_n) \leqslant -\sum_{i=1}^{n} p_i \log s_i \tag{2.65}$$

9. 上凸性

熵函数 $H(P)$是概率矢量 $\boldsymbol{P}=(p_1,p_2,\cdots,p_q)$的上凸函数。即对任意概率矢量 $\boldsymbol{P}_1=$

$(p_1,p_2,\cdots,p_q)$和$\boldsymbol{P}_2=(p_1',p_2',\cdots,p_q')$，及任意$0<\theta<1$，则有

$$H[\theta P_1+(1-\theta)P_2]>\theta H(P_1)+(1-\theta)H(P_2) \tag{2.66}$$

证明：$H[\theta P_1+(1-\theta)P_2]$

$$=-\sum_{i=1}^{q}[\theta p_i+(1-\theta)p'_i]\log[\theta p_i+(1-\theta)p'_i]$$

$$=-\theta\sum_{i=1}^{q}p_i\log[\theta p_i+(1-\theta)p'_i]-(1-\theta)\sum_{i=1}^{q}p'_i\log[\theta p_i+(1-\theta)p'_i]$$

$$=-\theta\sum_{i=1}^{q}p_i\log\frac{p_i}{p_i}[\theta p_i+(1-\theta)p'_i]-(1-\theta)\sum_{i=1}^{q}p'_i\log\frac{p'_i}{p'_i}[\theta p_i+(1-\theta)p'_i]$$

$$=\theta H(P_1)+(1-\theta)H(P_2)-\theta\sum_{i=1}^{q}p_i\log[\theta p_i+(1-\theta)p'_i]-\theta\sum_{i=1}^{q}p_i\log\frac{1}{p_i}$$

$$-(1-\theta)\sum_{i=1}^{q}p'_i\log[\theta p_i+(1-\theta)p'_i]-(1-\theta)\sum_{i=1}^{q}p'_i\log\frac{1}{p'_i}$$

令$\omega_i=\theta p_i+(1-\theta)p'_i(i=1,2,\cdots,q)$，$\sum_{i=1}^{q}\omega_i=1$，则

$$-\theta\sum_{i=1}^{q}p_i\log[\theta p_i+(1-\theta)p'_i]-\theta\sum_{i=1}^{q}p_i\log\frac{1}{p_i}=-\theta\sum_{i=1}^{q}p_i\log\omega_i+\theta\sum_{i=1}^{q}p_i\log p_i$$

$$\geqslant-\theta\sum_{i=1}^{q}p_i\log p_i+\theta\sum_{i=1}^{q}p_i\log p_i=0$$

同理：$-(1-\theta)\sum_{i=1}^{q}p'_i\log[\theta p_i+(1-\theta)p'_i]-(1-\theta)\sum_{i=1}^{q}p'_i\log\frac{1}{p'_i}\geqslant 0$

所以，$H[\theta P_1+(1-\theta)P_2]>\theta H(P_1)+(1-\theta)H(P_2)$

2.3 信息熵的唯一性定理

定理 2.1 设$H_n(p_1,p_2,\cdots,p_n)$是概率矢量$\boldsymbol{P}=(p_1,p_2,\cdots,p_q)$的非负函数，对于任意$n$，概率矢量满足$p_i\geqslant 0$，$\sum_{i=1}^{n}p_i=1$。若$H_n(P)$满足下述公理：

(1) 对$\forall n$，函数$H_n(p_1,p_2,\cdots,p_n)$是$p_i(i=1,2,\cdots,n)$的连续和对称函数；

(2)（扩展性）对$\forall n$，有

$$H_{n+1}(p_1,p_2,\cdots,p_n,0)=H_n(p_1,p_2,\cdots,p_n)$$

(3)（极值性）对$\forall n$，有

$$H_n(p_1,p_2,\cdots,p_n)\leqslant H_n\left(\frac{1}{n},\frac{1}{n},\cdots,\frac{1}{n}\right)$$

(4)（强可加性）若$p_ip_{ij}\geqslant 0$，$\sum_{i=1}^{n}\sum_{j=1}^{m}p_ip_{ij}=1$，$\sum_{j=1}^{m}p_{ij}=1(i=1,2,\cdots,n;j=1,2,\cdots,m)$，有

$$H_{nm}(p_1p_{11},p_1p_{12},\cdots,p_1p_{1m},p_2p_{21},\cdots,p_2p_{2m},p_np_{n1},\cdots,p_np_{nm})$$

$$=H_n(p_1,p_2,\cdots,p_n)+\sum_{i=1}^{n}p_iH_m(p_{i1},p_{i2},\cdots,p_{im}) \tag{2.67}$$

则得

$$H_n(p_1,p_2,\cdots,p_n)=-\lambda\sum_{i=1}^{n}p_i\log p_i \tag{2.68}$$

其中,λ 为一正常数。

定理中,λ 为一常数,它由对数的底来决定,只影响所取的单位。

2.4 离散无记忆的扩展信源

实际信源输出的消息往往是时间上或空间上的一系列符号,如电报系统,序列中前后符号间一般是有统计依赖关系的。

对于离散无记忆信源,信源序列的前后符号之间是统计独立的。如在二元系统中,把两个二元数字看成一组,会出现四种可能情况:00,01,10 和 11,则可以把这四种情况看成一个新的信源,称为二元无记忆信源的二次扩展信源,相应的,如果把 N 个二元数字看成一组,则新的信源称为二元无记忆信源的 N 次扩展信源。

设一个离散无记忆信源的概率空间

$$\begin{bmatrix}X\\P(x)\end{bmatrix}=\begin{bmatrix}a_1, & a_2, & \cdots, & a_q\\P(a_1), & P(a_2), & \cdots, & P(a_q)\end{bmatrix},\sum_{i=1}^{q}p_i=1$$

如果一个离散无记忆信源 X,其样本空间为$\{a_1,a_2,\cdots,a_q\}$,对它的输出消息序列,可以用一组长度为 N 的序列表示它。这时,它就等效成了一个新信源。新信源输出的符号是原 N 长的消息序列,用 N 维离散随机矢量来描述,写成 $X=(X_1,X_2,\cdots,X_N)$,则由这个随机矢量 X 组成的信源称为离散无记忆信源 X 的 N 次扩展信源。则信源 X 的 N 次扩展信源 X^N 是具有 q^N 个符号的离散信源,其 N 重概率空间为

$$\begin{bmatrix}X^N\\P(\alpha_i)\end{bmatrix}=\begin{bmatrix}\alpha_1, & \alpha_2, & \cdots, & \alpha_q\\P(\alpha_1), & P(\alpha_2), & \cdots, & P(\alpha_{q^N})\end{bmatrix} \tag{2.69}$$

其中,α_i 为某一个由 N 个 a_i 组成的序列:

$$P(\alpha_i)=p_{i_1}\cdot p_{i_2}\cdot\cdots\cdot p_{i_N}$$

$P(a_i)$为 N 个 a_{i_k} 组成的序列的概率,且 $\sum_{i=1}^{q^N}P(\alpha_i)=1$。

N 次扩展信源的熵

$$H(X)=H(X^N)=-\sum_{X^N}P(X)\log P(X)=-\sum_{X^N}P(\alpha_i)\log P(\alpha_i) \tag{2.70}$$

$$H(X^N)=NH(X) \tag{2.71}$$

证明:

$$\alpha_i=(a_{i_1},a_{i_2},\cdots,a_{i_N})$$

$$P(\alpha_i)=p_{i_1}\cdot p_{i_2}\cdot\cdots\cdot p_{i_N}\quad(i_1,i_2,\cdots,i_N=1,2,\cdots,q)$$

$$\begin{aligned}H(X^N)&=-\sum_{X^N}P(\alpha_i)\log P(\alpha_i)\\&=\sum_{X^N}P(\alpha_i)\log\frac{1}{p_{i_1}\cdot p_{i_2}\cdot\cdots\cdot p_{i_N}}\\&=\sum_{X^N}P(\alpha_i)\log\frac{1}{p_{i_1}}+\sum_{X^N}P(\alpha_i)\log\frac{1}{p_{i_2}}+\cdots+\sum_{X^N}P(\alpha_i)\log\frac{1}{p_{i_N}}\end{aligned}$$

$$\sum_{X^N}P(\alpha_i)\log\frac{1}{p_{i_1}}=\sum_{X^N}p_{i_1}\cdot p_{i_2}\cdot\cdots\cdot p_{i_N}\log\frac{1}{p_{i_1}}=\sum_{i_1=1}^{q}p_{i_1}\log\frac{1}{p_{i_1}}\cdot\sum_{i_2=1}^{q}p_{i_2}\cdot\cdots\cdot\sum_{i_N=1}^{q}p_{i_N}$$

$$= \sum_{i_1=1}^{q} p_{i_1} \log \frac{1}{p_{i_1}} = H(X)$$

所以，
$$H(\mathbf{X}) = H(X^N) = H(X) + H(X) + \cdots + H(X) = NH(X)$$

例 2.17 有一离散无记忆信源

$$\begin{bmatrix} X \\ P(X) \end{bmatrix} = \begin{bmatrix} a_1, & a_2, & a_3 \\ \frac{1}{2}, & \frac{1}{3}, & \frac{1}{6} \end{bmatrix}, \quad \sum_{i=1}^{3} p_i = 1$$

我们求这个离散无记忆信源的二次扩展信源，扩展信源的每个符号是信源 X 的输出长度为 2 的符号序列。因为信源 X 共有 3 个不同符号，所以由信源 X 中每二个符号组成的不同排列共有 $3^2=9$ 种，得二次扩展信源共有 9 个不同的符号。又因为信源 X 是无记忆的，则有 $P(\alpha_i) = p_{i_1} \cdot p_{i_2} (i_1, i_2 = 1,2,3)$，于是得表 2.4。

表 2.4 信源 X 的二次扩展信源

X^2 信源的符号	α_1	α_2	α_3	α_4	α_5	α_6	α_7	α_8	α_9
对应的由两个 a_i 组成的符号序列	a_1a_1	a_1a_2	a_1a_3	a_2a_1	a_2a_2	a_2a_3	a_3a_1	a_3a_2	a_3a_3
概率 $P(\alpha_i)$	$\frac{1}{4}$	$\frac{1}{6}$	$\frac{1}{12}$	$\frac{1}{8}$	$\frac{1}{9}$	$\frac{1}{18}$	$\frac{1}{12}$	$\frac{1}{18}$	$\frac{1}{36}$

计算得出
$$H(X) = 1.45 \text{ 比特/符号}$$

此处单位中的“符号”是指 X 信源的输出符号 a_i。

$$H(\mathbf{X}) = H(X^2) = 2.9 \text{ 比特/符号}$$

注意，此处单位中的“符号”是指扩展信源的输出符号 α_i，它是由 2 个 a_i 符号组成。

所以可得
$$H(\mathbf{X}) = 2H(X)$$

结论：计算扩展信源的熵时，不必构造新的信源，可直接从原信源 X 的熵导出。即离散平稳无记忆信源 X 的 N 次扩展信源的熵为离散信源 X 的熵的 N 倍。

2.5 离散平稳信源

2.5.1 离散平稳信源的数学定义

一般来说，信源的前后消息之间有前后依赖关系，可以用随机矢量描述：

$$X = (\cdots, X_1, X_2, \cdots, X_i, \cdots)$$

信源在某一时刻发出什么样的值取决于两方面，分别为这一时刻该变量的概率分布和这一时刻以前发出的消息。

一维平稳信源是指序列的统计性质与时间的推移无关，即两个任意时刻信源发出相同符号的概率分布完全相同，即

$$P(x_i) = P(x_j) = P(x) \tag{2.72}$$

其中，i,j 为任意大于 1 的任意整数。

二维平稳信源指信源发出序列中只有前后两个符号间有依赖关系：

$$P(x_i x_{i+1}) = P(x_j x_{j+1}) \tag{2.73}$$

其中，i,j 为任意整数，$i \neq j$。

对于离散平稳信源，则有：

$$P(x_i)=P(x_j)$$
$$P(x_ix_{i+1})=P(x_jx_{j+1})$$
$$\vdots$$
$$P(x_ix_{i+1}\cdots x_{i+N})=P(x_jx_{j+1}\cdots x_{i+N}) \tag{2.74}$$

其中，i,j 为任意整数，$i\neq j$。

由联合概率与条件概率的关系：

$$P(x_ix_{i+1})=P(x_i)P(x_{i+1}\mid x_i) \tag{2.75}$$
$$P(x_ix_{i+1}x_{i+2})=P(x_i)P(x_{i+1}\mid x_i)P(x_{i+2}\mid x_ix_{i+1}) \tag{2.76}$$
$$\vdots$$
$$P(x_ix_{i+1}\cdots x_{i+N})=P(x_i)P(x_{i+1}\mid x_i)\cdots P(x_{i+N}\mid x_ix_{i+1}\cdots x_{i+N-1}) \tag{2.77}$$

可得：

$$P(x_{i+1}\mid x_i)=P(x_{j+1}\mid x_j) \tag{2.78}$$
$$P(x_{i+2}\mid x_ix_{i+1})=P(x_{j+2}\mid x_jx_{j+1}) \tag{2.79}$$
$$\vdots$$
$$P(x_{i+N}\mid x_ix_{i+1}\cdots x_{i+N-1})=P(x_{j+N}\mid x_jx_{j+1}\cdots x_{j+N-1}) \tag{2.80}$$

条件概率均与时间起点无关，只与关联长度 N 有关。（平稳信源发出的平稳随机序列前后的依赖关系与时间起点无关。）

2.5.2　二维平稳信源及其信息熵

$$\begin{bmatrix} X \\ P(x) \end{bmatrix}=\begin{bmatrix} a_1, & a_2, & \cdots, & a_q \\ P(a_1), & P(a_2), & \cdots, & P(a_q) \end{bmatrix},\ \sum_{i=1}^{q}P(a_i)=1$$

连续两个信源符号出现的联合概率分布 $P(a_ia_j)(i,j=1,2,\cdots,q)$，并有

$$\sum_{i=1}^{q}\sum_{j=1}^{q}P(a_ia_j)=1 \tag{2.81}$$

已知符号出现后，紧跟着出现的条件概率为

$$P(a_j\mid a_i)=\frac{P(a_ia_j)}{P(a_i)}\quad (i,j=1,2,\cdots,q) \tag{2.82}$$

$$\sum_{j=1}^{q}P(a_j\mid a_i)=1$$

信源发出的符号序列中相邻两个符号是有关联的。

如何进行信息测度？

1. 信息熵的近似值计算

分析一：由二维离散信源的发出符号序列的特点可以把其分成每两个符号一组，每组代表新信源中的一个符号。并假设组与组之间是统计独立的，互不相关的。（实际上，不是统计独立的。）将二维信源输出的随机序列分成每两个符号一组，每组代表新信源 $X=X_1X_2$ 中的一个符号。得到一个新的离散无记忆信源，其联合概率空间为

$$\begin{bmatrix} X_1X_2 \\ P(x_1x_2) \end{bmatrix}=\begin{bmatrix} a_1a_1, a_1a_2, \cdots, a_{q-1}a_q, a_qa_q \\ P(a_ia_j)=P(a_i)P(a_j\mid a_i) \end{bmatrix},\ \sum_{i=1}^{q}\sum_{j=1}^{q}P(a_ia_j)=1 \tag{2.83}$$

$$H(X_1X_2)=-\sum_{i=1}^{q}\sum_{j=1}^{q}P(a_ia_j)\log P(a_ia_j) \tag{2.84}$$

联合熵表示原来信源 X 输出任意一对消息的共熵，即描述信源 X 输出长度为 2 的序列的平均不确定性，或所含有的信息量。可用 $\frac{1}{2}H(X_1X_2)$ 作为二维平稳信源 X 的信息熵的近似值。

分析二：

$$H(X_2 \mid X_1 = a_i) = -\sum_{j=1}^{q} P(a_j \mid a_i)\log P(a_j \mid a_i) \tag{2.85}$$

$$\begin{aligned} H(X_2 \mid X_1) &= \sum_{i=1}^{q} P(a_i)H(X_2 \mid X_1 = a_i) = -\sum_{i=1}^{q}\sum_{j=1}^{q} P(a_i)P(a_j \mid a_i)\log P(a_j \mid a_i) \\ &= -\sum_{i=1}^{q}\sum_{j=1}^{q} P(a_ia_j)\log P(a_j \mid a_i) \end{aligned} \tag{2.86}$$

$$\begin{aligned} H(X_1X_2) &= -\sum_{i=1}^{q}\sum_{j=1}^{q} P(a_ia_j)\log P(a_ia_j) = -\sum_{i=1}^{q}\sum_{j=1}^{q} P(a_ia_j)\log P(a_i)P(a_j \mid a_i) \\ &= -\sum_{i=1}^{q}\sum_{j=1}^{q} P(a_ia_j)\log P(a_i) - \sum_{i=1}^{q}\sum_{j=1}^{q} P(a_ia_j)\log P(a_j \mid a_i) \\ &= -\sum_{i=1}^{q}\sum_{j=1}^{q} P(a_ia_j)\log P(a_i) + H(X_2 \mid X_1) \\ &= -\sum_{i=1}^{q} P(a_i)\sum_{j=1}^{q} P(a_j \mid a_i)\log P(a_i) + H(X_2 \mid X_1) \\ &= -\sum_{i=1}^{q} P(a_i)\log P(a_i) + H(X_2 \mid X_1) \\ &= H(X_1) + H(X_2 \mid X_1) \end{aligned}$$

$$H(X_1X_2) = H(X_1) + H(X_2 \mid X_1) \tag{2.87}$$

2. 熵的强可加性

条件熵与无条件熵的关系：

$$H(X_2 \mid X_1) \leqslant H(X_2) \tag{2.88}$$

证明：在区域[0,1]中，设 $f(x) = -x\log x$（上凸函数）。并设 $x_i = P(a_j \mid a_i) = p_{ij}$，而 $P(a_i) = p_i$，有 $\sum_{i=1}^{q} p_i = 1$。由詹森不等式 $\sum_{i=1}^{q} p_i f(x_i) \leqslant f\left(\sum_{i=1}^{q} p_i x_i\right)$ 可得：

$$-\sum_{i=1}^{q} p_ip_{ij}\log p_{ij} \leqslant -\sum_{i=1}^{q} p_ip_{ij}\log\left(\sum_{i=1}^{q} p_ip_{ij}\right) = -p_j\log p_j$$

$$\left(\sum_{i=1}^{q} p_ip_{ij} = \sum_{i=1}^{q} p(a_ia_j) = P(a_j) = p_j\right)$$

上式对 j 求和：

$$-\sum_{i=1}^{q}\sum_{j=1}^{q} p_ip_{ij}\log p_{ij} \leqslant -\sum_{j=1}^{q} p_j\log p_j \Rightarrow H(X_2 \mid X_1) \leqslant H(X_2)$$

等式成立条件：只有当 $P(a_j \mid a_i) = P(a_j)$。

当 X_1 和 X_2 取自同一概率空间 X，则有

$$H(X_2) = H(X_1) = H(X) \tag{2.89}$$

$$H(X_1X_2) \leqslant H(X_1) + H(X_2) = 2H(X) \tag{2.90}$$

例 2.18 设有二维离散平稳信源 X，其概率空间如下：

$$\begin{bmatrix} X \\ P(x) \end{bmatrix} = \begin{bmatrix} 0 & 1 & 2 \\ \frac{1}{2} & \frac{1}{3} & \frac{1}{6} \end{bmatrix}, \sum_{i=1}^{3} P(a_i) = 1$$

假设发出的符号只与前一个符号有关，即可用二维联合概率 $P(a_ia_j)$给出它们的关联程度，如表 2.5 所示。

表 2.5　$P(a_ia_j)$

$P(a_ia_j)$	0	1	2
0	1/4	1/4	0
1	1/4	1/24	1/24
2	0	1/24	1/8

由表 2.5 可知(表中列相加)

$$\sum_{j=1}^{3} P(a_ia_j) = P(a_i)$$

根据概率关系可计算得条件概率 $P(a_j|a_i)$，把计算结果列成表 2.6。

表 2.6　$P(a_j|a_i)$

a_j \ a_i	0	1	2
0	1/2	3/4	0
1	1/2	1/8	1/4
2	0	1/8	3/4

由表 2.6 可知 $\sum_{j=1}^{3} P(a_j \mid a_i) = 1$(表中列相加)，此式说明当已知信源 X 前面发出的一个符号为 a_i 时，其后面发出的符号一定是符号 0，1，2 中的一个。

独立熵为

$$H(X) = -\sum_{i=1}^{3} P(a_i)\log P(a_i) = 1.452 \text{ 比特 / 符号}$$

条件熵为

$$H(X_2 \mid X_1) = -\sum_{i=1}^{3}\sum_{j=1}^{3} p(a_ia_j)\log p(a_j \mid a_i) = 0.994 \text{ 比特 / 符号}$$

联合熵为

$$H(X_1X_2) = -\sum_{i=1}^{3}\sum_{j=1}^{3} p(a_ia_j)\log(a_ia_j) = 2.446 \text{ 比特 /2 个符号}$$

平均符号熵为

$$H(\mathbf{X}) = \frac{1}{2}H(X_1X_2) = 1.223 \text{ 比特 / 符号}$$

可见，$H(X_2|X_1)=0.994$ 比特/符号$\leqslant H_2(\mathbf{X})=1.223$ 比特/符号$\leqslant H(X)=1.452$ 比特/符号。每个信源符号提供的平均信息量为

$$H_2(X_1X_2) = H(X_1X_2)/2 = 1.223 \text{ 比特 / 符号}$$

分析：用 $H_2(\mathbf{X})$来近似信源的实际熵，现在有两种方法去近似信源的实际熵。

一种是平均符号熵$\frac{1}{2}H(X_1X_2)$为 1.223 bit，但这种方法不太准确，因为它把两个消息看成一组，认为两组之间是统计独立的，实际上它们之间是有关联的；另一种是可以用条件熵来近似，$H(X_2|X_1)$为 1.452 bit，究竟$\frac{1}{2}H(X_1X_2)$与$H(X_2|X_1)$选取哪个值更能接近实际二维平稳信源的熵，可以通过对一般离散平稳信源的分析来找到这个答案。

2.5.3 离散平稳信源的极限熵

设离散平稳有记忆信源

$$\begin{bmatrix} X \\ P(x) \end{bmatrix} = \begin{bmatrix} a_1, a_2, \cdots, a_q \\ p_1, p_2, \cdots, p_q \end{bmatrix}, \sum_{i=1}^{q} p_i = 1$$

信源符号之间依赖长度为 N，已知各维概率分布。

离散平稳信源的一系列联合熵

$$H(X_1X_2\cdots X_N) = -\sum_{i_1=1}^{q}\cdots\sum_{i_N=1}^{q} P(a_{i_1}a_{i_2}\cdots a_{i_N})\log P(a_{i_1}a_{i_2}\cdots a_{i_N}) \quad (N = 2,3,\cdots,N) \tag{2.91}$$

定义 N 长的信源符号序列中平均每个信源符号所携带的信息量为平均符号熵。

$$H_N(X) = \frac{1}{N}H(X_1X_2\cdots X_N) \tag{2.92}$$

条件熵：

$$H(X_N \mid X_1X_2\cdots X_{N-1}) = -\sum_{i_1=1}^{q}\cdots\sum_{i_N=1}^{q} P(a_{i_1}a_{i_2}\cdots a_{i_N})\log P(a_{i_N} \mid a_{i_1}a_{i_2}\cdots a_{i_{N-1}})$$
$$(i = 2,3,\cdots,N) \tag{2.93}$$

对于离散平稳信源，当 $H_1(X)<\infty$时，则具有以下性质：

(1) 条件熵 $H(X_N|X_1X_2\cdots X_{N-1})$随 N 的增加是非递增的。

由 $H(X_2|X_1)\leqslant H(X_2)$可得：

$$H(X_3 \mid X_1X_2) \leqslant H(X_3 \mid X_2)$$

对于平稳信源 $$H(X_3|X_2)=H(X_2|X_1)$$

可得 $$H(X_3|X_1X_2)\leqslant H(X_2|X_1)\leqslant H(X_1)$$

依此类推，对于平稳信源有

$$\begin{aligned} H(X_N \mid X_1X_2\cdots X_{N-1}) &\leqslant H(X_{N-1} \mid X_1X_2\cdots X_{N-2}) \\ &\leqslant H(X_{N-2} \mid X_1X_2\cdots X_{N-3}) \\ &\leqslant \cdots \\ &\leqslant H(X_3 \mid X_1X_2) \\ &\leqslant H(X_2 \mid X_1) \\ &\leqslant H(X_1) \end{aligned} \tag{2.94}$$

(2) N 给定时，平均符号熵大于等于条件熵，即

$$H_N(X) \geqslant H(X_N \mid X_1X_2\cdots X_{N-1})$$

由 $H(X_2|X_1)+H(X_1)=H(X_1X_2)$可得：

$$NH_N(X) = H(X_1X_2\cdots X_{N-1}X_N) = H(X_1) + H(X_2 \mid X_1) + \cdots + H(X_N \mid X_1X_2\cdots X_{N-1})$$

由(1)可得：

$$NH_N(X) \geqslant NH(X_N \mid X_1X_2\cdots X_{N-1}) \tag{2.95}$$

所以

$$H_N(X) \geqslant H(X_N \mid X_1X_2\cdots X_{N-1}) \tag{2.96}$$

(3) 平均符号熵 $H_N(X)$ 随 N 增加而非递增的。

$$NH_N(X) = H(X_1X_2\cdots X_{N-1}X_N) = H(X_N \mid X_1X_2\cdots X_{N-1}) + H(X_1X_2\cdots X_{N-1})$$
$$= H(X_N \mid X_1X_2\cdots X_{N-1}) + (N-1)H_{N-1}(X) \tag{2.97}$$

由(2)可得：

$$NH_N(X) \leqslant H_N(X) + (N-1)H_{N-1}(X) \tag{2.98}$$

所以，$H_N(X) \leqslant H_{N-1}(X)$，即 $H_N(X)$ 随 N 增加而非递增的。

(4) $H_\infty = \lim\limits_{N\to\infty} H_N(X) = \lim\limits_{N\to\infty} H(X_N \mid X_1X_2\cdots X_{N-1})$，称 H_∞ 为平稳信源的极限熵或极限信息量(平稳信源的熵率)。

因为 $H_N(X) \geqslant 0$，即有

$$0 \leqslant H_N(X) \leqslant H_{N-1}(X) \leqslant H_{N-2}(X) \leqslant \cdots \leqslant H_1(X) \leqslant \infty \tag{2.99}$$

故 $\lim\limits_{N\to\infty} H_N(X)$ 存在，且为处于零和 $H_1(X)$ 之间的某一有限值。

另设一整数 k，有

$$H_{N+k}(X) = \frac{1}{N+k} H(X_1X_2\cdots X_N\cdots X_{N+k})$$
$$= \frac{1}{N+k}[H(X_1X_2\cdots X_{N-1}) + H(X_N \mid X_1X_2\cdots X_{N-1}) +$$
$$H(X_{N+1} \mid X_1X_2\cdots X_N) + \cdots + H(X_{N+k} \mid X_1X_2\cdots X_{N+k-1})] \tag{2.100}$$

$$H_{N+k}(X) \leqslant \frac{1}{N+k}[H(X_1X_2\cdots X_{N-1}) + H(X_N \mid X_1X_2\cdots X_{N-1}) + \cdots + H(X_N \mid X_1X_2\cdots X_{N-1})]$$
$$= \frac{1}{N+k} H(X_1X_2\cdots X_{N-1}) + \frac{k+1}{N+k} H(X_N \mid X_1X_2\cdots X_{N-1}) \tag{2.101}$$

当 $k\to\infty$ 时，

$$\lim_{k\to\infty} H_{N+k}(X) \leqslant H(X_N \mid X_1X_2\cdots X_{N-1}) \tag{2.102}$$

$$\lim_{N\to\infty} H_N(X) = H_\infty \tag{2.103}$$

$$\lim_{N\to\infty} H_N(X) \leqslant \lim_{N\to\infty} H(X_N \mid X_1X_2\cdots X_{N-1}) \tag{2.104}$$

由(2)得：

$$\lim_{N\to\infty} H_N(X) \geqslant \lim_{N\to\infty} H(X_N \mid X_1X_2\cdots X_{N-1}) \tag{2.105}$$

所以

$$H_\infty = \lim_{N\to\infty} H_N(X) = \lim_{N\to\infty} H(X_N \mid X_1X_2\cdots X_{N-1}) \tag{2.106}$$

可用条件熵或平均符号熵作为平稳信源极限熵的近似值。

补充证明：

$$H(X_N \mid X_1X_2\cdots X_{N-1}) = -\sum_{i_1=1}^{q}\cdots\sum_{i_N=1}^{q} P(a_{i_1}a_{i_2}\cdots a_{i_N})\log P(a_{i_N} \mid a_{i_1}a_{i_2}\cdots a_{i_{N-1}})$$

$$= -\sum_{i_1=1}^{q}\cdots\sum_{i_N=1}^{q} P(a_{i_1}a_{i_2}\cdots a_{i_{N-1}})P(a_{i_N} \mid a_{i_1}a_{i_2}\cdots a_{i_{N-1}})\log P(a_{i_N} \mid a_{i_1}a_{i_2}\cdots a_{i_{N-1}})$$

$$=\sum_{i_1=1}^{q}\cdots\sum_{i_{N-1}=1}^{q}P(a_{i_1}a_{i_2}\cdots a_{i_{N-1}})\left[-\sum_{i_N=1}^{q}P(a_{i_N}\mid a_{i_1}a_{i_2}\cdots a_{i_{N-1}})\log P(a_{i_N}\mid a_{i_1}a_{i_2}\cdots a_{i_{N-1}})\right]$$

$$\tag{2.107}$$

$$\sum_{i_N=1}^{q}P(a_{i_N}\mid a_{i_1}a_{i_2}\cdots a_{i_{N-1}})=1,\sum_{i_N=1}^{q}P(a_{i_N}\mid a_{i_2}a_{i_3}\cdots a_{i_{N-1}})=1$$

$$-\sum_{i_N=1}^{q}P(a_{i_N}\mid a_{i_1}a_{i_2}\cdots a_{i_{N-1}})\log P(a_{i_N}\mid a_{i_1}a_{i_2}\cdots a_{i_{N-1}})$$

$$\leqslant-\sum_{i_N=1}^{q}P(a_{i_N}\mid a_{i_1}a_{i_2}\cdots a_{i_{N-1}})\log P(a_{i_N}\mid a_{i_2}a_{i_3}\cdots a_{i_{N-1}}) \tag{2.108}$$

$$H(X_N\mid X_1X_2\cdots X_{N-1})\leqslant\sum_{i_1=1}^{q}\cdots\sum_{i_{N-1}=1}^{q}P(a_{i_1}a_{i_2}\cdots a_{i_{N-1}})$$

$$\left[-\sum_{i_N=1}^{q}P(a_{i_N}\mid a_{i_1}a_{i_2}\cdots a_{i_{N-1}})\log P(a_{i_N}\mid a_{i_2}a_{i_3}\cdots a_{i_{N-1}})\right]$$

$$=-\sum_{i_1=1}^{q}\cdots\sum_{i_N=1}^{q}P(a_{i_1}a_{i_2}\cdots a_{i_N})\log P(a_{i_N}\mid a_{i_2}a_{i_3}\cdots a_{i_{N-1}}) \tag{2.109}$$

平稳性： $P(a_{i_N}|a_{i_2}a_{i_3}\cdots a_{i_{N-1}})=P(a_{i_{N-1}}|a_{i_1}a_{i_2}\cdots a_{i_{N-2}})$

$$H(X_N\mid X_1X_2\cdots X_{N-1})\leqslant-\sum_{i_1=1}^{q}\cdots\sum_{i_N=1}^{q}P(a_{i_1}a_{i_2}\cdots a_{i_N})\log P(a_{i_{N-1}}\mid a_{i_1}a_{i_2}\cdots a_{i_{N-2}})$$

$$=-\sum_{i_1=1}^{q}\cdots\sum_{i_{N-1}=1}^{q}P(a_{i_1}a_{i_2}\cdots a_{i_{N-1}})\log P(a_{i_{N-1}}\mid a_{i_1}a_{i_2}\cdots a_{i_{N-2}})$$

$$=H(X_{N-1}\mid X_1X_2\cdots X_{N-2})$$

即

$$H(X_N\mid X_1X_2\cdots X_{N-1})\leqslant H(X_{N-1}\mid X_1X_2\cdots X_{N-2}) \tag{2.110}$$

结论：当平稳信源的记忆长度有限（为 m）时，离散平稳信源的极限熵等于有限记忆长度 m 的条件熵。

$$H_\infty=\lim_{N\to\infty}H(X_N\mid X_1X_2\cdots X_{N-1})=H(X_{m+1}\mid X_1X_2\cdots X_m) \tag{2.111}$$

2.6 马尔可夫信源

在很多信源的输出序列中，符号之间的依赖关系是有限的，任何时刻信源符号发生的概率只与前边已经发出的若干个符号有关，而与更前面的符号无关。为了描述这类信源，除了信源符号集外还要引入状态集。

2.6.1 马尔可夫信源的定义

描述该信源时，须引入状态 S。

设一般信源所处的状态 $S\in E=\{E_1,E_2,\cdots,E_j\}$，在每一状态下可能输出的符号 $X\in A=\{a_1,a_2,\cdots,a_q\}$。并认为每一时刻，当信源发出一个符号后，信源所处的状态将发生转移。

在第 l 时刻，信源处于状态 E_i 时，输出符号 a_i 的概率为

$$P(x_l=a_k\mid s_l=E_i) \tag{2.112}$$

在第 $l-1$ 时刻，信源处于状态 E_i，它在下一时刻状态转移到 E_j 的状态转移概率为

$$P_{ij}(l)=P(s_l=E_j \mid s_{l-1}=E_i) \tag{2.113}$$

若 $P(x_l=a_k|s_l=E_i)=P(a_k|E_i)$，$P_{ij}=P(E_j|E_i)$，则称为时齐的或齐次的。

定义 2.1 若信源输出的符号序列和信源所处的状态满足下列条件：

(1) 某一时刻信源符号的输出只与此刻信源所处的状态有关，而与以前的状态及以前的输出符号都无关。即

$$P(x_l=a_k \mid s_l=E_i, x_{l-1}=a_{k_1}, s_{l-1}=E_j, \cdots)=P(x_l=a_k \mid s_l=E_i) \tag{2.114}$$

当具有时齐性时，有

$$P(x_l=a_k \mid s_l=E_i)=P(a_k \mid E_i), \sum_{a_k \in A} P(a_k \mid E_i)=1 \tag{2.115}$$

(2) 信源某 l 时刻所处的状态由当前的输出符号和前一时刻 $l-1$ 信源的状态唯一决定。即

$$P(s_l=E_j \mid x_l=a_k, s_{l-1}=E_i)=\begin{cases}0 & (E_i, E_j \in E) \\ 1 & (a_k \in A)\end{cases} \tag{2.116}$$

此信源称为马尔可夫信源。

条件(2)表明，若信源处于某一状态，当它发出一个符号后，所处的状态就变了，一定转移到另一状态。状态的转移依赖于发出的信源符号，因此任何时刻信源处在什么状态完全由前一时刻的状态和发出的符号决定。又因为条件概率已给定，所以状态的转移满足一定的概率分布，并可求出状态的一步转移概率。

这种信源的状态序列在数学上可以作为时齐马尔可夫链来处理，故可用马尔可夫链的状态转移图来描述信源。在状态转移图上，每个圆圈代表一种状态，状态之间的有向线代表某一状态向另一状态的转移。有向线一侧的符号和数字分别代表发出的符号和条件概率。

例 2.19 设信源符号所处的状态 $S \in E=\{E_1, E_2, E_3, E_4\}$。各状态之间的转移情况如图 2.5 所示。

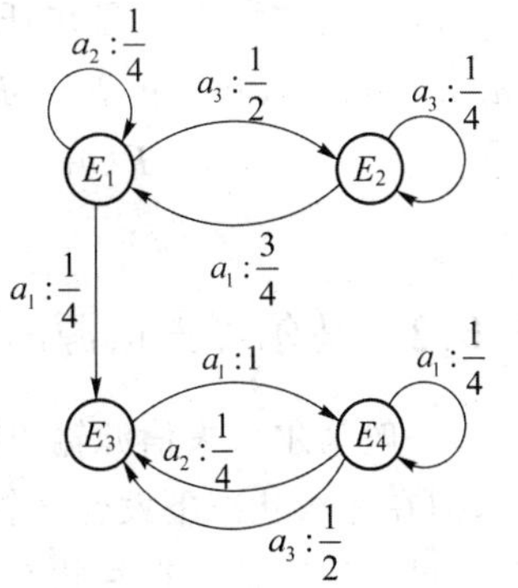

图 2.5 状态转移图

由图 2.5 可知，信源在 E_i 状态下输出符号 a_k 的条件概率 $P(a_k|E_i)$ 用矩阵表示为

$$\begin{matrix} & a_1 & a_2 & a_3 \end{matrix}$$

$$[P(a_k \mid E_i)]=\begin{bmatrix}\frac{1}{4} & \frac{1}{4} & \frac{1}{2} \\ \frac{3}{4} & 0 & \frac{1}{4} \\ 1 & 0 & 0 \\ \frac{1}{4} & \frac{1}{4} & \frac{1}{2}\end{bmatrix}$$

由矩阵可明显看出，它们满足 $\sum_{k=1}^{3} P(a_k \mid E_i)=1$，$i=1,2,3,4$。

进一步分析可得状态的一步转移概率

$$[P(E_j \mid E_i)]=\begin{bmatrix}\frac{1}{4} & \frac{1}{2} & \frac{1}{4} & 0 \\ \frac{3}{4} & \frac{1}{4} & 0 & 0 \\ 0 & 0 & 0 & 1 \\ 0 & 0 & \frac{3}{4} & \frac{1}{4}\end{bmatrix}$$

该信源满足马尔可夫信源的两个条件式，所以此信源是马尔可夫信源，并且是时齐的马尔可夫信源。

2.6.2 m 阶马尔可夫信源

一般有记忆信源发出的是有关联性的各符号构成的整体消息，即发出的是符号序列，并用符号间的联合概率描述这种关联性。马尔可夫信源的不同之处在于它用符号之间的转移概率（条件概率）来描述这种关系。换句话说，马尔可夫信源是以转移概率发出每个信源信号。转移概率的大小取决于它与前面符号之间的关联性。对 m 阶有记忆离散信源，它在任何时刻 l，符号发出的概率只与前面 m 个符号有关，我们把这 m 个符号看作信源在 l 时刻的状态。因为原始信源符号集共有 n 个符号，则有记忆信源可以有 n^m 个不同的状态，分别对应于 n^m 个长度为 m 的序列。这时，信源输出依赖长度为 $m+1$ 的随机序列就转化为对应的状态序列，而这种状态序列符合简单的马尔可夫链的性质，可用马尔可夫链来描述。

定义 2.2 m 阶有记忆离散信源的数学模型可由一组离散符号集和一组条件概率确定：

$$X:\begin{bmatrix} a_1, & a_2, & \cdots, & a_q \\ P(a_{k_{m+1}} \mid a_{k_1} a_{k_2} \cdots a_{k_m}) \end{bmatrix}, k_1, k_2, \cdots, k_m, k_{m+1} = 1,2,\cdots,q \tag{2.117}$$

并满足 $$\sum_{k_{m+1}=1}^{q} P(a_{k_{m+1}} \mid a_{k_1} a_{k_2} \cdots a_{k_m}) = 1, \quad k_1, k_2, \cdots, k_m = 1,2,\cdots,q$$

则称此信源 X 为 m 阶马尔可夫信源。当 $m=1$ 时，即任何时刻信源符号发生概率只与前面一个符号有关，则称为一阶马尔可夫信源。

m 阶马尔可夫信源在任何时刻 l，符号发生概率只与前 m 个符号有关，可设状态 $E_i=(a_{k_1} a_{k_2} \cdots a_{k_m})$，状态集 $E=[E_1, E_2, \cdots, E_J]$，$J=q^m$，则

$$P(a_{k_{m+1}} \mid a_{k_1} a_{k_2} \cdots a_{k_m}) = P(a_{k_{m+1}} \mid E_i) = P(a_k \mid E_i)$$
$$(k = 1,2,\cdots,q; i = 1,2,\cdots,J) \tag{2.118}$$

2.6.3 马尔可夫信源的信息熵

一般马尔可夫信源输出的消息为非平稳的随机序列，在不同时刻各维概率分布可能会不同，但在什么状态下发什么符号的概率分布以及某一状态到另一状态的转移都是唯一确定的。

可以计算信源在某状态 E_i 时，发出一个信源符号所携带的平均信息量，即状态 E_i 下发一个符号的条件熵：

$$H(X \mid s = E_i) = -\sum_{k=1}^{q} P(a_k \mid E_i) \log P(a_k \mid E_i) \tag{2.119}$$

一般马尔可夫信源的信息熵——平均符号熵的极限值：

$$H_\infty = H_\infty(X) = \lim_{N \to \infty} \frac{1}{N} H(X_1 X_2 \cdots X_N) \tag{2.120}$$

引入随机变量 S，描述信源所处的状态。

当信源处在初始状态 S 下，输出了一串符号 $X_1 X_2 \cdots X_N$，可得联合熵 $H(X_1 X_2 \cdots X_N S)$。由可加性得：

$$H(X_1 X_2 \cdots X_N S) = H(X_1 X_2 \cdots X_N) + H(S \mid X_1 X_2 \cdots X_N) = H(S) + H(X_1 X_2 \cdots X_N \mid S) \tag{2.121}$$

所以，

$$H(X_1X_2\cdots X_N)=H(S)+H(X_1X_2\cdots X_N\mid S)-H(S\mid X_1X_2\cdots X_N)$$
$$=H(S)-H(S\mid X_1X_2\cdots X_N)+H(X_1X_2\cdots X_N\mid S) \quad (2.122)$$
$$0\leqslant H(S\mid X_1X_2\cdots X_N)\leqslant H(S)\leqslant \log J \quad (2.123)$$
$$0\leqslant H(S)-H(S\mid X_1X_2\cdots X_N)\leqslant \log J \quad (2.124)$$

可得马尔可夫信源的平均符号熵：

$$H_N(X)=\frac{1}{N}H(X_1X_2\cdots X_N)=\frac{1}{N}[H(S)-H(S\mid X_1X_2\cdots X_N)+H(X_1X_2\cdots X_N\mid S)]$$
$$(2.125)$$

一般马尔可夫信源的极限熵：

$$H_\infty=H_\infty(X)=\lim_{N\to\infty}H_N(X)$$
$$=\lim_{N\to\infty}\frac{1}{N}[H(S)-H(S\mid X_1X_2\cdots X_N)]+\lim_{N\to\infty}\frac{1}{N}H(X_1X_2\cdots X_N\mid S)$$
$$H_\infty=H_\infty(X)=\lim_{N\to\infty}\frac{1}{N}H(X_1X_2\cdots X_N\mid S) \quad (2.126)$$

$$\frac{1}{N}H(X_1X_2\cdots X_N\mid S)=\frac{1}{N}[H(X_1\mid S)+H(X_2\mid X_1S)+\cdots+H(X_N\mid X_1X_2\cdots X_{N-1}S)$$
$$=\frac{1}{N}\sum_{L=1}^{N}H(X_L\mid X_1X_2\cdots X_{L-1}S) \quad (2.127)$$
$$P(x_L\mid x_1x_2\cdots x_{L-1}s_1=E_j)=P(x_L\mid s_L)$$

初始状态 $s_1=E_j$，第 L 时刻信源输出的条件熵：

$$H(X_L\mid X_1X_2\cdots X_{L-1}s_1=E_j)$$
$$=-\sum_{x_1}\sum_{x_2}\cdots\sum_{x_{L-1}}\sum_{x_L}P(x_L\mid x_1x_2\cdots x_{L-1}s_1=E_j)\log P(x_L\mid x_1x_2\cdots x_{L-1}s_1=E_j)$$
$$=-\sum_{x_1}\sum_{x_2}\cdots\sum_{x_{L-1}}\sum_{x_L}P(x_L\mid s_L)\log P(x_L\mid s_L) \quad (2.128)$$

若输出符号序列 $x_1x_2\cdots x_{L-1}$ 与 $s_1=E_j$ 是已知的，则状态 s_L 可以唯一地确定。因而当$s_1=E_j$ 时，将所有经过 L 步转入 $s_L=E_i$ 的符号序列 $x_1,x_2,\cdots,x_{L-1}$的集合写成$A(E_j\to E_i)$。则得

$$\sum_{x_1}\sum_{x_2}\cdots\sum_{x_{L-1}}P(x_1x_2\cdots x_{L-1}x_L\mid s_1=E_j)$$
$$=\sum_{i=1}^{J}\sum_{x_1x_2\cdots x_{L-1}\in A(E_j\to E_i)}P(x_1x_2\cdots x_{L-1}x_L\mid s_1=E_j)=\sum_{i=1}^{J}P(x_Ls_L=E_i\mid s_1=E_j)$$
$$=\sum_{i=1}^{J}P(s_L=E_i\mid s_1=E_j)P(x_L\mid s_L=E_is_1=E_j)$$
$$=\sum_{i=1}^{J}P(s_L=E_i\mid s_1=E_j)P(x_L\mid s_L=E_i) \quad (2.129)$$

$$H(X_L\mid X_1X_2\cdots X_{L-1}s_1=E_j)$$
$$=-\sum_{i=1}^{J}\sum_{x_L}P(s_L=E_i\mid s_1=E_j)P(x_L\mid s_L=E_i)\log P(x_L\mid s_L=E_i)$$
$$=\sum_{i=1}^{J}P(s_L=E_i\mid s_1=E_j)[-\sum_{x_L}P(x_L\mid s_L=E_i)\log P(x_L\mid s_L=E_i)]$$

$$=\sum_{i=1}^{J}P(s_L=E_i\mid s_1=E_j)H(X_L\mid s_L=E_i) \tag{2.130}$$

状态的马尔可夫链是时齐的，可得：

$$H(X_L\mid X_1X_2\cdots X_{L-1}s_1=E_j)=\sum_{i=1}^{J}P(s_L=E_i\mid s_1=E_j)H(X\mid s=E_i) \tag{2.131}$$

将式(2.131)对初始状态空间求统计平均，得：

$$\begin{aligned}H(X_L\mid X_1X_2\cdots X_{L-1}S)&=\sum_{j=1}^{J}P(s_1=E_j)H(X_L\mid X_1X_2\cdots X_{L-1}s_1=E_j)\\&=\sum_{j=1}^{J}\sum_{i=1}^{J}P(s_1=E_j)P(s_L=E_i\mid s_1=E_j)H(X\mid s=E_i)\\&=\sum_{i=1}^{J}P(s_L=E_i)H(X\mid s=E_i)\end{aligned} \tag{2.132}$$

$P(s_L=E_i)$是信源的状态马尔可夫链的绝对概率。它表示 L 时刻信源处于状态 E_i 的概率。

一般情况，它与马尔可夫链的初始概率分布和状态一步转移概率有关。

$$\begin{aligned}\frac{1}{N}H(X_1X_2\cdots X_N\mid S)&=\frac{1}{N}\sum_{L=1}^{N}\sum_{i=1}^{J}P(s_L=E_i)H(X\mid s=E_i)\\&=\sum_{i=1}^{J}q_N(E_i)H(X\mid s=E_i)\end{aligned} \tag{2.133}$$

其中，$q_N(E_i)=\frac{1}{N}\sum_{L=1}^{N}P(s_L=E_i)$，表示在 $L=1$ 到 $L=N$ 时间内，状态 E_i 出现概率的平均值。

$$\begin{aligned}H_\infty=H_\infty(X)&=\lim_{N\to\infty}\frac{1}{N}H(X_1\cdots X_N\mid S)\\&=\lim_{N\to\infty}\sum_{i=1}^{J}q_N(E_i)H(X\mid s=E_i)=\sum_{i=1}^{J}q_\infty(E_i)H(X\mid E_i)\end{aligned} \tag{2.134}$$

其中，$q_\infty(E_i)=\lim_{N\to\infty}\sum_{L=1}^{N}P(s_L=E_i)$，表示与初始状态概率分布有关。

对于时齐的、遍历的马尔可夫链，其极限概率 $Q(E_i)$存在，即

$$\lim_{N\to\infty}P(s_N=E_i\mid s_1=E_j)=\lim_{N\to\infty}P_{j_i}^{(N)}=Q(E_i),E_i\in E \tag{2.135}$$

并有

$$P(s_L=E_i)=\sum_{j=1}^{J}P(s_1=E_j)P(s_L=E_i\mid s_1=E_j) \tag{2.136}$$

$$\lim_{L\to\infty}P(s_N=E_i)=Q(E_i),E_i\in E \tag{2.137}$$

因此得时齐、遍历的马尔可夫信源：

$$q_\infty(E_i)=\lim_{N\to\infty}\frac{1}{N}\sum_{L=1}^{N}P(s_L=E_i)=Q(E_i)\quad(i=1,\cdots,J) \tag{2.138}$$

可见 L 足够长后，状态绝对概率与初始概率分布无关。而且 $Q(E_i)$满足

$$\sum_{E_j\in E}Q(E_j)P(E_i\mid E_j)=Q(E_i) \tag{2.139}$$

$$\sum_{E_i\in E}Q(E_i)=1$$

时齐、遍历的马尔可夫信源的熵：

$$H_\infty=\sum_{i=1}^{J}Q(E_i)H(X\mid E_i)$$

$$=-\sum_{i=1}^{J}\sum_{k=1}^{q}Q(E_i)P(a_k\mid E_i)\log P(a_k\mid E_i) \qquad (2.140)$$

时齐、遍历的 m 阶马尔可夫信源：

$$H(X\mid E_i)=-\sum_{k=1}^{q}P(a_k\mid E_i)\log P(a_k\mid E_i)$$

$$=-\sum_{k_{m+1}=1}^{q}P(a_{k_{m+1}}\mid a_{k_1}a_{k_2}\cdots a_{k_m})\log P(a_{k_{m+1}}\mid a_{k_1}a_{k_2}\cdots a_{k_m}) \qquad (2.141)$$

$$H_\infty=H_{m+1}=\sum_{i=1}^{J}Q(E_i)H(X\mid E_i),E_i=(a_{k_1}a_{k_2}\cdots a_{k_m}) \qquad (2.142)$$

$$(k_m=1,2,\cdots,q;i=1,2,\cdots,J=q^m)$$

一阶马尔可夫信源：

给定的条件概率为 $P(a_k|a_{k-1})$，状态集就是符号集，状态极限概率 $Q(E_i)$ 等于信源达到平稳以后信源符号的概率分布 $P(a_k)$。

概率空间：

$$X:\begin{bmatrix}a_1, & a_2, & \cdots, & a_q\\ P(a_k\mid a_{k-1})k,k-1=1,2,\cdots,q\end{bmatrix},\sum_{k=1}^{q}P(a_k\mid a_{k-1})=1(k-1=1,2,\cdots,q)$$

$$E=[a_1,a_2,\cdots,a_q]$$

得：

$$P(a_k|E_i)=P(a_k|a_{k-1}) \quad (k=1,2,\cdots,q;i=k-1=1,2,\cdots,q)$$

$$Q(E_i)=P(a_{k-1})(i=k-1=1,2,\cdots,q)$$

$$H_\infty=H_2=\sum_{i=1}^{J}Q(E_i)H(X\mid E_i)$$

$$=-\sum_{k=1}^{q}\sum_{k-1=1}^{q}P(a_{k-1})P(a_k\mid a_{k-1})\log P(a_k\mid a_{k-1}) \qquad (2.143)$$

一阶马尔可夫信源的熵等于条件熵。极限概率分布 $P(a_{k-1})$ 为信源达到平稳以后的分布。

若 $P(a_{k-1})$ 等于起始的符号概率分布，$P(a_k|a_{k-1})$ 已给定并与时间平移无关，因此一阶马尔可夫信源变成了二维平稳信源。

例 2.20 有一个二元二阶马尔可夫信源，其信源符号集为 $\{0,1\}$，初始概率大小为 $P(0)=\frac{1}{3}$，$P(1)=\frac{2}{3}$。条件概率为

$$P(0\mid 00)=P(1\mid 00)=P(0\mid 11)=P(1\mid 11)=0.5$$

$$P(0\mid 01)=P(0\mid 10)=0.8$$

$$P(1\mid 01)=P(1\mid 10)=0.2$$

可见，此信源任何时刻发出什么符号只与前两个符号有关，与更前面的符号无关。那么，信源就有 $q^m=2^2=4$ 种可能的状态，即为 00，01，10，11，分别用 E_1,E_2,E_3,E_4 符号表示。

若原来状态为 00，则此时只可能发出符号 0 或 1，所以下一时刻可能转移到 00 和 01 状态，不会转移到 10 或 11 状态。由于处在 00 状态时发符号 0 的概率为 0.5，所以处在 00 状态转回到

00 状态的概率为 0.5。而处在 00 状态时发符号 1 的概率为 0.5，所以 00 状态转移到 01 状态的概率为 0.5。因此，根据给定的条件概率，可以求得状态之间的转移概率（一步转移概率）为

$$P(E_1 \mid E_1) = P(E_2 \mid E_1) = P(E_4 \mid E_4) = P(E_3 \mid E_4) = 0.5$$

$$P(E_3 \mid E_2) = P(E_1 \mid E_3) = 0.8$$

$$P(E_2 \mid E_3) = P(E_4 \mid E_2) = 0.2$$

除此之外，其他的状态转移概率都为零，该信源的状态转移图如图 2.6 所示。由此可见，状态转移概率完全依赖于给定的条件概率。

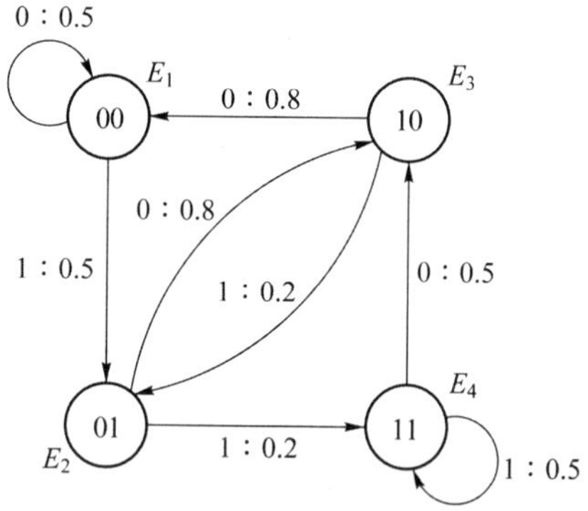

图 2.6　二阶马尔可夫信源状态转移图

这时，可得状态的一步转移矩阵为

$$[P(E_j \mid E_i)] = \begin{bmatrix} 0.5 & 0.5 & 0 & 0 \\ 0 & 0 & 0.8 & 0.2 \\ 0.8 & 0.2 & 0 & 0 \\ 0 & 0 & 0.5 & 0.5 \end{bmatrix}$$

由图 2.6 可见，其四个状态都是非周期常返状态，并为不可约闭集，所以具有遍历性。由

$$P(E_j) = \sum_{i=1}^{q^m} P(E_i)P(E_j \mid E_i) \quad (j = 1,2,\cdots,q^m)$$

可得

$$P(E_1) = 0.5P(E_1) + 0.8P(E_3)$$

$$P(E_2) = 0.5P(E_1) + 0.2P(E_3)$$

$$P(E_3) = 0.8P(E_2) + 0.5P(E_4)$$

$$P(E_4) = 0.2P(E_2) + 0.5P(E_4)$$

又由于

$$\sum_{j=1}^{4} P(E_j) = 1$$

于是，可求出稳定状态下的 $P(E_j)$

$$P(E_1) = 0.4$$

$$P(E_2) = P(E_3) = 0.25$$

$$P(E_4) = 0.1$$

此时，可计算出极限熵为

$$\begin{aligned} H_\infty &= -\sum_{i=1}^{4}\sum_{j=1}^{4} P(E_i)P(E_j \mid E_i)\log P(E_j \mid E_i) \\ &= 0.4H(0.5,0.5) + 0.25H(0.8,0.2) + 0.25H(0.8,0.2) + 0.1H(0.5,0.5) \\ &= 0.86 \text{ 比特 / 符号} \end{aligned}$$

当马尔可夫信源达到稳定后，符号 0 和 1 的概率分布可根据下式来计算

$$P(a_k) = \sum_{i=1}^{q^m} P(E_i)P(a_k \mid E_i)$$

因此可得

$$P(0) = 0.4 \times 0.5 + 0.25 \times 0.8 + 0.25 \times 0.8 + 0.1 \times 0.5 = 0.65$$

$$P(1) = 0.4 \times 0.5 + 0.25 \times 0.2 + 0.25 \times 0.2 + 0.1 \times 0.5 = 0.35$$

可见，信源达到稳定后，信源符号的概率分布与初始时刻符号的概率分布是不同的。

例 2.21 一阶马尔可夫信源的状态如图 2.7 所示，信源 X 的符号集为 $\{0,1,2\}$，并定义 $\bar{p}=1-p$：

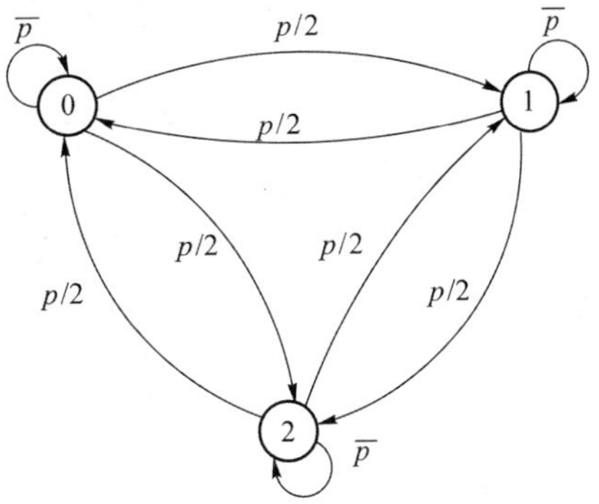

图 2.7 一阶马尔可夫信源的状态转移图

(1) 求信源平稳后概率分布 $p(0)$，$p(1)$ 和 $p(2)$；

(2) 求此信源的熵；

(3) 近似认为此信源为无记忆时，符号的概率分布等于平稳分布，求近似信源的熵 $H(X)$ 并与 H_∞ 进行比较；

(4) 对一阶马尔可夫信源 p 取何值时 H_∞ 取最大值，当 $p=0$，$p=1$ 时结果又如何？

解：(1) 由已知得：

$$\begin{cases} P(0)=\bar{p}P(0)+\dfrac{p}{2}P(1)+\dfrac{p}{2}P(2) \\ P(1)=\dfrac{p}{2}P(0)+\bar{p}P(1)+\dfrac{p}{2}P(2) \\ P(2)=\dfrac{p}{2}P(0)+\dfrac{p}{2}P(1)+\bar{p}P(2) \\ P(0)+P(1)+P(2)=1 \end{cases}$$

解得：

$$P(0)=P(1)=P(2)=\frac{1}{3}$$

(2)

$$H_\infty=\sum Q(E_i)H(X|E_i)=-\bar{p}\log\bar{p}-p\log p+p$$

(3) 若信源为无记忆信源，概率分布等于平稳分布，此时信源的概率空间为

$$\begin{bmatrix} X \\ P \end{bmatrix}=\begin{bmatrix} 0 & 1 & 2 \\ 1/3 & 1/3 & 1/3 \end{bmatrix}\Rightarrow H(X)=\log 3=1.585\geqslant H_\infty$$

(4)

$$H_\infty=-\bar{p}\log\bar{p}-p\log p+p\Rightarrow\frac{\mathrm{d}H_\infty}{\mathrm{d}p}=\log\frac{2(1-p)}{p}$$

所以当 $p=2/3$ 时，H_∞ 达到最大。

当 $p=0$ 时，$H_\infty=0$ 比特/符号；$p=1$ 时，$H_\infty=1$ 比特/符号。

需要注意的是 H_∞ 并非在任何情况下都存在。首先应理解：我们讨论的是平稳信源。其次，对 n 元 m 阶马尔可夫信源来说，只有极限概率都存在时，方能计算出 H_∞。从理论上可以证明，如果 m 阶马尔可夫信源稳定后具有各态历经性，则状态极限概率可求出。

必须强调的是，m 阶马尔可夫信源和消息长度为 m 的有记忆信源，其所含符号的依赖关系不同，对相应关系的数学描述不同，平均信息量的计算公式也不同。m 阶马尔可夫信源的记忆长度虽为有限值 m，但符号之间的依赖关系延伸到无穷，通常用状态转移概率（条件概率）来描述这种依赖关系。可理解为马尔可夫信源以转移概率发出每个信源符号，所以平均每发一个符号提供的信息量应是极限熵 H_{m+1}。而对于长度为 m 的有记忆信息源 X，发出的则是一组组符号序列，每 m 个符号构成一个符号序列组，代表一个消息。组与组之间是相互统计独立的，因此符号之间的相互依赖关系仅限于符号之间的 m 个符号，一般用这 m 个符号的联合概率来描述符号间的依赖关系。对于这种有记忆信源，平均每发一个符号（不是一个消息），提供的信息量是 m 个符号的联合熵的 $1/m$，即平均符号熵：

$$H_m(X)=\frac{1}{m}H(X_1X_2\cdots X_m) \tag{2.144}$$

2.7 信源冗余度与自然语言的熵

实际信源可能是非平稳的有记忆随机序列信源，其极限熵是不存在的，解决的方法是假设其为离散平稳随机序列信源，极限熵存在，但求解困难。假设其为 m 阶马尔可夫信源，用其 m 阶条件熵近似，进一步假设为一阶马尔可夫信源，用其一阶条件熵来近似，最简化的信源是离散无记忆信源，其熵为 $H(X)$，最后可以假定为等概的离散无记忆信源，其熵 $H(X)$。它们之间的关系可以表示为

$$\log q = H_0(x) \geqslant H_1(x) \geqslant H_{1+1}(x) \geqslant H_{2+1}(x) \geqslant \cdots \geqslant H_{m+1}(x) \geqslant H_\infty \quad (2.145)$$

2.7.1 信源冗余度的定义

对于一般的离散信源都可以近似用不同记忆长度的马尔可夫信源来逼近。由于信源符号间的依赖关系使信源的熵减小。若前后依赖关系越长，则信源的熵越小。信源符号之间依赖关系越强，每个符号提供的平均信息量越小。每个符号提供的平均自信息量随着符号间的依赖长度的增加而减小。

如果信源不是平稳的，极限熵就不一定存在，在此允许存在误差，假设它是平稳的，并计算足够大时的条件概率：

$$p(X_N \mid X_1 X_2 \ldots X_{N-1})$$

近似地代替极限熵。如果信源符合马尔可夫信源的条件，就可以进一步用 N 阶马尔可夫信源的熵来代替，要比 1 阶马尔可夫信源熵小得多，显然记忆长度决定相对的误差。最简单的情况是 $m=1$，即以何种概率发出符号仅与前一个符号有关，这是一阶马尔可夫信源，其熵为

$$H_2 = H_{1+1} = H(X_2 \mid X_1) \quad (2.146)$$

当 $m=0$ 时，由于信源符号间的相关性为零，故信源变成离散无记忆信源，如果进一步假定信源是符号等概率分布的，则信源变成理想的离散无记忆等概信源。但是一般信源既不是无记忆的，也不是等概率的，故信源熵没有达到可能的最大值，也就是说信源有剩余度或者冗余度。

例 2.22 以二元信源为例，该信源有两个符号 0，1，如果信源符号等概率分布，且符号之间无相关性，则其信源熵达最大值，即 $H_{\max}(X)=1$ 比特/符号。原本发送 12 个比特的信息量只要 12 个符号就够了，其中 3 个符号是多用的，这就是冗余或剩余，从某种意义上讲是一个浪费。

从上面的分析可知，信源实际熵与理论上可达到的最大熵之间有差距，而香农将此定义为冗余度。

一个信源实际的信息熵与具有同样符号集的最大熵的比值称为熵的相对率。

信源冗余度定义为 1 减去熵的相对率。

熵的相对率：

$$\eta = \frac{H_\infty}{H_0} \quad (2.147)$$

其中，H_∞ 为信源的实际熵；$H_0=\log q$ 为最大熵；q 为信源的符号数。

信源冗余度：

$$\gamma = 1 - \eta = 1 - \frac{H_\infty}{H_0} \tag{2.148}$$

信源冗余度的大小反映离散信源输出的符号序列中符号之间依赖关系的强弱。冗余度 γ 越大，表示信源的实际熵 H_∞ 越小，信源符号之间依赖关系越强。（记忆长度越长。）

例 2.23 英文字母（26 个字母＋空格＝27 个符号）组成的信源：$H_\infty=1.4$ 比特/符号，当各字母独立，且等概率分布时，信源熵 $H_0=\log 27=4.76$ 比特/符号，熵的相对率 $\eta=\frac{H_\infty}{H_0}=0.29$，冗余度 $\gamma=1-\eta=0.71$。

如果把英文字母信源近似看成一阶、二阶以及无穷阶马尔可夫信源，则可得到相应的信源熵。

2.7.2 冗余的利用

消息的冗余，特别是大量的冗余，为我们提高通信效率，压缩信号容量提供了基础。冗余是一种浪费，但任何事情都有两面性，适当的冗余是必要的，否则系统不能有一点差错。它表征信源信息率的多余程度，是描述信源客观统计特性的一个物理量。

由广义香农不等式有：

$$\log q = H_0(x) \geqslant H_1(x) \geqslant H_{1+1}(x) \geqslant H_{2+1}(x) \geqslant \cdots \geqslant H_{m+1}(x) \geqslant H_\infty \geqslant 0 \tag{2.149}$$

可见对于有记忆信源，最小单个消息熵应为 H_∞，即从理论上看，对有记忆信源只需传送 H_∞ 即可。但是这必须要掌握信源全部概率统计特性。这显然是不现实的。实际上，往往只能掌握有限的 L 维，这时只需传送 $H_L(x)$，那么与理论值 H_∞ 相比，就多传送了 $H_L(x)-H_\infty$。

正由于信源存在着冗余度，即存在着不必要传送的信息，因此信源也就存在进一步压缩信息率的可能性。冗余度越大，压缩潜力也就越大。可见它是信源编码、数据压缩的前提与理论基础。

下面，以英文为例，计算文字信源的冗余度，首先给出英文字母（含空档）出现概率如表2.7所示。

表 2.7 英语字母出现概率统计表

英语字母	出现概率	英语字母	出现概率	英语字母	出现概率
A	0.064	J	0.001	S	0.051
B	0.013	K	0.005	T	0.08
C	0.022	L	0.032	U	0.023
D	0.032	M	0.020	V	0.008
E	0.103	N	0.057	W	0.018
F	0.021	O	0.063	X	0.001
G	0.015	P	0.015	Y	0.016
H	0.047	Q	0.001	Z	0.001
I	0.058	R	0.048	空格	0.189

首先求得独立等概率情况 H_0，即

$$H_0 = \log_2 27 = 4.76 \text{ 比特 / 符号}$$

其次，计算独立不等概率情况 H_1，即

$$H_1 = -\sum_{i=1}^{27} p_i \log p_i = 4.03 \text{ 比特 / 符号}$$

再次，若仅考虑字母有一维相关性，求 H_2，即

$$H_2 = 3.32 \text{ 比特 / 符号}$$

还可进一步求出 $H_3=3.1$ bit。最后，利用统计推断方法求出 H_∞，由于采用的逼近的方法和所取的样本的不同，推算值也有不同，这里采用香农的推断值：

$$H_\infty \approx 1.4 \text{ 比特/符号}$$

这样，可以计算出 $\eta=0.29$，$R=0.71$。

这一结论说明，英文信源，从理论上看 71%是多余成分。

直观地说 100 页英文书，理论上看仅有 29 页是有效的，其余 71 页是多余的。正是由于这一多余量的存在，才有可能对英文信源进行压缩编码。

对于其他文字，也有不少人作了大量的统计工作，现简述如表 2.8 所示(按 8 千汉字计算)。

表 2.8　各种文字信息熵的统计

	H_0	H_1	H_2	H_3	…	H_∞	η	R
英文	4.7	4.03	3.32	3.1		1.4	0.29	0.71
法文	4.7					3	0.63	0.37
德文	4.7					1.08	0.23	0.77
西班牙文	4.7					1.97	0.42	0.58
中文	≈13	9.41	8.1	7.7		4.1	0.315	0.685

例 2.24　计算汉字的剩余度。假设常用汉字约为 10 000 个，其中 140 个汉字出现的概率占 50%，625 个汉字(含 140 个)出现的概率占 85%，2 400 个汉字(含 625 个)出现的概率占 99.7%，其余 7 600 个汉字出现的概率占 0.3%，不考虑符号间的相关性，只考虑它的概率分布，在这一级近似下计算汉字的剩余度。

解：为了计算方便，假设每类中汉字出现是等概的，如表 2.9 所示，得

$$H_1 = H(X) = 9.773 \text{ 比特/汉字}$$

$$H_0 = 13.288 \text{ 比特/汉字}$$

$$\gamma = 1 - \frac{H_1}{H_0} = 0.264$$

表 2.9　汉字所占概率

类别	汉字个数	所占概率	每个汉字的概率
1	140	0.5	0.5/140
2	625−140=485	0.85−0.5=0.35	0.35/485
3	2 400−625=1 775	0.997−0.85=0.147	0.147/1 775
4	7 600	0.003	0.003/7 600

2.8 离散信源的 MATLAB 实现

2.8.1 离散信源的相关原理

自信息的计算公式：

$$I(a)=\log_2 \frac{1}{p_a}$$

MATLAB 实现：$I=\log 2(1/p)$ 或 $I=-\log 2(p)$。

信源输出的各消息的自信息量的数学期望为信源的信息熵，表达式如下：

$$H(X) = E[I(x_i)] = -\sum_{i=1}^{q} p(x_i)\log p(x_i)$$

MATLAB 实现：HX=sum(−x. * log2(x))；或 h=h−x(i) * log2(x(i))；。

信源熵是信源的统计平均不确定性的描述，是概率函数 $p(x)$ 的函数。

2.8.2 MATLAB 实验内容

写出计算自信息量的 MATLAB 程序；写出计算离散信源平均信息量的 MATLAB 程序。

(1) 计算离散信源的熵。

甲地天气预报构成的信源空间为

$$\begin{bmatrix} X \\ p(x) \end{bmatrix} = \begin{bmatrix} \text{晴} & \text{多云} & \text{大雨} & \text{小雨} \\ \frac{1}{2} & \frac{1}{4} & \frac{1}{8} & \frac{1}{8} \end{bmatrix}$$

乙地信源空间为

$$\begin{bmatrix} Y \\ p(y) \end{bmatrix} = \begin{bmatrix} \text{晴} & \text{小雨} \\ \frac{7}{8} & \frac{1}{8} \end{bmatrix}$$

求各种天气的自信息量以及此两个信源的熵。

参考 MATLAB 程序：

$H(X)=1.75$；$H(Y)=0.5436$

运行程序：

```
p1 = [1/2,1/4,1/8,1/8]; % p1 代表甲信源对应的概率
p2 = [7/8,1/8]; % p2 代表乙信源对应的概率
H1 = 0.0;
H2 = 0.0;
I = [];
J = [];
for i = 1:4
  H1 = H1 + p1(i) * log2(1/p1(i));
  I(i) = log2(1/p1(i));
end
disp('自信息量分别为:');
```

```
I
disp('H1 信源熵为:');
H1
for j = 1:2
  H2 = H2 + p2(j) * log2(1/p2(j));
   J(j) = log2(1/p2(j));
end
disp('自信息量分别为:');
J
disp('H2 信源熵为:');
H2
```

运行结果:

```
自信息量分别为:
I =
    1      2      3      3
H1 信源熵为:
H1  =
    1.7500
自信息量分别为:
J  =
    0.1926    3.0000
H2 信源熵为:
H2  =
    0.5436
```

(2) 掌握、理解熵函数表达式及其性质,并且验证离散信源熵的各种性质,制作二进熵函数曲线。计算 $H(p)$;绘图。

参考程序:

```
k = 0.01;
p = 0.01:k:1 - 0.01;
H = - p. * log2(p) - (1 - p). * log2(1 - p);
p = [0  p  1];
H = [0  H  0];
plot(p,H)
title('二进制函数曲线')
grid on
axis([ - 0.5 1.5  - 0.5 1.5])
hold on;text(0,0,'r * ')
hold on;text(0.5,1,'r * ')
hold on;text(1,0,'r * ')
```

运行结果:

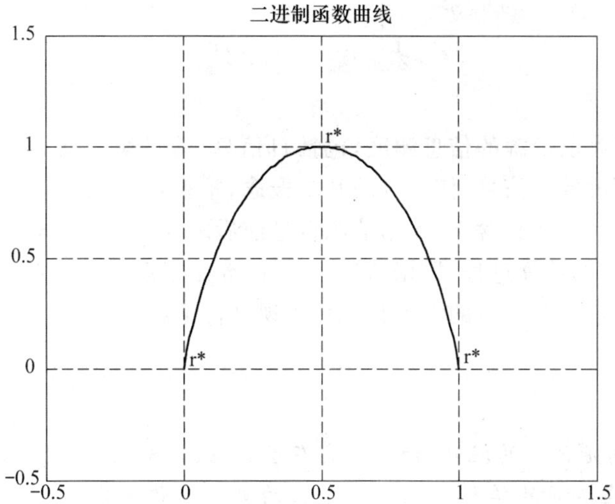

(3) 二进制通信系统使用 0,1,由于存在失真,传输会产生误码,用符号表示下列事件:u0:一个 0 发出;u1:一个 1 发出;v0:一个 0 收到;v1:一个 1 收到。给定下列概率:p(u0)=1/2,p(v0|u0)=3/4,p(v0|u1)=1/2。求:(a)已知发出一个 0,求收到符号后得到的信息量;(b)已知发出的符号,求收到符号后得到的信息量。

设计思路:求出各种条件概率,将其代入信息量公式计算信息量。

程序代码:

```
clear all;clc;
%事件:u0:一个 0 发出;u1:一个 1 发出; v0:一个 0 收到;v1:一个 1 收到;
%给定下列概率:p(u0) = 1/2,p(v0|u0) = 3/4,p(v0|u1) = 1/2
p_u0 = 1/2;
p_v0_u0 = 3/4;
p_v0_u1 = 1/2;
p_v1_u0 = 1 - p_v0_u0;
%(a)已知发出一个 0,求收到符号后得到的信息量;
H_V_u0 = - p_v0_u0 * log2(p_v0_u0) - p_v1_u0 * log2(p_v1_u0);
H_V_u0
%(b)已知发出的符号,求收到符号后得到的信息量
p_u1 = 1 - p_u0;
p_v1_u1 = 1 - p_v0_u1;
p_u0v0 = p_v0_u0 * p_u0;
p_u0v1 = p_v1_u0 * p_u0;
p_u1v0 = p_v0_u1 * p_u1;
p_u1v1 = p_v1_u1 * p_u1;
H_V_U = - p_u0v0 * log2(p_v0_u0) - p_u0v1 * log2(p_v1_u0) - p_u1v0 * log2(p_v0_u1) - p_u1v1 * log2
(p_v1_u1)
H_V_U
```

运行结果:

```
H_V_u0 =
  0.1887
H_V_U =
  0.9056
```

本章小结

本章重点介绍了离散信源的信息测度，包括自信息、信息熵等概念。从定义、数学公式以及物理含义等多方面解释自信息、信息熵的基本概念；根据熵函数的数学表达式，详细讨论并分析了信息熵的基本性质及其含义；根据信源符号前后之间的相关性，介绍马尔可夫信源的基本概念，讨论其信息熵的计算过程；根据信源的特性，介绍信源冗余度的概念，说明信息压缩编码的可能性；最后，对于离散信源的 MATLAB 实现进行了讨论。

相关知识

熵(entropy)指的是体系的混乱的程度，它在控制论、概率论、数论、天体物理、生命科学等领域都有重要应用，在不同的学科中也有引申出的更为具体的定义，是各领域十分重要的参量。熵由鲁道夫·克劳修斯(Rudolf Clausius)提出，并应用在热力学中。后来在，克劳德·艾尔伍德·香农(Claude Elwood Shannon)第一次将熵的概念引入到信息论中来。

1850 年，德国物理学家鲁道夫·克劳修斯首次提出熵的概念，用来表示任何一种能量在空间中分布的均匀程度，能量分布得越均匀，熵就越大。一个体系的能量完全均匀分布时，这个系统的熵就达到最大值。在克劳修斯看来，在一个系统中，如果听任它自然发展，那么，能量差总是倾向于消除的。让一个热物体同一个冷物体相接触，热就会以下面所说的方式流动：热物体将冷却，冷物体将变热，直到两个物体达到相同的温度为止。克劳修斯在研究卡诺热机时，根据卡诺定理得出了对任意可逆循环过程都适用的一个公式：$dS=dQ/T$。

对于绝热过程 $Q=0$，故 $S\geqslant 0$，(因为 Q 无变化，系统处于无限趋于平衡状态，熵会无限增大，因为平衡状态是理想状态，永远达不到，为 $dS>0$。)即系统的熵在可逆绝热过程中不变，在不可逆绝热过程中单调增大。这就是熵增加原理。由于孤立系统内部的一切变化与外界无关，必然是绝热过程，所以熵增加原理也可表为：一个孤立系统的熵永远不会减少。它表明随着孤立系统由非平衡态趋于平衡态，其熵单调增大，当系统达到平衡态时，熵达到最大值。熵的变化和最大值确定了孤立系统过程进行的方向和限度，熵增加原理就是热力学第二定律。

熵在热力学中是表征物质状态的参量之一，通常用符号 S 表示。在经典热力学中，可用增量定义为 $dS=dQ/T$，式中 T 为物质的热力学温度；dQ 为熵增过程中加入物质的热量。下标“可逆”表示加热过程所引起的变化过程是可逆的。若过程是不可逆的，则 $dS>dQ/T$ 不可逆。从微观上说，熵是组成系统的大量微观粒子无序度的量度，系统越无序，越混乱，熵就越大。热力学过程不可逆性的微观本质和统计意义就是系统从有序趋于无序，从概率较小的状态趋于概率较大的状态。

单位质量物质的熵称为比熵，记为 s。熵最初是根据热力学第二定律引出的一个反映自发过程不可逆性的物质状态参量。

热力学第二定律是根据大量观察结果总结出来的规律，有下述表述方式：

① 热量总是从高温物体传到低温物体，不可能作相反的传递而不引起其他的变化；

② 功可以全部转化为热，但任何热机不能全部地、连续不断地把所接受的热量转变为功，而不产生其他任何影响(即无法制造第二类永动机)；

③ 在孤立系统中，实际发生的过程总使整个系统的熵值增大，此即熵增原理。摩擦使一

部分机械能不可逆地转变为热，使熵增加。热量 dQ 由高温(T_1)物体传至低温(T_2)物体，高温物体的熵减少 $dS_1 = dQ/T_1$，低温物体的熵增加 $dS_2 = dQ/T_2$，把两个物体合起来当成一个系统来看，熵的变化是 $dS = dS_2 + dS_1 > 0$，即熵是增加的。

物理学家玻尔兹曼将熵定义为一种特殊状态的概率：原子聚集方式的数量。可精确表示为

$$S = K\ln W$$

其中，K 为比例常数，称为玻尔兹曼常数。

鲁道夫.克劳修斯简介

鲁道夫.克劳修斯(Rudolf Julius Emanuel Clausisu)是德国物理学家、热力学奠基人之一。1822 年 1 月 2 日，克劳修斯出生于波兰科沙林。父亲是小学校长。克劳修斯就是在他父亲创办的学校里接受了人生的启蒙教育。在小学里，克劳修斯是个聪明调皮的学生，尤其在数理方面有着与众不同的才能，而他父亲也就有意识地培育他这方面的兴趣和能力。小学毕业后，克劳修斯进入斯德丁中学继续他的学业，随后于 1840 年顺利考入柏林大学。在大学里，克劳修斯如鱼得水，学习非常努力，而且兴趣广泛。他一度对历史产生了浓厚的兴趣，准备从事历史研究，但又始终放不下对数理科学的钟爱。克劳修斯的父母和老师都积极支持克劳修斯在数理方面发展，认为他有这方面的天赋，克劳修斯自己也觉得真正喜欢的还是数理科学，因此，他最后还是决定选择数理研究作为自己的专攻方向。在柏林大学完成了大学学业以后，克劳修斯又进入哈雷大学，攻读主修数学和物理的哲学博士学位。1847 年，克劳修斯获得博士学位，开始在柏林炮兵工程学院任教，担任物理课教师。

1850 年，克劳修斯发表了一篇关于热的理论的论文，这是他第一次发表比较有分量的科研文章，但立刻引起了科学界的关注。在文中他提出的观点，后来被认为是热力学的第二定律。柏林炮兵工程学院对这位年轻的小伙子青睐有加，不久便破格聘他担任学校的教授职位，如此年轻便担任教授一职，这在学院还是第一位。但是克劳修斯在炮兵工程学院的任职时间并不长。1859 年，他来到苏黎世工业大学，担任物理学教授。苏黎世工业大学给克劳修斯的研究提供了良好的环境。在这里，他全身心地投入到物理学的研究之中。克劳修斯研究的视野非常开阔，成就非凡，尤其在热力学方面，经过近十年的研究，他得出了热力学的“克劳修斯不等式”，随即提出了“熵”这一热力学上的重要概念。克劳修斯在苏黎世工业大学前后一共工作了 12 年，这期间他在科学研究上硕果累累，成为世人公认的大科学家。1869 年克劳修斯返回德国，担任维尔茨堡大学教授，两年后，他又移居波恩，担任波恩大学教授，继续从事他的物理科学研究。克劳修斯在波恩大学的研究工作并不顺利，条件也比较艰苦。1870—1871 年普法战争全面爆发。克劳修斯带领一个学生救护小组，四处救助伤员，却不幸严重损坏了自己的膝盖，从此长期受到伤痛的折磨，不得不将学生的实验课交给其他老师负责。此后不久，克劳修斯又遭到更为沉重的打击，他的妻子在生第 6 个孩子时去世，这不但在精神上使克劳修斯备感苍凉，而且从此他不得不把一部分精力从科学研究中分出来，独立承担起照顾家庭的重任。尽管如此，克劳修斯还是在研究中取得了许多新的成就。1888 年 8 月 24 日，克劳修斯工作到最后一刻黯然去世。

习 题 二

2.1 有 12 枚硬币，已知其中一枚为假币，但不知假币与真币谁轻谁重，请问用无砝码天

平秤最少称几次能找出假币。

2.2　同时掷出两个正常的骰子，也就是各面呈现的概率都为 1/6，求：

(1)“3 和 5 同时出现”这事件的自信息；

(2)“两个 1 同时出现”这事件的自信息；

(3) 两个点数的各种组合(无序)对的熵和平均信息量；

(4) 两个点数之和(即 2，3，…，12 构成的子集)的熵；

(5) 两个点数中至少有一个是 1 的自信息量。

2.3　8 个串联的灯泡 $x_1, x_2, \cdots, x_8$，其损坏的可能性是等概率的，现假设其中有一个灯泡已损坏，问每进行一次测量可获得多少信息量？总共需要多少次测量才能获知和确定哪个灯泡已损坏。

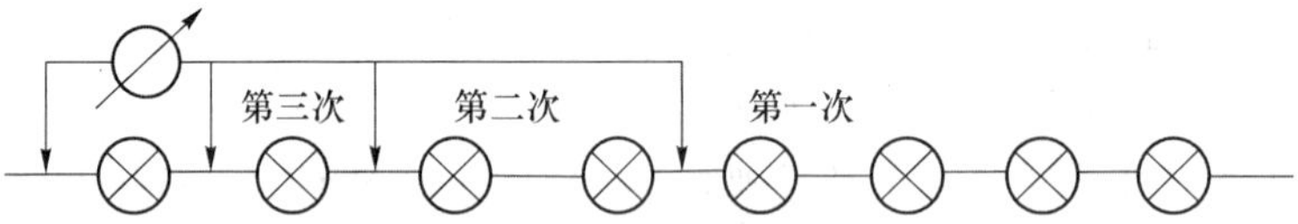

题 2.3 图

2.4　设在 A 袋放入 n 个不同阻值的电阻，随意取出一个，求当被告知“取出的电阻阻值为 i”时所获得的信息量。在 B 袋中放入 m 个不同功率的电阻，任意取出一个，求被告知“取出的电阻功率为 j”时获得的信息量。在 C 袋中放入 n 种不同阻值，而每种阻值又有 m 种不同功率的电阻，即共有 nm 个电阻，随意选取一个，求被告知“取出的电阻阻值为 i，功率为 j”时获得的信息量。

2.5　一个布袋内放 100 个球，其中 80 个球是红色的，20 个球是白色的，若随机摸取一个球，猜测其颜色，求平均摸取一次所能获得的自信息量。

2.6　设有一离散无记忆信源，其概率空间为

$$\begin{bmatrix} X \\ P(X) \end{bmatrix} = \begin{Bmatrix} x_1 = 0 & x_2 = 1 & x_3 = 2 & x_4 = 3 \\ 3/8 & 1/4 & 1/4 & 1/8 \end{Bmatrix}$$

该信源发出的信息序列为(202 120 130 213 001 203 210 110 321 010 021 032 011 223 210)。求：

(1) 此消息的自信息量是多少？

(2) 此消息中平均每符号携带的信息量是多少？

2.7　二进制通信系统的信源空间为

$$\begin{bmatrix} X \\ P(x) \end{bmatrix} = \begin{bmatrix} 0 & 1 \\ p & 1-p \end{bmatrix}$$

求该信源的熵。

2.8　某一无记忆信源的符号集为{0，1}，已知信源的概率空间为

$$\begin{bmatrix} X \\ P(X) \end{bmatrix} = \begin{bmatrix} 0 & 1 \\ 1/4 & 3/4 \end{bmatrix}$$

(1) 求信息符号的平均熵；

(2) 由 100 个符号构成的序列，求某一特定序列(如有 m 个“0”和 $100-m$ 个“1”)的自信息量的表达式；

(3) 计算(2)中序列的熵。

2.9　设有一个信源，它产生 0，1 序列的信息。该信源在任意时间而且不论以前发生过什

么消息符号，均按 $P(0)=0.4$，$P(1)=0.6$ 的概率发出符号。

(1) 试问这个信源是否是平稳的；

(2) 试计算 $H(X^2)$，$H(X_3|X_1X_2)$ 及 H_∞；

(3) 试计算 $H(X^4)$ 并写出 X^4 信源中可能有的所有符号。

2.10 一个由字母 A,B,C,D 组成的字，对于传输的每一个字母用二进制脉冲编码，00 代替 A，01 代替 B，10 代替 C，11 代替 D。每个脉冲宽度为 5 ms。

(1) 不同的字母是等概率出现时，试计算传输的平均信息速率；

(2) 若每个字母出现的可能性分别为 $P_A=1/5$，$P_B=1/4$，$P_C=1/4$，$P_D=3/10$，试计算传输的平均信息速率？

2.11 运用熵函数的递增性，计算熵函数 $H\left(\frac{1}{3},\frac{1}{3},\frac{1}{6},\frac{1}{6}\right)$ 的数值。

2.12 每帧电视图像可以认为是由 3×10^5 个像素组成的，所有像素均是独立变化，且每像素又取 128 个不同的亮度电平，并设亮度电平是等概出现，问每帧图像含有多少信息量？若有一个广播员，在约 10 000 个汉字中选出 1 000 个汉字来口述此电视图像，试问广播员描述此图像所广播的信息量是多少(假设汉字字汇是等概率分布，并彼此无依赖)？若要恰当地描述此图像，广播员在口述中至少需要多少汉字？

2.13 有一马尔可夫信源，已知转移概率为 $P(S_1|S_1)=2/3$，$P(S_2|S_1)=1/3$，$P(S_1|S_2)=1$，$P(S_2|S_2)=0$。试画出状态转移图，并求出信源熵。

2.14 黑白传真机的信息元只有黑色和白色两种 $X=\{$黑，白$\}$，一般气象图上黑色出现的概率为 $P($黑$)=0.3$，白色出现的概率为 $P($白$)=0.7$，黑白消息前后没有关联。若转移概率为 $P($白/白$)=0.9$，$P($黑/白$)=0.1$，$P($白/黑$)=0.2$，$P($黑/黑$)=0.8$，求该一阶马尔可夫信源的不确定性，并画出该信源的状态转移图。

2.15 一阶马尔可夫信源的状态图如题 2.15 图所示。信源 X 的符号集为$\{0, 1, 2\}$。

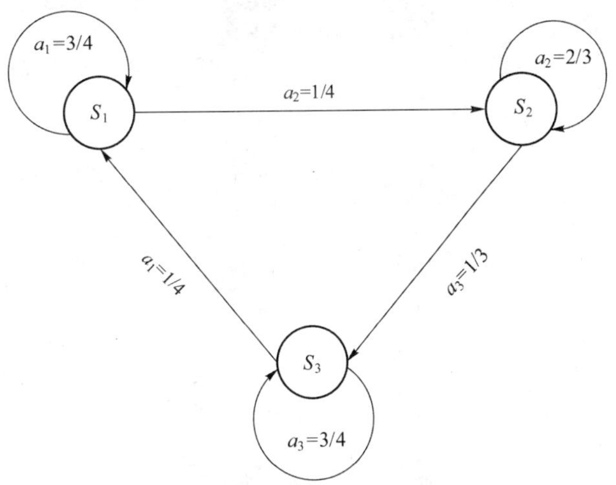

题 2.15 图

(1) 求平稳后信源的概率分布；

(2) 求信源的熵 H_∞。

2.16 设信源产生 A, B, C 三种符号，$p(B|B)=1/2$，$p(A|B)=p(C|B)=1/4$，$p(A|A)=5/8$，$p(B|A)=1/4$，$p(C|A)=1/8$，$p(C|C)=5/8$，$p(B|C)=1/4$，$p(A|C)=1/8$。试计算冗余度。

2.17　有一个一阶平稳马尔可夫链 $X_1,X_2,\cdots,X_r,\cdots$，各 X_r 取值于集合 $A=\{a_1,a_2,a_3\}$，已知起始概率 $P(X_r)$ 为 $p_1=1/2,p_2=p_3=1/4$，转移概率如题 2.17 表所示。

题 2.17 表

i \ j	1	2	3
1	1/2	1/4	1/4
2	2/3	0	1/3
3	2/3	1/3	0

(1) 求 (X_1,X_2,X_3) 的联合熵和平均符号熵；

(2) 求这个链的极限平均符号熵；

(3) 求 H_0,H_1,H_2 和它们所对应的冗余度。

第3章 离散信道

一、学习内容

1. 信道的分类及数学模型的表示。
2. 信息传输中的损失熵、噪声熵、平均互信息与各类熵的关系。
3. 离散信道容量的计算。
4. 数据处理定理。
5. 信源与信道的匹配。

二、学习目标

1. 了解离散信道的概念和分类。
2. 掌握信息传输中的各种熵的计算及其它们之间的关系。
3. 掌握各种信道的容量计算方法。

三、重点与难点

重点：信息传输过程中的各种熵的计算。

难点：一般信道容量的计算。

信道是构成信息流通系统的重要部分，其任务是以信号形式传输和存储信息。在物理信道一定的情况下，人们总是希望传输的信息越多越好。这不仅与物理信道本身的特性有关，还与载荷信息的信号形式和信源输出信号的统计特性有关。本章主要讨论信道的分类及表示信道的参数、平均互信息、各种信道的容量和计算方法。

3.1 信道的基本概念

信道是信息传递的通道，是将信号进行传输、存储和处理的媒介。信道中存在的干扰使输出信号与输入信号之间没有固定的函数关系，只有统计依赖的关系。因此可以通过研究分析输入输出信号的统计特性来研究信道。

首先来我们来分析一般信道的数学模型，这里采用一种"黑箱"法来操作。通信系统模型，在信道编码器和信道解码器之间相隔着许多其他部件，如调制解调、放大、滤波、均衡等器件，以及各种物理信道。信道遭受各类噪声的干扰，使有用信息遭受损伤。从信道编码的角度，我们对信号在信道中具体如何传输的物理过程并不感兴趣，而仅对传输的结果感兴趣：发送什么信号，得到什么信号，如何从得到的信号中恢复出发送的信号，差错概率是多少。所以将中间部分全部用信道来抽象，可得到如图 3.1 所示的一般信道模型。

3.1.1 信道的分类

信道的分类有以下几种方法：

(1) 根据用户的多少，分为两端(单用户)信道、多端(多用户)信道。

(2) 根据输入端和输出端的关联，分为无反馈信道、反馈信道。

(3) 根据信道的参数与时间的关系，分为固定参数信道、时变参数信道。

(4) 根据输入和输出信号的特点，分为离散信道、连续信道、半离散或半连续信道、波形信道。

(5) 根据信道上有无干扰分类，分为有干扰信道、无干扰信道。

(6) 根据信道有无记忆特性分类，分为：有记忆信道，无记忆信道。

实际信道的带宽总是有限的，所以输入和输出信号总可以分解成随机序列来研究。一个实际信道可同时具有多种属性。最简单的信道是单符号离散信道。

3.1.2 离散信道的数学模型

对于无反馈、固定参数、单用户离散信道，其数学模型如图 3.2 所示。

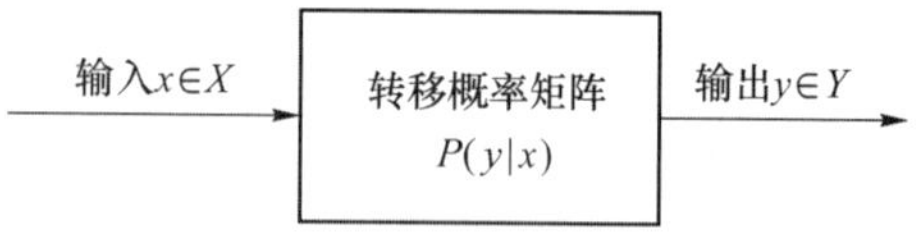

图 3.1　一般信道模型

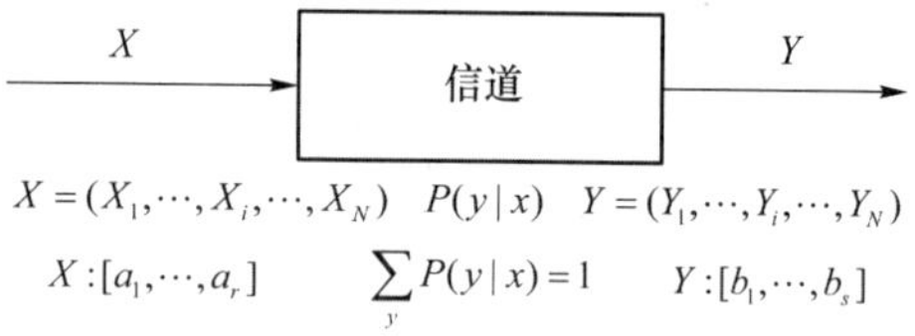

图 3.2　离散信道模型

条件概率 $P(y|x)$ 描述了输入信号和输出信号之间统计依赖关系，反映了信道的统计特性。

根据信道的统计特性即条件概率 $P(y|x)$ 的不同，离散信道可分为：

(1) 无干扰(无噪)信道：输出与输入之间有确定的一一对应的关系。

$$y = f(x), P(y \mid x) = \begin{cases} 1, & y = f(x) \\ 0, & y \neq f(x) \end{cases} \tag{3.1}$$

(2) 有干扰无记忆信道：任意时刻输出符号只与对应时刻的输入符号有关，而与以前时刻的输入符号、输出符号无关，也与以后的输入符号无关。

离散无记忆信道的充要条件：

$$P(y \mid x) = P(y_1 y_2 \cdots y_N \mid x_1 x_2 \cdots x_N) = \prod_{i=1}^{N} P(y_i \mid x_i) \tag{3.2}$$

证明：充分性：

$$\begin{aligned} P(y \mid x) &= P(y_1 y_2 \cdots y_N \mid x_1 x_2 \cdots x_N) \\ &= P(y_1 \mid x_1 x_2 \cdots x_N) P(y_2 \cdots y_N \mid x_1 x_2 \cdots x_N y_1) \\ &= P(y_1 \mid x_1 x_2 \cdots x_N) P(y_2 \cdots y_N \mid x_1 x_2 \cdots x_N y_1) P(y_3 \cdots y_N \mid x_1 x_2 \cdots x_N y_1 y_2) \\ &= \cdots \end{aligned}$$

$$= P(y_1 \mid x_1x_2\cdots x_N)P(y_2 \mid x_1x_2\cdots x_Ny_1)P(y_3 \mid x_1x_2\cdots x_Ny_1y_2)$$

$$\cdots P(y_{N-1} \mid x_1x_2\cdots x_Ny_1\cdots y_{N-2})P(y_N \mid x_1x_2\cdots x_Ny_1\cdots y_{N-1}) \tag{3.3}$$

$$P(y_N \mid x_1x_2\cdots x_Ny_1\cdots y_{N-1}) = \frac{P(y_1y_2\cdots y_N \mid x_1x_2\cdots x_N)}{P(y_1y_2\cdots y_{N-1} \mid x_1x_2\cdots x_N)}$$

$$= \frac{\prod_{i=1}^{N} P(y_i \mid x_i)}{\sum_{y_N} P(y_1y_2\cdots y_{N-1}y_N \mid x_1x_2\cdots x_N)}$$

$$= \frac{\prod_{i=1}^{N} P(y_i \mid x_i)}{\sum_{y_N} P(y_1 \mid x_1)P(y_2 \mid x_2)\cdots P(y_{N-1} \mid x_{N-1})P(y_N \mid x_N)} \tag{3.4}$$

$$\sum_{Y} P(y \mid x) = \sum_{y_1}\sum_{y_2}\cdots\sum_{y_N} P(y_1y_2\cdots y_N \mid x_1x_2\cdots x_N) = 1 \tag{3.5}$$

$$\sum_{y_1}\sum_{y_2}\cdots\sum_{y_N} P(y_1 \mid x_1)P(y_2 \mid x_2)\cdots P(y_{N-1} \mid x_{N-1})P(y_N \mid x_N) = 1 \tag{3.6}$$

所以 $\sum_{y_1} P(y_1 \mid x_1) = 1, \sum_{y_2} P(y_2 \mid x_2) = 1, \cdots, \sum_{y_N} P(y_N \mid x_N) = 1$

$$P(y_N \mid x_1x_2\cdots x_Ny_1\cdots y_{N-1}) = \frac{\prod_{i=1}^{N} P(y_i \mid x_i)}{\prod_{i=1}^{N-1} P(y_i \mid x_i)} = P(y_N \mid x_N) \tag{3.7}$$

同理：

$$P(y_{N-1} \mid x_1x_2\cdots x_Ny_1\cdots y_{N-2}) = \frac{P(y_1y_2\cdots y_{N-2}y_{N-1} \mid x_1x_2\cdots x_N)}{P(y_1y_2\cdots y_{N-2} \mid x_1x_2\cdots x_N)}$$

$$= \frac{\sum_{y_N}\prod_{i=1}^{N} P(y_i \mid x_i)}{\sum_{y_N}\sum_{y_{N-1}}\prod_{i=1}^{N} P(y_i \mid x_i)}$$

$$= \frac{\prod_{i=1}^{N-1} P(y_i \mid x_i)}{\prod_{i=1}^{N-2} P(y_i \mid x_i)} = P(y_{N-1} \mid x_{N-1}) \tag{3.8}$$

$$P(y_{N-2} \mid x_1x_2\cdots x_Ny_1\cdots y_{N-3}) = P(y_{N-2} \mid x_{N-2}) \tag{3.9}$$

$$\vdots$$

$$P(y_2 \mid x_1x_2\cdots x_Ny_1) = P(y_2 \mid x_2) \tag{3.10}$$

$$P(y_1 \mid x_1x_2\cdots x_N) = P(y_1 \mid x_1) \tag{3.11}$$

必要性：

$$P(y_1 \mid x_1x_2\cdots x_N) = P(y_1 \mid x_1) \tag{3.12}$$

$$P(y_2 \mid x_1x_2\cdots x_Ny_1) = P(y_2 \mid x_2) \tag{3.13}$$

$$\vdots$$

$$P(y_N \mid x_1x_2\cdots x_Ny_1\cdots y_{N-1}) = P(y_N \mid x_N) \tag{3.14}$$

$$\begin{aligned}P(y \mid x) &= P(y_1 \mid x_1x_2\cdots x_N)P(y_2 \mid x_1x_2\cdots x_Ny_1)P(y_3 \mid x_1x_2\cdots x_Ny_1y_2) \\ &\quad \cdots P(y_{N-1} \mid x_1x_2\cdots x_Ny_1\cdots y_{N-2})P(y_N \mid x_1x_2\cdots x_Ny_1\cdots y_{N-1}) \\ &= P(y_1 \mid x_1)P(y_2 \mid x_2)\cdots P(y_{N-1} \mid x_{N-1})P(y_N \mid x_N) = \prod_{i=1}^{N} P(y_i \mid x_i)\end{aligned} \tag{3.15}$$

(3) 有干扰有记忆信道:这是最一般的信道。

例如,在数字信道中,由于信道滤波使频率特性不理想时造成了码字之间的干扰。在这一类信道中某一瞬间的输出符号不但与对应时刻的输入符号有关,而且还与此以前其他时刻信道的输入符号及输出符号有关,这样的信道称为有记忆信道。

3.1.3 单符号离散信道

对于单符号离散信道,输入 $X:\{a_1,a_2,\cdots,a_r\}$,输出 $Y:\{b_1,b_2,\cdots,b_s\}$。

条件概率:

$$P(y \mid x) = P(y = b_j \mid x = a_i) = P(b_j \mid a_i) \ (i = 1,2,\cdots,r; j = 1,2,\cdots,s) \tag{3.16}$$

$$\sum_{j=1}^{s} P(b_j \mid a_i) = 1 \quad (i = 1,2,\cdots,r)$$

为信道的传递概率/转移概率。

离散信道数学模型可采用以下三种形式来表达:

(1) 概率空间:$[X,P(y|x),Y]$。

(2) 图:如图 3.3 所示。

例 3.1 二元对称信道(BSC,binary symmetric channel)输入符号集 $A=\{0,1\}$,输出符号集 $B=\{0,1\}$,$r=s=2$。

解:二元对称信道转移概率图如图 3.4 所示。

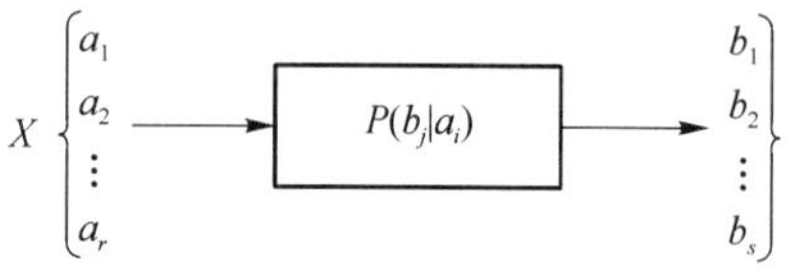

图 3.3 离散信道数学模型

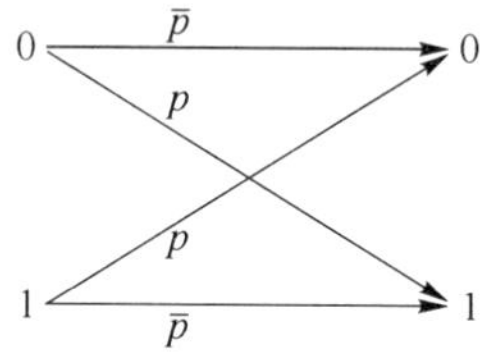

图 3.4 二元对称信道转移概率图

传递概率: $p(0|0)=\bar{p}$, $p(0|1)=p$

$p(1|0)=p$, $p(1|1)=\bar{p}$

传递矩阵:
$$\boldsymbol{P}=\begin{bmatrix}\bar{p} & p \\ p & \bar{p}\end{bmatrix}$$

例 3.2 二元删除信道(BEC)输入符号集 $A=\{0,1\}$,符号输出集 $B=\{0,?,1\}$,$r=2$, $s=3$。

解:二元删除信道转移概率图如图 3.5 所示。

信道矩阵为

$$\boldsymbol{P} = \begin{bmatrix} p & 1-p & 0 \\ 0 & 1-q & q \end{bmatrix}$$

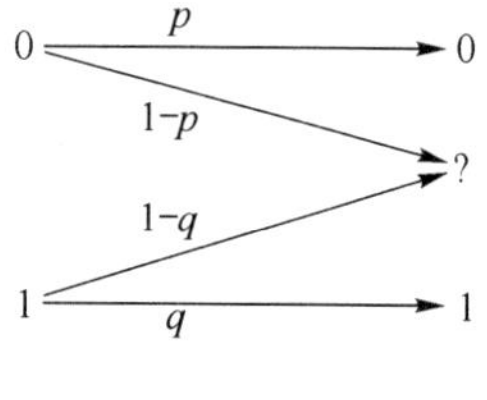

图 3.5 二元删除信道转移概率图

(3) 信道矩阵[P]：

$$\text{输入}\begin{matrix} \\ a_1 \\ a_2 \\ \vdots \\ a_r \end{matrix}\begin{matrix} b_1 & b_2 & \cdots & b_s & \text{输出} \\ \left[\begin{matrix} P(b_1|a_1) \\ P(b_1|a_2) \\ \vdots \\ P(b_1|a_r) \end{matrix}\right. & \begin{matrix} P(b_2|a_1) \\ P(b_2|a_2) \\ \vdots \\ P(b_2|a_r) \end{matrix} & \begin{matrix} \cdots \\ \cdots \\ \\ \cdots \end{matrix} & \left.\begin{matrix} P(b_s|a_1) \\ P(b_s|a_2) \\ \vdots \\ P(b_s|a_r) \end{matrix}\right] & \end{matrix}$$

$$\sum_{j=1}^{s} P(b_j \mid a_i) = 1 \quad (i = 1,2,\cdots,r)$$

推导一般单符号离散信道的一些概率关系。

设信道的输入概率空间为

$$\begin{bmatrix} X \\ P(x) \end{bmatrix} = \begin{bmatrix} a_1, & a_2, & \cdots, a_r \\ P(a_1), & P(a_2), & \cdots, P(a_r) \end{bmatrix}, \quad \sum_{i=1}^{r} P(a_i) = 1, \quad 0 \leqslant P(a_i) \leqslant 1 \quad (i = 1,2,\cdots,r)$$

设输出符号集为 $B=\{b_1,b_2,\cdots,b_s\}$。给定信道矩阵为

$$\boldsymbol{P} = \begin{bmatrix} P(b_1 \mid a_1) & P(b_2 \mid a_1) & \cdots & P(b_s \mid a_1) \\ P(b_1 \mid a_2) & P(b_2 \mid a_2) & \cdots & P(b_s \mid a_2) \\ \vdots & \vdots & & \vdots \\ P(b_1 \mid a_r) & P(b_2 \mid a_r) & \cdots & P(b_s \mid a_r) \end{bmatrix}$$

单符号离散信道的一般概率关系有以下几种：

(1) 先验概率

$$P(a_i)=P(x=a_i) \quad (i=1,2,\cdots,r)$$

表示在接收到一个输出信号之前，输入符号的概率。

(2) 前向概率(即传递概率)

$$P(b_j|a_i)=P(y=b_j|x=a_i) \quad (i=1,2,\cdots,r;j=1,2,\cdots,s)$$

表示发送 a_i，通过信道传输接收到 b_j 的概率。由于它是由信道噪声引起的，则通常用来描述信道特性，即传递概率。

(3) 输出符号的概率

$$P(b_j) = \sum_{i=1}^{r} P(a_i)P(b_j \mid a_i) \quad (\text{对 } j = 1,\cdots,s \text{ 都成立}) \tag{3.17}$$

矩阵形式：

$$\begin{bmatrix} P(b_1) \\ P(b_2) \\ \vdots \\ P(b_s) \end{bmatrix} = \boldsymbol{P}^{\mathrm{T}} \begin{bmatrix} P(a_1) \\ P(a_2) \\ \vdots \\ P(a_r) \end{bmatrix}, r \neq s$$

(4) 后验概率(后向概率)

$$P(a_i \mid b_j) = \frac{P(a_i b_j)}{P(b_j)}$$

$$= \frac{P(a_i)P(b_j \mid a_i)}{\sum_{i=1}^{r} P(a_i)P(b_j \mid a_i)} \quad (P(b_j) \neq 0; i = 1,2,\cdots,r; j = 1,2,\cdots,s) \tag{3.18}$$

表示在信道输出符号为 b_j 的条件下，信道输入符号为 a_i 的概率。

$$\sum_{i=1}^{r} P(a_i \mid b_j) = 1 \quad (j = 1,2,\cdots,s)$$

(5) 联合概率

输入和输出符号的联合概率为 $P(x=a_i, y=b_j)=P(a_ib_j)$，则有

$$P(a_ib_j) = P(a_i)P(b_j \mid a_i) = P(b_j)P(a_i \mid b_j) \tag{3.19}$$

3.2 平均互信息

3.2.1 信道疑义度

对于信源 X，$\begin{bmatrix} X \\ p(x) \end{bmatrix}=\begin{bmatrix} x_1 & \cdots & x_i & \cdots & x_r \\ p(x_1) & \cdots & p(x_i) & \cdots & p(x_r) \end{bmatrix}$，若满足完备集条件：

$$0 \leqslant p(x_i) \leqslant 1, \sum_{i=1}^{r} p(x_i) = 1$$

其中，$p(x_i)$ 为信源输出符号 $x_i(i=1,2,\cdots,r)$ 的先验概率，则

$$H(X) = \sum_{i=1}^{r} P(a_i)\log\frac{1}{P(a_i)} = \sum_{X} P(x)\log\frac{1}{P(x)} \tag{3.20}$$

$H(X)$ 是在接收到输出 Y 以前，关于输入变量 X 的先验不确定性，称为先验熵。接收到 Y 后关于 X 的不确定性的度量：

$$H(X \mid b_j) = \sum_{i=1}^{r} P(a_i \mid b_j)\log\frac{1}{P(a_i \mid b_j)} = \sum_{X} P(x \mid b_j)\log\frac{1}{P(x \mid b_j)} \tag{3.21}$$

$H(X|b_j)$ 为收到 b_j 后关于 X 的后验熵，表示收到 b_j 后关于输入符号的信息测度。后验熵在输出符号集 Y 范围内是个随机量，对后验熵在符号集 Y 中求数学期望，得条件熵即信道疑义度：

$$\begin{aligned} H(X \mid Y) &= E[H(X \mid b_j)] = \sum_{j=1}^{s} P(b_j)H(X \mid b_j) \\ &= \sum_{j=1}^{s} P(b_j)\sum_{i=1}^{r} P(a_i \mid b_j)\log\frac{1}{P(a_i \mid b_j)} \\ &= \sum_{i=1}^{r}\sum_{j=1}^{s} P(a_ib_j)\log\frac{1}{P(a_i \mid b_j)} = \sum_{X,Y} P(xy)\log\frac{1}{P(x \mid y)} \end{aligned} \tag{3.22}$$

信道疑义度表示在输出端收到输出变量 Y 的符号后，对于输入端的变量 X 尚存在的平均不确定性(存在疑义)。这是由信道干扰造成的，如果没有干扰，$H(X|Y)=0$，一般情况下 $H(X|Y)$ 小于 $H(X)$，说明经过信道传输，总能消除一些信源的不确定性，从而获得一些信息。

$$H(X \mid Y) \leqslant H(X) \tag{3.23}$$

例 3.3 设信道输入为等概率二元符号集 $X=\{0,1\}$，输出集为三元符号集 $Y=\{y_1, y_2, y_3\}$。已知信道的转移概率矩阵为：$[p_{Y/X}]=\begin{bmatrix} 0.8 & 0.15 & 0.05 \\ 0.05 & 0.15 & 0.8 \end{bmatrix}$，写出输出集 Y 的概率分布；并求出 $H(Y)$，与 $H(X)$ 进行比较。

解：二元等概率：　　$p_{x_1}=p_{x_2}=0.5$

$$[q_{y_1}, q_{y_2}, q_{y_3}] = [0.5 \quad 0.5]\begin{bmatrix} 0.8 & 0.15 & 0.05 \\ 0.05 & 0.15 & 0.8 \end{bmatrix} = [0.425 \quad 0.15 \quad 0.425]$$

$$H(Y) = -(2 \times 0.425\log 0.425 + 0.15\log 0.15) = 1.45 \text{ 比特 / 符号}$$

$$H(X) = -2 \times 0.5\log 0.5 = 1 \text{ 比特 / 符号}$$

$$H(Y) > H(X)$$

分析 $H(Y) > H(X)$ 的原因：

① 编码过程本身是一个随机过程，并非 1→1，而有可能是 1→3；② 随机噪声的影响产生了多余、无用的信息。

例 3.4 设信道输入为等概率二元符号集 $X=\{0,1\}$，输出集为 $Y=\{0,1\}$，并有矩阵 $[p_{Y/X}]=\begin{bmatrix}0.8 & 0.2\\0.05 & 0.95\end{bmatrix}$，计算 $H(Y)$，并与 $H(X)$ 进行比较。

解：二元等概率： $p_{x_1}=p_{x_2}=0.5$

$$[q_{y_1}, q_{y_2}] = [0.5 \quad 0.5]\begin{bmatrix}0.8 & 0.2\\0.05 & 0.95\end{bmatrix} = [0.425 \quad 0.575]$$

$$H(Y) = -(0.425\log 0.425 + 0.575\log 0.575) = 0.983 \text{ 比特 / 符号}$$

$$H(X) = -2 \times 0.5\log 0.5 = 1 \text{ 比特 / 符号}$$

$$H(Y) < H(X)$$

由以上两个例题可以看出，$H(Y)$ 可能多了，也可能少了。增加的信息不一定有用，所以判断信息到底发送了多少要用互信息来衡量。

3.2.2 平均互信息

互信息表示在通信的一般情况下，收信者所获取的信息量，在数量上等于通信前后不确定性的消除（减少）的量。

$$I(x;y) = \log\frac{P(x\mid y)}{P(x)} = \log\frac{P(xy)}{P(x)P(y)} = \log\frac{P(y\mid x)}{P(y)} \tag{3.24}$$

如图 3.6 所示，信源发出某一符号 $x_i(i=1,2,\cdots,n)$ 后，它提供多少信息量？用 $I(x_i;y_j)$ 表示收到 y_j 后，从 y_j 中获取关于 x_i 的信息量。

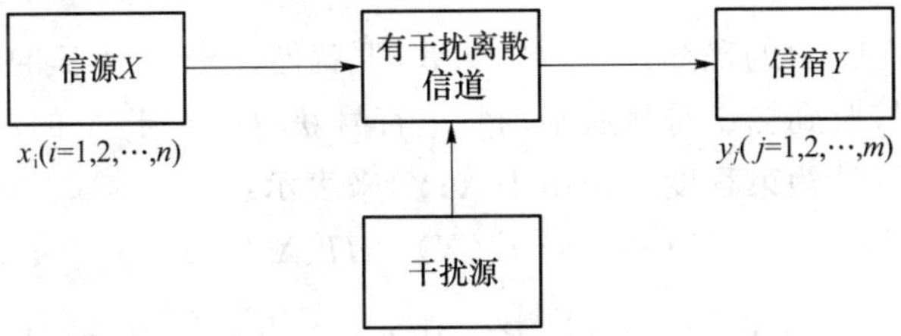

图 3.6 一般有干扰通信系统

$I(x_i;y_j)$ = 收到 y_j 前，收信者对 x_i 存在的不确定性（先验不定度）－收到 y_j 后，收信者对 x_i 仍然存在的不确定性（后验不定度）

= 收信者收到 y_j 前、后，对 x_i 存在的不确定性的消除

$$=I(x_i)-I(x_i|y_j) \tag{3.25}$$

$$I(x_i;y_j) = \log\frac{p(x_i\mid y_j)}{p(x_i)} = \log\frac{\text{后验概率}}{\text{先验概率}}(i=1,2,\cdots,n;j=1,\cdots,m) \tag{3.26}$$

$$I(x_i;y_j) = -\log p(x_i) + \log p(x_i\mid y_j) = I(x_i) - I(x_i\mid y_j)$$

$$I(x_i;y_j) = \log\frac{p(x_i\mid y_j)p(y_j)}{p(x_i)p(y_j)}$$

$$= I(x_i) + I(y_j) - I(x_i y_j) \tag{3.27}$$

对于无干扰信道，$I(x_i;y_j)=I(x_i)$；对于全损信道，$I(x_i;y_j)=0$。

互信息的性质如下：

- 对称性：

$$I(x_i;y_j) = I(y_j;x_i);(\log \frac{p(x_i \mid y_j)p(y_j)}{p(x_i)p(y_j)} = \log \frac{p(y_j \mid x_i)p(x_i)}{p(y_j)p(x_i)}) \tag{3.28}$$

- 当 X 和 Y 相互独立时，互信息为 0。

$$I(x_i;y_j) = I(x_i) + I(y_j) - I(x_i y_j) = I(x_i) + I(y_j) - [I(x_i) + I(y_j)] \tag{3.29}$$

- 互信息量可为正值或负值。

若互信息 $I(x;y)<0$，说明在未收到信息量 y 以前对消息 x 是否出现的不确定性较小，但由于噪声的存在，接收到消息 y 后，反而对 x 是否出现的不确定程度增加了。

平均互信息 $I(X;Y)$ 与 $I(x_i;y_j)$ 的关系：

(1) 互信息量 $I(x_i;y_j)$ 在 X 集合上的统计平均值为

$$I(X;y_j) = \sum_i p(x_i \mid y_j)I(x_i;y_j) = \sum_i p(x_i \mid y_j)\log \frac{p(x_i \mid y_j)}{p(x_i)} \tag{3.30}$$

(2) 上述 $I(X;y_j)$ 在 Y 集合上的概率加权统计平均值为

$$\begin{aligned} I(X;Y) &= \sum_j p(y_j)I(X;y_j) = \sum_{i,j} p(y_j)p(x_i \mid y_j)\log \frac{p(x_i \mid y_j)}{p(x_i)} \\ &= \sum_{i,j} p(x_i y_j)\log \frac{p(x_i \mid y_j)}{p(x_i)} \end{aligned} \tag{3.31}$$

说明：

- 在通信系统中，若发端的符号是 X，而收端的符号是 Y，$I(X;Y)$ 就是在接收端收到 Y 后所能获得的关于 X 的信息。
- 若干扰很大，Y 基本上与 X 无关，或说 X 与 Y 相互独立，那时就收不到任何关于 X 的信息。
- 若没有干扰，Y 是 X 的确知一一对应函数，那就能完全收到 X 的信息 $H(X)$。

平均互信息表示接收到输出符号后平均每个符号获得的关于 X 的信息量，即输入与输出两个随机变量之间的统计约束程度。采用 $I(X;Y)$ 来表示：

$$I(X;Y) = H(X) - H(X \mid Y) \tag{3.32}$$

$$\begin{aligned} I(X;Y) &= H(X) - H(X \mid Y) = \sum_X P(x)\log \frac{1}{P(x)} - \sum_{X,Y} P(xy)\log \frac{1}{P(x \mid y)} \\ &= \sum_{X,Y} P(xy)\log \frac{1}{P(x)} - \sum_{X,Y} P(xy)\log \frac{1}{P(x \mid y)} = \sum_{X,Y} P(xy)\log \frac{P(x \mid y)}{P(x)} \\ &= \sum_{X,Y} P(xy)\log \frac{P(xy)}{P(x)P(y)} = \sum_{X,Y} P(xy)\log \frac{P(y \mid x)}{P(y)} \end{aligned} \tag{3.33}$$

平均互信息于各类熵的关系：

$$\begin{aligned} I(X;Y) &= H(X) - H(X \mid Y) \\ &= H(X) + H(Y) - H(X \mid Y) = H(Y) - H(Y \mid X) \end{aligned} \tag{3.34}$$

可以看出，$I(X;Y)$ 表示 Y 对 X 的平均互信息是对 Y 一无所知的情况下，X 的先验不确定度与收到 Y 后关于 X 的后验不确定度之差，即收到 Y 前、后关于 X 的不确定度减少的量。

$I(X;Y)$ 是 $I(x;y)$ 的统计平均，所以 $I(X;Y)\geqslant 0$。若 $I(X;Y)=0$，表示在信道输出端接

收到输出符号 Y 后不获得任何关于输入符号 X 的信息量，即全损信道。

例 3.5 设有两个离散信源集合

$$\begin{bmatrix} X \\ P(X) \end{bmatrix} = \begin{bmatrix} a_1=0 & a_2=1 \\ 0.6 & 0.4 \end{bmatrix},\ [Y]=[b_1=0\quad b_2=1]$$

其中，

$$[P(y\mid x)] = \begin{bmatrix} p(b_1\mid a_1) & p(b_2\mid a_1) \\ p(b_1\mid a_2) & p(b_2\mid a_2) \end{bmatrix} = \begin{bmatrix} 5/6 & 1/6 \\ 3/4 & 1/4 \end{bmatrix}$$

求：(1) 自信息量 $I(a_i)$；(2) 条件自信息量 $I(a_i|b_j)$；(3) 互信息量 $I(a_i;b_j)$。

解：(1) 根据自信息量的定义可得

$$I(a_1) = -\log P(a_1) = -\log 0.6 \approx 0.737 \text{ bit}$$

$$I(a_2) = -\log P(a_2) = -\log 0.4 \approx 1.322 \text{ bit}$$

(2) 由全概率公式，可得

$$P(b_1) = \sum_{i=1}^{2} P(a_i b_1) = \sum_{i=1}^{2} P(a_i)P(b_1\mid a_i) = 0.6\times\frac{5}{6} + 0.4\times\frac{3}{4} = 0.8$$

$$P(b_2) = \sum_{i=1}^{2} P(a_i b_2) = \sum_{i=1}^{2} P(a_i)P(b_2\mid a_i) = 0.6\times\frac{1}{6} + 0.4\times\frac{1}{4} = 0.2$$

因为 $P(a_i|b_j)=\dfrac{P(a_ib_j)}{P(b_j)}$，所以得

$$P(a_1\mid b_1) = \frac{P(a_1b_1)}{P(b_1)} = \frac{5}{8},\ P(a_2\mid b_1) = \frac{P(a_2b_1)}{P(b_1)} = \frac{3}{8}$$

$$P(a_1\mid b_2) = \frac{P(a_1b_2)}{P(b_2)} = \frac{1}{2},\ P(a_2\mid b_2) = \frac{P(a_2b_2)}{P(b_2)} = \frac{1}{2}$$

根据条件自信息量的定义可得：

$$I(a_1\mid b_1) = -\log P(a_1\mid b_1) = -\log\frac{5}{8} \approx 0.678 \text{ bit}$$

$$I(a_2\mid b_1) = -\log P(a_2\mid b_1) = -\log\frac{3}{8} \approx 1.415 \text{ bit}$$

$$I(a_1\mid b_2) = -\log P(a_1\mid b_2) = -\log\frac{1}{2} = 1 \text{ bit}$$

$$I(a_2\mid b_2) = -\log P(a_2\mid b_2) = -\log\frac{1}{2} = 1 \text{ bit}$$

(3) 根据互信息量的定义可得：

$$I(a_1;b_1) = I(a_1) - I(a_1\mid b_1) \approx 0.059 \text{ bit}$$

$$I(a_2;b_1) = I(a_2) - I(a_2\mid b_1) \approx -0.093 \text{ bit}$$

$$I(a_1;b_2) = I(a_1) - I(a_1\mid b_2) \approx 0.263 \text{ bit}$$

$$I(a_2;b_2) = I(a_2) - I(a_2\mid b_2) \approx 0.322 \text{ bit}$$

平均互信息与各类熵的关系：

$$H(X) = \sum_X P(x)\log\frac{1}{P(x)}$$

$$H(Y) = \sum_Y P(y)\log\frac{1}{P(y)}$$

$$H(X \mid Y) = \sum_{X,Y} P(xy)\log \frac{1}{P(x \mid y)}$$

$$H(Y \mid X) = \sum_{X,Y} P(xy)\log \frac{1}{P(y \mid x)}$$

$$H(XY) = \sum_{X,Y} P(xy)\log \frac{1}{P(xy)}$$

$$H(X \mid Y) = H(X) - I(X;Y)$$

$$H(Y \mid X) = H(Y) - I(X;Y)$$

$$H(XY) = H(X) + H(Y \mid X) = H(Y) + H(X \mid Y) = H(X) + H(Y) - I(X;Y)$$

如图 3.7 所示为输入 X，输出 Y 的各种熵之间的维拉图。

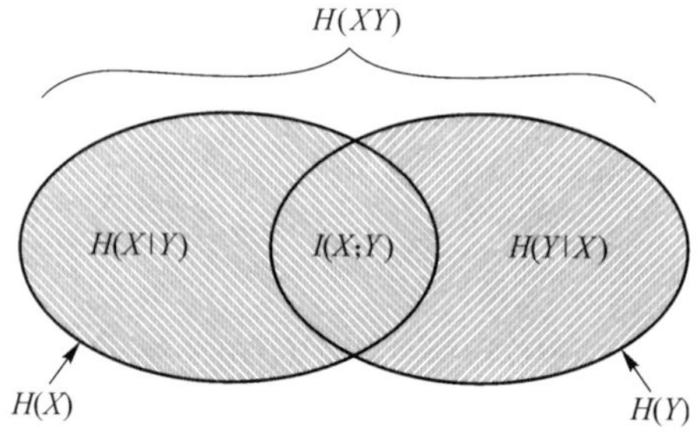

图 3.7　各种熵的关系图

$H(X|Y)$即信道疑义度，也表示通过有噪信道造成的损失，故也称为损失熵，因此信源的熵等于收到的信息量加上损失的熵；而 $H(Y|X)$表示已知输入的情况下，对输出端还残留的不确定性，这个不确定性是由噪声引起的，故也称之为噪声熵/散布度。联合熵 $H(XY)$表示输入随机变量 X，经信道传输到达信宿，输出随机变量 Y，即收发双方通信后，整个系统仍然存在的不确定度。如果在通信前，我们把 X，Y 看成是两个独立的随机变量，那么通信前，整个系统的先验不确定度即 X 和 Y 的联合熵等于 $H(X)+H(Y)$；通信后，我们把信道两端同时出现 X 和 Y 看成是由信道的传递统计特性联系起来的具有一定统计关联关系的两个随机变量，这时整个系统的后验不确定度由 $H(XY)$描述。

如图 3.8 所示为从损失信息以及增加噪声的角度上表示收发两端的熵关系。

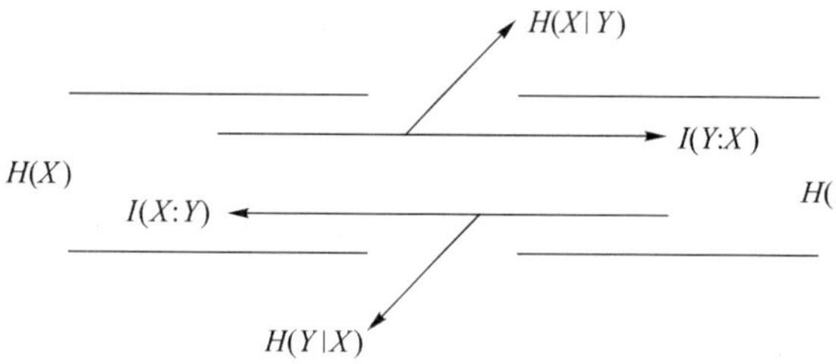

图 3.8　收发两端的熵关系

两种极端情况分析：

(1) 无噪一一对应信道。此时可以计算得：

$$H(X \mid Y) = H(Y \mid X) = 0$$

在图 3.9 中就是两圆重合。

(2) 输入端 X 和输出端 Y 完全统计独立。如图 3.10 所示，此时：

$$I(X;Y) = 0$$

$$H(X \mid Y) = H(X)$$

$$H(Y \mid X) = H(Y)$$

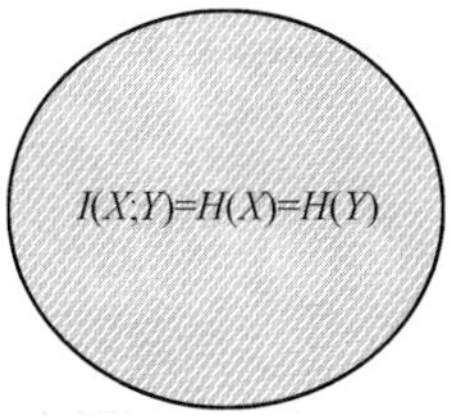

图 3.9　一一对应信道

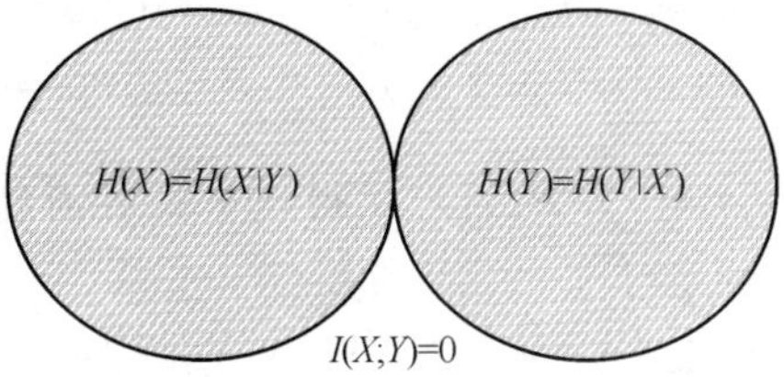

图 3.10　完全对立信道

例 3.6　已知信源 $X,Y\in\{0,1\}$，XY 构成的联合概率为

$$P(a_1=0,b_1=0)=P(a_2=1,b_2=1)=\frac{1}{8}$$

$$P(a_1=0,b_2=1)=P(a_2=1,b_1=0)=\frac{3}{8}$$

计算条件熵 $H(X|Y)$。

解：由全概率公式可得

$$P(b_1=0)=\frac{1}{2},P(b_2=1)=\frac{1}{2}$$

由 $P(a_ib_j)=P(b_i)P(a_i|b_j)$，求出

$$P(a_1=0\mid b_1=0)=\frac{P(a_1=0,b_1=0)}{P(b_1=0)}=\frac{1}{4}$$

同理可得：$P(a_2=1|b_2=1)=\frac{1}{4}$，$P(a_2=1|b_1=0)=P(a_1=0|b_2=1)=\frac{3}{4}$

根据条件熵的计算表达式可得：

$$H(X\mid Y)=-\sum_{j=1}^{2}\sum_{i=1}^{2}P(a_ib_j)\log P(a_i\mid b_j)=0.811\text{ 比特 / 符号}$$

例 3.7　有一个可以旋转的圆盘，盘面上被均匀地分成 38 份，用 1，…，38 的数字标示，其中有两份涂绿色，18 份涂红色，18 份涂黑色，圆盘停转后，盘面上的指针指向某一数字和颜色。

(1) 如果仅对颜色感兴趣，则计算平均不确定度；

(2) 如果仅对颜色和数字感兴趣，则计算平均不确定度；

(3) 如果颜色已知时，则计算条件熵。

解：令 X 表示指针指向某一数字，则 $X=\{1,2,\cdots,38\}$；Y 表示指针指向某一种颜色，则 $Y=\{$绿色，红色，黑色$\}$，Y 是 X 的函数，由题意可知 $p(x_iy_j)=p(x_i)$。

(1) $H(Y)=\sum_{j=1}^{3}p(y_j)\log\frac{1}{p(y_j)}=\frac{2}{38}\log\frac{38}{2}+2\times\frac{18}{38}\log\frac{38}{18}=1.24$ 比特 / 符号。

(2) $H(XY)=H(X)=\log 38=5.25$ 比特/符号。

(3) $H(X|Y)=H(XY)-H(Y)=H(X)-H(Y)=5.25-1.24=4.01$ 比特/符号。

例 3.8　将已知信源 $\begin{bmatrix}X\\P(X)\end{bmatrix}=\begin{bmatrix}x_1 & x_2\\0.5 & 0.5\end{bmatrix}$ 接到如图 3.11 所示的信道上，求在该信道上传输的平均互信息量 $I(X;Y)$、疑义度 $H(X|Y)$、噪声熵 $H(Y|X)$ 和联合熵 $H(XY)$。

解：(1) 由 $P(x_iy_j)=P(x_i)P(y_j|x_i)$，求出各联合概率：

$$P(x_1y_1)=P(x_1)P(y_1\mid x_1)=0.5\times0.98=0.49$$

$$P(x_1y_2)=P(x_1)P(y_2\mid x_1)=0.5\times0.02=0.01$$

$$P(x_2y_1) = P(x_2)P(y_1 \mid x_2) = 0.5 \times 0.20 = 0.10$$

$$P(x_2y_2) = P(x_2)P(y_2 \mid x_2) = 0.5 \times 0.80 = 0.40$$

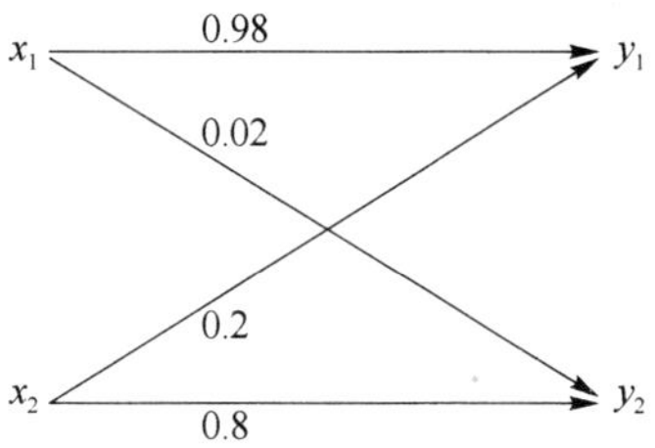

图 3.11 二元信道

(2) 由 $P(y_j) = \sum_{i=1}^{n} P(x_iy_j)$，得到 Y 集各消息概率：

$$P(y_1) = \sum_{i=1}^{2} P(x_iy_1) = P(x_1y_1) + P(x_2y_1)$$

$$= 0.49 + 0.10 = 0.59$$

$$P(y_2) = 1 - P(y_1) = 1 - 0.59 = 0.41$$

(3) 由 $P(x_i|y_j)=\dfrac{P(x_iy_j)}{P(y_j)}$,得到 X 的各后验概率：

$$P(x_1 \mid y_1) = \frac{P(x_1y_1)}{P(y_1)} = \frac{0.49}{0.59} = 0.831$$

$$P(x_2 \mid y_1) = 1 - P(x_1 \mid y_1) = 0.169$$

同样可推出 $p(x_1|y_2)=0.024, p(x_2|y_2)=0.976$

(4) $H(X)=-\sum_{i=1}^{2}P(x_i)\log P(x_i)=-(0.5\log 0.5+0.5\log 0.5)=1$ 比特/符号

$$H(Y)=-\sum_{i=1}^{2}P(y_i)\log P(y_i) =-(0.59\log 0.59+0.41\log 0.41)$$

$$= 0.98 \text{ 比特 / 符号}$$

$$H(XY)=-\sum_{i=1}^{n}\sum_{j=1}^{m}P(x_iy_j)\log P(x_iy_j)$$

$$=-(0.49\log 0.49+0.01\log 0.01+0.10\log 0.10+0.40\log 0.40)$$

$$= 1.43 \text{ 比特 / 符号}$$

(5) 平均互信息

$$I(X;Y) = H(X) + H(Y) - H(XY) = 1 + 0.98 - 1.43 = 0.55 \text{ 比特 / 符号}$$

(6) 疑义度

$$H(X \mid Y)=-\sum_{i=1}^{2}\sum_{j=1}^{2}P(x_iy_j)\log P(x_i \mid y_j)$$

$$=-(0.49\log 0.831+0.01\log 0.024+0.10\log 0.169+0.40\log 0.976)$$

$$= 0.45 \text{ 比特 / 符号}$$

(7) 噪声熵

$$H(Y \mid X)=-\sum_{i=1}^{2}\sum_{j=1}^{2}P(x_iy_j)\log P(y_j \mid x_i)$$

$$=-(0.49\log 0.98+0.01\log 0.02+0.10\log 0.20+0.40\log 0.80)$$

$$= 0.43 \text{ 比特 / 符号}$$

例 3.9 已知 $\boldsymbol{P}_X = \left[\frac{1}{4}\ \frac{3}{4}\right]$，$\boldsymbol{P}_{Y|X} = \begin{bmatrix} \frac{1}{2} & \frac{1}{2} & 0 \\ 0 & \frac{1}{3} & \frac{2}{3} \end{bmatrix}$。求二元删除信道的 $H(X)$，$H(Y)$，$H(X|Y)$和 $I(X;Y)$ 。

解：由先验概率和信道转移矩阵可得输出符号 Y 的概率分布：

$$\boldsymbol{P}_Y = \boldsymbol{P}_X \boldsymbol{P}_{Y|X} = \left[\frac{1}{4} \quad \frac{3}{4}\right]\begin{bmatrix} \frac{1}{2} & \frac{1}{2} & 0 \\ 0 & \frac{1}{3} & \frac{2}{3} \end{bmatrix} = \left[\frac{1}{8} \quad \frac{3}{8} \quad \frac{1}{2}\right]$$

$$P(Y=0)=\frac{1}{8}, P(Y=?)=\frac{3}{8}, P(Y=1)=\frac{1}{2}$$

X,Y 的联合概率分布为

$$p_{XY}(0,0)=p_X(0)p_{Y|X}(0 \mid 0)=\frac{1}{2}\cdot\frac{1}{4}=\frac{1}{8}$$

$$p_{XY}(0,?)=\frac{1}{8}, p_{XY}(0,1)=0$$

$$p_{XY}(1,0)=0, p_{XY}(1,?)=\frac{1}{4}, p_{XY}(1,1)=\frac{1}{2}$$

$$\boldsymbol{P}(XY)=\begin{bmatrix} \frac{1}{8} & \frac{1}{8} & 0 \\ 0 & \frac{1}{4} & \frac{2}{4} \end{bmatrix}$$

由联合概率分布和 Y 的概率分布可得后验概率为

$$p(x_i \mid y_j)=\frac{p(x_i y_j)}{p(y_j)}$$

$$p_{X|Y}(0 \mid 0)=1, p_{X|Y}(0 \mid ?)=\frac{1}{3}, p_{X|Y}(0 \mid 1)=0$$

$$p_{X|Y}(1 \mid 0)=0, p_{X|Y}(1 \mid ?)=\frac{2}{3}, p_{X|Y}(1 \mid 1)=1$$

$$\boldsymbol{P}(X \mid Y)=\begin{bmatrix} 1 & \frac{1}{3} & 0 \\ 0 & \frac{2}{3} & 1 \end{bmatrix}$$

$$H(X)=p_X(0)\log\frac{1}{p_X(0)}+p_X(1)\log\frac{1}{p_X(1)}=\frac{1}{4}\log 4+\frac{3}{4}\log\frac{4}{3}=0.811 \text{ 比特 / 符号}$$

$$H(Y)=p_X(0)\log\frac{1}{p_Y(0)}+p_Y(1)\log\frac{1}{p_Y(1)}+p_Y(?)\log\frac{1}{p_Y(?)}=1.406 \text{ 比特 / 符号}$$

$$\begin{aligned} H(X \mid Y)=&p_{XY}(0,0)\log\frac{1}{p_{X|Y}(0 \mid 0)}+p_{XY}(1,0)\log\frac{1}{p_{X|Y}(1 \mid 0)} \\ &+p_{XY}(0,?)\log\frac{1}{p_{X|Y}(0 \mid ?)}+p_{X|Y}(0,?)\log\frac{1}{p_{X|Y}(1 \mid ?)} \\ &+p_{XY}(0,1)\log\frac{1}{p_{X|Y}(0 \mid 1)}+p_{XY}(1 \mid 1)\log\frac{1}{p_{X|Y}(1 \mid 1)} \\ =&0.344 \text{ 比特 / 符号} \end{aligned}$$

另外，$H(X|Y)$ 可以先求得后验熵：$H(X|Y=0)=0$，$H(X|Y=?)=0.918$，$H(X|Y=1)=0$，再通过下式计算：

$$\begin{aligned} H(X \mid Y)&=H(X \mid Y=0)p_Y(0)+H(X \mid Y=?)p_Y(?)+H(X \mid Y=1)p_Y(1) \\ &=0\times\frac{1}{8}+0.918\times\frac{3}{8}+0\times\frac{1}{2} \\ &=0.344 \text{ 比特 / 符号} \end{aligned}$$

$$I(X;Y)=H(X)-H(X\mid Y)=0.467\ \text{比特}/\text{符号}$$

3.2.3 平均条件互信息

互信息 $I(x;y)$表示两个概率空间中两事件之间的互信息。平均互信息 $I(X;Y)$表示两个概率空间 X 和 Y 之间的平均互信息。

推广到三个概率空间 $X,Y,Z;x\in X,y\in Y,z\in Z$;且有:

$$\sum_X\sum_Y\sum_Z P(xyz)=1 \tag{3.35}$$

$$P(xy)=\sum_Z P(xyz),x\in X,y\in Y \tag{3.36}$$

$$P(xz)=\sum_Y P(xyz),x\in X,z\in Z \tag{3.37}$$

$$P(yz)=\sum_X P(xyz),y\in Y,z\in Z \tag{3.38}$$

$$P(x)=\sum_Y P(xy)=\sum_Z P(xz),x\in X \tag{3.39}$$

$$P(y)=\sum_X P(xy)=\sum_Z P(yz),y\in Y \tag{3.40}$$

$$P(z)=\sum_X P(xz)=\sum_Y P(yz),z\in Z \tag{3.41}$$

这三个概率空间可以看成为如图 3.12 所示的模型。

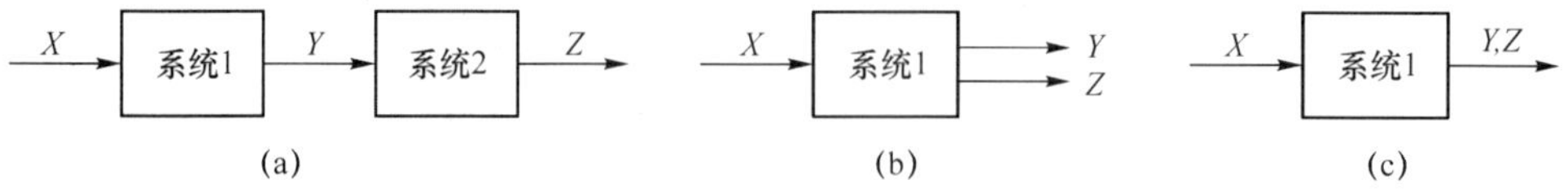

图 3.12 信号传输系统模型

定义 3.1 在已知事件 $z\in Z$ 的条件下,接收到 y 后获得关于某事件 x 的条件互信息:

$$I(x;y\mid z)=\log\frac{P(x\mid yz)}{P(x\mid z)}=\log\frac{P(y\mid xz)}{P(y\mid z)}=\log\frac{P(xy\mid z)}{P(x\mid z)P(y\mid z)} \tag{3.42}$$

当已知 $y\in Y,z\in Z$ 后,总共获得关于 $x\in X$ 的互信息:

$$\begin{aligned}I(x;yz)&=\log\frac{P(x\mid yz)}{P(x)}=\log\frac{P(x\mid y)P(x\mid yz)}{P(x)P(x\mid y)}=\log\frac{P(x\mid y)}{P(x)}+\log\frac{P(x\mid yz)}{P(x\mid y)}\\&=I(x;y)+I(x;z\mid y)\end{aligned} \tag{3.43}$$

$$I(x;yz)=I(x;z)+I(x;y\mid z) \tag{3.44}$$

$$\begin{aligned}I(X;Y\mid Z)&=E[I(x;y\mid z)]=\sum_X\sum_Y\sum_Z P(xyz)\log\frac{P(x\mid yz)}{P(x\mid z)}\\&=\sum_X\sum_Y\sum_Z P(xyz)\log\frac{P(xy\mid z)}{P(x\mid z)P(y\mid z)}\end{aligned} \tag{3.45}$$

$$I(X;YZ)=E[I(x;yz)]=\sum_X\sum_Y\sum_Z P(xyz)\log\frac{P(x\mid yz)}{P(x)} \tag{3.46}$$

$$I(X;Y\mid Z)=H(X\mid Z)-H(X\mid YZ) \tag{3.47}$$

$$I(X;YZ)=I(X;Y)+I(X;Z\mid Y)=I(X;Z)+I(X;Y\mid Z) \tag{3.48}$$

例 3.10 有一离散无记忆信源,其输出为 $X\in\{0,1,2\}$,相应的概率为 $p_0=1/4,p_1=1/4,p_2=1/2$,设计两个独立的实验去观察它,其结果分别为 $Y_1\in\{0,1\},Y_2\in\{0,1\}$,已知条件概率如表 3.1、表 3.2 所示。

表 3.1　条件概率 $P(y_1|x)$

$P(y_1\|x)$	0	1
0	1	0
1	0	1
2	1/2	1/2

表 3.2　条件概率 $P(y_2|x)$

$P(y_2\|x)$	0	1
0	1	0
1	1	0
2	0	1

(1) 求 $I(X;Y_1)$和 $I(X;Y_2)$，并判断哪一个实验好些；

(2) 求 $I(X;Y_1Y_2)$，并计算做 Y_1 和 Y_2 两个实验比做 Y_1 和 Y_2 中的一个实验可多得多少关于 X 的信息；

(3) 求 $I(X;Y_1|Y_2)$和 $I(X;Y_2|Y_1)$，并解释它们的含义。

解：(1) 由题意可知，联合概率分别如表 3.3、表 3.4 所示。

表 3.3　联合概率 $P(xy_1)$

$P(xy_1)$	0	1
0	1/4	0
1	0	1/4
2	1/4	1/4

表 3.4　联合概率 $P(xy_2)$

$P(xy_2)$	0	1
0	1/4	0
1	1/4	0
2	0	1/2

$$p(y_1=0)=p(y_1=1)=1/2,p(y_2=0)=p(y_2=1)=1/2$$

因为

$$I(X;Y_1)=H(Y_1)-H(Y_1\mid X)$$
$$=\log 2-\frac{1}{4}\log 1-\frac{1}{4}\log 1-2\times\frac{1}{4}\log\frac{1}{2}=1.5\text{ 比特 / 符号}$$
$$I(X;Y_2)=H(Y_2)-H(Y_2\mid X)$$
$$=\log 2-\frac{1}{4}\log 1-\frac{1}{4}\log 1-\frac{1}{2}\log 1=1\text{ 比特 / 符号}<I(X;Y_1)$$

所以第一个实验比第二个实验好。

(2) 因为 Y_1 和 Y_2 相互独立，所以 $P(y_1y_2|x)=P(y_1|x)P(y_2|x)$，则概率 $P(y_1y_2x)$、$P(y_1y_2|x)$和 $P(y_1y_2)$分别如表 3.5、表 3.6 和表 3.7 所示。

表 3.5　概率 $P(y_1y_2x)$

$P(y_1y_2x)$	00	01	10	11
0	1/4	0	0	0
1	0	0	1/4	0
2	0	1/4	0	1/4

表 3.6　概率 $P(y_1y_2|x)$

$P(y_1y_2\|x)$	00	01	10	11
0	1	0	0	0
1	0	0	1	0
2	0	1/2	0	1/2

表 3.7　概率 $P(y_1y_2)$

$P(y_1y_2)$	00	01	10	11
P	1/4	1/4	1/4	1/4

因为，$I(X;Y_1Y_2) = H(Y_1Y_2) - H(Y_1Y_2 \mid X) = \log 4 - \frac{1}{4}\log 1 - \frac{1}{4}\log 1 - \frac{1}{4} \times 2\log\frac{1}{2}$

$=2.5$ 比特/符号

由此可见，做两个实验比单独做 Y_1 可多得 1 bit 的关于 X 的信息量，比单独做 Y_2 多得 0.5 bit 的关于 X 的信息量。

(3)
$$\begin{aligned} I(X;Y_1 \mid Y_2) &= H(X \mid Y_2) - H(X \mid Y_1Y_2) \\ &= [H(X) - I(X;Y_2)] - [H(X) - I(X;Y_1Y_2)] \\ &= I(X;Y_1Y_2) - I(X;Y_2) \\ &= 2.5 - 1 = 1.5 \text{ 比特 / 符号} \end{aligned}$$

表示在已做 Y_2 的情况下，再做 Y_1 而多得到的关于 X 的信息量。

同理可得

$$I(X;Y_2 \mid Y_1) = I(X;Y_1Y_2) - I(X;Y_1) = 2.5 - 1.5 = 1 \text{ 比特 / 符号}$$

表示在已做 Y_1 的情况下，再做 Y_2 而多得到的关于 X 的信息量。

3.2.4　平均互信息的特性

1. 非负性

$$I(X;Y) \geqslant 0 \tag{3.49}$$

$$-I(X;Y) = \sum_{X,Y} P(xy)\log\frac{P(x)P(y)}{P(xy)} \leqslant \log\sum_{X,Y} P(xy)\frac{P(x)P(y)}{P(xy)} = \log 1 = 0$$

该性质表明，通过一个信道总能传递一些信息，最差的条件下，输入输出完全独立，不传递任何信息，互信息等于 0，但决不会失去已知的信息。

2. 极值性

$$I(X;Y) \leqslant \min[H(X), H(Y)] \tag{3.50}$$

$$I(X;Y) = H(X) - H(X|Y)$$

因为 $H(X|Y) \geqslant 0$，所以 $I(X;Y) \leqslant H(X)$；同理 $I(X;Y) \leqslant H(Y)$。

一般来说，信道疑义度总是大于 0，所以互信息总是小于信源的熵，只有当信道是无损信道时，信道疑义度等于 0，互信息等于信源的熵。

3. 交互性(对称性)

$$I(X;Y) = \sum_{X,Y} P(xy)\log\frac{P(xy)}{P(x)P(y)} = \sum_{X,Y} P(yx)\log\frac{P(yx)}{P(y)P(x)} = I(Y;X) \tag{3.51}$$

其中，$I(X;Y)$ 为从 Y 中提取关于 X 的信息量；$I(Y;X)$ 为从 X 中提取关于 Y 的信息量。

实际上，$I(X;Y)$ 和 $I(Y;X)$ 只是观察者的立足点不同，对信道的输入 X 和输出 Y 的总体测度的两种表达形式。

4. 凸状性

$$I(X;Y) = \sum_{X,Y} P(xy)\log\frac{P(y \mid x)}{P(y)} = \sum_{X,Y} P(x)P(y \mid x)\log\frac{P(y \mid x)}{P(y)}$$

$$P(y) = \sum_X P(x)P(y \mid x)$$

$$I(X;Y) = I[P(x), P(y|x)]$$

定理 3.1 平均互信息 $I(X;Y)$是输入信源的概率分布 $P(x)$的∩型凸函数。

证明:固定信道即 $P(y|x)$固定。

选取输入信源 X 的两种概率分布 $P_1(x)$,$P_2(x)$。对应的联合概率分布为 $P_1(xy) = P_1(x)P(y|x)$,$P_2(xy) = P_2(x)P(y|x)$。平均互信息为 $I[P_1(x)]$,$I[P_2(x)]$。

选择另外一种概率分布 $P(x)$,令 $0<\theta<1$,$\theta+\bar{\theta}=1$,则 $P(x)=\theta P_1(x)+\bar{\theta}P_2(x)$。平均互信息为 $I[P(x)]$。

$$\begin{aligned}
&\theta I[P_1(x)] + \bar{\theta} I[P_2(x)] - I[P(x)] \\
&= \sum_{X,Y} \theta P_1(xy) \log \frac{P(y \mid x)}{P_1(y)} + \sum_{X,Y} \bar{\theta} P_2(xy) \log \frac{P(y \mid x)}{P_2(y)} - \sum_{X,Y} P(xy) \log \frac{P(y \mid x)}{P(y)} \\
&= \sum_{X,Y} \theta P_1(xy) \log \frac{P(y \mid x)}{P_1(y)} + \sum_{X,Y} \bar{\theta} P_2(xy) \log \frac{P(y \mid x)}{P_2(y)} - \\
&\quad \sum_{X,Y} [\theta P_1(xy) + \bar{\theta} P_2(xy)] \log \frac{P(y \mid x)}{P(y)} \\
&= \theta \sum_{X,Y} P_1(xy) \log \frac{P(y)}{P_1(y)} + \bar{\theta} \sum_{X,Y} P_2(xy) \log \frac{P(y)}{P_2(y)} \\
&\leqslant \theta \log \sum_{X,Y} P_1(xy) \frac{P(y)}{P_1(y)} + \bar{\theta} \log \sum_{X,Y} P_2(xy) \frac{P(y)}{P_2(y)} \\
&= \theta \log \sum_Y \frac{P(y)}{P_1(y)} \sum_X P_1(xy) + \bar{\theta} \log \sum_Y \frac{P(y)}{P_2(y)} \sum_X P_2(xy) \\
&= \theta \log \sum_Y \frac{P(y)}{P_1(y)} P_1(y) + \bar{\theta} \log \sum_Y \frac{P(y)}{P_2(y)} P_2(y) \\
&= \theta \log \sum_Y P(y) + \bar{\theta} \log \sum_Y P(y) = 0
\end{aligned}$$

$$\theta I[P_1(x)] + \bar{\theta} I[P_2(x)] - I[P(x)] \leqslant 0 \tag{3.52}$$

即

$$I[\theta P_1(x) + \bar{\theta} P_2(x)] \geqslant \theta I[P_1(x)] + \bar{\theta} I[P_2(x)] \tag{3.53}$$

所以,平均互信息 $I(X;Y)$是输入信源的概率分布 $P(x)$的∩型凸函数。

物理意义:对某一个确定信道,存在一种信源分布,使平均互信息最大。最大值由信道本身的特性决定。

定理 3.2 平均互信息 $I(X;Y)$是信道传输概率 $P(y|x)$的∪型凸函数。

证明:固定信源即 $P(x)$固定。

选择两种信道,传递概率分别为 $P_1(y|x)$,$P_2(y|x)$。平均互信息分别为 $I[P_1(y|x)]$,$I[P_2(y|x)]$。

选择第三种信道,传递概率为 $P(y|x)=\theta P_1(y|x)+\bar{\theta}P_2(y|x)$,平均互信息为 $I[P(y|x)]$。

$$\begin{aligned}
&I[P(y \mid x)] - \theta I[P_1(y \mid x)] - \bar{\theta} I[P_2(y \mid x)] \\
&= \sum_{X,Y} [\theta P_1(xy) + \bar{\theta} P_2(xy)] \log \frac{P(x \mid y)}{P(x)} - \sum_{X,Y} \theta P_1(xy) \log \frac{P_1(x \mid y)}{P(x)} - \\
&\quad \sum_{X,Y} \bar{\theta} P_2(xy) \log \frac{P_2(x \mid y)}{P(x)}
\end{aligned}$$

$$=\theta\sum_{X,Y}P_1(xy)\log\frac{P(x\mid y)}{P_1(x\mid y)}+\bar{\theta}\sum_{X,Y}P_2(xy)\log\frac{P(x\mid y)}{P_2(x\mid y)}$$

$$\leqslant\theta\log\sum_{X,Y}P_1(xy)\frac{P(x\mid y)}{P_1(x\mid y)}+\bar{\theta}\log\sum_{X,Y}P_2(xy)\frac{P(x\mid y)}{P_2(x\mid y)}$$

$$=\theta\log\sum_{X,Y}P_1(y)P(x\mid y)+\bar{\theta}\log\sum_{X,Y}P_2(y)P(x\mid y)$$

$$=\theta\log\sum_{Y}P_1(y)\sum_{X}P(x\mid y)+\bar{\theta}\log\sum_{Y}P_2(y)\sum_{X}P(x\mid y)$$

$$=\theta\log\sum_{Y}P_1(y)+\bar{\theta}\log\sum_{Y}P_2(y)=0$$

$$I[P(y\mid x)]-\theta I[P_1(y\mid x)]-\bar{\theta}I[P_2(y\mid x)]\leqslant 0 \tag{3.54}$$

即

$$I[\theta P_1(y\mid x)+\bar{\theta}P_2(y\mid x)]\leqslant\theta I[P_1(y\mid x)]+\bar{\theta}I[P_2(y\mid x)] \tag{3.55}$$

所以，平均互信息 $I(X;Y)$是信道传输概率 $P(y|x)$的∪型凸函数。

物理意义：每一个信源都存在一种对应的最差信道，此信道的干扰最大，输出端获得的信息量最小。

例 3.11 设二进制对称信道的输入概率空间为 $\begin{bmatrix}X\\P(X)\end{bmatrix}=\begin{bmatrix}0 & 1\\p & \bar{p}=1-p\end{bmatrix}$，信道转移概率如图 3.13 所示。

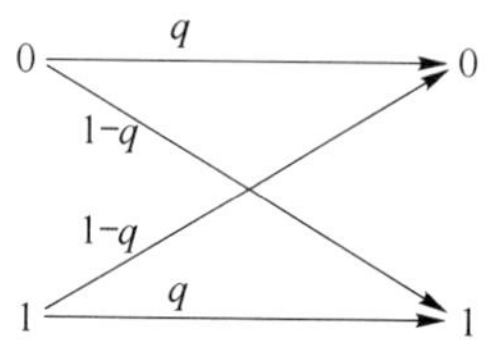

图 3.13 信道转移概率

由信道特性决定的条件熵：

$$H(Y\mid X)=-\sum_{i=1}^{2}\sum_{j=1}^{2}p(x_i)p(y_j\mid x_i)\log_2 p(y_j\mid x_i)$$

$$=\sum_{i=1}^{2}p(x_i)\{-[\bar{q}\log_2\bar{q}+q\log_2 q]\}$$

$$=\sum_{i=1}^{2}p(x_i)H(q)$$

$$=H(q)$$

由 $p(y_j)=\sum_{i=1}^{n}p(x_i)p(y_j|x_i)$可求得

$$p(y_1)=P(Y=0)=pq+\overline{pq}$$

$$p(y_2)=P(Y=1)=p\bar{q}+\bar{p}q$$

平均互信息量

$$I(X;Y)=H(Y)-H(Y/X)=H(p\bar{q}+\bar{p}q)-H(q)$$

当 q 不变即固定信道特性时，可得 $I(X;Y)$随输入概率 p 变化的曲线，如图 3.14 所示。由图可见，二进制对称信道特性固定后，输入呈等概率分布时，平均而言在接收端可获得最大信息量。

当固定信源特性 p 时，平均互信息量 $I(X;Y)$就是信道特性 q 的函数，其随 q 变化的曲线如图 3.15 所示。由图可见，当二进制对称信道特性 $q=\bar{q}=\frac{1}{2}$时，信道输出端获得信息量最小，即等于 0。说明信源的全部信息都损失在信道中了。这是一种最差的信道。

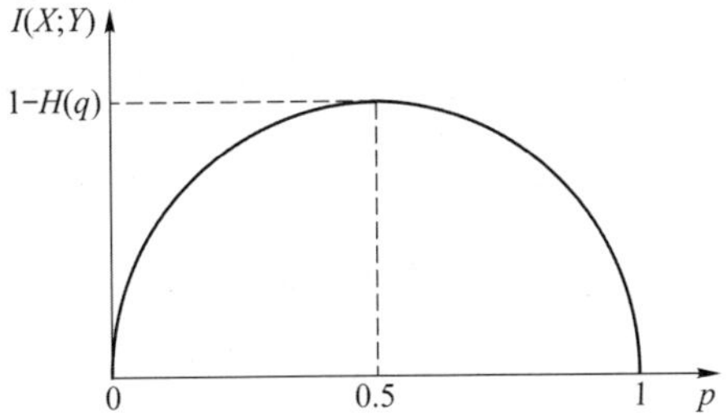

图 3.14 $I(X;Y)$随输入概率 p 变化曲线

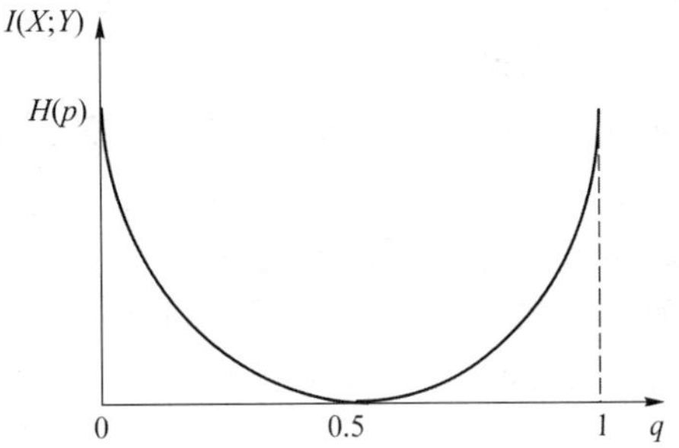

图 3.15 $I(X;Y)$随信道特性 q 的变化曲线

3.3 信道容量的计算方法

信息传输率 R 是信道中平均每个符号所传送的信息量。平均互信息是接收到符号 Y 后平均获得的关于 X 的信息量。所以研究信道的目的是讨论信道中平均每个符号所能传送的信息量，即信道的信息传输率（单位：比特/码符号）。

$$R = I(X;Y) = H(X) - H(X \mid Y) \tag{3.56}$$

设平均传输一个符号需要 t 秒，则信道每秒钟平均传输的信息量为信息传输速率(单位：比特/秒)

$$R_t = \frac{1}{t}I(X;Y) = \frac{1}{t}H(X) - \frac{1}{t}H(X \mid Y) \tag{3.57}$$

$I(X;Y)$是输入信源的概率分布 $P(x)$的$\cap$型凸函数。对于一个固定的信道，总存在一种信源〔某种概率分布 $P(x)$〕，使传输每个符号平均获得的信息量最大。即每个固定信道都有一个最大的信息传输率。定义这个最大的信息传输率为信道容量 C(单位：比特/符号)，即

$$C = \max_{P(x)}\{I(X;Y)\}$$

相应的输入概率分布称为最佳输入分布(单位：bit/s)：

$$C_t = \frac{1}{t}\max_{P(x)}\{I(X;Y)\} \tag{3.58}$$

信道容量 C 是信道传输概率函数。只与信道的统计特性有关。完全描述信道特性的参量，是信道能够传输的最大信息量。

例 3.12 计算二元对称信道的信道容量，其中 $w,\bar{w}$ 为信源概率分布，$p,\bar{p}$ 为信道传递概率。

解：

$$P=\begin{bmatrix} p & \bar{p} \\ \bar{p} & p \end{bmatrix}$$

则

$$C=\max(I(X;Y))=\max(H(w\bar{p}+\bar{w}p)-H(p))$$

3.3.1 离散无噪信道的信道容量

1. 无噪无损信道(一一对应)

$$P(b_j \mid a_i)=P(a_i \mid b_j)=\begin{cases}0, i\neq j\\ 1, i=j\end{cases} \tag{3.59}$$

如图 3.16 所示，前向概率和后向概率均是等于 0 或 1。损失熵 $H(X \mid Y)=0$；噪声熵 $H(Y \mid X)=0$。

$$I(X;Y) = H(X) = H(Y) \tag{3.60}$$

信道中无信息损失。

此时由于信道的损失熵和疑义度都等于0，所以

$$C = \log r = \log s \tag{3.61}$$

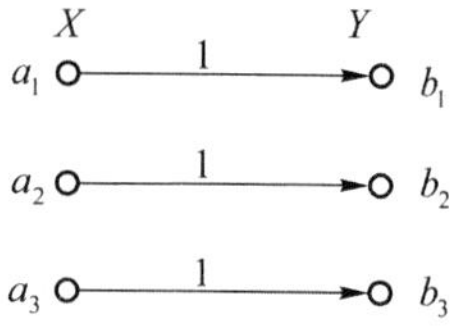

图 3.16　无噪无损信道

2. 有噪无损信道(一对多)

如图3.17所示，信道的传递矩阵中每一列有一个且仅有一个非零元素，信道的传递矩阵为

$$\boldsymbol{P} = \begin{bmatrix} 1/4 & 3/4 & 0 & 0 & 0 & 0 \\ 0 & 0 & 1/6 & 1/3 & 1/2 & 0 \\ 0 & 0 & 0 & 0 & 0 & 1 \end{bmatrix}$$

可见，信道矩阵中每一列有且只有一个非零元素时，这个信道一定是有噪无损信道。前向概率不等于0或1；后向概率均是等于0或1。损失熵 $H(X|Y)=0$；噪声熵 $H(Y|X)\neq 0$。

$$I(X;Y) = H(X) < H(Y) \tag{3.62}$$

平均互信息等于信源熵：

$$C = \max\{I(X;Y)\} = \max\{H(X) - H(X/Y)\} = \max\{H(X)\} = \log r \tag{3.63}$$

3. 无噪有损信道(多对一)

如图3.18所示，信道的传递矩阵为

$$\boldsymbol{P} = \begin{bmatrix} 1 & 0 & 0 \\ 1 & 0 & 0 \\ 0 & 1 & 0 \\ 0 & 1 & 0 \\ 0 & 1 & 0 \\ 0 & 0 & 1 \end{bmatrix}$$

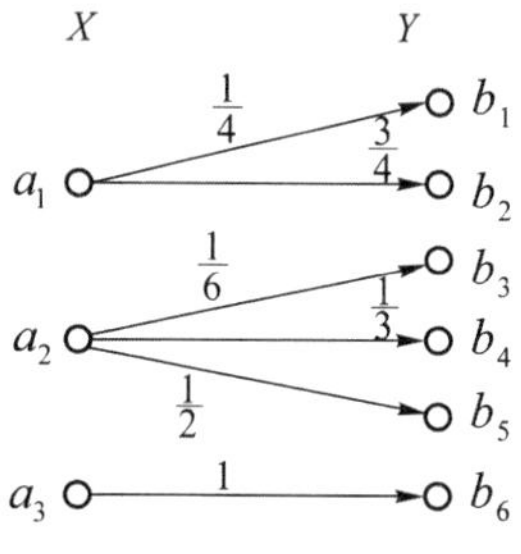

图 3.17　有噪无损信道

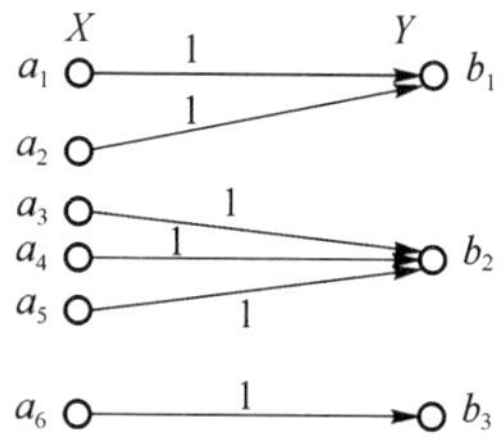

图 3.18　无噪有损信道

前向概率等于0或1；后向概率不等于0或1。损失熵 $H(X|Y)\neq 0$；噪声熵 $H(Y|X)=0$。

$$I(X;Y) = H(Y) < H(X) \tag{3.64}$$

$$C = \max\{I(X;Y)\} = \max\{H(Y) - H(Y/X)\} = \max\{H(Y)\} = \log s \tag{3.65}$$

所以对于无损信道，信息传输率 R 为输入信源 X 输出每个符号携带的信息量 $H(X)$，信道容量：$C' = \max\limits_{P(x)} H(X) = \log r$。

对于无噪信道，信道容量：$C'' = \max\limits_{P(x)} H(Y) = \log s$。

例 3.13 对于信道 $\boldsymbol{P}=\begin{bmatrix}\frac{1}{4} & \frac{1}{4} & \frac{1}{2} & 0 & 0 \\ 0 & 0 & 0 & \frac{1}{2} & \frac{1}{2}\end{bmatrix}$,计算其信道容量。

解:由于该信道损失熵 $H(X|Y)=0$,属于无损信道。

$$C=\max\{I(X;Y)\}=\max\{H(X)-H(X/Y)\}$$
$$=\max\{H(X)\}=\log 2=1 \text{ 比特 / 符号}$$

例 3.14 对于信道 $\boldsymbol{P}=\begin{bmatrix}1 & 0 & 0 & 0 \\ 0 & 1 & 0 & 0 \\ 0 & 1 & 0 & 0 \\ 0 & 0 & 1 & 0 \\ 0 & 0 & 0 & 1\end{bmatrix}$,计算其信道容量。

解:由于该信道损失熵 $H(Y|X)=0$,属于无噪信道。

$$C=\max\{I(X;Y)\}=\max\{H(Y)-H(Y\mid X)\}=\max\{H(Y)\}$$
$$=\log s=\log 4=2 \text{ 比特 / 符号}$$

3.3.2 对称离散信道的信道容量

对称性指信道矩阵 $\boldsymbol{P}$ 中每一行都是由同一个 $\{p_1',p_2',\cdots,p_s'\}$ 集的各元素不同排列组成,且每一列也都由 $\{q_1',q_2',\cdots,q_r'\}$ 集的各元素不同排列组成,即行与行置换,列与列置换。

一般 $r\neq s$,当 $r=s$ 时,$\{p_i'\}$ 集与 $\{q_i'\}$ 集相同;若 $r<s$,$\{q_i'\}$ 集是 $\{p_i'\}$ 的子集。

1. 输入对称信道

如果一个离散信道的信道转移矩阵中所有行向量都是第一行的某种置换,则称该信道是输入对称离散信道。如 $\boldsymbol{P}=\begin{bmatrix}0.5 & 0.3 & 0.1 & 0.1 \\ 0.3 & 0.5 & 0.1 & 0.1\end{bmatrix}$ 和 $\boldsymbol{P}=\begin{bmatrix}0.6 & 0.3 & 0.1 \\ 0.3 & 0.6 & 0.1\end{bmatrix}$。

以上两个信道矩阵均满足输入对称的概念,所以为输入对称信道。

$$I(X;Y)=H(Y)-H(Y\mid X)$$

$$H(Y\mid X)=\sum_X P(x)\sum_Y P(y\mid x)\log\frac{1}{P(y\mid x)}=\sum_X P(x)H(Y\mid X=x)$$

$H(Y|X=x)$ 是对信道矩阵的行求和。根据信道对称性,$H(Y|X=x)$ 与 x 无关,为一常数。即 $H(Y|X=x)=H(p_1',p_2',\cdots,p_s')$。

信道容量:

$$C=\max_{P(x)}[H(Y)-H(p'_1,p'_2,\cdots,p'_s)] \tag{3.66}$$

$p_1',p_2',\cdots,p_s'$ 是信道矩阵的行矢量。输入对称信道的容量即是找到一种分布,使信道输出的熵最大。

2. 输出对称信道

如果一个离散信道的信道转移矩阵中所有列向量都是第一列的某种置换,则称该信道为输出对称信道。如 $\boldsymbol{P}=\begin{bmatrix}0.6 & 0.3 & 0.1 \\ 0.3 & 0.1 & 0.6 \\ 0.1 & 0.6 & 0.3\end{bmatrix}$ 和 $\boldsymbol{P}=\begin{bmatrix}1 & 0 \\ 0.5 & 0.5 \\ 0 & 1\end{bmatrix}$ 都是输出对称信道。

对于该对称信道,当输入符号达到等概率分布时,输出符号一定也达到等概率分布。由于

当信道输出对称时，$\sum_{i=1}^{r} P(b_j|a_i)$为常数，而当输入等概率分布时，有：

$$P(b_j) = \sum_{i=1}^{r} P(a_i)P(b_j \mid a_i) = \frac{1}{r}\sum_{i=1}^{r} P(b_j \mid a_i) = \frac{1}{s}$$

这样，信道输出的符号熵 $H(Y)=\log s$，则信道容量为

$$C = \max_{P(x)}[H(Y) - H(Y \mid X)] = \log s - \min_{P(x)} H(Y \mid X) \tag{3.67}$$

即找到使 $H(Y|X)$取得最小值的信道输入概率分布，可求出信道容量。

3. 对称信道

如果一个离散信道的信道转移矩阵中所有行向量都是第一行的某种置换，而且所有列向量都是第一列的不同置换，则称该信道为对称信道。

$$C = \max_{P(x)}[H(Y) - H(p'_1, p'_2, \cdots, p'_s)]$$

输入等概分布时，输出也等概分布。

$$P(y_1) = \sum_{X} P(x)P(y_1 \mid x) = \frac{1}{r}\sum_{X} P(y_1 \mid x)$$

$$\vdots$$

$$P(y_s) = \sum_{X} P(x)P(y_s \mid x) = \frac{1}{r}\sum_{X} P(y_s \mid x) \tag{3.68}$$

则

$$C = \log s - H(p'_1, p'_2 \cdots p'_s) \tag{3.69}$$

例 3.15 求对称信道 $\boldsymbol{P}=\begin{bmatrix} \frac{1}{2} & \frac{1}{3} & \frac{1}{6} \\ \frac{1}{6} & \frac{1}{2} & \frac{1}{3} \\ \frac{1}{3} & \frac{1}{6} & \frac{1}{2} \end{bmatrix}$的信道容量。

解：观察可知，此信道为对称信道，则信道容量为

$$C = \log 3 - H\left(\frac{1}{2}, \frac{1}{3}, \frac{1}{6}\right) = \log 3 + \left[\frac{1}{2}\log\frac{1}{2} + \frac{1}{3}\log\frac{1}{3} + \frac{1}{6}\log\frac{1}{6}\right]$$
$$= 0.126 \text{ 比特 / 符号}$$

在此信道中，当信道输入符号是等概分布时，每个符号平均能够传输的最大信息量为 0.126 bit。

对于二元对称信道

$$C = \log 2 - H(p) = 1 - H(p)$$

4. 强对称信道

如果离散信道的转移矩阵如下：

$$\boldsymbol{P} = \begin{bmatrix} \bar{p} & \frac{p}{r-1} & \frac{p}{r-1} & \cdots & \frac{p}{r-1} \\ \frac{p}{r-1} & \bar{p} & \frac{p}{r-1} & \cdots & \frac{p}{r-1} \\ \vdots & \vdots & \vdots & & \vdots \\ \frac{p}{r-1} & \frac{p}{r-1} & \frac{p}{r-1} & \cdots & \bar{p} \end{bmatrix}, p + \bar{p} = 1$$

则称为强对称信道(均匀信道),总的错误概率为 p,对称地平均分配给 $r-1$ 个输出符号。各列之和等于 1。

例如,信道 $\boldsymbol{P}=\begin{bmatrix}\frac{1}{2} & \frac{1}{4} & \frac{1}{4}\\ \frac{1}{4} & \frac{1}{2} & \frac{1}{4}\\ \frac{1}{4} & \frac{1}{4} & \frac{1}{2}\end{bmatrix}$为强对称信道。

例 3.16 对于强对称信道,其信道容量为

$$C=\log r-H\left(\bar{p},\frac{p}{r-1},\frac{p}{r-1},\cdots,\frac{p}{r-1}\right)$$
$$=\log r+\bar{p}\log\bar{p}+\frac{p}{r-1}\log\frac{p}{r-1}+\frac{p}{r-1}\log\frac{p}{r-1}+\cdots+\frac{p}{r-1}\log\frac{p}{r-1}$$
$$=\log r+\bar{p}\log\bar{p}+p\log\frac{p}{r-1}$$
$$=\log r-p\log(r-1)-H(p)$$

例 3.17 在有扰离散信道上传输符号 0 和 1,在传输过程中每 100 个符号发生一个错误,已知 $P(0)=P(1)=1/2$,信源每秒内发出 1 000 个符号,求此信道的信道容量。

解:由题意可知该二元信道的转移概率矩阵为 $\boldsymbol{P}=\begin{bmatrix}0.99 & 0.01\\ 0.01 & 0.99\end{bmatrix}$,是一个 BSC 信道。所以由 BSC 信道的信道容量计算公式得到:

$$C=\log s-H(P)=\log 2-\sum_{i=1}^{2}p_i\log\frac{1}{p_i}=0.92\ \text{比特 / 符号}$$

$$C_t=\frac{1}{t}C=1000C=920\ \text{bit/s}$$

5. 准对称信道

若信道矩阵 Q 的列可以划分成若干个互不相交的子集 B_k,即 $B_1\cap B_2\cap\cdots\cap B_n=\varnothing$,$B_1\cup B_2\cup\cdots\cup B_n=Y$,由 B_k 为列组成的矩阵 $\boldsymbol{Q}_k$ 是对称矩阵,则称信道矩阵 Q 所对应的信道为准对称信道。

例 3.18 $\boldsymbol{P}_1=\begin{bmatrix}1/3 & 1/3 & 1/6 & 1/6\\ 1/6 & 1/3 & 1/6 & 1/3\end{bmatrix}$可划分为

$$\begin{bmatrix}1/3 & 1/6\\ 1/6 & 1/3\end{bmatrix}\begin{bmatrix}1/3\\ 1/3\end{bmatrix}\quad\begin{bmatrix}1/6\\ 1/6\end{bmatrix}$$

又如:$P_2=\begin{bmatrix}0.6 & 0.1 & 0.3\\ 0.3 & 0.1 & 0.6\end{bmatrix}$可划分为

$$\begin{bmatrix}0.6 & 0.3\\ 0.3 & 0.6\end{bmatrix}\quad\begin{bmatrix}0.1\\ 0.1\end{bmatrix}$$

可以证明达到信道容量的输入分布是等概分布,也可计算准对称信道的信道容量为

$$C=\log r-H(p'_1,p'_2,\cdots,p'_s)-\sum_{k=1}^{n}N_k\log M_k \tag{3.70}$$

其中,r 为输入符号集的个数;$p'_1,p'_2,\cdots,p'_s$为准对称信道矩阵中的行元素;设矩阵可划分成 n 个互不相交的子集,N_k 为第 k 子矩阵 Q_k 中行元素之和,M_k 为第 k 子矩阵 Q_k 中列元素之

和，即

$$N_k = \sum_{y \in Y_k} P(y \mid x_i), M_k = \sum_X P(y \mid x_i), y \in Y_k \quad (k = 1,2,\cdots,n)$$

例 3.19 计算信道 $\boldsymbol{P}=\begin{bmatrix} 1-p-q & q & p \\ p & q & 1-p-q \end{bmatrix}$的信道容量。

解：信道矩阵可分成：

$$\begin{bmatrix} 1-p-q & p \\ p & 1-p-q \end{bmatrix} \begin{bmatrix} q \\ q \end{bmatrix}$$

$$C = \log 2 - H(1-p-q, p, q) - (1-q)\log(1-q) - q\log 2q$$

3.3.3 一般离散信道的信道容量

对于一般的离散信道，其信道容量是在固定信道的条件下，对所有可能的输入概率分布 $P(x)$ 求平均互信息的极大值。

$I(X;Y)$ 是 r 个变量 $P(a_1), P(a_2), \cdots, P(a_r)$ 的多元函数，并满足 $\sum_{i=1}^{r} P(a_i) = 1$，求极大值。（采用拉格朗日乘子法。）

构造新函数

$$\Phi = I(X;Y) - \lambda \sum_X P(a_i) \tag{3.71}$$

其中，λ 为拉格朗日乘子（待定常数）。解方程组：

$$\begin{cases} \dfrac{\partial \Phi}{\partial P(a_i)} = \dfrac{\partial [I(X;Y) - \lambda \sum_X P(a_i)]}{\partial P(a_i)} = 0 \\ \sum_X P(a_i) = 1 \end{cases} \tag{3.72}$$

$$I(X;Y) = \sum_{i=1}^{r} \sum_{j=1}^{s} P(a_i) P(b_j \mid a_i) \log \frac{P(b_j \mid a_i)}{P(b_j)} \tag{3.73}$$

$$P(b_j) = \sum_{i=1}^{r} P(a_i) P(b_j \mid a_i)$$

$$\frac{\partial}{\partial P(a_i)} \log P(b_j) = \left[\frac{\partial}{\partial P(a_i)} \ln P(b_j)\right] \log \mathrm{e} = \frac{P(b_j \mid a_i)}{P(b_j)} \log \mathrm{e} \tag{3.74}$$

$$\sum_{j=1}^{s} P(b_j \mid a_i) \log \frac{P(b_j \mid a_i)}{P(b_j)} - \sum_{k=1}^{r} \sum_{j=1}^{s} P(a_k) P(b_j \mid a_k) \log \frac{P(b_j \mid a_i)}{P(b_j)} \log \mathrm{e} - \lambda = 0$$

$$\left(\sum_{k=1}^{r} P(a_k) P(b_j \mid a_k) = P(b_j); \sum_{j=1}^{s} P(b_j \mid a_i) = 1; i = 1,2,\cdots,r \right)$$

$$\begin{cases} \sum_{j=1}^{s} P(b_j \mid a_i) \log \dfrac{P(b_j \mid a_i)}{P(b_j)} = \lambda + \log \mathrm{e} \\ \sum_{i=1}^{r} P(a_i) = 1 \end{cases} \tag{3.75}$$

假设解得使平均互信息 $I(X;Y)$ 达到极值的输入概率分布为 $p_1, p_2, \cdots, p_s$，那么

$$\sum_{i=1}^{r} \sum_{j=1}^{s} P(b_j \mid a_i) \log \frac{P(b_j \mid a_i)}{P(b_j)} = \lambda + \log \mathrm{e} \tag{3.76}$$

$$C = \lambda + \log \mathrm{e} \tag{3.77}$$

令 $$I(x_i;Y)=\sum_{j=1}^{s}P(b_j\mid a_i)\log\frac{P(b_j\mid a_i)}{P(b_j)}$$

输出端接收到 Y 后获得关于 $x=a_i$ 的信息量，即信源符号 $x=a_i$ 对输出端 Y 平均提供的互信息：

$$I(x_i;Y)=C\quad(i=1,2,\cdots,r)\tag{3.78}$$

定理 3.3 一般离散信道的平均互信息 $I(X;Y)$ 达到极大值（即等于信道容量）的充要条件是输入概率分布 $\{p_i\}$ 满足：

$$\begin{cases}\text{(a)}\quad I(x_i;Y)=C,\text{对所有 }x_i,\text{其 }p_i\neq 0\\ \text{(b)}\quad I(x_i;Y)\leqslant C,\text{对所有 }x_i,\text{其 }p_i=0\end{cases}\tag{3.79}$$

或

$$\begin{cases}\text{(a)}\quad \dfrac{\partial I(X;Y)}{\partial p_i}=\lambda,\text{对所有 }x_i,\text{其 }p_i\neq 0\\ \text{(b)}\quad \dfrac{\partial I(X;Y)}{\partial p_i}\leqslant\lambda,\text{对所有 }x_i,\text{其 }p_i=0\end{cases}\tag{3.80}$$

$I(X;Y)$ 可简写成 $I(P)$。

证明：（充分性⇐）假设有一输入概率分布 $\{p_i\}=P$ 满足式(3.80)，证明分布 $\{p_i\}$ 一定使平均互信息 $I(P)$ 达到极大值，即证明对于任何其他输入概率分布 $Q=\{q_i\}$，有 $I(Q)\leqslant I(P)$。

设 $$0<\theta<1,\theta I(Q)-(1-\theta)I(P)\leqslant I[\theta Q+(1-\theta)P]$$

$$I(Q)-I(P)\leqslant\frac{\{I[\theta Q+(1-\theta)P]-I(P)\}}{\theta}\tag{3.81}$$

$\theta\to 0$ 时， $$I(Q)-I(P)\leqslant\sum_{i=1}^{r}(q_i-p_i)\frac{\partial}{\partial p_i}I(P)$$

因为 P 满足式(3.80)，即当 $p_i\neq 0$ 时，$\dfrac{\partial I(P)}{\partial p_i}=\lambda$；而当 $p_i=0,q_i-p_i=q_i\geqslant 0$ 时，$\dfrac{\partial I(P)}{\partial p_i}\leqslant\lambda$。

所以得：

$$I(Q)-I(P)\leqslant\lambda\sum_{i=1}^{r}(q_i-p_i)=\lambda[\sum_{i=1}^{r}q_i-\sum_{i=1}^{r}p_i]=0\Rightarrow I(Q)\leqslant I(P)\tag{3.82}$$

（必要性⇒）假设有一输入概率分布 P 使 $I(X;Y)$ 达到极大值 $I(P)$，证明概率分布 P 满足条件式(3.80)。

设任一其他概率分布 $Q=\{q_i\}$，有：

$$I[\theta Q+(1-\theta)P]-I(P)\leqslant 0,0<\theta<1\tag{3.83}$$

式(3.83)除以 θ，并取 $\theta\to 0$ 的极限，得：

$$\sum_{i=1}^{r}(q_i-p_i)\frac{\partial}{\partial p_i}I(P)\leqslant 0\tag{3.84}$$

对于 $\{p_i\}$，因为 $\sum\limits_{i=1}p_i=1$，所以至少有一分量 $p_i\neq 0$，令 $p_l\neq 0$。选择另一种概率分布 $Q=\{q_i\}$ 满足

$$\begin{cases}q_l=p_l-\varepsilon\\ q_i=p_i\qquad(i\neq l,j)\\ q_j=p_j+\varepsilon\end{cases}\tag{3.85}$$

ε 为任意数，满足 $-p_j\leqslant\varepsilon\leqslant p_l$。

于是，$\sum_{i=1}^{r}(q_i-p_i)\frac{\partial}{\partial p_i}I(P)\leqslant 0$ 变为

$$-\varepsilon\frac{\partial I}{\partial p_l}+\varepsilon\frac{\partial I}{\partial p_j}\leqslant 0$$

令$\frac{\partial I}{\partial p_l}=\lambda$，得 $\varepsilon\frac{\partial I}{\partial p_j}\leqslant\lambda\varepsilon$。

因为 $p_l>0$，所以当 $p_j=0$，ε 总取正数，得 $\frac{\partial I}{\partial p_j}\leqslant\lambda$。

若 $p_j\neq 0$，ε 可取正数，也可取负数。若取正数，得$\frac{\partial I}{\partial p_j}\leqslant\lambda$；若取负数，得$\frac{\partial I}{\partial p_j}\geqslant\lambda$。故当 $p_j\neq 0$，$\frac{\partial I}{\partial p_j}=\lambda$ 满足式(3.80)条件。

结论：当信道平均互信息达到信道容量时，输入信源符号集中每一个信源符号 x 对输出端 Y 提供相同的互信息，只是概率为零的符号除外。

例 3.20 设输入符号集为{0,1,2}，信道传递矩阵为

$$\boldsymbol{P}=\begin{bmatrix}0.9 & 0.1 & 0\\ \frac{1}{3} & \frac{1}{3} & \frac{1}{3}\\ 0 & 0.1 & 0.9\end{bmatrix}$$

求该信道容量 C 信道输入的最佳概率分布。

解：假设 $P(0)=P(2)=1/2$，$P(1)=0$，则：

$$P(y=0)=0.45$$
$$P(y=1)=0.1$$
$$P(y=2)=0.45$$

$$I(0,Y)=\sum_{y=1}^{3}P(y\mid 0)\log\frac{P(y\mid 0)}{P(y)}=0.9\text{ 比特 / 符号}$$

$$I(2,Y)=\sum_{y=1}^{3}P(y\mid 2)\log\frac{P(y\mid 2)}{P(y)}=0.9\text{ 比特 / 符号}$$

$$I(1,Y)=\sum_{y=1}^{3}P(y\mid 1)\log\frac{P(y\mid 1)}{P(1)}=-0.29\text{ 比特 / 符号}$$

所以$C=0.9$ 比特/符号。

对于一般的离散信道，很难利用定理 3.3 来寻求信道容量和对应的输入概率分布。因此仍只能采用求解方程组的方法。

$$\begin{cases}\sum_{j=1}^{s}P(b_j\mid a_i)\log\frac{P(b_j\mid a_i)}{P(b_j)}=\lambda+\log e\\ \sum_{i=1}^{r}P(a_i)=1\end{cases}\tag{3.86}$$

$$\sum_{j=1}^{s}P(b_j\mid a_i)\log P(b_j\mid a_i)-\sum_{j=1}^{s}P(b_j\mid a_i)\log P(b_j)=C\quad(i=1,2,\cdots,r)\tag{3.87}$$

$$\sum_{j=1}^{s}P(b_j\mid a_i)[C+\log P(b_j)]=\sum_{j=1}^{s}P(b_j\mid a_i)\log P(b_j\mid a_i)\quad(i=1,2,\cdots,r)\tag{3.88}$$

令 $\beta_j = C + \log P(b_j)$，得：

$$\sum_{j=1}^{s} P(b_j \mid a_i)\beta_j = \sum_{j=1}^{s} P(b_j \mid a_i)\log P(b_j \mid a_i) \tag{3.89}$$

设 $r=s$，信道传递矩阵 $\boldsymbol{P}$ 是非奇异矩阵，则此方程组有解。可求出 β_j 的数值。

$$C = \log \sum_j 2^{\beta_j} \tag{3.90}$$

$$P(b_j) = 2^{\beta_j - C} \quad (j = 1,2,\cdots,s) \Rightarrow \{p_i\} \tag{3.91}$$

例 3.21 信道的传递矩阵 $\boldsymbol{P}=\begin{bmatrix} \frac{1}{2} & \frac{1}{4} & 0 & \frac{1}{4} \\ 0 & 1 & 0 & 0 \\ 0 & 0 & 1 & 0 \\ \frac{1}{4} & 0 & \frac{1}{4} & \frac{1}{2} \end{bmatrix}$。

解：可列方程组：

$$\begin{cases} \frac{1}{2}\beta_1 + \frac{1}{4}\beta_2 + \frac{1}{4}\beta_4 = \frac{1}{2}\log\frac{1}{2} + \frac{1}{4}\log\frac{1}{4} + \frac{1}{4}\log\frac{1}{4} \\ \beta_2 = 0 \\ \beta_3 = 0 \\ \frac{1}{4}\beta_1 + \frac{1}{4}\beta_3 + \frac{1}{2}\beta_4 = \frac{1}{4}\log\frac{1}{4} + \frac{1}{4}\log\frac{1}{4} + \frac{1}{2}\log\frac{1}{2} \end{cases}$$

解得：

$$\beta_2 = \beta_3 = 0$$

$$\beta_1 = \beta_4 = -2$$

$$C = \log(2^{-2} + 2^0 + 2^0 + 2^{-2}) = \log\frac{5}{2} = \log 5 - 1$$

$$P(b_1) = P(b_4) = 2^{-2-\log 5+1} = \frac{1}{10}$$

$$P(b_2) = P(b_3) = 2^{0-\log 5+1} = \frac{4}{10}$$

$$P(a_1) = P(a_4) = \frac{4}{30}$$

$$P(a_2) = P(a_3) = \frac{11}{30}$$

3.4 离散无记忆扩展信道及其信道容量

多符号离散信源 $X = X_1X_2\cdots X_N$ 在 N 个不同时刻分别通过单符号离散信道 $\{X\ P(Y|X)Y\}$，则在输出端出现相应的随机序列 $Y=Y_1Y_2\cdots Y_N$，这样形成一个新的信道称为离散序列信道。

由于新信道相当于单符号离散信道在 N 个不同时刻连续运用了 N 次，所以也称为单符号离散信道$\{X\ P(Y|X)\ Y\}$的 N 次扩展。

离散无记忆信道的输入符号集 $A=\{a_1,\cdots,a_r\}$，输出符号集 $B=\{b_1,\cdots,b_s\}$，信道矩阵为

$$\boldsymbol{P}=\begin{bmatrix} p_{11} & p_{12} & p_{13} & \cdots & p_{1s} \\ p_{21} & p_{22} & p_{23} & \cdots & p_{2s} \\ \vdots & \vdots & \vdots & & \vdots \\ p_{r1} & p_{r2} & p_{r3} & \cdots & p_{rs} \end{bmatrix}$$

且 $\sum_{j=1}^{s} p_{ij}=1\ (i=1,2,\cdots,r)$。

无记忆信道的 N 次扩展信道的数学模型：输入随机序列 $A=\{a_1,\cdots,a_r\}$，可能取值有 r^N 个；输出随机序列 B 的可能取值有 s^N 个。如图 3.19 所示，设信源矢量 $\boldsymbol{A}$ 的每一个随机变量 $a_i(i=1,2,\cdots,N)$ 均取自并取遍于信道的输入符号集$\{a_1,\cdots,a_r\}$，则信源共有 r^N 个不同的元素 $a_i(i=1,2,\cdots,r^N)$。则输出矢量 $\boldsymbol{B}$ 由 N 个符号组成的输出序列 $B=\{b_1,\cdots,b_s\}$，它的每一个随机变量 b_j 均取自并取遍于信道的输出符号集$\{b_1,\cdots,b_s\}$。

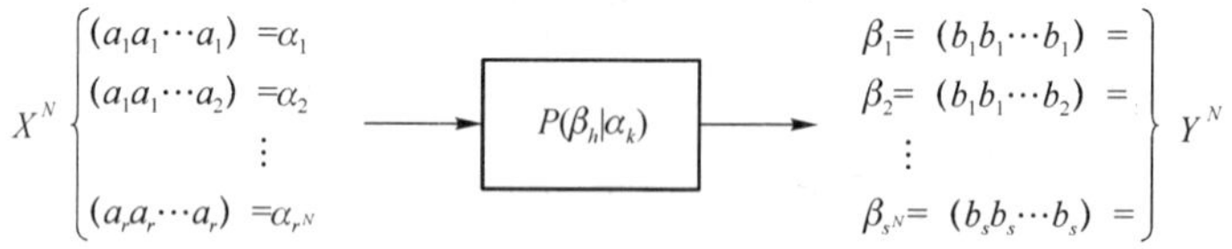

图 3.19　无记忆信道的 N 次扩展信道的数学模型

$$\boldsymbol{\pi}=\begin{bmatrix} \pi_{11} & \pi_{12} & \cdots & \pi_{1s^N} \\ \pi_{21} & \pi_{22} & \cdots & \pi_{2s^N} \\ \vdots & \vdots & & \vdots \\ \pi_{r^N1} & \pi_{r^N2} & \cdots & \pi_{r^Ns^N} \end{bmatrix}$$

$$\pi_{kh}=P(\beta_h\mid\alpha_k)\quad(k=1,2,\cdots,r^N;h=1,2,\cdots,s^N),\ \sum_{h=1}^{s^N}\pi_{hk}=1$$

$$\alpha_k=(a_{k_1}a_{k_2}\cdots a_{k_N}),a_{k_i}\in\{a_1,a_2,\cdots,a_r\}\quad(i=1,2,\cdots,N)$$

$$\beta_h=(b_{h_1}b_{h_2}\cdots b_{h_N}),b_{h_i}\in\{b_1,b_2,\cdots,b_s\}\quad(i=1,2,\cdots,N)$$

$$\pi_{kh}=P(\beta_h\mid\alpha_k)=P(b_{h_1}b_{h_2}\cdots b_{h_N}\mid a_{k_1}a_{k_2}\cdots a_{k_N})=\prod_{i=1}^{N}P(b_{h_i}\mid a_{k_i})\tag{3.92}$$

例 3.22　BSC 二次扩展信道，由图 3.4 可知其转移概率：

$$p(00\mid 00)=p(0\mid 0)p(0\mid 0)=(1-p)^2$$

$$p(01\mid 00)=p(0\mid 0)p(1\mid 0)=p(1-p)$$

对应的转移概率矩阵：

$$\boldsymbol{P}=\begin{bmatrix} (1-p)^2 & p(1-p) & p(1-p) & p^2 \\ p(1-p) & (1-p)^2 & p^2 & p(1-p) \\ p(1-p) & p^2 & (1-p)^2 & p(1-p) \\ p^2 & p(1-p) & p(1-p) & (1-p)^2 \end{bmatrix}$$

是一个对称 DMC 信道，当输入序列等概分布时，信道容量为

$$C_2=\log 4-H[(1-p)^2,p(1-p),p(1-p),p^2)]$$

对于无记忆信道的 N 次扩展信道，其平均互信息：

$$I(X;Y)=I(X^N;Y^N)=H(X^N)-H(X^N\mid Y^N)=H(Y^N)-H(Y^N\mid X^N)$$

$$=\sum_{X^N,Y^N}P(\alpha_k\beta_h)\log\frac{P(\alpha_k\mid\beta_h)}{P(\alpha_k)}=\sum_{X^N,Y^N}P(\alpha_k\beta_h)\log\frac{P(\beta_h\mid\alpha_k)}{P(\beta_h)}\tag{3.93}$$

定理 3.4 若信道的输入随机序列为 $X=(X_1X_2\cdots X_N)$，通过信道传输，接收到的随机序列为 $Y=(Y_1Y_2\cdots Y_N)$。假若信道是无记忆的，即信道传递概率满足 $P(\beta_h \mid \alpha_k)=\prod_{i=1}^{N}P(b_{h_i} \mid a_{k_i})$ $(k=1,2,\cdots,r^N;h=1,2,\cdots,s^N)$，则存在 $I(X;Y)\leqslant\sum_{i=1}^{N}I(X_i;Y_i)$。

证明：设信道输入和输出随机序列 X 和 Y 的一个取值为

$$\alpha_k=(a_{k_1}a_{k_2}\cdots a_{k_N}),a_{k_i}\in\{a_1,a_2,\cdots,a_r\}\quad(i=1,2,\cdots,N)$$

$$\beta_h=(b_{h_1}b_{h_2}\cdots b_{h_N}),b_{h_i}\in\{b_1,b_2,\cdots,b_s\}\quad(i=1,2,\cdots,N)$$

$$I(X;Y)=\sum_{X;Y}P(\alpha_k\beta_h)\log\frac{P(\beta_h \mid \alpha_k)}{P(\beta_h)}=E\left[\log\frac{P(\beta_h \mid \alpha_k)}{P(\beta_h)}\right] \tag{3.94}$$

$$I(X;Y)=E\left[\log\frac{P(\beta_{h_1} \mid \alpha_{k_1})P(\beta_{h_2} \mid \alpha_{k_2})\cdots P(\beta_{h_N} \mid \alpha_{k_N})}{P(\beta_h)}\right] \tag{3.95}$$

$$\begin{aligned}\sum_{i=1}^{N}I(X_i;Y_i)&=\sum_{i=1}^{N}\sum_{X_i,Y_i}P(a_{k_i}b_{h_i})\log\frac{P(b_{h_i} \mid a_{k_i})}{P(b_{h_i})}\\&=\sum_{X_1,Y_1}P(a_{k_1}b_{h_1})\log\frac{P(b_{h_1} \mid a_{k_1})}{P(b_{h_1})}+\sum_{X_2,Y_2}P(a_{k_2}b_{h_2})\log\frac{P(b_{h_2} \mid a_{k_2})}{P(b_{h_2})}+\cdots+\\&\quad\sum_{X_N,Y_N}P(a_{k_N}b_{h_N})\log\frac{P(b_{h_N} \mid a_{k_N})}{P(b_{h_N})}\\&=\sum_{X_1,Y_1}\cdots\sum_{X_N,Y_N}P(a_{k_1}\cdots a_{k_N}b_{h_1}\cdots b_{h_N})\log\frac{P(b_{h_1} \mid a_{k_1})P(b_{h_2} \mid a_{k_2})\cdots P(b_{h_N} \mid a_{k_N})}{P(b_{h_1})P(b_{h_2})\cdots P(b_{h_N})}\\&=E\left[\log\frac{P(b_{h_1} \mid a_{k_1})P(b_{h_2} \mid a_{k_2})\cdots P(b_{h_N} \mid a_{k_N})}{P(b_{h_1})P(b_{h_2})\cdots P(b_{h_N})}\right]\end{aligned} \tag{3.96}$$

$$\begin{aligned}&I(X;Y)-\sum_{i=1}^{N}I(X_i;Y_i)\\&=E\left[\log\frac{P(b_{h_1} \mid a_{k_1})P(b_{h_2} \mid a_{k_2})\cdots P(b_{h_N} \mid a_{k_N})}{P(\beta_h)}-\right.\\&\quad\left.\log\frac{P(b_{h_1} \mid a_{k_1})P(b_{h_2} \mid a_{k_2})\cdots P(b_{h_N} \mid a_{k_N})}{P(b_{h_1})P(b_{h_2})\cdots P(b_{h_N})}\right]\\&=E\left[\log\frac{P(b_{h_1})P(b_{h_2})\cdots P(b_{h_N})}{P(\beta_h)}\right]\\&\leqslant\log E\left[\frac{P(b_{h_1})P(b_{h_2})\cdots P(b_{h_N})}{P(\beta_h)}\right]\\&=\log\sum_{X,Y}P(\alpha_k\beta_h)\frac{P(b_{h_1})P(b_{h_2})\cdots P(b_{h_N})}{P(\beta_h)}\\&=\log\sum_{X,Y}P(\alpha_k \mid \beta_h)P(b_{h_1})P(b_{h_2})\cdots P(b_{h_N})\\&=\log\sum_{Y}P(b_{h_1})P(b_{h_2})\cdots P(b_{h_N})=\log 1=0\end{aligned} \tag{3.97}$$

即得：

$$I(X;Y)\leqslant\sum_{i=1}^{N}I(X_i;Y_i) \tag{3.98}$$

当信源无记忆时，等号成立。

设有 N 个信道，它们的输入分别是 $X_1,X_2,\cdots,X_N$，它们的输出分别是 $Y_1,Y_2,\cdots,Y_N$，它们的传递概率分别是 $P(y_1|x_1),P(y_2|x_2),\cdots,P(y_N|x_N)$。在 N 个独立并联信道中，每一个信道的输出 Y_i 只与本信道的输入 X_i 有关，与其他信道的输入、输出都无关，则

$$P(y_1y_2\cdots y_N\mid x_1x_2\cdots x_N)=P(y_1\mid x_1)P(y_2\mid x_2)\cdots P(y_N\mid x_N) \tag{3.99}$$

$$I(X_1X_2\cdots X_N;Y_1Y_2\cdots Y_N)\leqslant\sum_{i=1}^{N}I(X_i;Y_i) \tag{3.100}$$

独立并联信道的信道容量：

$$C_{1,2,\cdots,N}=\max_{P(x_1\cdots x_N)}I(X_1X_2\cdots X_N;Y_1Y_2\cdots Y_N)\leqslant\sum_{i=1}^{N}C_i \tag{3.101}$$

$$C_i=\max_{P(x_i)}I(X_i;Y_i) \tag{3.102}$$

当输入符号 X_i 相互独立，且输入符号 X_i 的概率分布达到各信道容量的最佳输入分布时，独立并联信道的信道容量才等于各信道容量之和，即 $C_{1,2,\cdots,N}=\sum_{i=1}^{N}C_i$。

定理 3.5 若信道的输入随机序列为 $X=(X_1X_2\cdots X_N)$，通过信道传输，接收到的随机序列为 $Y=(Y_1Y_2\cdots Y_N)$，而信道的传递概率为 $P(y|x)$，假若信源是无记忆的，则存在 $I(X;Y)\geqslant\sum_{i=1}^{N}I(X_i;Y_i)$。

证明：

$$I(X;Y)=\sum_{X,Y}P(\alpha_k\beta_h)\log\frac{P(\alpha_k\mid\beta_h)}{P(\alpha_k)}=E\left[\log\frac{P(\alpha_k\mid\beta_h)}{P(\alpha_k)}\right]$$

$$\alpha_k=(a_{k_1}a_{k_2}\cdots a_{k_N}),a_{k_i}\in\{a_1,a_2,\cdots,a_r\}\quad(i=1,2,\cdots,N)$$

$$\beta_h=(b_{h_1}b_{h_2}\cdots b_{h_N}),b_{h_i}\in\{b_1,b_2,\cdots,b_s\}\quad(i=1,2,\cdots,N)$$

$$P(\alpha_k)=P(a_{k_1})P(a_{k_2})\cdots P(a_{k_N})$$

$$I(X;Y)=E\left[\log\frac{P(\alpha_k\mid\beta_h)}{P(a_{k_1})P(a_{k_2})\cdots P(a_{k_N})}\right]$$

$$\begin{aligned}\sum_{i=1}^{N}I(X_i;Y_i)&=\sum_{i=1}^{N}\sum_{X_i,Y_i}P(a_{k_i}b_{h_i})\log\frac{P(a_{k_i}\mid b_{h_i})}{P(a_{k_i})}\\&=\sum_{X_1,Y_1}\cdots\sum_{X_N,Y_N}P(a_{k_1}\cdots a_{k_N}b_{h_1}\cdots b_{h_N})\log\frac{P(a_{k_1}\mid b_{h_1})P(a_{k_2}\mid b_{h_2})\cdots P(a_{k_N}\mid b_{h_N})}{P(a_{k_1})P(a_{k_2})\cdots P(a_{k_N})}\\&=E\left[\log\frac{P(a_{k_1}\mid b_{h_1})P(a_{k_2}\mid b_{h_2})\cdots P(a_{k_N}\mid b_{h_N})}{P(a_{k_1})P(a_{k_2})\cdots P(a_{k_N})}\right]\end{aligned}$$

$$\begin{aligned}\sum_{i=1}^{N}I(X_i;Y_i)-I(X;Y)&=E\left[\log\frac{P(a_{k_1}\mid b_{h_1})P(a_{k_2}\mid b_{h_2})\cdots P(a_{k_N}\mid b_{h_N})}{P(\alpha_k\mid\beta_h)}\right]\\&\leqslant\log E\left[\frac{P(a_{k_1}\mid b_{h_1})P(a_{k_2}\mid b_{h_2})\cdots P(a_{k_N}\mid b_{h_N})}{P(\alpha_k\mid\beta_h)}\right]\\&=\log\sum_{X,Y}P(\alpha_k\beta_h)\frac{P(a_{k_1}\mid b_{h_1})P(a_{k_2}\mid b_{h_2})\cdots P(a_{k_N}\mid b_{h_N})}{P(\alpha_k\mid\beta_h)}\\&=\log\sum_{X,Y}P(\beta_h)P(a_{k_1}\mid b_{h_1})P(a_{k_2}\mid b_{h_2})\cdots P(a_{k_N}\mid b_{h_N})\\&=\log\sum_{Y}P(\beta_h)=\log1=0\end{aligned} \tag{3.103}$$

即得：

$$I(X;Y) \geqslant \sum_{i=1}^{N} I(X_i;Y_i) \tag{3.104}$$

当信道是无记忆时，等号成立。

当信源和信道都是无记忆时

$$I(X;Y) = \sum_{i=1}^{N} I(X_i;Y_i) \tag{3.105}$$

若信道输入序列 $X=(X_1X_2\cdots X_N)$ 中 X_i 取自于同一信源符号集，并具有同一概率分布，且通过相同的信道传送到输出端〔即输出序列 $Y=(Y_1Y_2\cdots Y_N)$ 中 Y_i 也取自于同一符号集〕，因此有：

$$I(X_1,Y_1) = I(X_2,Y_2) = \cdots = I(X_N,Y_N) = I(X;Y) \Rightarrow \sum_{i=1}^{N} I(X_i;Y_i) = NI(X;Y) \tag{3.106}$$

对于离散无记忆信道的 N 次扩展信道，若信源也是无记忆的，则

$$I(X;Y) = NI(X;Y) \tag{3.107}$$

（当信源无记忆时，无记忆的 N 次扩展信道的平均互信息等于原来信道的平均互信息的 N 倍。）对于一般的离散无记忆信道的 N 次扩展信道，其信道容量：

$$C^N = \max_{P(x)} I(X;Y) = \max_{P(x)} \sum_{i=1}^{N} I(X_i;Y_i) = \sum_{i=1}^{N} \max_{P(x_i)} I(X_i;Y_i) = \sum_{i=1}^{N} C_i = NC \tag{3.108}$$

离散无记忆的 N 次扩展信源的信道容量等于原来单符号离散信道的信道容量的 N 倍。一般情况下，消息序列在离散无记忆的 N 次扩展信道中传输的信息量为

$$I(X;Y) \leqslant NC \tag{3.109}$$

3.5 串联信道的互信息和数据处理定理

数据处理指信道输出端对接收到的信号或数据进行适当的处理。一般地，数据处理系统可看成是一种信道。它与传输数据的信道是串联关系。如图 3.20 所示为两级串联信道，图 3.21 是其等价总信道。

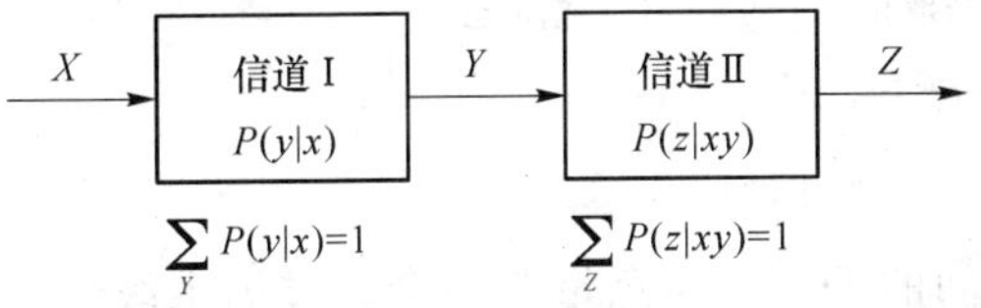

图 3.20 串联信道

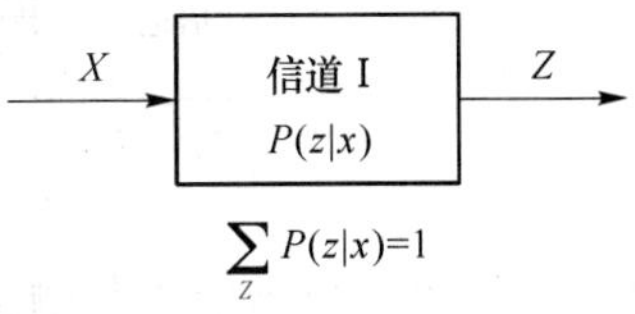

图 3.21 等价总信道

$$X:\{a_1,a_2,\cdots,a_r\},Y:\{b_1,b_2,\cdots,b_s\},Z:\{c_1,c_2,\cdots,c_t\}$$

$$P(z \mid x) = \sum_{Y} P(y \mid x) \cdot P(z \mid xy)$$

若信道Ⅱ的传递概率使其输出 Z 只与输入 Y 有关，与前面的输入 X 无关，即满足 $P(z|xy)=P(z|y)$，称 X,Y,Z 构成马尔可夫链。$I(X;Y)$表示信息通过信道Ⅰ前后的平均互信息，$I(Y;Z)$表示信息通过信道Ⅱ前后的平均互信息，$I(X;Z)$表示信息通过信道Ⅰ和Ⅱ（如图 3.21 所示信道）前后的平均互信息。下面将讨论 $I(X;Y)$，$I(X;Z)$，$I(Y;Z)$之间的

关系。

定理 3.6 $I(XY;Z)\geqslant I(Y;Z)$，当且仅当 $P(z|xy)=P(z|y)$ 时，等式成立。

证明：

$$I(XY;Z)=\sum_{X,Y,Z}P(xyz)\log\frac{P(z\mid xy)}{P(z)}=E\left[\log\frac{P(z\mid xy)}{P(z)}\right]\tag{3.110}$$

$$I(Y;Z)=\sum_{Y,Z}P(yz)\log\frac{P(z\mid y)}{P(z)}=\sum_{X,Y,Z}P(xyz)\log\frac{P(z\mid y)}{P(z)}=E\left[\log\frac{P(z\mid y)}{P(z)}\right]\tag{3.111}$$

$$\begin{aligned}I(Y;Z)-I(XY;Z)&=E\left[\log\frac{P(z\mid y)}{P(z)}-\log\frac{P(z\mid xy)}{P(z)}\right]=E\left[\log\frac{P(z\mid y)}{P(z\mid xy)}\right]\\&\leqslant\log E\left[\frac{P(z\mid y)}{P(z\mid xy)}\right]=\log\sum_{X,Y,Z}P(xyz)\frac{P(z\mid y)}{P(z\mid xy)}\\&=\log\sum_{X,Y,Z}P(xy)P(z\mid y)\\&=\log\sum_{X,Y}P(xy)\sum_{Z}P(z\mid y)=\log1=0\end{aligned}\tag{3.112}$$

同理可得：

$$I(XY;Z)\geqslant I(X;Z)\tag{3.113}$$

定理 3.7(数据处理定理) 若 X,Y,Z 组成一个马尔可夫链，则有 $I(X;Z)\leqslant I(X;Y)$，$I(X;Z)\leqslant I(Y;Z)$。

证明：因为 X,Y,Z 是马尔可夫链，可得 $I(XY;Z)=I(Y;Z)$，而 $I(XY;Z)\geqslant I(X;Z)$，所以，

$$I(X;Z)\leqslant I(Y;Z)\tag{3.114}$$

因为 X,Y,Z 是马尔可夫链，可证得 Z,Y,X 也是马尔可夫链，所以有：

$$I(YZ;X)=I(Y;X)\tag{3.115}$$

$$I(YZ;X)\geqslant I(Z;X)\tag{3.116}$$

$$I(X;Y)=I(Y;X)\geqslant I(Z;X)=I(X;Z)\tag{3.117}$$

在串联信道中一般有 $H(X|Z)\geqslant H(X|Y)$，当满足 $P(x|y)=P(x|z)$ 时，等式成立。

对于一系列不涉及原始信源的数据处理，即对一系列串联信道，如图 3.22 所示，有：

$$H(X)\geqslant I(X;Y)\geqslant I(X;Z)\geqslant I(X;W)\geqslant\cdots$$

图 3.22 一系列串联信道

结论：两级串联信道输入与输出消息之间的平均互信息量既不会超过第Ⅰ级信道输入与输出之间的平均互信息量，也不会超过第Ⅱ级信道输入与输出之间的平均互信息量，即信息不增性原理。

一般的通信系统模型如图 3.23 所示。

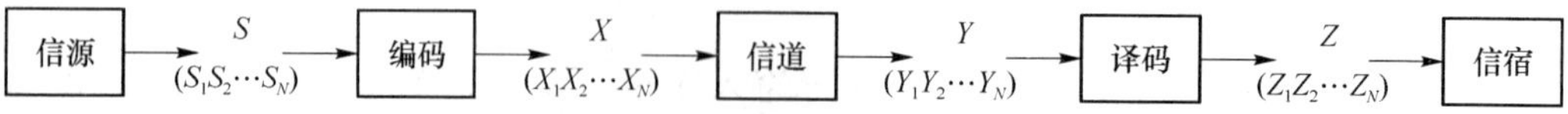

图 3.23 一般的通信系统

(S,X,Y,Z) 为随机矢量序列，对于实际通信系统，它们形成一个马尔可夫链。对 (X,Y,Z)，

有 $I(X;Z) \leqslant I(X;Y)$；对(S,Y,Z)，有 $I(S;Z) \leqslant I(S;Y)$；对(S,X,Z)，有 $I(S;Z) \leqslant I(X;Z)$，可得：

$$I(S;Z) \leqslant I(X;Y) \tag{3.118}$$

数据处理定理说明：当对信号、数据或消息进行多级处理时，随着处理器数目的增多，每处理一次，就有可能损失一部分信息，输入消息和输出消息之间的平均互信息量趋于变小。即数据处理会把信号、数据或消息变成更有用的形式，但是决不会创造出新的信息。

3.6 信源与信道匹配

在一般情况下，当信源与信道相连接时，其信息传输率并未达到最大。我们总希望能使信息传输率越大越好，能达到或尽可能接近于信道容量，由前面的分析可知，信息传输率接近于信道容量只有在信源取最佳分布时才能实现。由此可见，当信道确定后，信道的信息传输率与信源分布是密切相关的。当达到信道容量时，称信源与信道达到匹配，否则认为信道有剩余。

下面介绍信道剩余度、信道相对剩余度的定义。

$$\text{信道剩余度} = C - I(X;Y) \tag{3.119}$$

$$\text{信道相对剩余度} = \frac{C - I(X;Y)}{C} = 1 - \frac{I(X;Y)}{C} \tag{3.120}$$

如何才能做到匹配呢？

一般通信系统中，把信源发出的符号变成能在信道中传输的符号，在传输时，要能够尽量用较少的符号表示相同的信息，这样就可以提高信息的传输率，从而提高信道的利用率。这就是香农无失真信源编码理论，也就是无失真数据压缩理论。

无失真信源编码就是将信源输出的消息变换成适合信道传输的新信源的消息来传输，而使新信源的符号接近等概率分布，新信源的熵接近最大熵。这样，信源传输的信息量达到最大，信道剩余度接近于零，信源与信道达到匹配。

是否存在一种信源编码，使信道的信息传输率 R 接近或等于信道容量？即是否存在一种编码，使每个信源符号所需的二元符号最少？香农无失真信源编码可以使信道的信息传输率 R 接近或等于信息容量，使传输的信源符号所需码元最少。

在无损信道中，信道容量 $C=\log r$（r 是信道输入符号数），而 $I(X;Y)=H(X)$，因而，

$$\text{无损信道的相对剩余度} = 1 - \frac{H(X)}{\log r}$$

上式说明提高无损信道信息传输率就等于减少信源的剩余度。对于无损信道，可以通过信源编码、减少信源的剩余度，使信息传输率达到信道容量。因此引入问题：在一般通信系统中，如何将信源发出的消息（符号）转换成适合信道传输的符号（信号），从而达到信源与信道的匹配。

例 3.23 某离散无记忆信源

$$\begin{bmatrix} X \\ P(X) \end{bmatrix} = \begin{bmatrix} x_1 & x_2 & x_3 & x_4 & x_5 & x_6 \\ 1/2 & 1/4 & 1/8 & 1/16 & 1/32 & 1/32 \end{bmatrix}$$

通过一个无噪无损二元离散信道进行传输。对二元离散信道，信道容量 $C=1$ 比特/符号，对本信源，信息熵 $H(X)=1.937$ 比特/符号，要使信源在此二元信道中传输，必须对 X 进行二元编码：

	x_1	x_2	x_3	x_4	x_5	x_6
C_1	000	001	010	011	100	101
C_2	0000	0001	0010	0011	0100	0101

对于码 C_1：

$$R_1=\frac{H(X)}{3}=0.646 \text{ 比特/符号}$$

对于码 C_2：

$$R_2=\frac{H(X)}{4}=0.484 \text{ 比特/符号}$$

$R_2<R_1<C$，信道有剩余。因此，必须通过合适的信源编码，使信道的信息传输率接近或等于信道容量。

3.7 信道容量的MATLAB实现

3.7.1 信道容量的相关原理

平均互信息：

$$\begin{aligned}I(X;Y)&=H(X)-H(X\mid Y)=\sum_X P(x)\log\frac{1}{P(x)}-\sum_{X,Y}P(xy)\log\frac{1}{P(x\mid y)}\\&=\sum_{X,Y}P(xy)\log\frac{1}{P(x)}-\sum_{X,Y}P(xy)\log\frac{1}{P(x\mid y)}=\sum_{X,Y}P(xy)\log\frac{P(x\mid y)}{P(x)}\\&=\sum_{X,Y}P(xy)\log\frac{P(xy)}{P(x)P(y)}=\sum_{X,Y}P(xy)\log\frac{P(y\mid x)}{P(y)}\end{aligned}$$

其中，$I(X;Y)$为输入信源的概率分布 $P(x)$的∩型凸函数。对于一个固定的信道，总存在一种信源〔某种概率分布 $P(x)$〕，使传输每个符号平均获得的信息量最大。即每个固定信道都有一个最大的信息传输率。定义这个最大的信息传输率为信道容量 C(单位：比特/符号)，即$C=\max\limits_{P(x)}\{I(X;Y)\}$。

对于对称信道，当输入符号达到等概率分布时，输出符号一定也达到等概率分布。

$$C=\log s-H(p_1',p_2',\cdots,p_s')$$

其中，$p_1',p_2',\cdots,p_s'$为信道矩阵行矢量。

准对称信道的信道容量为

$$C=\log r-H(p'_1,p'_2,\cdots,p'_s)-\sum_{k=1}^{n}N_k\log M_k$$

其中，r 为输入符号集的个数；$p_1',p_2',\cdots,p_s'$为准对称信道矩阵中的行元素；设矩阵可划分成 n 个互不相交的子集，N_k 为第 k 子矩阵 Q_k 中行元素之和，M_k 为第 k 子矩阵 Q_k 中列元素之和。

3.7.2 MATLAB实验内容

(1) 编写程序绘制二进制对称信道所传输的平均互信息随着信源输入分布和信道转移概率变化的关系曲面。MATLAB程序代码如下：

```
[p,q] = meshgrid(0.00001:0.01:1, 0.00001:0.01:1);
Hnoise = - p. * log2(p) - (1 - p). * log2(1 - p);
x = (1 - p). * q + p. * (1 - q);
I = - x. * log2(x) - (1 - x). * log2(1 - x) - Hnoise
```

```
mesh(p,q,I)
xlabel('信道转移概率 p');
ylabel('信源输入分布 q');
zlabel('平均互信息 I');
```

运行结果如图 3.24 所示。

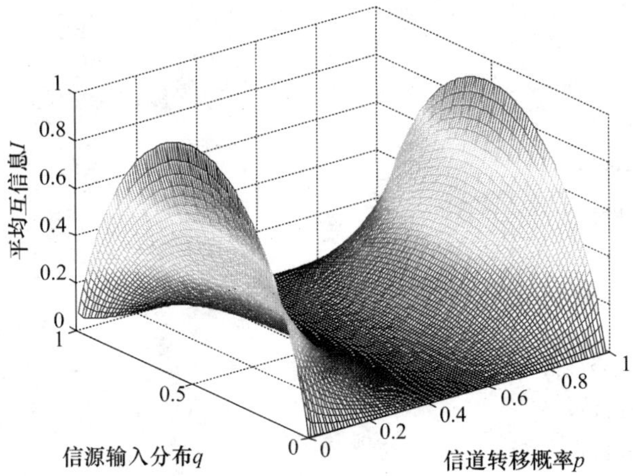

图 3.24　程序运行结果

(2) 求出以下给定信道的信道容量。

① 信道转移概率矩阵为 $\boldsymbol{P}_1=\begin{bmatrix}\frac{1}{3} & \frac{1}{3} & \frac{1}{6} & \frac{1}{6}\\ \frac{1}{6} & \frac{1}{6} & \frac{1}{3} & \frac{1}{3}\end{bmatrix}$；② 信道转移概率矩阵为 $\boldsymbol{P}_2=\begin{bmatrix}\frac{1}{3} & \frac{1}{3} & \frac{1}{6} & \frac{1}{6}\\ \frac{1}{6} & \frac{1}{3} & \frac{1}{6} & \frac{1}{3}\end{bmatrix}$。MATLAB 程序代码如下：

①

```
p1 = [1/3 1/3 1/6 1/6; 1/6 1/6 1/3 1/3];
H(1) = 0;
for j = 1:4
q(j) = p1(1,j);
I(j) = - log2(q(j));
H(j + 1) = H(j) + q(j) * I(j);
end
C1 = log2(4) - H(5);
disp(C1)
```

运行结果：

```
C1 = 0.0817
```

②

```
p2 = [1/3 1/3 1/6 1/6; 1/6 1/3 1/6 1/3];
p21 = [1/3 1/6 ; 1/6 1/3];
```

```
p22 = [1/3;1/3];
p23 = [1/6 ; 1/6];
H(1) = 0;
for  j = 1:4
q(j) = p(1,j);
I(j) = - log2(q(j));
H(j + 1) = H(j) + q(j) * I(j);
end
C1 = log2(2) - H(5);
p11 = p21(1,1) + p21(1,2);
q(11) = p21(1,1) + p21(2,1);
p22 = p22(1,1);
q(22) = p22(1,1) + p22(2,1);
p33 = p23(1,1);
q(33) = p23(1,1) + p23(2,1);
C2 = - p11 * log2( q(11));
C3 = - p22 * log2( q(22));
C4 = - p33 * log2( q(33));
C = C1 + C2 + C3 + C4;
disp( C)
```

运行结果：

```
C = 0.0409
```

本章小结

本章对离散信道进行了详细的分析、讨论，介绍了信道的分类及数学模型的表示；信息传输中的损失熵、噪声熵、平均互信息与各类熵的关系；各种离散信道容量的计算以及数据处理定理。

习题三

3.1 设二元对称信道的传递矩阵为$\begin{bmatrix}\frac{2}{3} & \frac{1}{3}\\ \frac{1}{3} & \frac{2}{3}\end{bmatrix}$，(1) 若 $P(0)=3/4$，$P(1)=1/4$，求 $H(X)$，$H(X|Y)$，$H(Y|X)$和 $I(X;Y)$；(2) 求该信道的信道容量及其达到信道容量时的输入概率分布。

3.2 两个实验 X 和 Y，$X=\{x_1\ \ x_2\ \ x_3\}$，$Y=\{y_1\ \ y_2\ \ y_3\}$，联合概率 $r(x_i,y_j)=r_{ij}$ 为

$$\begin{bmatrix}r_{11} & r_{12} & r_{13}\\ r_{21} & r_{22} & r_{23}\\ r_{31} & r_{32} & r_{33}\end{bmatrix}=\begin{bmatrix}7/24 & 1/24 & 0\\ 1/24 & 1/4 & 1/24\\ 0 & 1/24 & 7/24\end{bmatrix}$$

(1) 如果有人告诉你 X 和 Y 的实验结果，你得到的平均信息量是多少？

(2) 如果有人告诉你 Y 的实验结果，你得到的平均信息量是多少？

(3) 在已知 Y 实验结果的情况下，告诉你 X 的实验结果，你得到的平均信息量是多少？

3.3　有两个二元随机变量 X 和 Y，它们的联合概率如题 3.3 表所示。并定义另一随机变量 $Z=XY$(一般乘积)，试计算：

题 3.3 表

Y \ X	$x_1=0$	$x_2=1$
$y_1=0$	1/8	3/8
$y_2=1$	3/8	1/8

(1) $H(X)$，$H(Y)$，$H(Z)$，$H(XZ)$，$H(YZ)$和 $H(XYZ)$；

(2) $H(X|Y)$，$H(Y|X)$，$H(X|Z)$，$H(Z|X)$，$H(Y|Z)$，$H(Z|Y)$，$H(X|YZ)$，$H(Y|XZ)$和 $H(Z|XY)$；

(3) $I(X;Y)$，$I(X;Z)$，$I(Y;Z)$，$I(X;Y|Z)$，$I(Y;Z|X)$和 $I(X;Z|Y)$。

3.4　某信源发送端有 2 个符号 x_i，$i=1,2$；$p(x_1)=a$。每秒发出一个符号。接收端有 3 个符号 y_j，$j=1,2,3$。转移概率矩阵为 $\boldsymbol{P}=\begin{bmatrix}1/2 & 1/2 & 0\\ 1/2 & 1/4 & 1/4\end{bmatrix}$。

(1) 计算接收端的平均不确定度；

(2) 计算由于噪声产生的不确定度 $H(Y|X)$；

(3) 计算信道容量。

3.5　求下列二个信道的信道容量，并加以比较：

(1) $\begin{pmatrix}\bar{p}-\varepsilon & p-\varepsilon & 2\varepsilon\\ p-\varepsilon & \bar{p}-\varepsilon & 2\varepsilon\end{pmatrix}$；(2) $\begin{pmatrix}\bar{p}-\varepsilon & p-\varepsilon & 2\varepsilon & 0\\ p-\varepsilon & \bar{p}-\varepsilon & 0 & 2\varepsilon\end{pmatrix}$

其中，$p+\bar{p}=1$。

3.6　设有扰离散信道的传输情况分别如题 3.6 图所示。求出该信道的信道容量。

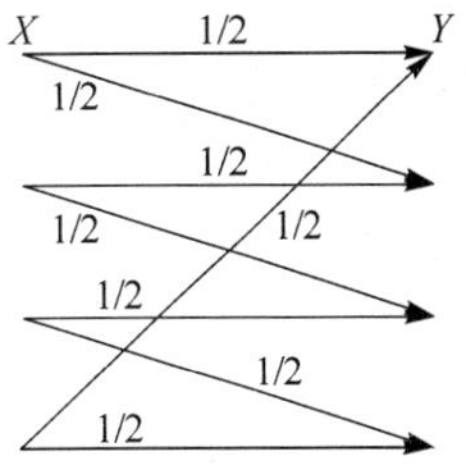

题 3.6 图

3.7　设有两个离散二元对称信道，错误概率均为 p。求这两个二元对称信道的信道矩阵及其级联信道矩阵，并计算该级联信道的信道容量，并指明在什么情况下能达到信道容量。

3.8　设有扰离散信道的输入端是以等概率出现的 A，B，C，D 四个字母。该信道的正确传输概率为 1/2，错误传输概率平均分布在其他 3 个字母上。请写出该信道的信道转移矩阵，并验证该信道上每个字母传输的平均信息量为 0.21 bit。

3.9　设某离散对称信道的信道矩阵为 $\boldsymbol{P}=\begin{bmatrix}\frac{1}{2} & \frac{1}{3} & \frac{1}{6}\\ \frac{1}{6} & \frac{1}{2} & \frac{1}{3}\\ \frac{1}{2} & \frac{1}{6} & \frac{1}{2}\end{bmatrix}$，求该信道的信道容量，并说明

什么情况下才能达到信道容量。

3.10　二元对称信道的二次扩展信道的信道矩阵(注:二元对称信道的错误传递概率为p),并求其信道容量,指明在什么情况下达到其信道容量。

3.11　输入符号集为{0,1,2},求信道矩阵为$\boldsymbol{P}=\begin{bmatrix} 1 & 0 \\ \frac{1}{2} & \frac{1}{2} \\ 0 & 1 \end{bmatrix}$的信道容量。

第4章 连续信源和连续信道

一、学习内容

1. 连续信源的概念及其信息测度。
2. 特殊连续信源熵的计算。
3. 连续信源在受限制条件下的最大差熵定理。
4. 连续信道的分类和数学模型、平均互信息及其特性、信道容量。
5. 连续信道编码定理。

二、学习目标

1. 掌握连续信源的信息测度。
2. 掌握受限下的最大差熵定理。
3. 掌握连续信道和波形信道的分类和数学模型、平均互信息及其特性、信道容量。
4. 掌握连续信道编码定理。

三、重点与难点

重点：连续信源的差熵的计算，受限下的最大差熵定理。

难点：连续信道和波形信道的平均互信息及其信道容量的计算。

前几章我们讨论的是离散信源，实际应用中还有一类信源称为连续信源，例如，语音信号、电视信号都是连续信号。时间离散状态连续的信源熵可以用连续信源熵表示，相当于一个连续随机变量。而时间连续的信源，为一个随机过程，只要信号频谱有限，则可以根据采样定理，将其变为时间离散信源。信息论中只讨论单变量连续信源，即时间离散状态连续的连续信源。

4.1 连续信源的熵及其特性

4.1.1 连续信源熵的定义

如果信源输出消息符号是时间离散、取值连续的随机序列，此时的信源是连续信源。如果输出消息在时间和取值上都连续的信源定义为波形信源。对于随机波形信源，固定某时刻

$t=t_1$ 时，信源输出是一个取值连续的随机变量。用连续随机变量来描述输出消息的信源称为一维连续信源，或称单符号连续信源。

连续信源的状态概率用概率密度来表示。如果随机变量 X，取值为有限实数域$[a,b]$或为实数域 $\mathbf{R}$，其概率密度函数为 $p(x)$，则

$$p_X(x)\geqslant 0,\int_a^b p_X(x)\mathrm{d}x = 1 \text{ 或}\int_R p_X(x)\mathrm{d}x = 1 \tag{4.1}$$

随机变量 X 的概率分布函数为

$$F(x_1) = P\{X\leqslant x_1\} = \int_{-\infty}^{x_1} p(x)\mathrm{d}x \tag{4.2}$$

连续信源的数学模型

$$\begin{bmatrix} X \\ P \end{bmatrix} = \begin{bmatrix} (a,b) \\ p_X(x) \end{bmatrix} \quad \text{或} \quad \begin{bmatrix} R \\ p_X(x) \end{bmatrix} \tag{4.3}$$

利用离散信源熵的概念来定义连续信源熵。如图 4.1 所示，首先把 X 的取值区间$[a,b]$分割为 n 个小区间，小区间宽度为 $\Delta=\Delta x=(b-a)/n$。根据概率分布为概率密度函数曲线的区间面积的关系，X 取值为 x_i 的概率为

$$P_i = p(x_i)\Delta \tag{4.4}$$

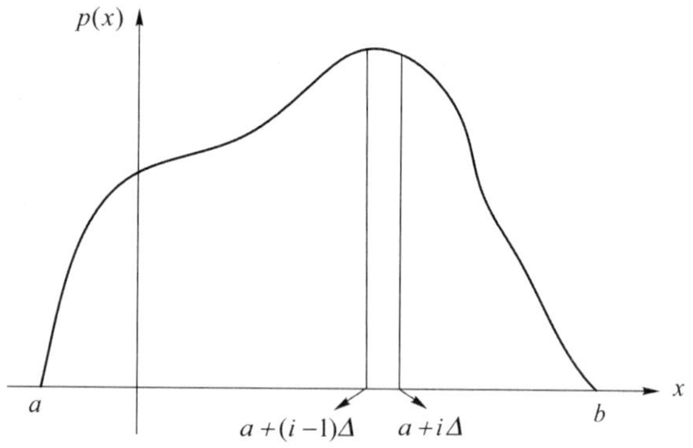

图 4.1　连续信源的概率密度分布

这样可以得到离散信源 X_n 的信源空间如表 4.1 所示。

表 4.1　离散信源 X_n 的信源空间

$[X_n,P]$	X_n	x_1	x_2	…	x_n
	$P(X_n)$	$P(x_1)\Delta$	$P(x_2)\Delta$	…	$P(x_n)\Delta$

且有当 n 趋于无穷时，

$$\sum_{i=1}^{n} P_i = \sum_{i=1}^{n} P(x_i)\Delta = \int_a^b p(x)\mathrm{d}x = 1 \tag{4.5}$$

利用中值定理，可以知道 x 落入第 i 个区间的概率：

$$\begin{aligned} p(a+(i-1)\Delta\leqslant X\leqslant a+i\Delta) &= p(x_i) \\ &= \int_{a+(i-1)\Delta x}^{a+i\Delta x} p_X(x)\mathrm{d}x = p_X(x_i)\Delta x \end{aligned} \tag{4.6}$$

按离散信源熵的定义，可得离散信源 X_n 的熵：

$$H_n(X) = -\sum_{i=1}^{n} p(x_i)\log p(x_i) = -\sum_{i=1}^{n} p_X(x_i)\Delta x \log p_X(x_i)\Delta x \tag{4.7}$$

当 $n\to\infty$时，即 $\Delta x\to 0$ 时，由积分定义得

$$\begin{aligned} H_n(X) &= -\int_a^b p_X(x_i)\log p_X(x_i)\mathrm{d}x - \lim_{\Delta x\to 0}\log \Delta x\int_a^b p_X(x_i)\mathrm{d}x \\ &= -\int_a^b p_X(x_i)\log p_X(x_i)\mathrm{d}x - \lim_{\Delta x\to 0}\log \Delta x \end{aligned} \tag{4.8}$$

式(4.8)的第一项具有离散信源熵的形式，是定值，第二项为无穷大。不考虑第二项无穷大项，因此，连续信源熵（也称相对熵）定义为

$$H_c(X) = -\int_{-\infty}^{\infty} p_X(x)\log p_X(x)\mathrm{d}x \tag{4.9}$$

连续信源熵为一个相对熵，其值为绝对熵减去一个无穷大量。连续信源有无穷多个状态，因此根据香农信息熵的定义必然为无穷大。连续信源的熵不等于一个消息状态具有的平均信息量。其熵是有限的，而信息量是无限的。

连续信源熵不具有非负性，可以为负值。

尽管连续信源的绝对熵为一个无穷大量，但信息论的主要问题是信息传输问题，连续信道的输入输出都是连续变量，当分析其交互信息量时是求两个熵的差，当采用相同的量化过程时，两个无穷大量将被抵消，不影响分析。

可以看到相对熵和绝对熵相差一个无穷，可以这样理解：连续信源采样点需要无穷多，才能变为离散信源，每一个点都带有信息量，所以差一个无穷。好像没有意义了，但工程上主要是比较信源熵，将无穷项约掉，就有意义了。

例 4.1 计算连续信源的熵。

解：如图 4.2 所示，计算原始信号熵为

$$H_c(X) = -\int_{-\infty}^{\infty} p(x)\log p(x)\mathrm{d}x = -\int_1^3 \frac{1}{2}\log\frac{1}{2}\mathrm{d}x = 1 \text{ 比特 / 采样}$$

现在用一个放大倍数为 2 的放大器接在输出端进行放大，放大后的信号的概率分布密度如图 4.3 所示，$p(x)$变为 1/4，以保持矩形面积为 1。

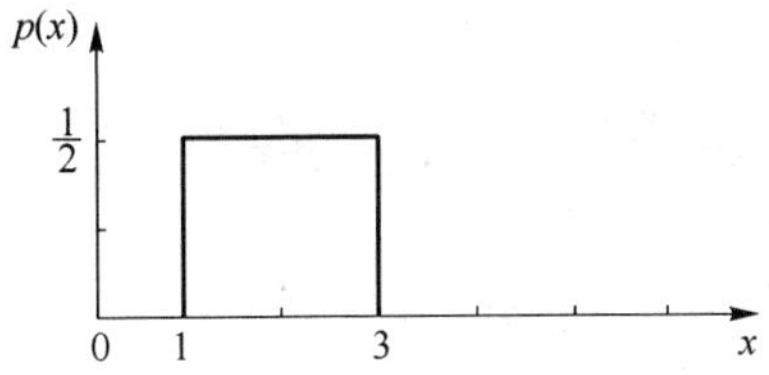

图 4.2 原始信源

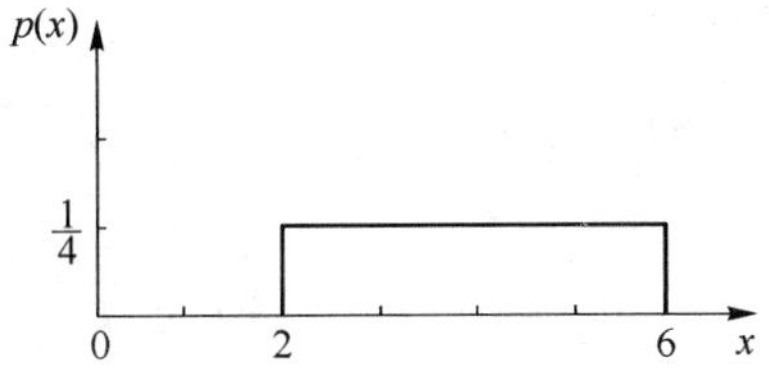

图 4.3 放大后的信号概率密度

进行幅度放大，而横轴代表幅度，但面积还要保持为 1（概率），放大后的熵为

$$H_c(X) = -\int_{-\infty}^{\infty} p(x)\log p(x)\mathrm{d}x = -\int_2^6 \frac{1}{4}\log\frac{1}{4}\mathrm{d}x = 2 \text{ 比特 / 采样}$$

这样好像信源的熵增加了，其实不然，就好像听广播，一个用耳机，一个用喇叭，但是两个人获得的信息应该是一样的。但结果差了 1 bit，主要因为前者的∞比后者的∞大1 bit，而两者的绝对熵却是一样的。分析原因，比较两图，发现 $\mathrm{d}x_2$ 确实是 $\mathrm{d}x_1$ 的两倍。所以

$$\log\left(\frac{1}{\mathrm{d}x_2}\right) = \log\left(\frac{1}{2\mathrm{d}x_1}\right) = \log\left(\frac{1}{2}\right) + \log\left(\frac{1}{\mathrm{d}x_1}\right) = -1 + \log\left(\frac{1}{\mathrm{d}x_1}\right)$$

放大后的情况无穷大小了 1 bit，于是放大后熵的相对值自动大 1 bit，以保持绝对熵不变。

连续信源联合相对熵

$$H_c(XY) = -\int_{-\infty}^{\infty}\int_{-\infty}^{\infty} p(xy)\log p(xy)\mathrm{d}x\mathrm{d}y \tag{4.10}$$

连续信源条件相对熵

$$H_c(Y \mid X) = -\int_{-\infty}^{\infty}\int_{-\infty}^{\infty} p(xy)\log p(y \mid x)\mathrm{d}x\mathrm{d}y \tag{4.11}$$

互信息定义为

$$H_c(XY) = H_c(X) + H_c(Y \mid X) = H_c(Y) + H_c(X \mid Y) \tag{4.12}$$

$$\begin{aligned} I(X;Y) = I(Y;X) &= H_c(X) - H_c(X \mid Y) \\ &= H_c(X) + H_c(Y) - H_c(XY) \\ &= H_c(Y) - H_c(Y \mid X) \end{aligned} \tag{4.13}$$

4.1.2 连续信源熵的特性

（1）极值性

$$\bar{P}:(p_1, p_2, \cdots, p_n), \sum_{i=1}^{n} p_i = 1$$

$$\bar{Q}:(q_1, q_2, \cdots, q_n), \sum_{i=1}^{n} q_i = 1$$

由于 $X \xrightarrow{\Delta = \frac{b-a}{n}} X_n, p_i = p(x_i)\Delta, \sum p_i = 1; q_i = q(x_i)\Delta, \sum q_i = 1$，有

$$-\sum_{i=1}^{n} p_i \log p_i \leqslant -\sum_{i=1}^{n} p_i \log q_i \tag{4.14}$$

$$-\sum_{i=1}^{n} p(x_i)\Delta\log[p(x_i)\Delta] \leqslant -\sum_{i=1}^{n} p(x_i)\Delta\log[q(x_i)\Delta] \tag{4.15}$$

$$-\sum_{i=1}^{n} p(x_i)\Delta\log p(x_i) \leqslant -\sum_{i=1}^{n} p(x_i)\Delta\log q(x_i) \tag{4.16}$$

当 $\Delta \to 0, X_n \to X$ 时，

$$\lim_{\substack{\Delta\to 0\\ n\to\infty}}\{-\sum_{i=1}^{n} p(x_i)\Delta\log p(x_i)\} \leqslant \lim_{\substack{\Delta\to 0\\ n\to\infty}}\{-\sum_{i=1}^{n} p(x_i)\Delta\log q(x_i)\} \tag{4.17}$$

$$-\int_a^b p(x)\log p(x)\mathrm{d}x \leqslant -\int_a^b p(x)\log q(x)\mathrm{d}x \tag{4.18}$$

$$h(X) \leqslant -\int_a^b p(x)\log q(x)\mathrm{d}x \tag{4.19}$$

（2）上凸性

$$h(X) = -\int_a^b p(x)\log p(x)\mathrm{d}x \tag{4.20}$$

$$\eta(x) = \alpha p(x) + \beta q(x), \begin{cases} \alpha + \beta = 1 \\ 0 \leqslant \alpha, \beta \leqslant 1 \end{cases} \tag{4.21}$$

$$h[\eta(x)] = h[\alpha p(x) + \beta q(x)] = h_\eta(x) \tag{4.22}$$

$$h_\eta(x) \geqslant \alpha h_p(x) + \beta h_q(x) \tag{4.23}$$

$$h_p(x) = h[p(x)], h_q(x) = h[q(x)]$$

$$\int_a^b \eta(x)\mathrm{d}x = \int_a^b [\alpha p(x) + \beta q(x)]\mathrm{d}x = 1 \tag{4.24}$$

$$\begin{aligned}
h_\eta(X) &= -\int_a^b \eta(x)\log \eta(x)\mathrm{d}x \\
&= -\int_a^b [\alpha p(x) + \beta q(x)]\log \eta(x)\mathrm{d}x \\
&= -\alpha\int_a^b p(x)\log \eta(x)\mathrm{d}x - \beta\int_a^b q(x)\log \eta(x)\mathrm{d}x \\
&= -\alpha\int_a^b p(x)\log \eta(x)\frac{p(x)}{p(x)}\mathrm{d}x - \beta\int_a^b q(x)\log \eta(x)\frac{q(x)}{q(x)}\mathrm{d}x \\
&= -\alpha\int_a^b p(x)\log p(x)\frac{\eta(x)}{p(x)}\mathrm{d}x - \beta\int_a^b q(x)\log q(x)\frac{\eta(x)}{q(x)}\mathrm{d}x \\
&= -\alpha\int_a^b p(x)\log p(x)\mathrm{d}x - \alpha\int_a^b p(x)\log\frac{\eta(x)}{p(x)}\mathrm{d}x \\
&\quad -\beta\int_a^b q(x)\log q(x)\mathrm{d}x - \beta\int_a^b q(x)\log\frac{\eta(x)}{q(x)}\mathrm{d}x
\end{aligned} \tag{4.25}$$

$$h_\eta(x) \geqslant \alpha h_p(x) + \beta h_q(x) \tag{4.26}$$

因此相对熵具有上凸性。

(3) 可加性

$$H_c(XY) = H_c(X) + H_c(Y \mid X) \tag{4.27}$$

$$H_c(XY) = H_c(Y) + H_c(X \mid Y) \tag{4.28}$$

推广到 N 个变量：

$$H_c(X_1X_2\cdots X_N) = H_c(X_1) + H_c(X_2 \mid X_1) + H_c(X_3 \mid X_1X_2) + \cdots + H_c(X_N \mid X_1X_2\cdots X_{N-1}) \tag{4.29}$$

4.2 几种连续信源的熵

1. 均匀分布的连续信源熵

设一维连续随机变量 X 的取值区间是$[a,b]$，在$[a,b]$中的概率密度函数是

$$p(x) = \begin{cases} \dfrac{1}{b-a}, a \leqslant x \leqslant b \\ 0, x < a, x > b \end{cases} \tag{4.30}$$

这种连续信源称为均匀分布的连续信源。其熵为

$$H(X) = -\int_a^b p(x)\log p(x)\mathrm{d}x = -\int_a^b \frac{1}{b-a}\log\frac{1}{b-a}\mathrm{d}x = \log(b-a) \tag{4.31}$$

这时可以看到：当$(b-a)<1$ 时，$H(X)<0$，即 $H(X)$不具有熵函数的非负性，因为$H(X)$是相对熵，相对熵可以为负值，但绝对熵仍然为正值。

2. 高斯分布的连续信源熵

设一维随机变量 X 的取值范围是整个实数集 $\mathbf{R}$，概率密度函数为

$$p(x) = \frac{1}{\sqrt{2\pi\sigma^2}}\mathrm{e}^{-\frac{(x-m)^2}{2\sigma^2}} \tag{4.32}$$

其中，m 为随机变量 X 的均值：

$$m = E[x] = \int_{-\infty}^{\infty} xp(x) \tag{4.33}$$

σ^2是随机变量 X 的方差：

$$\sigma^2 = E[(X-m)^2] = \int_{-\infty}^{\infty} (x-m)^2 p(x)\mathrm{d}x \tag{4.34}$$

当均值 $m=0$ 时，方差 σ^2 就是随机变量的平均功率：

$$P = \int_{-\infty}^{\infty} x^2 p(x)\mathrm{d}x \tag{4.35}$$

这个信源称为高斯分布的连续信源，其数学模型为

$$[X \cdot P]:\begin{cases} X: & R:(-\infty,\infty) \\ p(X): & p(x) = \dfrac{1}{\sqrt{2\pi\sigma^2}}\mathrm{e}^{-\frac{(x-m)^2}{2\sigma^2}} \end{cases} \tag{4.36}$$

$$\int_{-\infty}^{\infty} p(x)\mathrm{d}x = 1$$

这时可以得到高斯连续信源的熵为

$$\begin{aligned} h(X) &= -\int p(x)\ln p(x)\mathrm{d}x = -\int p(x)\ln \frac{1}{\sqrt{2\pi\sigma^2}}\mathrm{e}^{-\frac{(x-m)^2}{2\sigma^2}}\mathrm{d}x \\ &= -\int p(x)\ln \frac{1}{\sqrt{2\pi\sigma^2}}\mathrm{d}x - \int p(x)\ln \mathrm{e}^{-\frac{(x-m)^2}{2\sigma^2}}\mathrm{d}x \\ &= \frac{1}{2}\ln 2\pi\sigma^2\int p(x)\mathrm{d}x - \int p(x)\left[-\frac{(x-m)^2}{2\sigma^2}\right]\ln \mathrm{e}\mathrm{d}x \\ &= \frac{1}{2}\ln 2\pi\sigma^2 + \frac{1}{2\sigma^2}\ln \mathrm{e}\int (x-m)^2 p(x)\mathrm{d}x \\ &= \frac{1}{2}\ln 2\pi\sigma^2 + \frac{1}{2}\ln \mathrm{e} = \frac{1}{2}\ln 2\pi\mathrm{e}\sigma^2 \end{aligned} \tag{4.37}$$

高斯分布的连续信源的差熵与方差有关，与均值无关。这里的对数是以 e 为底。当均值为 0 时，高斯信源的熵为

$$h(X) = \frac{1}{2}\ln 2\pi\mathrm{e}P \tag{4.38}$$

3. 指数分布的连续信源熵

设一随机变量 X 的取值区间为$[0,\infty]$，其概率密度函数为

$$[X \cdot P]:\begin{cases} X: & (0,\infty) \\ p(X): & p(x) = \begin{cases} \dfrac{1}{a}\mathrm{e}^{-\frac{x}{a}} & (x>0) \\ 0 & (x\leqslant 0) \end{cases} \end{cases} \tag{4.39}$$

则称为指数分布的连续信源。其中常数 a 为随机变量 X 的均值。即

$$m = E[x] = \int_0^{\infty} xp(x)\mathrm{d}x = a \tag{4.40}$$

指数分布的连续信源的熵为

$$\begin{aligned} h(X) &= -\int p(x)\ln p(x)\mathrm{d}x \\ &= -\int p(x)\ln \frac{1}{a}\mathrm{e}^{-\frac{x}{a}}\mathrm{d}x \end{aligned}$$

$$=-\int p(x)\ln\frac{1}{a}\mathrm{d}x-\int p(x)\ln \mathrm{e}^{-\frac{x}{a}}\mathrm{d}x$$
$$=\ln a\int p(x)\mathrm{d}x+\frac{1}{a}\ln \mathrm{e}\int xp(x)\mathrm{d}x$$
$$=\ln a+\ln \mathrm{e}$$
$$=\ln a\mathrm{e} \tag{4.41}$$

指数分布的相对熵只取决于信源的均值 a。

例 4.2 连续随机变量 X 和 Y 的联合概率密度为 $p(x,y)=\begin{cases}\dfrac{1}{\pi r^2}, x^2+y^2\leqslant r^2\\ 0,\text{其他}\end{cases}$，求$H(X)$，$H(Y)$，$H(XY)$和 $I(X;Y)$。$\left(\text{提示：}\int_0^{\frac{\pi}{2}}\log_2\sin x\mathrm{d}x=-\frac{\pi}{2}\log_2 2\right)$

解： $p(x)=\int_{-\sqrt{r^2-x^2}}^{\sqrt{r^2-x^2}}p(xy)\mathrm{d}y=\int_{-\sqrt{r^2-x^2}}^{\sqrt{r^2-x^2}}\frac{1}{\pi r^2}\mathrm{d}y=\frac{2\sqrt{r^2-x^2}}{\pi r^2}\quad(-r\leqslant x\leqslant r)$

$$H_c(X)=-\int_{-r}^{r}p(x)\log p(x)\mathrm{d}x$$
$$=-\int_{-r}^{r}p(x)\log\frac{2\sqrt{r^2-x^2}}{\pi r^2}\mathrm{d}x$$
$$=-\int_{-r}^{r}p(x)\log\frac{2}{\pi r^2}\mathrm{d}x-\int_{-r}^{r}p(x)\log\sqrt{r^2-x^2}\mathrm{d}x$$
$$=\log\frac{\pi r^2}{2}-\int_{-r}^{r}p(x)\log\sqrt{r^2-x^2}\mathrm{d}x$$
$$=\log\frac{\pi r^2}{2}-\log r+1-\frac{1}{2}\log \mathrm{e}$$
$$=\log \pi r-\frac{1}{2}\log \mathrm{e}\ \text{比特/符号}$$

其中：

$$\int_{-r}^{r}p(x)\log\sqrt{r^2-x^2}\mathrm{d}x$$
$$=\int_{-r}^{r}\frac{2\sqrt{r^2-x^2}}{\pi r^2}\log\sqrt{r^2-x^2}\mathrm{d}x$$
$$=\frac{4}{\pi r^2}\int_0^{r}\sqrt{r^2-x^2}\log\sqrt{r^2-x^2}\mathrm{d}x$$
$$\xlongequal{\text{令}x=r\cos\theta}\frac{4}{\pi r^2}\int_{\frac{\pi}{2}}^{0}r\sin\theta\log r\sin\theta\mathrm{d}(r\cos\theta)$$
$$=-\frac{4}{\pi r^2}\int_{\frac{\pi}{2}}^{0}r^2\sin^2\theta\log r\sin\theta\mathrm{d}\theta$$
$$=\frac{4}{\pi}\int_0^{\frac{\pi}{2}}\sin^2\theta\log r\sin\theta\mathrm{d}\theta$$
$$=\frac{4}{\pi}\int_0^{\frac{\pi}{2}}\sin^2\theta\log r\mathrm{d}\theta+\frac{4}{\pi}\int_0^{\frac{\pi}{2}}\sin^2\theta\log\sin\theta\mathrm{d}\theta$$
$$=\frac{4}{\pi}\log r\int_0^{\frac{\pi}{2}}\frac{1-\cos 2\theta}{2}\mathrm{d}\theta+\frac{4}{\pi}\int_0^{\frac{\pi}{2}}\frac{1-\cos 2\theta}{2}\log\sin\theta\mathrm{d}\theta$$

$$=\frac{2}{\pi}\log r\int_0^{\frac{\pi}{2}}\mathrm{d}\theta-\frac{2}{\pi}\log r\int_0^{\frac{\pi}{2}}\cos 2\theta\mathrm{d}\theta+\frac{2}{\pi}\int_0^{\frac{\pi}{2}}\log\sin\theta\mathrm{d}\theta-\frac{2}{\pi}\int_0^{\frac{\pi}{2}}\cos 2\theta\log\sin\theta\mathrm{d}\theta$$

$$=\log r-\frac{1}{\pi}\log r\int_0^{\frac{\pi}{2}}\mathrm{d}\sin 2\theta+\frac{2}{\pi}\left(-\frac{\pi}{2}\log 2\right)-\frac{2}{\pi}\int_0^{\frac{\pi}{2}}\cos 2\theta\log\sin\theta\mathrm{d}\theta$$

$$=\log r-1-\frac{2}{\pi}\int_0^{\frac{\pi}{2}}\cos 2\theta\log\sin\theta\mathrm{d}\theta$$

$$=\log r-1+\frac{1}{2}\log \mathrm{e}$$

其中：

$$\frac{2}{\pi}\int_0^{\frac{\pi}{2}}\cos 2\theta\log\sin\theta\mathrm{d}\theta$$

$$=\frac{1}{\pi}\int_0^{\frac{\pi}{2}}\log\sin\theta\mathrm{d}\sin 2\theta$$

$$=\frac{1}{\pi}\left(\sin 2\theta\log\sin\theta\Big|_0^{\frac{\pi}{2}}-\int_0^{\frac{\pi}{2}}\sin 2\theta\mathrm{d}\log\sin\theta\right)$$

$$=-\frac{1}{\pi}\int_0^{\frac{\pi}{2}}2\sin\theta\cos\theta\frac{\cos\theta\log \mathrm{e}}{\sin\theta}\mathrm{d}\theta$$

$$=-\frac{2}{\pi}\log \mathrm{e}\int_0^{\frac{\pi}{2}}\cos^2\theta\mathrm{d}\theta$$

$$=-\frac{2}{\pi}\log \mathrm{e}\int_0^{\frac{\pi}{2}}\frac{1+\cos 2\theta}{2}\mathrm{d}\theta$$

$$=-\frac{1}{\pi}\log \mathrm{e}\int_0^{\frac{\pi}{2}}\mathrm{d}\theta-\frac{1}{\pi}\log \mathrm{e}\int_0^{\frac{\pi}{2}}\cos 2\theta\mathrm{d}\theta$$

$$=-\frac{1}{2}\log \mathrm{e}-\frac{1}{2\pi}\log \mathrm{e}\sin 2\theta\Big|_0^{\frac{\pi}{2}}$$

$$=-\frac{1}{2}\log \mathrm{e}$$

$$p(y)=\int_{-\sqrt{r^2-y^2}}^{\sqrt{r^2-y^2}}p(xy)\mathrm{d}x=\int_{-\sqrt{r^2-y^2}}^{\sqrt{r^2-y^2}}\frac{1}{\pi r^2}\mathrm{d}x=\frac{2\sqrt{r^2-y^2}}{\pi r^2}\quad(-r\leqslant y\leqslant r)$$

$$p(y)=p(x)$$

$$H_c(Y)=H_c(X)=\log\pi r-\frac{1}{2}\log \mathrm{e}\ \text{比特/符号}$$

$$H_c(XY)=-\iint_R p(xy)\log p(xy)\mathrm{d}x\mathrm{d}y$$

$$=-\iint_R p(xy)\log\frac{1}{\pi r^2}\mathrm{d}x\mathrm{d}y$$

$$=\log\pi r^2\iint_R p(xy)\mathrm{d}x\mathrm{d}y$$

$$=\log\pi r^2\ \text{比特/符号}$$

$$I_c(X;Y)=H_c(X)+H_c(Y)-H_c(XY)$$

$$=2\log\pi r-\log \mathrm{e}-\log\pi r^2$$

$$=\log\pi-\log \mathrm{e}\ \text{比特/符号}$$

4.3 连续信源的最大熵

与离散信源不同,求连续信源的最大熵需要附加条件,常见的有三种:

(1) 输出幅度范围受限(或瞬时功率受限)的信源;

(2) 输出平均功率受限的信源;

(3) 输出幅度平均值受限的信源。

1. 限峰值功率的最大熵定理

若代表信源的 N 维随机变量的取值被限制在一定的范围之内,则在有限的定义域内,均匀分布的连续信源具有最大熵。

设 N 维随机变量

$$X \in \prod_{i=1}^{N}(a_i, b_i), b_i > a_i$$

其均匀分布的概率密度函数为

$$p(x) = \begin{cases} \dfrac{1}{\prod\limits_{i=1}^{N}(b_i - a_i)}, x \in \prod\limits_{i=1}^{N}(b_i - a_i) \\ 0, x \notin \prod\limits_{i=1}^{N}(b_i - a_i) \end{cases} \tag{4.42}$$

除均匀分布以外的其他任意概率密度函数记为 $q(x)$,并用 $H_c[p(x),X]$ 和 $H_c[q(x),X]$ 分别表示均匀分布和任意非均匀分布连续信源的熵。在

$$\int_{a_N}^{b_N}\cdots\int_{a_1}^{b_1} p(x)\mathrm{d}x_1\mathrm{d}x_2\cdots\mathrm{d}x_N = \int_{a_N}^{b_N}\cdots\int_{a_1}^{b_1} q(x)\mathrm{d}x_1\mathrm{d}x_2\cdots\mathrm{d}x_N = 1 \tag{4.43}$$

的条件下有

$$\begin{aligned} H_c[q(x),X] &= -\int_{a_N}^{b_N}\cdots\int_{a_1}^{b_1} q(x)\log q(x)\mathrm{d}x_1\cdots\mathrm{d}x_N \\ &= \int_{a_N}^{b_N}\cdots\int_{a_1}^{b_1} q(x)\log\left[\frac{1}{q(x)}\cdot\frac{p(x)}{p(x)}\right]\mathrm{d}x_1\cdots\mathrm{d}x_N \\ &= -\int_{a_N}^{b_N}\cdots\int_{a_1}^{b_1} q(x)\log p(x)\mathrm{d}x_1\cdots\mathrm{d}x_N + \\ &\quad \int_{a_N}^{b_N}\cdots\int_{a_1}^{b_1} q(x)\log\frac{p(x)}{q(x)}\mathrm{d}x_1\cdots\mathrm{d}x_N \end{aligned} \tag{4.44}$$

令 $z=\dfrac{p(x)}{q(x)}$,显然 $z \geqslant 0$,运用著名不等式

$$\ln z \leqslant z - 1, z > 0 \tag{4.45}$$

则

$$\begin{aligned} H_c[q(x),X] \leqslant & -\int_{a_N}^{b_N}\cdots\int_{a_1}^{b_1} q(x)\log\frac{1}{\prod\limits_{i=1}^{N}(b_i - a_i)}\mathrm{d}x_1\cdots\mathrm{d}x_N + \\ & \int_{a_N}^{b_N}\cdots\int_{a_1}^{b_1} q(x)\left[\frac{p(x)}{q(x)} - 1\right]\mathrm{d}x_1\cdots\mathrm{d}x_N \end{aligned}$$

$$=\log \prod_{i=1}^{N}(b_i - a_i)+1-1 = H_c[p(x),X] \tag{4.46}$$

则证明在定义域有限的条件下,以均匀分布的熵为最大。

在实际问题中,随机变量 X_i 的取值限制在 $\pm b_i$ 之间,峰值为 $|b_i|$。如果把取值看作是输出信号的幅度,则相应的峰值功率就是 b_i^2。所以上述定理被称为峰值功率受限条件下的最大连续熵定理。此时最大熵值为

$$H_c[p(x),X] = \log\prod_{i=1}^{N}[b_i-(-b_i)] = \log\prod_{i=1}^{N}2b_i \tag{4.47}$$

2. 限平均功率的最大熵定理

若信源输出信号的平均功率 P 和均值 m 被限定,则其输出信号幅度的概率密度函数为高斯分布时,信源具有最大熵值。

单变量连续信源 X 呈高斯分布时,概率密度函数为

$$p(x) = \frac{1}{\sqrt{2\pi\sigma^2}}e^{-\frac{(x-m)^2}{2\sigma^2}}$$

当 X 是高斯分布以外的其他任意分布时 ,概率密度函数记为 $q(x)$,由约束条件已知:

$$\int_{-\infty}^{\infty} p(x)\mathrm{d}x = \int_{-\infty}^{\infty} q(x) = 1$$

$$\int_{-\infty}^{\infty} xp(x)\mathrm{d}x = \int_{-\infty}^{\infty} xq(x) = m$$

$$\int_{-\infty}^{\infty} x^2p(x)\mathrm{d}x = \int_{-\infty}^{\infty} x^2q(x) = P$$

由于随机变量的方差

$$E[(X-m)^2] = E[X^2]-m^2 = P^2-m^2 = \sigma^2 \tag{4.48}$$

当均值 m 为 0 时,平均功率就等于方差 $\sigma^2=P$,可见对平均功率和均值的限制就等于对方差的限制。用 $H_c[p(x),X]$ 和 $H_c[q(x),X]$ 分别表示高斯分布和任意非高斯分布连续信源的熵。由前面的讨论已知:

$$H_c[p(x),X]=\frac{1}{2}\log(2\pi e\sigma^2) \tag{4.49}$$

$$\begin{aligned} H_c[q(x),X] &= -\int_{-\infty}^{\infty} q(x)\log q(x)\mathrm{d}x \\ &= \int_{-\infty}^{\infty} q(x)\log\left[\frac{1}{q(x)}\cdot\frac{p(x)}{p(x)}\right] \\ &= -\int_{-\infty}^{\infty} q(x)\log p(x)\mathrm{d}x + \int_{-\infty}^{\infty} q(x)\log\left[\frac{p(x)}{q(x)}\right]\mathrm{d}x \\ &\leqslant \frac{1}{2}\log(2\pi e\sigma^2)+\int_{-\infty}^{\infty} q(x)\left[\frac{p(x)}{q(x)}-1\right]\mathrm{d}x \\ &= \frac{1}{2}\log(2\pi e\sigma^2)+1-1 = H_c[p(x),X] \end{aligned} \tag{4.50}$$

总结:在以上两种情况下,信源的统计特性与两种常见噪声——均匀噪声和高斯噪声的统计特性相一致。

3. 均值受限条件下的最大连续熵定理

若连续信源 X 输出非负信号的均值受限,则其输出信号幅度呈指数分布时,连续信源 X 具有最大熵值。

连续信源 X 为指数分布时概率密度函数为

$$p(x)=\frac{1}{m}\mathrm{e}^{-\frac{x}{m}} \quad (x\geqslant 0)$$

用 $H_c[p(x),X]$ 和 $H_c[q(x),X]$ 分别表示指数分布和任意非指数分布连续信源的熵。记限制条件为

$$\int_0^{\infty}p(x)\mathrm{d}x=\int_0^{\infty}q(x)=1$$

$$\int_0^{\infty}xp(x)\mathrm{d}x=\int_0^{\infty}xq(x)=m$$

$H_c[p(x),X]=\log m\mathrm{e}$,任意其他分布的信源熵为

$$\begin{aligned}H_c[q(x),X]&=-\int_0^{\infty}q(x)\log q(x)\mathrm{d}x\\&=\int_0^{\infty}q(x)\log\left[\frac{1}{q(x)}\cdot\frac{p(x)}{p(x)}\right]\\&=-\int_{-\infty}^{\infty}q(x)\log p(x)\mathrm{d}x+\int_{-\infty}^{\infty}q(x)\log\left[\frac{p(x)}{q(x)}\right]\mathrm{d}x\\&\leqslant-\int_{-\infty}^{\infty}q(x)\log\left[\frac{1}{m}\mathrm{e}^{-\frac{x}{m}}\right]\mathrm{d}x+\int_{-\infty}^{\infty}q(x)\left[\frac{p(x)}{q(x)}-1\right]\mathrm{d}x\\&=\log m\int_0^{\infty}q(x)\mathrm{d}x+\log\mathrm{e}\int_0^{\infty}\frac{x}{m}q(x)\mathrm{d}x+1-1\\&=\log m\mathrm{e}=H_c[p(x),X]\end{aligned} \tag{4.51}$$

总结:对三种限制条件下的连续信源的最大熵分析结果表明,连续信源的最大熵与离散信源不同,它不存在绝对的最大熵,而随限定条件不同有各自不同的最大连续熵值。

4.4 熵 功 率

为了表示冗余的程度,定义熵功率,即是指与某个非高斯信源有同样熵的高斯信源的平均功率,它是无差错传送必要信息的最小功率。

设连续信源 X 在概率密度函数为 $p(x)$ 时达到最大熵值 $H_c[p(x),X]$,除此之外的其他任何概率密度函数 $q(x)$ 达到的熵值为 $H_c[q(x),X]$,两熵之差即表示信源的剩余,记为 $I_{p,q}$,也称作信息变差(或信源的冗余)。即信源从一种概率密度函数 $p(x)$ 转到另一种概率密度函数 $q(x)$ 时,信源所含信息量发生的变化:

$$I_{p,q}=H_c[p(x),X]-H_c[q(x),X] \tag{4.52}$$

从信息变差的概念出发,连续信源的熵可理解为最大熵与信息变差之间的差值:

$$H_c[q(x),X]=H_c[p(x),X]-I_{p,q} \tag{4.53}$$

讨论均值为零、平均功率限定为 P 的连续信源的冗余问题。当概率密度函数为高斯分布时达到最大熵。

$$H_c[p(x),X]=\frac{1}{2}\log 2\pi\mathrm{e}P \tag{4.54}$$

仅随限定功率 P 的变化而变化。假定限定的功率为 $\bar{P}$,相应的熵为 $H_c[p(x),X_{\bar{P}}]$,若 $\bar{P}\leqslant P$,则有

$$H_c[p(x),X_{\bar{P}}]\leqslant H_c[p(x),X] \tag{4.55}$$

当概率密度函数为其他任何分布 $q(x)$时，也有

$$H_c[q(x),X] \leqslant H_c[p(x),X] \tag{4.56}$$

总能找到某一个 $\bar{P} \leqslant P$，使

$$H_c[q(x),X] = H_c[p(x),X_{\bar{P}}] = \frac{1}{2}\log 2\pi e\bar{P} \tag{4.57}$$

此即 $\bar{P}$ 的大小决定了实际信源的熵值。称 $\bar{P}$ 为连续信源 X 在概率密度函数为 $q(x)$时的熵功率。它与信息变差之间的关系：

$$I_{p,q} = \frac{1}{2}\log\frac{P}{\bar{P}} \tag{4.58}$$

总结：信源的冗余度决定于平均功率的限定值 P 与信源的熵功率 $\bar{P}$ 之比。

4.5 连续熵的变换

在离散信源中，若输入和输出有确定的对应变换关系，则变换后信源的熵保持不变。那么在连续信源中，输出信息经过变换后，其信息熵如何变换？如图 4.4 所示为信息处理系统。

设输入信源为 X：

$$[X\cdot P]:\begin{cases}X:[a,b]\\ p(X):p_1(x)\end{cases},\int_a^b p_1(x)\mathrm{d}x = 1$$

图 4.4 信息处理系统框图

经过信息处理网络后，输出为 Y：

$$[Y\cdot P]:\begin{cases}Y:[a',b']\\ p(Y):p_O(x)\end{cases},\int_{a'}^{b'} p_O(x)\mathrm{d}x = 1$$

$$\begin{cases}y = y(x)\\ x = x(y)\end{cases}$$

$$\int_a^b p_1(x)\mathrm{d}x = \int_{a'}^{b'} p_1[x(y)]\left|J\left(\frac{x}{y}\right)\right|\mathrm{d}y = 1 \tag{4.59}$$

$$p_O(y) = p_1[x(y)]\left|J\left(\frac{x}{y}\right)\right| \tag{4.60}$$

$$\mathrm{d}y = \left|J\left(\frac{y}{x}\right)\right|\mathrm{d}x \tag{4.61}$$

$$\left|J\left(\frac{y}{x}\right)\right|\cdot\left|J\left(\frac{x}{y}\right)\right| = 1 \tag{4.62}$$

$$\begin{aligned}h(Y) &= -\int_{a'}^{b'} p_O(y)\log p_O(y)\mathrm{d}y\\ &= -\int_a^b p_1[x(y)]\left|J\left(\frac{x}{y}\right)\right|\log p_1\left\{[x(y)]\left|J\left(\frac{x}{y}\right)\right|\right\}\cdot\left|J\left(\frac{y}{x}\right)\right|\mathrm{d}x\\ &= -\int_a^b p_1[x(y)]\log p_1\left\{[x(y)]\left|J\left(\frac{x}{y}\right)\right|\right\}\mathrm{d}x\\ &= -\int_a^b p_1(x)\log p_1(x)\mathrm{d}x - \int_a^b p_1(x)\log\left|J\left(\frac{x}{y}\right)\right|\mathrm{d}x\\ &= h(X) - \underset{x}{E}\left\{\log\left|J\left(\frac{x}{y}\right)\right|\right\}\end{aligned} \tag{4.63}$$

例 4.3 设信息处理网络的变化关系式：$Y=\sigma X+a$，单维连续信源 X 为标准正态分布信

源 $p_I(x)=\frac{1}{\sqrt{2\pi}}\exp\left\{-\frac{x^2}{2}\right\}$，求信息处理网络输出连续随机变量 Y 的概率密度函数 $p_O(y)$ 和连续熵 $h(Y)$。

解：

$$X=\frac{Y-a}{\sigma},\left|J\left(\frac{x}{y}\right)\right|=\frac{1}{\sigma},h(X)=\frac{1}{2}\ln 2\pi e$$

$$\begin{aligned}p_O(y) &= p_I[x(y)]\left|J\left(\frac{x}{y}\right)\right| \\ &= \frac{1}{\sqrt{2\pi}}\exp\left\{-\frac{\left(\frac{y-a}{\sigma}\right)^2}{2}\right\}\frac{1}{\sigma} \\ &= \frac{1}{\sqrt{2\pi\sigma^2}}\exp\left\{-\frac{(y-a)^2}{2\sigma^2}\right\}\end{aligned}$$

$$\begin{aligned}h(Y) &= h(X)-\underset{x}{E}\left\{\log\left|\mathrm{J}\left(\frac{x}{y}\right)\right|\right\} \\ &= \frac{1}{2}\ln 2\pi e-\int p_I(x)\ln\frac{1}{\sigma}\mathrm{d}x \\ &= \frac{1}{2}\ln 2\pi e\sigma^2\end{aligned}$$

4.6 连续信道及其信道容量

连续信道指输入和输出都是单个连续型随机变量的信道。可用模型 $\{X,p(y|x),Y\}$ 来描述单符号连续信道。X 是输入连续型随机变量，X 取值区间为 $[a,b]$ 或实数域 $\mathbf{R}$；Y 是信道输出连续型随机变量，取值区间为 $[a',b']$ 或实数域 $\mathbf{R}$。如图 4.5 所示，信道的传递概率密度函数为 $p(y|x)$，并满足：

$$\int_R p(y\mid x)\mathrm{d}y=1$$

因此，可用 $\{X,p(y|x),Y\}$ 来描述单符号连续信道。

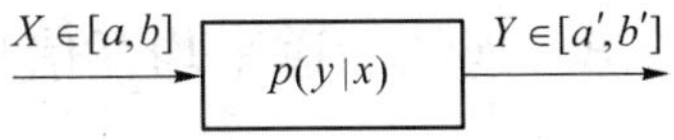

图 4.5　连续信道的数学模型

对于多维连续信道其输入是 N 维连续型随机序列 $X=X_1X_2\cdots X_N$，输出也是 N 维连续型随机序列 $Y=Y_1Y_2\cdots Y_N$，而信道传递概率密度函数是

$$p(y\mid x)=p(y_1y_2\cdots y_n\mid x_1x_2\cdots x_n)\tag{4.64}$$

并且满足

$$\int_R\int_R\cdots\int_R p(y_1y_2\cdots y_N\mid x_1x_2\cdots x_N)\mathrm{d}y_1\mathrm{d}y_2\cdots\mathrm{d}y_N=1$$

4.6.1　连续信道的分类

1. 按噪声统计特性分类

高斯信道是指信道的噪声是高斯噪声，即噪声是平稳随机过程，其瞬时值的概率密度函数服从正态分布（高斯分布）。

白噪声信道是指信道的噪声是白噪声，即噪声是平稳随机过程，其功率谱密度均匀分布于整个频域。高斯白噪声信道是指信道的噪声是高斯分布的白噪声。

2. 按噪声对信号的作用功能分类

乘性信道是指信道中噪声对信号的作用表现为与信号相乘的关系;加性信道是指信道中噪声对信号的作用表现为与信号相加的关系。

4.6.2 连续信道的平均互信息

1. 单符号连续信道的平均互信息

连续信道$\{X,p(y|x),Y\}$的平均互信息:

$$I(X;Y)=\iint_R p(xy)\log\frac{p(x\mid y)}{p(x)}\mathrm{d}x\mathrm{d}y=h(X)-h(X\mid Y) \tag{4.65}$$

$$=\iint_R p(xy)\log\frac{p(y/x)}{p(y)}\mathrm{d}x\mathrm{d}y=h(Y)-h(Y\mid X) \tag{4.66}$$

$$=\iint_R p(xy)\log\frac{p(xy)}{p(x)p(y)}\mathrm{d}x\mathrm{d}y=h(X)+h(Y)-h(XY) \tag{4.67}$$

单符号连续信道的信息传输率(单位:比特/自由度):

$$R=I(X;Y) \tag{4.68}$$

2. 多维连续信道$\{\boldsymbol{X},\boldsymbol{p}(\boldsymbol{y}|\boldsymbol{x}),\boldsymbol{Y}\}$的平均互信息

$$I(X;Y)=\iint_{XY} p(xy)\log\frac{p(x\mid y)}{p(x)}\mathrm{d}x\mathrm{d}y=h(X)-h(X\mid Y) \tag{4.69}$$

$$=\iint_{XY} p(xy)\log\frac{p(y\mid x)}{p(y)}\mathrm{d}x\mathrm{d}y=h(Y)-h(Y\mid X) \tag{4.70}$$

$$=\iint_{XY} p(xy)\log\frac{p(xy)}{p(x)p(y)}\mathrm{d}x\mathrm{d}y=h(X)+h(Y)-h(XY) \tag{4.71}$$

平均互信息的单位是比特/N个自由度或奈特/N个自由度。多维连续信道的信息传输率(单位:比特/N个自由度):

$$R=I(X;Y) \tag{4.72}$$

4.6.3 连续信道平均互信息的特性

1. 非负性

$$\begin{aligned}I_c(X;Y)&=I_c(Y;X)=H_c(X)-H_c(X\mid Y)\\&=H_c(Y)-H_c(Y\mid X)=H_c(X)+H_c(Y)-H_c(XY)\end{aligned} \tag{4.73}$$

$I_c(X;Y)\geqslant 0$,当且仅当X和Y统计独立时,等式成立。连续信道的平均互信息量和离散信道下平均互信息量的关系式完全类似,且保留了离散信道平均互信息量的所有含义和性质。可见,将差熵定义为连续信源的熵是有重要实际意义的。

2. 对称性

$$I(X;Y)=I(Y;X) \tag{4.74}$$

3. 凸状性

$I(X;Y)$是输入信源的概率密度函数$p(x)$的上凸函数;$I(X;Y)$是信道传递概率密度函数$p(y|x)$的下凸函数。

4. 信息不增性(又称数据处理定理)

连续信道输入变量为X,输出变量为Y,若对连续随机变量Y再进行处理而成为另一连续

随机变量 Z，总会丢失信息，最多保持原获得的信息不变，而所获得的信息不会增加，即数据处理定理。

若连续随机变量 $X—Y—Z$ 形成马尔可夫链，则

$$I(X;Z) \leqslant I(X;Y) \tag{4.75}$$

若连续随机变量 $S—X—Y—Z$ 形成马尔可夫链，则

$$I(S;Z) \leqslant I(X;Z) \leqslant I(X;Y) \tag{4.76}$$

5. 平均互信息的不变性

传输信道如图 4.6 所示。

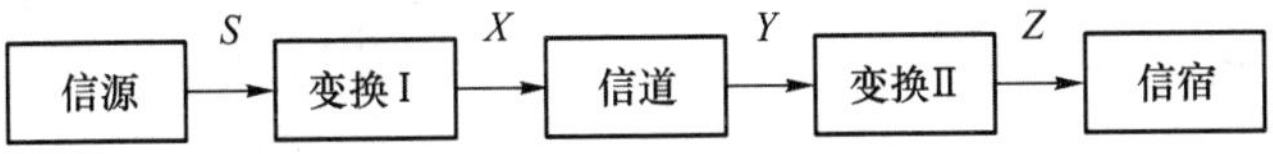

图 4.6　传输信道

$$\begin{cases} s = s(x) \\ x = x(s) \end{cases}, \quad \begin{cases} z = z(y) \\ y = y(z) \end{cases} \tag{4.77}$$

$$p(sz) = p(xy)\left|J\left(\frac{xy}{sz}\right)\right| \tag{4.78}$$

$$\left|J\left(\frac{xy}{sz}\right)\right| = \begin{vmatrix} \dfrac{\partial x}{\partial s} & \dfrac{\partial x}{\partial z} \\ \dfrac{\partial y}{\partial s} & \dfrac{\partial y}{\partial z} \end{vmatrix}$$

$$= \frac{\partial x}{\partial s} \cdot \frac{\partial y}{\partial z} = \frac{\mathrm{d}x}{\mathrm{d}s} \cdot \frac{\mathrm{d}y}{\mathrm{d}z} \tag{4.79}$$

$$p(sz) = p(xy)\frac{\mathrm{d}x}{\mathrm{d}s} \cdot \frac{\mathrm{d}y}{\mathrm{d}z} \tag{4.80}$$

$$p(s) = p(x)\left|J\left(\frac{x}{s}\right)\right| = p(x)\frac{\mathrm{d}x}{\mathrm{d}s} \tag{4.81}$$

$$p(z) = p(y)\left|J\left(\frac{y}{z}\right)\right| = p(y)\frac{\mathrm{d}y}{\mathrm{d}z} \tag{4.82}$$

$$p(z \mid s) = \frac{p(xy)\dfrac{\mathrm{d}x}{\mathrm{d}s} \cdot \dfrac{\mathrm{d}y}{\mathrm{d}z}}{p(x)\dfrac{\mathrm{d}x}{\mathrm{d}s}} = p(y \mid x)\frac{\mathrm{d}y}{\mathrm{d}z} \tag{4.83}$$

$$\begin{aligned} I(S;Z) &= \iint_{s\,z} p(sz)\log\frac{p(z \mid s)}{p(z)}\mathrm{d}s\mathrm{d}z \\ &= \iint_{x\,y} p(xy)\left|J\left(\frac{xy}{sz}\right)\right|\log\frac{p(y \mid x)\dfrac{\mathrm{d}y}{\mathrm{d}z}}{p(y)\dfrac{\mathrm{d}y}{\mathrm{d}z}} \cdot \left|J\left(\frac{sz}{xy}\right)\right|\mathrm{d}x\mathrm{d}y \\ &= \iint_{x\,y} p(xy)\log\frac{p(y \mid x)}{p(y)}\mathrm{d}x\mathrm{d}y \\ &= I(X;Y) \end{aligned} \tag{4.84}$$

6. $I(X;Y)$ 与 $I(X_i;Y_i)$ 的关系

若平稳连续信源无记忆，即 $p(x) = \prod_{i=1}^{N} p(x_i)$，则有

$$I(X;Y) \geqslant \sum_{i=1}^{N} I(X_i;Y_i) \tag{4.85}$$

若多维连续信道无记忆，即 $p(y \mid x) = \prod_{i=1}^{N} p(y_i \mid x_i)$，则有

$$I(X;Y) \leqslant \sum_{i=1}^{N} I(X_i;Y_i) \tag{4.86}$$

若连续信源和连续信道都是无记忆时，即式(4.85)和式(4.86)条件都成立，则有

$$I(X;Y) = \sum_{i=1}^{N} I(X_i;Y_i) \tag{4.87}$$

4.6.4 连续信道的信道容量

定义连续信道的信道容量 C 为信源 X 等于某一概率密度函数 $p_0(x)$ 时，信道平均互信息量的最大值：

$$C = \max_{p(X)}\{I(X;Y)\} \tag{4.88}$$

1. 加性连续信道的容量

加性连续信道指噪声为连续随机变量 N，且与 X 相互统计独立的信道。信道的噪声对输入的干扰作用表现为噪声和输入线性叠加，即 $Y=X+N$。如图 4.7 所示。

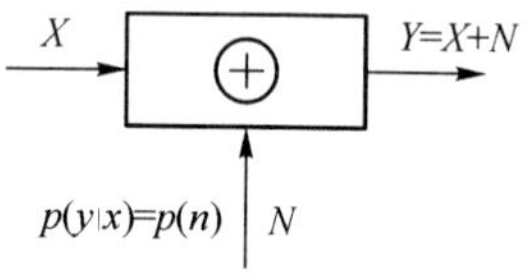

图 4.7 加性信道

加性连续信道的重要特征是信道的条件概率密度函数等于噪声的概率密度函数：

$$p(y \mid x) = p(n)$$

则条件熵

$$\begin{aligned}
H_c(Y \mid X) &= -\iint_{XY} p(x)p(y \mid x)\log p(y \mid x)\mathrm{d}x\mathrm{d}y \\
&= -\iint_{XN} p(x)p(n)\log p(n)\mathrm{d}x\mathrm{d}n \\
&= -\int_X p(x)\mathrm{d}x\int_N p(n)\log p(n)\mathrm{d}n \\
&= -\int_N p(n)\log p(n)\mathrm{d}n \\
&= H_c(N)
\end{aligned} \tag{4.89}$$

则加性信道的信道容量为

$$\begin{aligned}
C &= \max_{p(X)}\{I(X;Y)\} = \max_{p(X)}\{H_c(Y) - H_c(Y \mid X)\} \\
&= \max_{p(X)}\{H_c(Y) - H_c(N)\} \\
&= \max_{p(X)}\{H_c(Y)\} - H_c(N)
\end{aligned} \tag{4.90}$$

由前几章内容已知，对于不同的限制条件，连续随机变量具有不同的最大熵值。因此，加性信道容量取决于噪声 N(即信道)的统计特性和输入随机变量 X 所受的限制条件。

2. 高斯加性连续信道的容量

对于高斯加性连续信道，信道中的噪声为 $N \sim (0,\sigma^2)$。则有

$$\int_{-\infty}^{\infty} p(n)\mathrm{d}n = 1$$

$$\int_{-\infty}^{\infty} np(n)\mathrm{d}n = 0$$

$$\int_{-\infty}^{\infty} n^2 p(n)\mathrm{d}n = \sigma^2 = P_N$$

信道的传递概率密度函数为

$$p(y \mid x) = p(n) = \frac{1}{\sqrt{2\pi\sigma^2}} \mathrm{e}^{\left[-\frac{n^2}{2\sigma^2}\right]}$$

$$H_c(Y \mid X) = H_c(N) = \frac{1}{2}\log 2\pi\mathrm{e}\sigma^2$$

则高斯加性连续信道的信道容量为

$$\begin{aligned} C &= \max_{p(X)}\{H_c(Y)\} - H_c(N) \\ &= \max_{p(X)}\{H_c(Y)\} - \frac{1}{2}\log 2\pi\mathrm{e}\sigma^2 \end{aligned} \tag{4.91}$$

一般说来，输入随机变量 X 的平均功率是有限的，假设限定为 P_X，而噪声的平均功率限定为 $P_N=\sigma^2$，则输出随机变量 Y 的平均功率也是受限的，设假定为 P_Y。

根据最大连续熵定理，要使 $H_c(Y)$ 最大，Y 必须是一个均值为 0，方差为 $\sigma_Y^2=P_Y$ 的高斯随机变量。那么输入概率密度函数 $p(x)$ 是什么样的函数时，才能使 Y 呈高斯分布。

因为高斯加性信道中，输入 X 和噪声 N 相互统计独立，且 $Y=X+N$，可以证明，当输入 X 是均值为 0，方差为 $\sigma_X^2=P_X$ 的高斯随机变量，则输出 Y 的概率密度函数满足高斯分布。

若输入信源为 $$p(x) = \frac{1}{\sqrt{2\pi\sigma_X^2}} \mathrm{e}^{\left[-\frac{x^2}{2\sigma_X^2}\right]}$$

则 $p(y) = \frac{1}{\sqrt{2\pi\sigma_Y^2}} \mathrm{e}^{\left[-\frac{y^2}{2\sigma_Y^2}\right]}$，其中 $\sigma_Y^2=\sigma_X^2+\sigma^2=P_Y$。此时输出端的连续熵 $H_c(Y)$ 达到最大值，即：

$$\begin{aligned} \max_{p(X)}\{H_c(Y)\} &= \frac{1}{2}\log 2\pi\mathrm{e}(\sigma_X^2+\sigma^2) \\ &= \frac{1}{2}\log 2\pi\mathrm{e}\sigma_Y^2 = \frac{1}{2}\log 2\pi\mathrm{e}P_Y \end{aligned} \tag{4.92}$$

则高斯加性连续信道的信道容量为

$$\begin{aligned} C &= \max_{p(X)}\{H_c(Y)\} - \frac{1}{2}\log 2\pi\mathrm{e}\sigma^2 \\ &= \frac{1}{2}\log 2\pi\mathrm{e}(\sigma_X^2+\sigma^2) - \frac{1}{2}\log 2\pi\mathrm{e}\sigma^2 \\ &= \frac{1}{2}\log\frac{\sigma_X^2+\sigma^2}{\sigma^2} \\ &= \frac{1}{2}\log\left(1+\frac{\sigma_X^2}{\sigma^2}\right) \\ &= \frac{1}{2}\log\left(1+\frac{P_X}{P_N}\right) \end{aligned} \tag{4.93}$$

其中，$\frac{P_X}{P_N}$ 为信道的信噪功率比。

4.6.5 连续信道编码定理

定理 对于限带高斯白噪声加性信道，噪声功率为 P_N，带宽为 W，信号平均功率受限为 P_S，则：

(1) 当 $R \leqslant C = W\log\left(1+\frac{P_S}{P_N}\right)$，总可以找到一种信道编码在信道中以信息传输率 R 传输信息，而使错误概率任意小。

(2) 当 $R > C$，找不到一种信道编码，在信道中以 R 传输信息而使错误概率任意小。

如果对信道的输入信号进行采样，假设信道的频带限于(0,W)。根据采样定理，把信道的一次传输看成是一次采样，则信道每秒传输 $2W$ 个样点，单位时间的信道容量(单位：bit/s)为

$$C_t = W\log\left(1+\frac{P_S}{P_N}\right) \tag{4.94}$$

这就是著名的香农公式。带宽一定时，信道容量随 SNR 的增加而单调增加，因此增大信号功率、减小信道噪声可以增加信道容量。如果 SNR 固定，信道容量随着带宽的增加而增加。

例 4.4 设电视图像每帧由 3×10^5 个像素组成，每个像素由 8 个可辨别的亮度电平(等概出现)构成。又设每秒发送 25 帧图像，信噪比为$\frac{P_S}{P_N}=1023$，试求传输此图像信号所占用的最小带宽。

解：每一像素所含的信息量为

$$I_0 = \log 8 = 3\ \text{比特}/\text{符号}$$

每一帧所含的信息量为

$$I_1 = 3\times10^5\times I_0 = 9\times10^5\ \text{比特}/\text{帧}$$

每一秒钟传输的信息量为

$$I = 25\times I_1 = 22.5\times10^6\ \text{bit/s}$$

由香农公式求得的最小带宽为

$$W = \frac{C}{\log\left(1+\frac{P_S}{P_N}\right)} = 2.25\ \text{MHz}$$

例 4.5 一个平均功率受限制的连续信道，其通频带为 1 MHz，信道上存在白色高斯噪声。

(1) 已知信道上的信号与噪声的平均功率比值为 10，求该信道的信道容量；

(2) 信道上的信号与噪声的平均功率比值降至 5，要达到相同的信道容量，信道通频带应为多大？

(3) 若信道通频带减小为 0.5 MHz 时，要保持相同的信道容量，信道上的信号与噪声的平均功率比值应等于多大？

解：(1)

$$\begin{aligned} C &= W\log(1+\text{SNR}) \\ &= 1\times10^6\log(1+10) \\ &= 3.459\ \text{Mbit/s} \end{aligned}$$

(2)

$$C_2 = W_2\log(1+5) = 3.459\ \text{Mbit/s}$$

$$W_2 = \frac{3.459M}{\log 6} = 1.338\ \text{MHz}$$

(3)

$$C_3 = W_3\log(1+\text{SNR}') = 3.459\ \text{Mbit/s}$$

$$\log(1+\mathrm{SNR}')=\frac{3.459}{0.5}$$

$$\mathrm{SNR}=120$$

实际应用中，对于一定的信息传输率来说，带宽 W、传输时间 T 和信噪功率比$\frac{P_S}{P_N}$三者之间的关系(即有以下三种匹配方式)：

(1) 在固定传输时间 T 下，以带宽换取信噪比；

(2) 在固定信噪比$\frac{P_S}{P_N}$下，以频带换取时间；

(3) 在固定频带 W 下，以时间换取信噪比 。

本 章 小 结

本章在离散信道数学模型的基础上，重点讨论了连续信源的信息测度及其信息熵的计算；受限制条件下连续信源的最大差熵定理；连续信道的平均互信息及其特性；以及某些特殊连续信道的信道容量的计算；并给出香农信道编码定理的数学描述，分析其对通信系统的指导意义。

习 题 四

4.1 给定语音信号样值 X 的概率密度为 $p(x)=\frac{1}{2}\lambda e^{-\lambda|x|}$，$-\infty<x<+\infty$，求 $H_c(X)$，并证明它小于同样方差的正态变量的连续熵。

4.2 在图片传输中，每帧约有 2.25×10^6 个像素，为了能很好地重现图像，能分 16 个亮度电平，并假设亮度电平等概分布。试计算每分钟传送一帧图片所需信道的带宽(信噪功率比为 30 dB)。

4.3 设加性高斯白噪声信道中，信道带宽 3 kHz，又设(信号功率＋噪声功率)/噪声功率＝10 dB。试计算该信道的最大信息传输速率 C_t。

4.4 设电话信号的信息率为 5.6×10^4 bit/s，在一个噪声功率谱为 $N_0=5\times10^{-6}$ mW/Hz，限频为 F、限输入功率为 P 的高斯信道中传送，若 $F=4$ kHz，问无差错传输所需的最小功率 P 是多少？若 $F\to\infty$则 P 是多少？

4.5 已知一个高斯信道，输入信噪功率比为 3 dB，频带为 3 kHz，求最大可能传送的信息率是多少？若信噪比提高到 15 dB，求理论上传送同样的信息率所需的频带。

4.6 设某加性高斯白噪声信道的通频带足够宽($F\to\infty$)，输入信号的平均功率 $P_s=1$ W，噪声功率谱密度 $N_0=10^{-4}$ W/Hz，若信源输出信息速率 $R_t=1.5\times10^4$ bit/s。试问单位时间内信源输出的信息量是否全部通过信道？为什么？

第5章 无失真信源编码

一、学习内容

1. 信源编码的概念以及等长码、变长码的编码特点。
2. 唯一可译码的树图构造及判别方法。
3. 等长编码定理和无失真信源编码定理。
4. 实用的无失真信源编码方法。

二、学习目标

1. 理解信源编码的意义和分类,了解信源编码基础知识。
2. 掌握等长编码和变长编码的特点。
3. 掌握等长编码定理和无失真信源编码定理。
4. 掌握香农编码、霍夫曼编码、费诺编码的编码思想和编码方法。

三、重点与难点

重点:变长编码定理结论的应用。

难点:变长编码定理的证明。

通信的根本目的就是有效而可靠地传输信息。香农信息论中的一个重要内容就是它给出了信息传输的有效性和可靠性的极限能力。具体表现为两个编码定理:一般称为香农第一编码定理(信源编码定理,有效性编码定理)和香农第二编码定理(信道编码定理,抗干扰编码定理)。

编码就是按一定意义的符号、信号规则把信息编排起来的过程。那么在不失真或允许一定失真条件下,如何用尽可能少的符号来传送信源信息,以便提高信息传输率?即信源编码。若在信道受干扰的情况下,如何增加信号的抗干扰能力,同时又使得信息传输率最大?即信道编码。信源编码分为离散信源编码、连续信源编码和相关信源编码三类。离散独立信源编码,可做到无失真编码;连续独立信源编码,只能做到限失真信源编码;相关信源编码包括非独立信源编码。

本章将讨论无失真信源编码,即离散信源、数字信号编码的基础。

5.1 信源编码的基本概念

信源编码的实质是以码字(由码元组成)代替原始信源符号,使变换后得到的码元接近等概分布,从而提高信息传输的有效性。

5.1.1 信源编码器

设信源输入为 $s_i(i=1,\cdots,q)$,经过码符号(码元)x_j 进行编码,得到对应的码符号 $W_i=(x_{i_1}x_{i_2}\cdots x_{i_{l_i}})$。如图 5.1 所示为无失真信源编码器。

$$s_i(i=1,\cdots,q)\leftrightarrow W_i=(x_{i_1}x_{i_2}\cdots x_{i_{l_i}}),x_{i_k}\in X\quad(k=1,\cdots,l_i)$$

$$s_i=(s_{i_1}s_{i_2}\cdots s_{i_N})\leftrightarrow W_i=(x_{i_1}x_{i_2}\cdots x_{i_{l_i}}),s_{i_k}\in S\ (k=1,\cdots,N),x_{i_k}\in X\quad(k=1,\cdots,l_i)$$

其中,码字为 W_i;码字长度(码长)为 l_i;码 C 表示所有码字 W_i 的集合,如图 5.1 所示。编码即是信源符号映射到码符号的过程。无失真编码是指信源符号与码符号之间为一一对应的映射、可逆的过程。

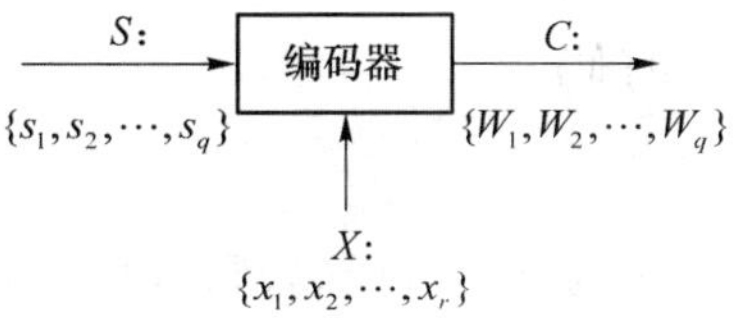

图 5.1 无失真信源编码器

5.1.2 信源编码的分类

1. 二元码

码符号集 $X=\{0,1\}$,所得码字都是二元序列,称为二元码。

2. 等长码(固定长度码)

一组码中所有的码长都相同,称为等长码。即 $l_i=l(i=1,\cdots,q)$。

3. 变长码

一组码中所有的码长各不相同,即任意码字由不同长度的码符号序列组成,称为变长码。

4. 奇异码

同一个码字对应信源中的两个或两个以上的信源符号(序列),编码是多义的。$s_i\neq s_j\Rightarrow W_i=W_j,s_i,s_j\in S,W_i,W_j\in C$。

5. 非奇异码

每一个码字仅对应信源中的一个信源符号(序列),编码是单义的。即 $s_i\neq s_j\Rightarrow W_i\neq W_j$,$s_i,s_j\in S$,$W_i,W_j\in C$。如表 5.1 所示,码 1 为奇异码,码 2 为非奇异码。

表 5.1 非奇异码

信源符号 s_i	码 1	码 2	信源符号 s_i	码 1	码 2
s_1	0	0	s_3	00	11
s_2	11	10	s_4	11	01

6. 同价码

码符号集 X 中每个码符号 x_i 所占的传输时间都相同。

7. 码的 N 次扩展码

码 $C=\{W_1,W_2,\cdots,W_q\}$，$s_i\in S\leftrightarrow W_i=(x_{i_1}x_{i_2}\cdots x_{i_{l_i}})$，$x_{i_k}\in X$。则 N 次扩展码 $B=\{B_i=(W_{i_1}W_{i_2}\cdots W_{i_N})\}(i_1,i_2,\cdots i_N=1,\cdots,q)(i=1,\cdots,q^N)$。

8. 唯一可译码(单义可译码)

若码的任意一串有限长的码符号序列只能被唯一地译成所对应的信源符号序列。码的任意有限长 N 次扩展码都是非奇异码。如表 5.2 所示，码 1、码 2 为非唯一可译码，码 3 为唯一可译码。

表 5.2 唯一可译码

信源符号 s_i	码 1	码 2	码 3	信源符号 s_i	码 1	码 2	码 3
s_1	0	0	0	s_3	00	00	110
s_2	11	10	10	s_4	11	01	1110

5.1.3 唯一可译变长码与即时码

1. 基本概念

要做到无失真编码，变长码必须为唯一可译码，码本身必须是非奇异，且其任意有限长 N 次扩展码也都必须是非奇异的。

表 5.3 唯一可译变长码

信源符号	码 1	码 2	码 3	码 4
	等长码	变长码	变长码	变长码
s_1	00	0	1	1
s_2	01	11	10	01
s_3	10	00	100	001
s_4	11	11	1000	0001

表 5.3 中，码 1 为非奇异码，码 2 为奇异码，码 3 为非奇异码、唯一可译码，码 4 为非奇异码、唯一可译码、逗点码。

在唯一可译变长码中，有一类码，它在译码时无须参考后续的码符号就能立即作出判断，译成对应的信源符号，则这类码称为即时码。逗点码为即时码。

若码 C 中，没有任何完整的码字是其他码字的前缀，即设 $W_i=(x_{i_1}x_{i_2}\cdots x_{i_m})$ 是码 C 中的任一码字，而不是其他码字 $W_k=(x_{i_1}x_{i_2}\cdots x_{i_m}\cdots x_{i_j})(j>m)$ 的前缀，则此码为即时码(非延长码/前缀条件码)。

即时码是唯一可译码的一类子码。即时码一定是唯一可译码，反之，不成立。各类码之间的关系如图 5.2 所示。

2. 即时码的树图构造法

即时码可用树图法(树有根、有枝、有节点)来构造。如图 5.3 所示，最上端为根，从根出发伸出树枝，树枝的数目等于码符号的总数 r；树枝的尽头为节点，从节点出发再伸出树枝，每次每个节点伸出 r 枝，依次下去构成一棵树（倒长的）。当某一节点被安排为码字后，它就不再继续伸枝，此节点称为终端节点。而其他节点称为中间节点。给每个节点所伸出的树枝分别从左向右标上码符号 0，1，…，r。终端节点所对应的码字就由从根出发到终端节点走过的路径所对应的码符号组成。

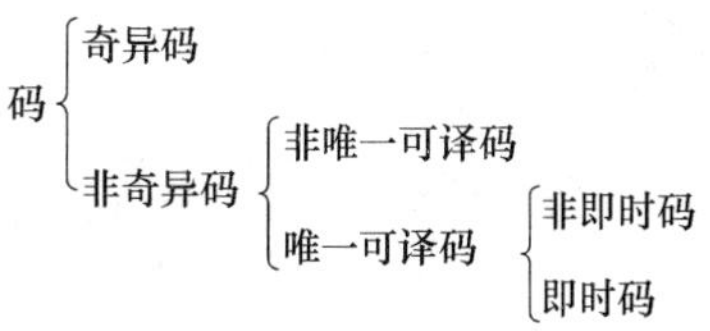

图 5.2　码的分类图

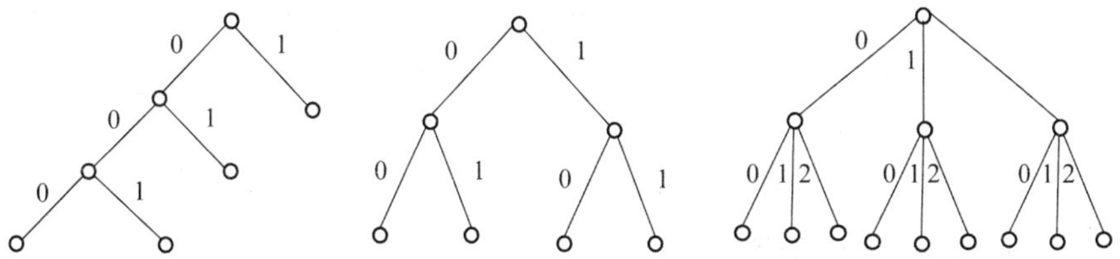

(a)　二进制非满树　　(b)　二进制满树　　(c)　三进制满树

图 5.3　满树和非满树

变长码与码树建立"一一对应"关系：树根是码字起点；树枝数是码的进制数；节点是码字或码字的一部分；终止节点是码字；节数是码长；非满树是变长码；满树是等长码。

3. 克拉夫特(Kraft)不等式

若对信源 S 进行编码，q 为信源符号个数，l 为码长，r 为码元数，则必须满足 $q \leqslant r^l$，存在所编码字为唯一可译码。

定理 5.1　对于码符号为 $X=\{x_1, x_2, \cdots, x_r\}$ 的任意即时码（非延长码），其码字为 W_1，$W_2, \cdots, W_q$，所对应的码长为 $l_1, l_2, \cdots, l_q$，则必定满足 $\sum_{i=1}^{q} r^{-l_i} \leqslant 1$；反之，若码长满足 $\sum_{i=1}^{q} r^{-l_i} \leqslant 1$，则一定存在具有这样码长的即时码。

证明：设任意即时码 C，其码字为 $W_1, W_2, \cdots, W_q$，对应的码长为 $l_1, l_2, \cdots, l_q$。因为任意即时码都可用 r 元树图来描述，那么，即时码 C 一定也可用 r 元树图来表示。从树图来看，第 N 阶所有可能伸出的树枝为 r^N 枝。当其第 $i(i<N)$ 阶节点为码字，即码长 $l_i=i$。它将影响到第 N 阶所伸出的树枝。它使第 N 阶不能伸出的树枝数（减少掉的 N 阶节点数）等于 $r^{N-i}=r^{N-l_i}$ 个。因为码字共有 q 个，每个码字作为树的终端节点后，都会影响第 N 阶所伸出的树枝。假设 $N \geqslant \max l_i (i=1,2,\cdots,q)$，那么，$q$ 个码字影响第 N 阶总共不能伸出的树枝为 $\sum_{i=1}^{q} r^{N-l_i}$。这些总共不能伸出的树枝应该小于或等于第 N 阶所有可能伸出的树枝，所以有

$$\sum_{i=1}^{q} r^{N-l_i} \leqslant r^N \tag{5.1}$$

则得

$$\sum_{i=1}^{q} r^{-l_i} \leqslant 1 \tag{5.2}$$

因为即时码可用树图法构造，为了用 r 元树上的节点分配码字，首先将具有给定码字长度 $l_i(i=1,2,\cdots,q)$ 的数值按大小顺序重新排列，并将下标改变，使 $l_1 \leqslant l_2 \leqslant l_3 \leqslant \cdots \leqslant l_q$ 成立。

因为码长满足 $\sum_{i=1}^{q} r^{-l_i} \leqslant 1$，即有

$$r^{-l_1}+r^{-l_2}+\cdots+r^{-l_{q-1}}+r^{-l_q}\leqslant 1\Rightarrow r^{-l_q}\leqslant 1-\sum_{i=1}^{q-1}r^{-l_i} \tag{5.3}$$

$$\Rightarrow 1=r^{l_q-l_q}\leqslant r^{l_q}-\sum_{i=1}^{q-1}r^{l_q-l_i}\quad（两边乘以 r^{l_q}） \tag{5.4}$$

而
$$\sum_{i=1}^{q-1}r^{-l_i}<1\Rightarrow r^{-l_{q-1}}\leqslant 1-\sum_{i=1}^{q-2}r^{-l_i}\Rightarrow r^{l_q-l_{q-1}}\leqslant r^{l_q}-\sum_{i=1}^{q-2}r^{l_q-l_i} \tag{5.5}$$

依次类推，得出下列一系列不等式

$$r^{l_q-l_{q-2}}\leqslant r^{l_q}-\sum_{i=1}^{q-3}r^{l_q-l_i}\cdots r^{l_q-l_3}\leqslant r^{l_q}-\sum_{i=1}^{2}r^{l_q-l_i} \tag{5.6}$$

$$r^{l_q-l_2}\leqslant r^{l_q}-r^{l_q-l_1} \tag{5.7}$$

写成一般式
$$r^{l_q-l_{k+1}}\leqslant r^{l_q}-\sum_{i=1}^{k}r^{l_q-l_i}\quad(k=1,2,\cdots,q-1)$$

用树图法构造即时码的一棵码树。

对于 l_q 阶整树，第 l_q 阶节点共有 r^{l_q} 个。

选取第 l_1 阶的任一节点作为终端节点，且分配以码字 W_1，因此 l_q 阶可利用的节点数减少了 $r^{l_q-l_1}$ 个。l_q 阶剩下的节点才能被安排为其他码字，剩下的节点有 $r^{l_q}-r^{l_q-l_1}$ 个。

给码长 l_2 分配码字：即选取 l_2 阶的任一节点分配以码字 W_2，这时 l_q 阶可利用的节点数又将减少了 $r^{l_q-l_2}$ 个。由于 $r^{l_q-l_2}\leqslant r^{l_q}-r^{l_q-l_1}$ 成立，所以安排码字 W_2 是合理的。剩下节点有 $r^{l_q}-\sum_{i=1}^{2}r^{l_q-l_i}$。继续按这样分配下去，最后一定可以在 l_q 阶节点上分配一个码长为 l_q 的码字 W_q。这样就构造成一个即时码。

定理 5.2 (1) 对于码符号为 $X=\{x_1,x_2,\cdots,x_r\}$ 的任意唯一可译码，其码字为 W_1，$W_2,\cdots,W_q$，所对应的码长为 $l_1,l_2,\cdots,l_q$，则必定满足 $\sum_{i=1}^{q}r^{-l_i}\leqslant 1$；(2) 反之，若码长满足 $\sum_{i=1}^{q}r^{-l_i}\leqslant 1$，则一定存在具有这样码长的唯一可译码。

证明：(1) 设任一唯一可译码的码长为 $l_1,l_2,\cdots,l_q$。又令 n 是一个任意的正整数，考虑等式

$$\left[\sum_{i=1}^{q}r^{-l_i}\right]^n=(r^{-l_1}+r^{-l_2}+\cdots+r^{-l_{q-1}}+r^{-l_q})^n=\sum_{i_1=1}^{q}\sum_{i_2=1}^{q}\cdots\sum_{i_n=1}^{q}r^{-(l_{i_1}+l_{i_2}+\cdots+l_{i_n})} \tag{5.8}$$

式(5.8)右边共有 q^n 项，它代表了 n 个码字组成的码字序列的总数。每项均对应于 n 个码字组成的一个码字序列。令 $l_{i_1}+l_{i_2}+\cdots+l_{i_n}=j\ (i_1,i_2,\cdots i_n=1,2,\cdots,q)$，$j$ 的值是 n 个码字组成的码字序列的总长，即是 n 个信源符号组成的序列所对应的码符号序列的总长度。设 $l_i(i=1,2,\cdots,q)$ 的取值范围为 $l_{最小}\leqslant l_i\leqslant l_{最大}$，因此 j 的取值范围为 $nl_{最小}\leqslant j\leqslant nl_{最大}$。一般取 $l_{最小}=1$，$n\leqslant j\leqslant nl_{最大}$。式(5.8)为各 r^{-j} 项之和，令总长为 j 的码字序列个数为 A_j 个。合并式(5.8)可得：

$$\left[\sum_{i=1}^{q}r^{-l_i}\right]^n=\sum_{j=n}^{nl_{最大}}A_j r^{-j} \tag{5.9}$$

由变长码的唯一可译性知，总长为 j 的所有码字序列必须是互不相同的(非奇异性)。即要求 $A_j\leqslant r^j$，代入式(5.9)得：

$$\left[\sum_{i=1}^{q} r^{-l_i}\right]^n \leqslant \sum_{j=n}^{nl_{最大}} r^j r^{-j} = \sum_{j=n}^{nl_{最大}} 1 = nl_{最大} - n + 1 \leqslant nl_{最大} \tag{5.10}$$

$$\sum_{i=1}^{q} r^{-l_i} \leqslant (nl_{最大})^{1/n} \tag{5.11}$$

当 $n \to \infty$ 时，

$$\lim_{n\to\infty}(nl_{最大})^{1/n} = 1 \tag{5.12}$$

故必有 $\sum_{i=1}^{q} r^{-l_i} \leqslant 1$。

(2) 类似于定理 5.1 证明。由定理 5.1 可知，满足克拉夫特不等式的码长，一定能构成至少一种具有这样码长的即时码。而即时码是唯一可译码。因此，码长满足克拉夫特不等式，则一定存在具有这样码长的唯一可译码。定理 5.2 只给出了唯一可译变长码的存在性。即唯一可译码一定满足不等式；反之，满足不等式的码不一定是唯一可译码，但一定存在至少一种唯一可译码。

定理 5.3 若存在一个码长为 $l_1, l_2, \cdots, l_q$ 的唯一可译码，则一定存在具有相同码长的即时码。

4. 唯一可译变长码的判断法

由唯一可译码的定义知，当且仅当有限长的码符号序列能译成两种不同码字序列，则此码一定是非唯一可译码。根据萨德纳斯(A. A. Sardinas)和彼特森(G. W. Patterson)设计判断唯一可译码的算法思想，设计算法，判断一个码是否为唯一可译码。

如图 5.4 所示，B_1 一定是 A_1 的前缀，而 A_1 的尾随后缀一定是另一码字 B_2 的前缀；又 B_2 的尾随后缀又是其他码字的前缀。最后，码符号序列的尾部一定是一个码字。

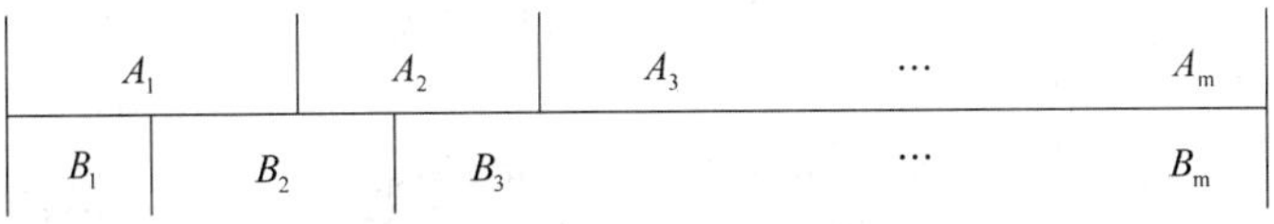

图 5.4 尾随后缀码字

唯一可译码的判断方法：将码 C 中所有可能的尾随后缀组成一个集合 F，当且仅当集合 F 中没有包含任一码字，则可判断此码 C 为唯一可译变长码。

集合 F 的构造：首先，观察码 C 中最短的码字是否是其他码字的前缀。若是，将其所有可能的尾随后缀排列出。而这些尾随后缀又可能是某些码字的前缀，再将由这些尾随后缀产生的新的尾随后缀列出。然后再观察这些新的尾随后缀是否是某些码字的前缀，再将产生的尾随后缀列出。依此下去，直至没有一个尾随后缀是码字的前缀或没有新的尾随后缀产生为止。这样，首先获得由最短的码字能引起的所有尾随后缀，接着按照上述步骤将次短的码字取其尾随后缀等，所有码字可能产生的尾随后缀全部列出。由此得到码 C 的所有可能的尾随后缀组成的集合 F。

例 5.1 设码 $C=\{0,10,1100,1110,1011,1101\}$，根据上述测试方法，判断是否是唯一可译码。

解：(1) 先看最短的码字："0"，它不是其他码字前缀，所以没有尾随后缀。

(2) 再观察码字"10"，它是码字"1011"的前缀，因此有尾随后缀。

所以，集合 $F=\{11,00,10,01\}$，其中"10"为码字，故码 C 不是唯一可译码。

例 5.2 判断 $C_2=\{1, 10, 100, 1000\}$，$C_3=\{1, 01, 001, 0001\}$是否为唯一可译码？

解:C_2尾随后缀集合 $F=\{0,00,000\}$,为唯一可译码;C_3尾随后缀集合 $F=\varnothing$,为唯一可译码。

即时码的尾随后缀集 F 是空集,所以即时码一定是唯一可译码。

综上所述,唯一可译码的判断分以下几个步骤:

(1) 首先,观察码字是否是非奇异码,若是奇异码,肯定不是唯一可译码;

(2) 其次,计算码长是否满足克拉夫特不等式,若不满足一定不是唯一可译码;

(3) 然后,将码画成一棵树图,观察是否满足异前置码的树图的构造,若满足则是唯一可译码。

(4) 同时可采用 A. A. Sardinas 和 G. W. Patterson 设计的尾随后缀判断法。

5.2 信源编码定理

5.2.1 渐近等分割性和 ε 典型序列

渐近等分割性(AEP)——弱大数定律的推论。

对于独立、等同分布的随机变量 $X_1X_2\cdots X_n$,只要 n 足够大时,$\frac{1}{n}\sum_{i=1}^{n}X_i$ 是接近其数学期望值 $E[X]$。

设离散无记忆信源

$$\begin{bmatrix} S \\ P(s) \end{bmatrix} = \begin{bmatrix} s_1, s_2, \cdots, s_q \\ P_1, P_2, \cdots, P_q \end{bmatrix} \quad \left(\sum_{i=1}^{q} P_i = 1\right)$$

N 次扩展信源,$S^N=(S_1S_2\cdots S_N)$,

$$\begin{bmatrix} S^N \\ P(\alpha) \end{bmatrix} = \begin{bmatrix} \alpha_1, & \alpha_2, & \cdots, & \alpha_{q^N} \\ P(\alpha_1), & P(\alpha_2), & \cdots, & P(\alpha_{q^N}) \end{bmatrix}, \alpha_i = (s_{i_1} s_{i_2} \cdots s_{i_N})$$

$$(i = 1, \cdots, q^N; i_1, i_2, \cdots, i_N = 1, \cdots, q)$$

$$P(\alpha_i) = \prod_{k=1}^{N} P(s_{i_k}) = \prod_{k=1}^{N} P_{i_k} \quad (i = 1, \cdots, q^N; i_1, i_2, \cdots, i_N = 1, \cdots, q) \tag{5.13}$$

$$I(\alpha_i) = -\log P(\alpha_i) = \sum_{k=1}^{N} -\log P_{i_k} = \sum_{k=1}^{N} I(s_{i_k}) \tag{5.14}$$

$$E[I(\alpha_i)] = H(S^N) = \sum_{k=1}^{N} E[I(s_{i_k})] = NH(S) \tag{5.15}$$

$$D[I(\alpha_i)] = ND[I(s_{i_k})] = N\{E[I^2(s_{i_k})] - [H(S)]^2\}$$

$$= N\left\{\sum_{i=1}^{q} p_i (\log p_i)^2 - \left[-\sum_{i=1}^{q} p_i \log p_i\right]^2\right\} \tag{5.16}$$

定理 5.4 渐近等分割性(AEP):若 $S_1S_2\cdots S_N$ 随机序列中 $S_i(i=1,\cdots,N)$相互统计独立并且服从同一概率分布 $P(s)$,又 $\alpha_i=(s_{i_1}\ s_{i_2}\ \cdots\ s_{i_N})\in S_1S_2\cdots S_N$,则 $-\frac{1}{N}\log P(\alpha_i)=-\frac{1}{N}\log P(S_1S_2\cdots S_N)$以概率收敛于 $H(S)(i=1,\cdots,q^N,i_1,i_2,\cdots i_N=1,\cdots,q)$。

证明:因为互相统计独立的随机变量的函数也是相互统计独立的随机变量。$S_i(i=1,\cdots,N)$是统计独立并服从同一概率分布 $P(s)$,所以$-\log P(S_i)(i=1,\cdots,N)$也是统计独立随机变量,

且有有限均值 $E[-\log P(S_i)]=H(S)$。根据弱大数定律，有 $\frac{1}{N}\sum_{i=1}^{N}-\log P(S_i)$ 以概率收敛于均值 $H(S)$。即

$$\frac{1}{N}\sum_{i=1}^{N}-\log P(S_i)=-\frac{1}{N}\log P(S_1S_2\cdots S_N)\rightarrow H(S) \tag{5.17}$$

以概率收敛　　$\alpha_i=(s_{i_1}s_{i_2}\cdots s_{i_N})\in S_1S_2\cdots S_N(i=1,\cdots,q^N,i_1,i_2,\cdots i_N=1,\cdots,q)$

所以 $-\frac{1}{N}\log P(\alpha_i)=-\frac{1}{N}\log P(S_1S_2\cdots S_N)\rightarrow H(S)$ 以概率收敛，即对于 $\forall\varepsilon>0$，

$$\lim_{N\rightarrow\infty}P\{|\frac{I(\alpha_i)}{N}-H(S)|<\varepsilon\}=1 \tag{5.18}$$

N 长的序列 $\alpha_i=(s_{i_1}s_{i_2}\cdots s_{i_N})\in S^N$，对于任意小的 $\varepsilon>0$，满足 $\left|\frac{I(\alpha_i)}{N}-H(S)\right|<\varepsilon$，即 $\left|\frac{-\log P(\alpha_i)}{N}-H(S)\right|<\varepsilon$，则称 N 长的序列 α_i 为 ε 典型序列。

反之，满足 $\left|\frac{I(\alpha_i)}{N}-H(S)\right|\geqslant\varepsilon$ 的 N 长的序列 α_i 称为非 ε 典型序列。

$$G_{\varepsilon N}=\left\{\alpha_i:\left|\frac{I(\alpha_i)}{N}-H(S)\right|<\varepsilon\right\} \tag{5.19}$$

$$\bar{G}_{\varepsilon N}=\left\{\alpha_i:\left|\frac{I(\alpha_i)}{N}-H(S)\right|\geqslant\varepsilon\right\} \tag{5.20}$$

$$G_{\varepsilon N}\cap\bar{G}_{\varepsilon N}=\varnothing,G_{\varepsilon N}\cup\bar{G}_{\varepsilon N}=S^N$$

定理 5.5　对于 $\varepsilon\geqslant0,\delta\geqslant0$，当 n 足够大时，则

(1)
$$P(G_{\varepsilon N})>1-\delta,P(\bar{G}_{\varepsilon N})\leqslant\delta \tag{5.21}$$

(2) 若 $\alpha_i=(s_{i_1}s_{i_2}\cdots s_{i_N})\in G_{\varepsilon N}$，则 $2^{-N[H(S)+\varepsilon]}<P(\alpha_i)<2^{-N[H(S)-\varepsilon]}$　(5.22)

(3) 设 $\|G_{\varepsilon N}\|$ 表示 ε 典型序列集 $G_{\varepsilon N}$ 中包含的 ε 典型序列的个数，则有

$$(1-\delta)2^{N[H(S)-\varepsilon]}<\|G_{\varepsilon N}\|<2^{N[H(S)+\varepsilon]} \tag{5.23}$$

证明：(1) 由定理 5.1 得：对于 $\forall\varepsilon>0$，$\lim_{N\rightarrow\infty}P\left\{\left|\frac{I(\alpha_i)}{N}-H(S)\right|<\varepsilon\right\}=1$。因此，对于 $\forall\delta>0$，存在一个 N_0，当 $N>N_0$ 时有 $P\left\{\left|\frac{I(\alpha_i)}{N}-H(S)\right|<\varepsilon\right\}>1-\delta$，即得

$$P(G_{\varepsilon N})>1-\delta \tag{5.24}$$

又根据契比雪夫不等式，对于 $\forall\varepsilon>0$，有

$$P\{|I(\alpha_i)-NH(S)|\geqslant N\varepsilon\}\leqslant\frac{D[I(\alpha_i)]}{(N\varepsilon)^2} \tag{5.25}$$

即
$$P\left\{\left|\frac{I(\alpha_i)}{N}-H(S)\right|\geqslant\varepsilon\right\}\leqslant\frac{D[I(\alpha_i)]}{N\varepsilon^2} \tag{5.26}$$

令
$$\frac{D[I(\alpha_i)]}{N\varepsilon^2}=\delta(N,\varepsilon)=\delta \tag{5.27}$$

$$\lim_{N\rightarrow\infty}\delta(N,\varepsilon)=\delta=\lim_{N\rightarrow\infty}\frac{D[I(\alpha_i)]}{N\varepsilon^2}=0 \tag{5.28}$$

$$0\leqslant P(\bar{G}_{\varepsilon N})\leqslant\delta$$

(2) 若 $\alpha_i=(s_{i_1}s_{i_2}\cdots s_{i_N})\in G_{\varepsilon N}$，则必满足 $\left|\frac{I(\alpha_i)}{N}-H(S)\right|<\varepsilon$，

$$N[H(S)+\varepsilon] > -\log P(\alpha_i) > N[H(S)-\varepsilon] \tag{5.29}$$

则得

$$2^{-N[H(S)+\varepsilon]} < P(\alpha_i) < 2^{-N[H(S)-\varepsilon]} \tag{5.30}$$

(3) $1 = \sum_{\alpha_i \in S^N} P(\alpha_i) \geqslant \sum_{\alpha_i \in G_{\varepsilon N}} P(\alpha_i) \geqslant \sum_{\alpha_i \in G_{\varepsilon N}} 2^{-N[H(S)+\varepsilon]} \geqslant \| G_{\varepsilon N} \| 2^{-N[H(S)+\varepsilon]}$

$$\| G_{\varepsilon N} \| < 2^{N[H(S)+\varepsilon]} \tag{5.31}$$

N 足够大时，有 $1-\delta < P(G_{\varepsilon N}) \leqslant \| G_{\varepsilon N} \| \cdot \max_{\alpha_i \in G_{\varepsilon N}} P(\alpha_i) \leqslant \| G_{\varepsilon N} \| 2^{-N[H(S)-\varepsilon]}$

$$\| G_{\varepsilon N} \| \geqslant (1-\delta) 2^{N[H(S)-\varepsilon]} \tag{5.32}$$

ε 典型序列的总数占信源序列的比值为

$$\xi = \frac{\| G_{\varepsilon N} \|}{q^N} < \frac{2^{N[H(S)+\varepsilon]}}{q^N} = 2^{-N[\log q - H(S) - \varepsilon]} \tag{5.33}$$

随着 N 增大，ξ 趋于零。ε 典型序列集是高概率集，但序列数比非 ε 典型序列数少很多。

5.2.2 等长信源编码定理

等长码是一组码中所有码字的长度都相同。对信源进行等长编码，则必须满足一定长度码长。

例 5.3 对以下离散信源，求进行唯一可译编码所需要的等长码长？

$$\begin{bmatrix} S \\ P(S_i) \end{bmatrix} = \begin{bmatrix} s_1 & s_2 & s_3 & s_4 & s_5 \\ 1/2 & 1/4 & 1/8 & 1/16 & 1/16 \end{bmatrix}$$

解：码字 $C_1=\{00,01,10,11,10\}$，$l_1=2$ 码符号/符号，$C_2=\{000,001,100,101,111\}$，$l_2=3$ 码符号/符号，则得 C_1 为非唯一可译码，C_2 为唯一可译码。

若对信源 S 进行等长编码，则必须满足 $q \leqslant r^l$。q 为信源符号个数，l 为码长，r 为码元数。要使编得的等长码是唯一可译码，则必满足 $q^N \leqslant r^l$ 即

$$\frac{l}{N} \geqslant \frac{\log q}{\log r} \tag{5.34}$$

例 5.4 英文电报有 32 个符号，即 $q=32$，若 $r=2$，$N=1$（即对信源 S 的逐个符号进行二元编码），得

$$l \geqslant \frac{\log q}{\log r} = \log 32 = 5$$

即每个英文电报符号至少要用 5 位二元符号编码。

在前面章节，我们已经知道英文的极限熵是 1.4 bit，远小于 5 bit，即 5 个二元码符号只携带 1.4 bit 的信息量，实际上，5 个二元符号最多可以携带 5 bit 信息量。这样可以做到让平均码长缩短，提高信息传输率。

例 5.5 例 5.3 中信源 S 的三次扩展：$S^3:\{\alpha_1=(s_1 s_1 s_1),\cdots,\alpha_{5^3}=(s_5 s_5 s_5)\}$，则，$q=5^3=125$ 种 $<128=2^7$

因为每 3 个信源为一组需要 7 个码元，所以，平均码长：

$$L/N = 7/3 = 2.33 \text{ 码符号 / 符号} < l_2$$

其值小于例 5.3 中没有扩展时的 l_2。

因此得到结论：等长码码长要求 $L/N \geqslant \log_r q$（保证唯一可译码，无失真）；$\log_r q$ 为下限；扩展信源编码的平均码长小于基本源编码的平均码长。

仍以英文电报为例，在考虑了英文字母间的相关性之后，我们对信源作 N 次扩展，在扩展

后形成的信源(也就是句子)中,有些句子是有意义的,而有些句子是没有意义的,我们可以只对有意义的句子编码,而对那些没有意义的句子不进行编码,这样就可以缩短每个信源符号所需的码长。等长信源编码定理给出了进行等长信源编码所需码长的极限值。

定理 5.6(等长信源编码定理) 一个熵为 $H(S)$ 的离散无记忆信源,若对信源长为 N 的符号序列进行等长编码,设码字是从 r 个字母的码符号集中,选取 l 个码元组成。对于 $\forall \varepsilon>0$,只要满足 $\frac{l}{N}\geqslant\frac{H(S)+\varepsilon}{\log r}$,则当 N 足够大时,可实现几乎无失真编码,即译码错误概率为任意小。反之,若 $\frac{l}{N}\leqslant\frac{H(S)-2\varepsilon}{\log r}$,则不可能实现无失真编码,而当 N 足够大时,译码错误概率近似等于 1。

证明:由定理 5.4 和定理 5.5 可知,离散无记忆信源的 N 次扩展信源可以划分成互补的两类。其中 ε 典型序列集出现的概率接近于 1,而 ε 典型序列个数 $\| G_{\varepsilon N} \| \approx 2^{N[H(S)+\varepsilon]}$。当 N 足够大时,ε 典型序列在全部 N 长信源序列中占有少数的比例。为此。我们只对少数的高概率 ε 典型序列进行一一对应的等长编码。这就要求码字的总数不小于 $\| G_{\varepsilon N} \|$,即 $r^l \geqslant \| G_{\varepsilon N} \|$。

$$r^l \geqslant 2^{N[H(S)+\varepsilon]} > \| G_{\varepsilon N} \| \tag{5.35}$$

$$l\log r \geqslant N[H(S)+\varepsilon] \tag{5.36}$$

$$\frac{l}{N} \geqslant \frac{H(S)+\varepsilon}{\log r} \tag{5.37}$$

因此,当选取等长码的码字长度 l 满足上式时,就能使 $G_{\varepsilon N}$ 集中所有的 ε 典型序列 α_i 都有不同的码字与其对应。但是,在这种编码下,$\bar{G}_{\varepsilon N}$ 集中非 ε 典型序列 α_i 却被舍弃。这样会造成译码错误。错误概率就是 $\bar{G}_{\varepsilon N}$ 集出现的概率,因此得 $P_E=P(\bar{G}_{\varepsilon N})\leqslant\delta(N,\varepsilon)=\frac{D[I(\alpha_i)]}{N\varepsilon^2}$。当 $N\to\infty$ 时译码错误概率 $P_E\to 0$。

反之,若 l 满足 $\frac{l}{N}\leqslant\frac{H(S)-2\varepsilon}{\log r}$,即 $r^l\leqslant 2^{N[H(S)-2\varepsilon]}$。

根据 $\| G_{\varepsilon N} \|$ 的下界式 $\| G_{\varepsilon N} \| \geqslant (1-\delta)2^{N[H(S)-\varepsilon]}$ 知,此时选取的码字总数小于集 $G_{\varepsilon N}$ 中可能有的信源序列数,因而集 $G_{\varepsilon N}$ 中将有一些信源序列不能用长为 l 的不同码字来对应,我们将那些可以给予不同码字对应的信源序列的概率和记为 $P[G_{\varepsilon N}$ 中 r^l 个 $\alpha_i]$,它必满足:

$$P[G_{\varepsilon N}\text{ 中 }r^l\text{ 个 }\alpha_i] \leqslant r^l \cdot \max_{\alpha_i\in G_{\varepsilon N}} P(\alpha_i) \Rightarrow P[G_{\varepsilon N}\text{ 中 }r^l\text{ 个 }\alpha_i] \leqslant 2^{N[H(S)-2\varepsilon]} \cdot 2^{-N[H(S)-\varepsilon]} = 2^{-N\varepsilon}$$

集 $G_{\varepsilon N}$ 中 r^l 个信源序列由于有不同的码字一一对应,所以在译码时能得到正确恢复。其他没有码字对应的信源序列在译码时都会产生错误,因而正确译码概率 $\bar{P}_E=1-P_E=P[G_{\varepsilon N}$ 中 r^l 个 $\alpha_i]$。

$1-P_E\leqslant 2^{-N\varepsilon}\Rightarrow P_E\geqslant 1-2^{-N\varepsilon}$,当 $N\to\infty$ 时,译码错误概率 $P_E\to 1$。这表明在选取码长 l 满足 $\frac{l}{N}\leqslant\frac{H(S)-2\varepsilon}{\log r}$ 的条件下,当 N 很大时,将使许多经常出现的信源序列被舍弃而没有被编码,这样就会造成很大的译码错误。

对于平稳有记忆的信源,要求 $H_\infty(S)$ 和 $\sigma_\infty^2(S)$ 存在,$H(S)$ 改为 $H_\infty(S)$。

二元编码时

$$r=2,\frac{l}{N}\geqslant H(S)+\varepsilon$$

$$\frac{l}{N} \geqslant \frac{H(S)+\varepsilon}{\log r} \Rightarrow l\log r > NH(S)$$

其中，$l\log r$ 为长为 l 的码符号序列能载荷的最大信息量；$NH(S)$ 为长为 N 的信源序列平均携带的信息量。

等长编码定理：只要码字传输的信息量大于信源序列携带的信息量，总可以实现几乎无失真编码。

$$\frac{l}{N} \geqslant \frac{H(S)+\varepsilon}{\log r} \Rightarrow \frac{l}{N}\log r \geqslant H(S)+\varepsilon$$

令 $R'=\frac{l}{N}\log r$ 为编码后平均每个信源符号能载荷的最大信息量，并称为编码信息率。编码信息率大于信源的熵，才能实现几乎无失真编码。

编码效率

$$\eta = \frac{H(S)}{R'} = \frac{H(S)}{\frac{l}{N}\log r} \tag{5.38}$$

最佳等长编码效率

$$\eta = \frac{H(S)}{H(S)+\varepsilon}, \quad \varepsilon > 0, \quad \varepsilon = \frac{1-\eta}{\eta}H(S) \tag{5.39}$$

当 $D[I(s_i)]$ 和 ε 均为定值时，只要 N 足够大，P_E 就可以小于任一正数 δ。当允许错误概率小于 δ 时，信源序列长度 N 必满足：

$$N \geqslant \frac{D[I(s_i)]}{\varepsilon^2\delta} \Rightarrow N \geqslant \frac{D[I(s_i)]}{H^2(S)}\frac{\eta^2}{(1-\eta)^2\delta} \tag{5.40}$$

例 5.6 设有一个离散信源：$\begin{bmatrix} S \\ P(S_i) \end{bmatrix} = \begin{bmatrix} s_1 & s_2 & s_3 & s_4 \\ \frac{1}{2} & \frac{1}{4} & \frac{1}{8} & \frac{1}{8} \end{bmatrix}$，对其进行无失真的等长二元编码，若要求其编码效率为 90%，差错率低于 10^{-5}，试求需要的信源符号序列长度 N?

解：

$$H(S) = -\sum_{i=1}^{4} p_i \log p_i = 1.75 \text{ 比特 / 符号}$$

$$\sigma^2 = \sum_{i=1}^{4} p_i (\log p_i)^2 - [H(S)]^2 = 0.6875$$

由编码效率

$$\frac{H(S)}{H(S)+\varepsilon} = 0.9$$

$$\varepsilon = 0.1944$$

$$\overline{P_\varepsilon} \leqslant \frac{\sigma^2}{L\varepsilon^2} \Rightarrow N \geqslant \frac{\sigma^2}{\varepsilon^2\,\overline{P_\varepsilon}} = \frac{0.6875}{(0.1944)^2 \times 10^{-5}} = 1.819 \times 10^6$$

可见，需要 1.819×10^6 个信源符号联合编码，才能达到上述要求。

例 5.7 设有离散无记忆信源

$$\begin{bmatrix} S \\ P(S_i) \end{bmatrix} = \begin{bmatrix} s_1 & s_2 & s_3 & s_4 & s_5 & s_6 & s_7 & s_8 \\ 0.4 & 0.18 & 0.10 & 0.10 & 0.07 & 0.06 & 0.05 & 0.04 \end{bmatrix}$$

若对信源符号采用等长二元编码，要求 $\eta=0.96$，$\delta\leqslant10^{-6}$，求所需信源序列长度 N。

解：

$$H(S)=-\sum_{i=1}^{8}p_i\log p_i=2.55\text{ 比特 / 符号}$$

$$\sigma^2=\sum_{i=1}^{8}p_i(\log p_i)^2-[H(S)]^2=7.82$$

由编码效率计算得：

$$\varepsilon=0.28$$

$$N\geqslant\frac{\sigma^2}{\varepsilon^2\overline{P_\varepsilon}}=\frac{7.82}{(0.28)^2\times10^{-6}}=9.8\times10^7$$

即信源序列长度 N 需 9.8×10^7 以上才能实现给定的要求，这显然是不现实的。因此，等长编码没有实际意义，实际中一般采用变长编码。

5.2.3　变长信源编码定理

对于已知信源 S 可用码符号 X 进行变长编码，而且对同一信源编成同一码符号的即时码或唯一可译码可有很多种。哪种最好？码长作为选择标准即时码的平均长度。

设信源为 $\begin{bmatrix}S\\P(s)\end{bmatrix}=\begin{bmatrix}s_1, & s_2, & \cdots, & s_q\\P(s_1), & P(s_2), & \cdots, & P(s_q)\end{bmatrix}$ 编码后的码字为 $W_1,W_2,\cdots,W_q$，其码长分别为 $l_1,l_2,\cdots,l_q$。

因为 $P(W_i)=P(s_i)(i=1,2,\cdots,q)$，则该码的平均长度为

$$\bar{L}=\sum_{i=1}^{q}P(s_i)l_i \tag{5.41}$$

$$R=H(X)=\frac{H(S)}{\bar{L}} \tag{5.42}$$

$$R_t=\frac{H(S)}{t\bar{L}} \tag{5.43}$$

其中，$\bar{L}$ 的单位为码符号/符号；R 的单位为比特/码符号；R_t 的单位为比特/秒。

紧致码（最佳码）为平均长度小于所有其他唯一可译码的平均长度的唯一可译码。

定理 5.7　若一个离散无记忆信源 S 具有熵为 $H(S)$，并有 r 个码元的码符号 $X=\{x_1,x_2,\cdots,x_r\}$，则总可找到一种无失真编码方法，构成唯一可译码，使其平均码长满足：

$$\frac{H(S)}{\log r}\leqslant\bar{L}<1+\frac{H(S)}{\log r} \tag{5.44}$$

证明：（下界证明）　$\bar{L}\geqslant\dfrac{H(S)}{\log r}$ 即证明 $H(S)-\bar{L}\log r\leqslant0$。

$$\begin{aligned}H(S)-\bar{L}\log r&=-\sum_{i=1}^{q}P(s_i)\log P(s_i)-\log r\sum_{i=1}^{q}P(s_i)l_i\\&=-\sum_{i=1}^{q}P(s_i)\log P(s_i)+\sum_{i=1}^{q}P(s_i)\log r^{-l_i}\\&=\sum_{i=1}^{q}P(s_i)\log\frac{r^{-l_i}}{P(s_i)}\leqslant\log\sum_{i=1}^{q}P(s_i)\frac{r^{-l_i}}{P(s_i)}\leqslant\log\sum_{i=1}^{q}r^{-l_i}\leqslant0\end{aligned} \tag{5.45}$$

即可得：

$$\bar{L} \geqslant \frac{H(S)}{\log r} \tag{5.46}$$

公式(5.46)中等式成立条件：$\frac{r^{-l_i}}{P(s_i)}=1$（对所有 i）。可得：

$$l_i=-\log_r P(s_i)$$

其中，l_i 是码长，为正整数，所以 $P(s_i)$ 必须呈现 $\left(\frac{1}{r}\right)^{\alpha_i}$ 形式（α_i 是正整数）。

（上界证明）即只需证明可以选择一种唯一可译码满足上界。

令
$$\alpha_i=-\log_r P(s_i)=\frac{-\log P(s_i)}{\log r}\ (i=1,2,\cdots,q) \tag{5.47}$$

选择码长 l_i：若 α_i 是整数，取 $l_i=\alpha_i$；若 α_i 不是整数，取 $\alpha_i<l_i<\alpha_i+1$ 的整数，即选择码长满足 $l_i=\left\lceil \log_r \frac{1}{P(s_i)} \right\rceil$（$\lceil x \rceil$代表不小于 x 的整数），因此码长满足 $\alpha_i \leqslant l_i<\alpha_i+1$（对所有 i）。

将 $\alpha_i \leqslant l_i<\alpha_i+1$ 对所有的 i 求和，左边的不等式即为克拉夫特不等式。因此，用这样选择的码长 l_i 可构造唯一可译码。但并不一定是紧致码。

右边不等式为 $l_i=\frac{-\log P(s_i)}{\log r}+1$，两边乘以 $P(s_i)$，并对 i 求和得：

$$\sum_{i=1}^{q} P(s_i) l_i<\frac{-\sum_{i=1}^{q} P(s_i) \log P(s_i)}{\log r}+1 \tag{5.48}$$

即得：
$$\bar{L}<1+\frac{H(S)}{\log r} \tag{5.49}$$

$$H_r(S) \leqslant \bar{L}<H_r(S)+1 \tag{5.50}$$

$$H_r(S)=-\sum_{i=1}^{q} P(s_i) \log_r P(s_i) \tag{5.51}$$

定理 5.8 无失真变长信源编码定理（香农第一定理）离散无记忆信源 S 的 N 次扩展信源 $S^N=\{\alpha_1,\alpha_2,\cdots,\alpha_{q^N}\}$，其熵为 $H(S^N)$，并有码符号 $X=\{x_1,x_2,\cdots,x_r\}$。对信源 S^N 进行编码，总可以找到一种编码方法，构成唯一可译码，使信源 S 中每个信源符号所需的平均码长满足

$$\frac{H(S)}{\log r}+\frac{1}{N}>\frac{\bar{L}_N}{N} \geqslant \frac{H(S)}{\log r} \quad \text{或} \quad H_r(S)+\frac{1}{N}>\frac{\bar{L}_N}{N} \geqslant H_r(S) \tag{5.52}$$

当 $N \to \infty$ 时，则得 $\lim\limits_{N \to \infty} \frac{\bar{L}_N}{N}=H_r(S)$，$\bar{L}_N=\sum_{i=1}^{q^N} P(\alpha_i) \lambda_i$，$\lambda_i$ 为 α_i 所对应的码字长度。

证明：设离散无记忆信源

$$\begin{bmatrix} S \\ P(s) \end{bmatrix}=\begin{bmatrix} s_1, & s_2, & \cdots, & s_q \\ P(s_1), & P(s_2), & \cdots, & P(s_q) \end{bmatrix}, \sum_{i=1}^{q} P(s_i)=1$$

它的 N 次扩展信源

$$\begin{bmatrix} S^N \\ P(\alpha) \end{bmatrix}=\begin{bmatrix} \alpha_1, & \alpha_2, & \cdots, & \alpha_q \\ P(\alpha_1), & P(\alpha_2), & \cdots, & P(\alpha_{q^N}) \end{bmatrix}, \sum_{i=1}^{q^N} P(\alpha_i)=1$$

$$\alpha_i=(s_{i_1} s_{i_2} \cdots s_{i_N})\ (i_1,i_2,\cdots,i_N=1,2,\cdots,q), P(\alpha_i)=P(s_{i_1}) P(s_{i_2}) \cdots P(s_{i_N})$$

将定理 5.7 应用于扩展信源 S^N 得：

$$H_r(S^N)+1>\bar{L}_N\geqslant H_r(S^N) \tag{5.53}$$

而
$$H_r(S^N)=NH_r(S) \tag{5.54}$$

$$\Rightarrow NH_r(S)+1>\bar{L}_N\geqslant NH_r(S) \tag{5.55}$$

$$\Rightarrow H_r(S)+\frac{1}{N}>\frac{\bar{L}_N}{N}\geqslant H_r(S) \tag{5.56}$$

显然,当 $N\to\infty$时,有$\lim\limits_{N\to\infty}\frac{\bar{L}_N}{N}=H_r(S)$。推广到平稳遍历的有记忆信源(马尔可夫信源)有

$$\lim_{N\to\infty}\frac{\bar{L}_N}{N}=\frac{H_\infty(S)}{\log r} \tag{5.57}$$

若信源的确切概率分布 $P(s)$不知道,但知道信源概率分布的最佳估计 $q(s)$。将会有什么变化?

定理 5.9 若按照 $l(s)=\left\lceil \log\frac{1}{q(s)}\right\rceil$来编码,则码长 $l(s)$对确切的概率分布 $P(s)$的均值满足:

$$H(P)+D(P\parallel q)\leqslant E_P[l(s)]<H(P)+D(P\parallel q)+1 \tag{5.58}$$

证明:平均码长 $E_P[l(s)]=\sum\limits_S P(s)\left\lceil \log\frac{1}{q(s)}\right\rceil$,根据$\lceil x\rceil$的定义,有

$$\log\frac{1}{q(s)}\leqslant l(s)<\log\frac{1}{q(s)}+1 \tag{5.59}$$

$$\sum_S P(s)\log\frac{1}{q(s)}\leqslant E_P[l(s)]<\sum_S P(s)(\log\frac{1}{q(s)}+1) \tag{5.60}$$

$$\sum_S P(s)\log\frac{P(s)}{q(s)}\frac{1}{P(s)}\leqslant E_P[l(s)]<\sum_S P(s)\log\frac{P(s)}{q(s)}\frac{1}{P(s)}+1 \tag{5.61}$$

$$\sum_S P(s)\log\frac{P(s)}{q(s)}-\sum_S P(s)\log P(s)\leqslant E_P[l(s)]<\sum_S P(s)\log\frac{P(s)}{q(s)}-\sum_S P(s)\log P(s)+1 \tag{5.62}$$

$$H(P)+D(P\parallel q)\leqslant E_P[l(s)]<H(P)+D(P\parallel q)+1$$

其中,令 $D(P\parallel q)=\sum\limits_S P(s)\log\frac{P(s)}{q(s)}$ 为相对熵。

改写$\frac{H(S)}{\log r}+\frac{1}{N}>\frac{\bar{L}_N}{N}\geqslant\frac{H(S)}{\log r}$为 $H(S)+\varepsilon>\frac{\bar{L}_N}{N}\log r\geqslant H(S)$,不等长信源编码的编码信息率:

$$R'=\frac{\bar{L}_N}{N}\log r \tag{5.63}$$

香农第一定理:若 $R'>H(S)$,就存在唯一可译变长编码;若 $R'<H(S)$,唯一可译变长码不存在,不能实现无失真的信源编码。

若从信道角度看,信道的信息传输率

$$R=\frac{H(S)}{\bar{L}} \tag{5.64}$$

$$\bar{L}=\frac{\bar{L}_N}{N}\geqslant\frac{H(S)}{\log r} \tag{5.65}$$

$$R \leqslant \log r \quad (\text{当} \bar{L} \text{达到极限值} H(S)/\log r \text{时，取等号})$$

其中，$H(S)$的单位为比特/符号，$\bar{L}$ 的单位为码符号/符号，R 的单位为比特/码符号。

信道的信息传输率等于无噪无损信道的信道容量 C，信息传输效率最高。

无失真信源编码的实质：对离散信源进行适当的变换，使变换后新的码符号信源（信道的输入信源）尽可能为等概率分布，以使新信源的每个码符号平均所含的信息量达到最大，从而使信道的信息传输率 R 达到信道容量 C，实现信源与信道理想的统计匹配。无失真信源编码即为无噪信道编码定理。

编码效率：$\eta=\dfrac{H_r(S)}{\bar{L}}$用来衡量各种编码是否已达到极限情况。

码的剩余度：$1-\eta=1-\dfrac{H_r(S)}{\bar{L}}$用来衡量各种编码与最佳码的差距。

例 5.8 求对信源$\begin{bmatrix} S \\ P(S_i) \end{bmatrix}=\begin{bmatrix} s_1 & s_2 \\ 0.9 & 0.1 \end{bmatrix}$进行 N 长编码的效率。

解：$H(S)=0.469$ 比特/符号，对 $N=1$，$s_1 \to 0$，$s_2 \to 1$，$\bar{L}=1$，$R=\eta_1=\dfrac{H(S)}{\bar{L}}=0.469$，对信源进行二次扩展，如表 5.4 所示，可得：

表 5.4 信源的二次扩展

a_i	$P(a_i)$	码 C	l_i	a_i	$P(a_i)$	码 C	l_i
s_1s_1	0.81	1	1	s_2s_1	0.09	001	3
s_1s_2	0.09	01	2	s_2s_2	0.01	000	3

$$\bar{L}_2=\sum_{i=1}^{4} P(\alpha_i) l_i = 1.29 \text{ 码符号 /2 个符号}$$

$$\bar{L}=\frac{\bar{L}_2}{2}=0.645 \text{ 码符号 / 符号}$$

$$R=\eta_2=\frac{H(S)}{\bar{L}}=0.727$$

将信源序列的长度增加，用同样的方法编码 $N=3$ 和 $N=4$ 的序列，可得编码效率为 $\eta_3=0.880$，$\eta_4=0.952$。

结论：采用变长编码，N 不需要很大就可以达到相当高的编码效率，而且可以实现无失真编码。且随着 N 的增大，编码效率越来越接近于 1。

5.3 信源编码方法

香农第一定理指出了平均码长与信源熵之间的关系，同时也指出了可以通过编码使平均码长达到极限值。

定理 5.7 提供了一种编码方法——香农编码。

选择每个码字长度满足：$l_i=\left\lceil \log \dfrac{1}{P(s_i)} \right\rceil (i=1,2,\cdots,q)$，一定存在唯一可译码，然后，按照该码长 l_i，用树图法就可编出得到相应的一组码（即时码）。

5.3.1 香农编码

香农编码严格意义上来说不是最佳码，它是采用信源符号的累计概率分布函数来分配码字。

编码步骤如下：

(1) 将信源符号按概率从大到小顺序排列，为方便起见，令 $p(s_1)\geqslant p(s_2)\geqslant\cdots\geqslant p(s_q)$；

(2) 按 $-\log p(s_i)\leqslant l_i<-\log p(s_i)+1$ 计算第 i 个符号对应的码字的码长(取整)；

(3) 计算第 i 个符号的累加概率 $P_i=\sum\limits_{k=1}^{i-1}p(s_k)$；

(4) 将累加概率变换成二进制小数，取小数点后 l_i 位数作为第 i 个符号的码字。

例 5.9 对如下信源编码：

$$\begin{bmatrix} S \\ P(S_i) \end{bmatrix}=\begin{bmatrix} s_1 & s_2 & s_3 & s_4 & s_5 & s_6 & s_7 \\ 0.20 & 0.19 & 0.18 & 0.17 & 0.15 & 0.10 & 0.01 \end{bmatrix}$$

表 5.5 例 5.9 香农编码

信源符号 s_i	符号概率 $p(s_i)$	累加概率 P_i	$-\log p(s_i)$	码长 l_i	码字
s_1	0.20	0	2.34	3	000
s_2	0.19	0.2	2.41	3	001
s_3	0.18	0.39	2.48	3	011
s_4	0.17	0.57	2.56	3	100
s_5	0.15	0.74	2.74	3	101
s_6	0.10	0.89	3.34	4	1110
s_7	0.01	0.99	6.66	7	1111110

其香农编码如表 5.5 所示，以 $i=4$ 为例，$-\log 0.17\leqslant l_4<-\log 0.17+1$，即 $2.56\leqslant l_4<3.56$，因此 $l_4=3$。累加概率 $P_i=0.57$，变成二进制数，为 0.1001…。转换的方法为：用 P_i 乘以 2，如果整数部分有进位，则小数点后第一位为 1，否则为 0，将其小数部分再做同样的处理，得到小数点后的第二位，依此类推，直到得到了满足要求的位数，或者没有小数部分了为止。

可以看出，编码所得的码字，没有相同的，所以是非奇异码，也没有一个码字是其他码字的前缀，所以是即时码，也是唯一可译码。

平均码长为：$\bar{l}=\sum\limits_{i=1}^{7}p(x_i)l_i=3.14$ 码符号/符号

平均信息传输效率为：$\eta=\dfrac{H(X)}{\bar{L}}=\dfrac{2.61}{3.14}=0.831$ 比特/码符号

香农编码的效率不高，实用性不大，但对其他编码方法有很好的理论指导意义。一般情况下，按照香农编码方法编出来的码，其平均码长不是最短的，即不是紧致码(最佳码)。只有当信源符号的概率分布使不等式左边的等号成立时，编码效率才达到最高。

5.3.2 霍夫曼码

1. 二元霍夫曼码

编码步骤：

(1) 将 q 个信源符号按概率分布 $P(s_i)$ 的大小，以递减次序排列起来，设 $p_1\geqslant p_2\geqslant p_3\geqslant\cdots\geqslant p_q$。

(2) 用 0 和 1 码符号分别代表概率最小的两个信源符号，并将这两个概率最小的信源符号合并成一个符号，从而得到只包含 $q-1$ 个符号的新信源，称为 S 信源的缩减信源 S_1。

(3) 把缩减信源 S_1 的符号仍按概率大小以递减次序排列，再将其最后二个概率最小的符号合并成一个符号，并分别用 0 和 1 码符号表示，这样又形成了 $q-2$ 个符号的缩减信源 S_2。

(4) 依次继续下去，直至信源最后只剩两个符号为止。将这最后两个信源符号分别用 0 和 1 码符号表示。然后从最后一级缩减信源开始，向前返回，就得出各信源符号所对应的码符号序列，即得对应的码字。

例 5.10 已知离散无记忆信源 $\begin{bmatrix} X \\ P(X) \end{bmatrix}=\begin{bmatrix} x_1 & x_2 & x_3 & x_4 \\ 0.5 & 0.25 & 0.15 & 0.1 \end{bmatrix}$，写出对应的二元霍夫曼编码，并求出编码效率。

解：二元霍夫曼编码过程如图 5.5 所示。

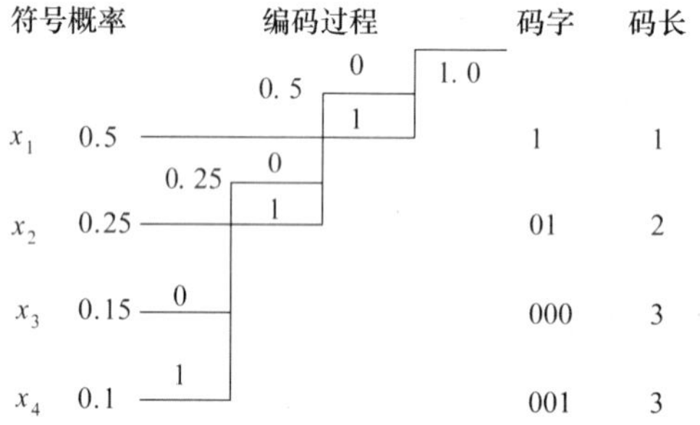

图 5.5 二元霍夫曼编码过程

$$
\begin{aligned}
H(X) &= -\sum_{i=1}^{4} P(x_i)\log P(x_i) \\
&= -0.25\log 0.25 - 0.5\log 0.5 - 0.15\log 0.15 - 0.1\log 0.1 \\
&= 0.5 + 0.5 + 0.41 + 0.33 = 1.74 \text{ 比特 / 符号} \\
\bar{L} &= \sum_{i=1}^{4} P(x_i) l_i = 0.5\times 1 + 0.25\times 2 + 0.15\times 3 + 0.1\times 3 \\
&= 0.5 + 0.5 + 0.45 + 0.3 = 1.75 \text{ 码符号 / 符号} \\
\eta &= 1.74/1.75 = 0.99.
\end{aligned}
$$

例 5.11 一个信源包含 6 个符号消息，它们出现的概率分别为 0.3，0.2，0.15，0.15，0.1，0.1，信道基本符号为二进制码元，试用霍夫曼编码方法对该信源的 6 个符号进行信源编码，写出编码过程，并求出编码效率。

解：根据霍夫曼编码的步骤，可得其编码过程和编码结果，如图 5.6 所示。

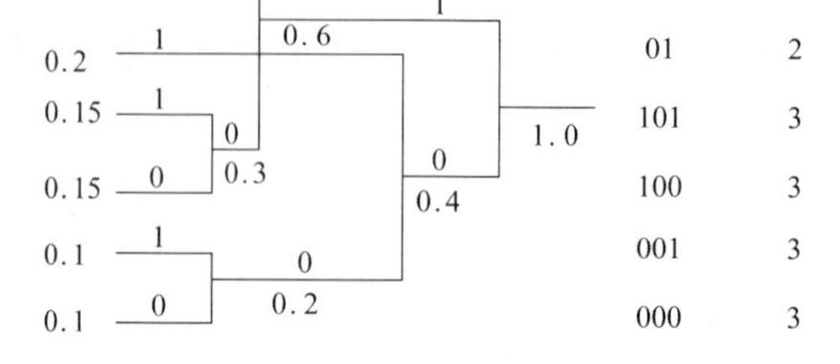

图 5.6 霍夫曼编码过程

由编码结果,求得平均码长为 2.5 码元/符号。

信源熵 $$H(X) = -\sum_{I} p(x_i)\log[p(x_i)] = 2.471 \text{ 比特 / 符号}$$

编码效率 $$\eta = H(X)/\bar{L} = 2.471/2.5 = 0.988$$

例 5.12 对离散无记忆信源$\begin{bmatrix} S \\ p(s_i) \end{bmatrix} = \begin{bmatrix} s_1 & s_2 & s_3 & s_4 & s_5 \\ 0.4 & 0.2 & 0.2 & 0.1 & 0.1 \end{bmatrix}$进行霍夫曼编码。

解:第一种编码方法的过程如图 5.7 所示。

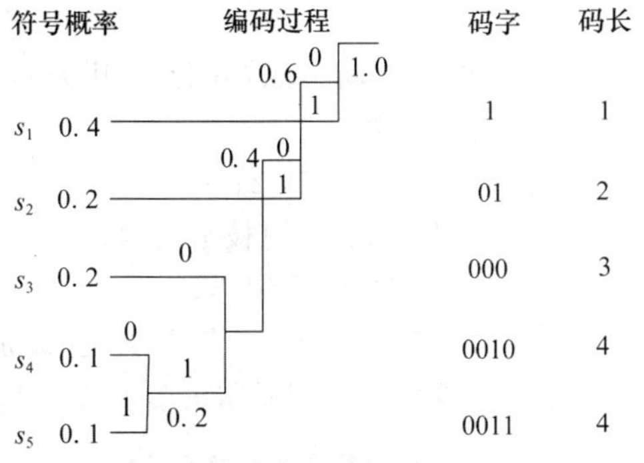

图 5.7 第一种编码方法

第一种编码方法的性能分析:

可得平均码长为

$$\bar{L} = \sum_{i=1}^{5} p(s_i) l_i = 0.4\times1 + 0.2\times2 + 0.2\times3 + 0.1\times4 + 0.1\times4 = 2.2 \text{ 码符号 / 符号}$$

第二种编码方法的过程如图 5.8 所示。

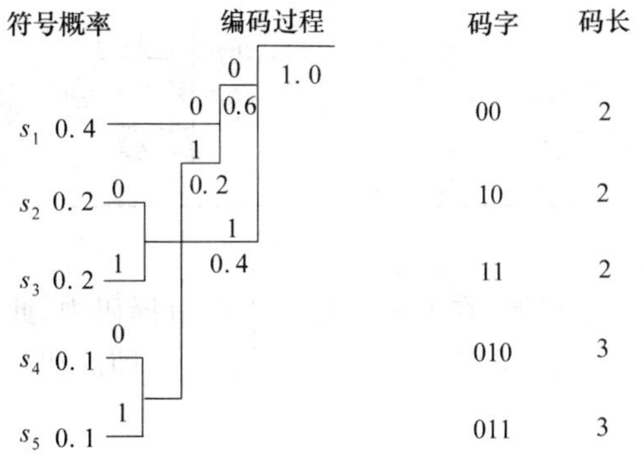

图 5.8 第二种编码方法

$$\bar{L} = \sum_{i=1}^{5} p(s_i) l_i = (0.4 + 0.2 + 0.2)\times2 + (0.1 + 0.1)\times3 = 2.2 \text{ 码符号 / 符号}$$

讨论:

(1) 两种编码方法平均码长相等。

(2) 计算两种码的码长方差:

$$\sigma^2 = E[(l_i - \bar{L})^2] = \sum_{i=1}^{q} P(s_i)(l_i - \bar{L})^2 \tag{5.66}$$

$$\sigma_1{}^2 = 1.36, \sigma_2{}^2 = 0.16$$

可得,第二种编码方法的方差较小。因此第二种编码方法的码字长度变化较小,便于实现。

2. r 元霍夫曼码

信源 S 的符号个数 q 必须满足 $q=(r-1)\theta+r$，θ 为缩减的次数，$r-1$ 为每次缩减所减少的信源符号个数。若不满足，则添加 t 个信源符号，使其概率为零。从而使 $q+t$ 个信源符号满足要求。

r 元霍夫曼码编码步骤：

（1）验证 q 是否满足 $q=(r-1)\theta+r$，若不满足，可以人为地增加一些概率为零的符号，使最后一步有 r 个信源符号；

（2）取概率最小的 r 个符号合并成一个新节点，并分别用 0，1，…，$(r+1)$ 给各分支赋值，把这些符号的概率相加作为该新节点的概率；

（3）将新节点和剩下节点重新排队，重复步骤 2；

（4）取树根到叶子（信源符号对应节点）的各树枝上的赋值，得到各符号码字。

例 5.13 对表 5.6 中信源进行四元霍夫曼码编码。

解：首先验证信源个数是否满足 $q=(r-1)\theta+r$，若不满足，添加 t 个信源符号，使其满足 $q+t=(r-1)\theta+r$。经验证，需要添加两个零。四元霍夫曼码编码过程如表 5.6 所示。

表 5.6 四元霍夫曼码编码过程

信源符号 s_i	码字 w_i	概率分布 $p(s_i)$	缩减信源 S_1	S_2	S_3
s_1	1	0.25	0.25	0.39	0
s_2	2	0.19	0.19	0.25	1
s_3	3	0.17	0.17	0.19	2
s_4	00	0.16	0.16	0 0.17	3
s_5	01	0.09	0.09	1	
s_6	02	0.07	0.07	2	
s_7	030	0.06	0 0.07	3	
s_8	031	0.01	1		
s_9		0	2		
s_{10}		0	3		

3. 霍夫曼码的最佳性

最佳性是指对于某个给定信源，在所有可能的唯一可译码中，此码的平均长度最短。

定理 5.10 对于给定分布的任何信源，存在一个最佳即时码（其平均长度最短），此码满足以下性质：

（1）若 $p_j>p_k$，则 $l_j\leqslant l_k$。

（2）两个最小概率的信源符号所对应的码字具有相同的码长。

（3）两个最小概率的信源符号所对应的码字，其除最后一位码元不同外，前面各位码元都相同。

证明：采用反证法：假设 $p_j>p_k$，对于信源 s_1，s_2，…s_j…s_k，概率 p_1，p_2，…p_j…p_k，有 $l_j>l_k$。

$$\bar{L}=p_1l_1+\cdots+p_jl_j+\cdots+p_kl_k \tag{5.67}$$

$$\bar{L}'=p_1l_1+\cdots+p_jl_k+\cdots+p_kl_j \tag{5.68}$$

$$\begin{aligned}\bar{L}'-\bar{L}&=p_jl_k+p_kl_j-(p_jl_j+p_kl_k)\\&=(p_j-p_k)(l_k-l_j)<0\end{aligned} \tag{5.69}$$

矛盾，所以得证。

定理 5.11 二元霍夫曼码一定是最佳即时码。即若 C 是霍夫曼码，C'是任意其他即时码，则有 $\bar{L}(C) \leqslant \bar{L}(C')$。

5.3.3 费诺码

费诺码编码方法：

（1）将信源符号以概率递减的次序排列起来，将排列好的信源划分成两大组，使每组的概率和近于相同，并各赋予一个二元码符号"0"和"1"；

（2）将每一大组的信源符号再分成两组，使同一组的两个小组的概率和近于相同，并分别赋予一个二元码符号；

（3）依次下去，直至每个小组只剩一个信源符号为止。

这样，信源符号所对应的码符号序列则为编得的码字。

例 5.14 对信源$\begin{bmatrix} S \\ P \end{bmatrix} = \begin{bmatrix} s_1 & s_2 & s_3 & s_4 \\ 0.5 & 0.25 & 0.125 & 0.125 \end{bmatrix}$用费诺编码方法进行二元编码。

解：费诺编码过程如表 5.7 所示。

表 5.7 费诺编码过程

<table>
<tr><th>信源符号 s_i</th><th>符号概率 $p(s_i)$</th><th>第一次分组</th><th>第二次分组</th><th>第三次分组</th><th>码字</th><th>码长</th></tr>
<tr><td>s_1</td><td>0.5</td><td>0</td><td></td><td></td><td>0</td><td>1</td></tr>
<tr><td>s_2</td><td>0.25</td><td rowspan="3">1</td><td>0</td><td></td><td>10</td><td>2</td></tr>
<tr><td>s_3</td><td>0.125</td><td rowspan="2">1</td><td>0</td><td>110</td><td>3</td></tr>
<tr><td>s_4</td><td>0.125</td><td>1</td><td>111</td><td>3</td></tr>
</table>

$$H(S) = 1.75 \text{ 比特 / 符号}$$

$$\bar{L} = \sum_i p(s_i) l_i = 1.75 \text{ 码符号 / 符号}$$

$$\eta = \frac{H(S)}{\bar{L}} = 100\%$$

例 5.15 对如表 5.8 所示信源进行二元费诺编码。

解：二元费诺编码过程如表 5.8 所示。

表 5.8 二元费诺编码过程

<table>
<tr><th>信源符号 s_i</th><th>符号概率 $p(s_i)$</th><th>第一次分组</th><th>第二次分组</th><th>第三次分组</th><th>第四次分组</th><th>码字</th><th>码长</th></tr>
<tr><td>s_1</td><td>0.20</td><td rowspan="3">0</td><td>0</td><td></td><td></td><td>00</td><td>2</td></tr>
<tr><td>s_2</td><td>0.19</td><td rowspan="2">1</td><td>0</td><td></td><td>010</td><td>3</td></tr>
<tr><td>s_3</td><td>0.18</td><td>1</td><td></td><td>011</td><td>3</td></tr>
<tr><td>s_4</td><td>0.17</td><td rowspan="4">1</td><td>0</td><td></td><td></td><td>10</td><td>2</td></tr>
<tr><td>s_5</td><td>0.15</td><td rowspan="3">1</td><td>0</td><td></td><td>110</td><td>3</td></tr>
<tr><td>s_6</td><td>0.10</td><td rowspan="2">1</td><td>0</td><td>1110</td><td>4</td></tr>
<tr><td>s_7</td><td>0.01</td><td>1</td><td>1111</td><td>4</td></tr>
</table>

$$\bar{L} = \sum P(s_i) l_i = 2.74 \text{ 码符号 / 符号}$$

$$\eta = \frac{H(S)}{\bar{L}} = 0.953$$

费诺码为即时码，不一定是最佳码。一般，平均码长 $\bar{L}(C) \leqslant H_r(S)+2$，同样适合于 r 元编码，每次分成 r 组即可。

5.3.4 香农-费诺-埃利斯码

采用信源符号的累积分布函数来分配码字。

设信源符号集 $A=\{a_1, a_2, \cdots, a_q\}$，并设所有 $P(a)>0, a\in A$。定义累积分布函数：

$$F(s)=\sum_{a\leqslant S}P(a),\quad a\in A \quad 或 \quad F(a_k)=\sum_{i=1}^{k}P(a_i),\quad a_k, a_i\in A \tag{5.70}$$

定义修正的累积分布函数：

$$\bar{F}(s)=\bar{F}(a_k)=\sum_{i=1}^{k-1}P(a_i)+\frac{1}{2}P(a_k) \tag{5.71}$$

一般 $\overline{F}(a_k)$ 为一实数，若用二进数表示，其一般为无限位数。取小数后 $l(a_k)$ 位，即截去后面的位数，得 $\overline{F}(a_k)$ 的近似值 $\lfloor \overline{F}(a_k)\rfloor_{l(a_k)}$，并用这 $l(a_k)$ 位二进数作为 a_k 的码字。（$\lfloor x\rfloor$ 表示取 l 位使小于等于 x 的数。）

$$\overline{F}(a_k)-\lfloor \overline{F}(a_k)\rfloor_{l(a_k)}<\frac{1}{2^{l(a_k)}} \tag{5.72}$$

若选取

$$l(a_k)=\left\lceil \log\frac{1}{P(a_k)}\right\rceil+1 \tag{5.73}$$

得：

$$\frac{1}{2^{l(a_k)}}<\frac{P(a_k)}{2}=F(a_k)-\overline{F}(a_k) \tag{5.74}$$

若每个信源符号 a_k 所编码的码字对应的区域都没有重叠，那这组码一定满足前缀条件，一定是即时码。

选取码长 $l(a_k)=\left\lceil \log\frac{1}{P(a_k)}\right\rceil+1$，则香农-费诺-埃利斯码的平均码长：

$$\bar{L}=\sum_{i=1}^{q}P(a_k)l(a_k)=\sum_{i=1}^{q}P(a_k)\left(\left\lceil \log\frac{1}{P(a_k)}\right\rceil+1\right) \tag{5.75}$$

$$\sum_{i=1}^{q}P(a_k)\left(\log\frac{1}{P(a_k)}+1\right)\leqslant \bar{L}\leqslant \sum_{i=1}^{q}P(a_k)\left(\log\frac{1}{P(a_k)}+2\right) \tag{5.76}$$

$$H(S)+1\leqslant \bar{L}\leqslant H(S)+2 \tag{5.77}$$

例 5.16 对信源 $\begin{bmatrix} S \\ P \end{bmatrix}=\begin{bmatrix} s_1 & s_2 & s_3 & s_4 & s_5 & s_6 \\ 0.4 & 0.1 & 0.3 & 0.09 & 0.07 & 0.04 \end{bmatrix}$，用香农-费诺-埃利斯编码方法编码。

解： 香农-费诺-埃利斯编码过程如表 5.9 所示。

表 5.9 例 5.16 香农-费诺-埃利斯编码过程

信源符号 s_i	符号概率 $p(s_i)$	$F(s_i)$	$\overline{F}(s_i)$	二进制 $\overline{F}(s_i)$	码长	码字
s_1	0.4	0.4	0.2	0.001	1	0
s_2	0.1	0.5	0.45	0.0111	2	01
s_3	0.3	0.8	0.65	0.1010	3	101
s_4	0.09	0.89	0.845	0.1101	4	1101
s_5	0.07	0.96	0.925	0.11101	5	11101
s_6	0.04	1.0	0.98	0.111110	6	111110

$$H(S) = 2.14 \text{ 比特 / 符号}$$

$$\bar{L} = \sum_i p(s_i) l_i = 2.41 \text{ 码符号 / 符号}$$

$$\eta = \frac{H(S)}{\bar{L}} = 88.8\%$$

例 5.17 对信源 $\begin{bmatrix} S \\ P \end{bmatrix} = \begin{bmatrix} s_1 & s_2 & s_3 & s_4 \\ 0.5 & 0.3 & 0.1 & 0.1 \end{bmatrix}$，用香农-费诺-埃利斯编码方法编码。

解：香农-费诺-埃利斯编码过程如表 5.10 所示。

表 5.10 例 5.17 香农-费诺-埃利斯编码过程

信源符号 s_i	符号概率 $p(s_i)$	$F(s_i)$	$\bar{F}(s_i)$	二进制 $\bar{F}(s_i)$	码长	码字
s_1	0.5	0.5	0.25	0.01	2	01
s_2	0.3	0.8	0.65	$0.10\overline{1001}$	2	10
s_3	0.1	0.9	0.85	$0.11\overline{0110}$	4	1101
s_4	0.1	1	0.95	$0.11\overline{1100}$	4	1111

$$H(S) = 1.686 \text{ 比特 / 符号}$$

$$\bar{L} = \sum_i p(s_i) l_i = 2.4 \text{ 码符号 / 符号}$$

$$\eta = \frac{H(S)}{\bar{L}} = 70.25\%$$

香农码、霍夫曼码、费诺码都考虑了信源的统计特性，使经常出现的信源符号对应较短的码字，使信源的平均码长缩短，从而实现了对信源的压缩。

香农码编码结果唯一，但在很多情况下编码效率不是很高。费诺码和霍夫曼码的编码方法都不唯一。费诺码比较适合于对分组概率相等或接近的信源编码。霍夫曼码对信源的统计特性没有特殊要求，编码效率比较高，对编码设备的要求也比较简单，因此综合性能优于香农码和费诺码。

5.4 几种实用的无失真信源编码方法

5.4.1 游程编码和 MH 编码

游程编码(RLC，Run Length Coding)又称“运行长度编码”或“行程编码”，是一种统计编码，该编码属于无损压缩编码，是栅格数据压缩的重要编码方法。对于二值图像有效。

行程编码的基本原理是：用一个符号值或串长代替具有相同值的连续符号(连续符号构成了一段连续的“行程”，行程编码因此而得名)，使符号长度少于原始数据的长度。只在各行或者各列数据的代码发生变化时，一次记录该代码及相同代码重复的个数，从而实现数据的压缩。

常见的游程编码格式包括 TGA，Packbits，PCX 以及 ILBM。

例如，5555557777733322221111111，行程编码为(5,6)(7,5)(3,3)(2,4)(1,7)。

可见，行程编码的位数远远少于原始字符串的位数。并不是所有的行程编码都远远少于原始字符串的位数，但行程编码也成为了一种压缩工具。

例如，555555 是 6 个字符而(5,6)是 5 个字符，这也存在压缩量的问题，自然也会出现其他方式的压缩工具。

在对图像数据进行编码时，沿一定方向排列的具有相同灰度值的像素可看成是连续符号，用字串代替这些连续符号，可大幅度减少数据量。

游程编码记录方式有两种：①逐行记录每个游程的终点列号；②逐行记录每个游程的长度(像元数)。

例如，栅格图形如图 5.9 所示。

A	A	A	B	B
A	C	C	C	A

图 5.9　栅格图形

第一种方式记为：

A,3,B,5

A,1,C,4,A,5

第二种方式记为：

A,3,B,2

A,1,C,3,A,1

行程编码是连续精确的编码，在传输过程中，如果其中一位符号发生错误，即可影响整个编码序列，使行程编码无法还原回原始数据。游程长度在栅格加密时，数据量没有明显增加，压缩效率较高，且易于检索、叠加合并等操作，运算简单，适用于机器存储容量小，数据需大量压缩，而又要避免复杂的编码和解码运算，增加处理和操作时间的情况。

对于只有黑色像素和白色像素两种亮度形成的黑、白二值文件：

(1) 黑白游程总是交替出现，可以规定第一游程为白游程。

(2) 不同游程长度出现的概率不同，对游程长度进行编码采用霍夫曼编码，概率大的编长码，概率小的编短码。

MH(Modified Huffman)，即修正的霍夫曼编码。此种方法利用了同行像素的同色性，为了保证收发图文颜色同步，每行总是从白色游程开始(如第一像素为黑色，则此长度可设为零)。在大多数文件中黑色游程总比白色游程短，因此两者的编码位数不同。如游程长度超过 63 个像素则分成两部分：前面是组合基干码，后为结尾码。其对 2 623 个像素的游程编码已足够(比标准 A4 传真纸还宽)。修正 MH 编码一次只压缩一扫描行，各行独立不相关，因此是一种"一维编码方案"。MH 编码主要用于黑白二值文件传真的数据压缩。

结尾码表和组合基干码表如表 5.11、表 5.12 所示。

表 5.11　结尾码表

游程长度	白游程编码	黑游程编码	游程长度	白游程编码	黑游程编码
0	00110101	0000110111	32	00011011	000001101010
1	000111	010	33	00010010	000001101011
2	0111	11	34	00010011	000011010010
3	1000	10	35	00010100	000011010011
4	1011	011	36	00010101	000011010100
5	1100	0011	37	00010110	000011010101
6	1110	0010	38	00010111	000011010110
7	1111	00011	39	00101000	000011010111

续表

游程长度	白游程编码	黑游程编码	游程长度	白游程编码	黑游程编码
8	10011	000101	40	00101001	000001101100
9	10100	000100	41	00101010	000001101101
10	00111	0000100	42	00101011	000011011010
11	01000	0000101	43	00101100	000011011011
12	001000	0000111	44	00101101	000001010100
13	000011	00000100	45	00000100	000001010101
14	110100	00000111	46	00000101	000001010110
15	110101	000011000	47	00001010	000001010111
16	101010	000010111	48	00001011	000001100100
17	101011	0000010111	49	01010010	000001100101
18	0100111	0000001000	50	01010011	000001010010
19	0001100	00001100111	51	01010100	000001010011
20	0001000	00001101000	52	01010101	000000100100
21	0010111	00001101100	53	00100100	000000110111
22	0000011	00000110111	54	00100101	000000111000
23	0000100	00000101000	55	01011000	000000100111
24	0101000	00000010111	56	01011001	000000101000
25	0101011	00000011000	57	01011010	000001011000
26	0010011	000011001010	58	01011011	000001011001
27	0100100	000011001011	59	01001010	000000101011
28	0011000	000011001100	60	01001011	000000101100
29	00000010	000011001101	61	00110010	000001011010
30	00000011	000001101000	62	00110011	000001100110
31	00011010	000001101001	63	00110100	000001100111

表 5.12　组合基干码表

游程长度	白游程编码	黑游程编码	游程长度	白游程编码	黑游程编码
64	11011	0000001111	960	011010100	0000001110011
128	10010	000011001000	1024	011010101	0000001110100
192	010111	000011001001	1088	011010110	0000001110101
256	0110111	000001011011	1152	011010111	0000001110110
320	00110110	000000110011	1216	011011000	0000001110111
384	00110111	000000110100	1280	011011001	0000001010010
448	01100100	000000110101	1344	011011010	0000001010011
512	01100101	0000001101100	1408	011011011	0000001010100
576	01101000	0000001101101	1472	010011000	0000001010101
640	01100111	0000001001010	1536	010011001	0000001011010

续表

游程长度	白游程编码	黑游程编码	游程长度	白游程编码	黑游程编码
704	011001100	0000001001011	1600	010011010	0000001011011
768	011001101	0000001001100	1664	011000	0000001100100
832	011010010	0000001001101	1728	010011011	0000001100101
896	011010011	0000001110010	EOL	000000000001	000000000001

例如,73 白游程=64+9 :1101110100。

例 5.18 扫描点:0 白 1 黑 15 白 4 黑 77 白 5 黑,MH 编码为

001101010101101010111101100001100110000000000001

压缩比=102/47=2.17∶1

MMR(Modified Modified Read)也就是改进的二维压缩编码。这种方法是在 MR 压缩系统的基础上改进而来,可提供 14 400 bit/s 的收发传真速率,即使在噪声很大的情况下也能有很高的传输速度,提供线路噪声信息,可对质量较差的电话线路进行补偿。因此 MMR 在 MR 系统的基础上不仅提高了压缩效率,而且提高了压缩文件的容错能力,也就大大提高了文稿的传真效率。

MR(Modified Read),即改进的像素相对地址指定码。由于一页图文在垂直方向上也有很强的相关性,也就是说,无论是一封信还是一幅图,它都有连续性,从而可以作为一种参考。正因如此,MR 编码只考虑了前后扫描行间的不同步,即增量部分或变化率。其压缩效率比修正 MH 提高了 35%。MH 和 MR 的区别在于后者利用了前一行的参考信息,在垂直方向上进行了压缩。由于 MR 在水平方向和垂直方向都进行了压缩,因此也称作"二维压缩技术"。

JBIG (Joint Bi-level Image Experts Group)是在 lossless image compression 的基础上特别用于传真机的一种压缩技术。数据压缩的演绎法众多,其中使用于图像压缩的演绎法可粗分为两类,第一类就是 lossless image compression,是一种压缩再解压缩后不会产生任何误差的演绎法。第二类则为 loss compression 是一种压缩再解压缩后产生误差的演绎法。其中 JBIG 脱身于第一类 lossless image compression,而 JPEG(Joint Picture Expert Group)则是由第二类 loss compression 发展而来的。这里需要说明的是,MH,MR,MMR,JBIG 这几种压缩系统都是针对黑白文稿的压缩系统,而 JPEG 则是为了适应传真彩色文稿的需求而产生的。运用 loss compression 来作图像压缩不但可以获得不错的压缩比,也可以兼顾不错的品质。

5.4.2 算术编码

算术编码是一种无损数据压缩方法,也是一种熵编码的方法,和其他熵编码方法不同的地方在于,其他的熵编码方法通常是把输入的消息分割为符号,然后对每个符号进行编码,而算术编码是直接把整个输入的消息编码为一个数,一个满足($0.0 \leqslant n < 1.0$)的小数 n。

编码原理:在给定符号集和符号概率的情况下,算术编码可以给出接近最优的编码结果。使用算术编码的压缩算法通常先要对输入符号的概率进行估计,然后再编码。这个估计越准,编码结果就越接近最优的结果。

根据信源可能发现的不同符号序列的概率,把[0,1]区间划分为互不重叠的子区间,子区间的宽度恰好是各符号序列的概率。这样信源发出的不同符号序列将与各子区间一一对应,因此每个子区间内的任意一个实数都可以用来表示对应的符号序列,这个数就是该符号序列

所对应的码字。显然，一串符号序列发生的概率越大，对应的子区间就越宽，要表达它所用的比特数就减少，因而相应的码字就越短。

例 5.19 编码。对一个简单的信号源进行观察，得到的统计模型如下：

60%的机会出现符号中性；20% 的机会出现符号阳性；10% 的机会出现符号阴性；10% 的机会出现符号数据结束符。

- 中性对应的区间是 [0，0.6)。
- 阳性对应的区间是 [0.6，0.8)。
- 阴性对应的区间是 [0.8，0.9)。
- 数据结束符对应的区间是 [0.9，1)。

当所有的符号都编码完毕，最终得到的结果区间即唯一地确定了已编码的符号串行。任何人使用该区间和使用的模型参数即可以解码重建得到该符号串行。

实际上并不需要传输最后的结果区间，只需要传输该区间中的一个小数即可。在实用中，只要传输该小数足够的位数(不论几进制)，以保证以这些位数开头的所有小数都位于结果区间就可以了。

若传输的信号源依次为中性、阴性、结束，则算术编码过程如图 5.10 所示。

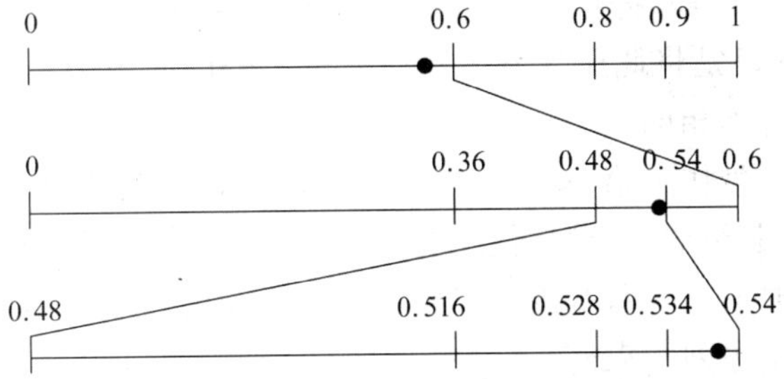

图 5.10 算数编码过程

例 5.20 对例 5.19 中提到的 4 符号模型进行编码的一段信息进行解码。编码的结果是 0.538(为了容易理解，这里使用十进制而不是二进制)。

像编码器所作的那样从区间[0,1)开始，使用相同的模型，将它分成编码器所必需的 4 个子区间。分数 0.538 落在 NEUTRAL 坐在的子区间[0,0.6)；提示编码器所读的第一个符号必然是 NEUTRAL，这样就可以将它作为消息的第一个符号记下来。然后将区间[0,0.6)分成子区间：

- 中性的区间是 [0，0.36)——[0，0.6)的 60%。
- 阳性的区间是 [0.36，0.48)——[0，0.6)的 20%。
- 阴性的区间是 [0.48，0.54)——[0，0.6)的 10%。
- 数据结束符 的区间是 [0.54，0.6)——[0，0.6)的 10%。

分数 0.538 在[0.48，0.54) 区间；所以消息的第二个符号一定是 NEGATIVE。

再一次将当前区间划分成子区间：

- 中性的区间是 [0.48，0.516)。
- 阳性的区间是 [0.516，0.528)。
- 阴性的区间是 [0.528，0.534)。
- 数据结束符 的区间是 [0.534，0.540)。

分数 0.538 落在符号 END-OF-DATA 的区间，所以，这一定是下一个符号。由于它也是内部的结束符号，这也就意味着编码已经结束。（如果数据流没有内部结束，需要从其他的途径知道数据流在何处结束——否则会永远将解码进行下去，错误地将不属于实际编码生成的数据读进来。）

同样的消息能够使用同样短的分数来编码实现，如 0.534，0.535，0.536，0.537 或者是 0.539，这表明使用十进制而不是二进制会带来效率的降低。因为三位十进制数据能够表达的信息内容大约是 9.966 位，能够将同样的信息使用二进制分数表示为0.10001010（等同于 0.5390625），它仅需 8 位。这稍稍大于信息内容本身或者消息的信息熵，大约概率为 0.6%的 7.361 位信息熵。（注意最后一个 0 必须在二进制分数中表示，否则消息将会变得不确定起来。）

5.4.3 LZ 编码

1965 年苏联数学家 Kolmogolov 提出利用信源序列的结构特性来编码。而两位以色列研究者 J. Ziv 和 A. Lempel 独辟蹊径，完全脱离霍夫曼及算术编码的设计思路，创造出了一系列比霍夫曼编码更有效，比算术编码更快捷的通用压缩算法。将这些算法统称为 LZ 系列算法。

以 LZ78 算法为例：设信源符号集 $A=\{a_1,a_2,\cdots,a_K\}$ 共 K 个符号，设输入信源符号序列为 $u=(u_1,u_2,\cdots,u_L)$ 编码是将此序列分成不同的段。分段的规范为尽可能取最少个相连的信源符号，并保证各段都不相同。

开始时，先取 1 个符号作为第一段，然后继续分段。若出现与前面相同的符号时，就再取紧跟后面的一个符号一起组成一个段，使之与前面的段不同。这些分段构成字典。当字典达到一定大小后，再分段时就应查看有否与字典中的短语相同，若有重复就添加符号，以便与字典中短语不同，直至信源序列结束。

编码的码字由段号加一个符号组成。设 u 构成的字典中的短语共有 $M(u)$ 个。若编码为二元码，段号所需码长 $n=\lceil \log M(u) \rceil$（注：代表上取整符号），每个符号需要的码长为$\lceil \log K \rceil$。单符号的码字段号为 0，非单字符的码字段号为除最后一个符号外字典中相同短语的段号。

例如，设 $U=\{a_1,a_2,a_3,a_4\}$，信源序列为 $a_1,a_3,a_2,a_3,a_2,a_4,a_3,a_2,a_1,a_4,a_3,a_2,a_1$，共 13 位，字典如表 5.13 所示。

表 5.13　编码字典

段号	短语	编码	段号	短语	编码
1	a_1	00000	5	a_4	00011
2	a_3	00010	6	$a_3a_2a_1$	10000
3	a_2	00001	7	a_4a_3	10110
4	a_3a_2	01001	8	a_2a_1	01100

表 5.13 中，8 个短语使用 3 bit 可以表示段号。如表 5.14 所示，每个信源符号使用 2 bit 表示，因此，一个短语使用 5 bit。

表 5.14　符号编码表

a_1	a_2	a_3	a_4
00	01	10	11

LZ 编码的编码方法非常简捷,译码也很简单,可以一边译码一边建立字典,只要传输字典的大小,无须传输字典本身。当编码的信源序列增长时,编码效率会提高,平均码长会逼近信源熵。

5.5 无失真信源编码的 MATLAB 实现

无失真信源编码主要用于离散信源或数字信号,如文本、表格及工程图纸等信源,要求进行无失真的数据压缩,并能够无失真地可逆恢复,目的是为了用较少的码率来传送同样多的信息,提高系统有效性。

5.5.1 无失真信源编码相关原理

无失真信源编码相关原理:等长信源编码定理和香农第一定理等相关原理。

5.5.2 MATLAB 实验内容

(1) 对信源 $s=[0.05, 0.15, 0.25, 0.2, 0.35]$进行等长编码。程序为:

```
s = [0.05, 0.15, 0.25, 0.2, 0.35];
len = size(s,2);
if sum(s)~ = 1
  error('不是完备集');
end
h1 = 0.0;
for i = 1:1:len
h1 = 0.0
h1 = h1 - s(i) * log(s(i))/log(2);
end
h1
%求等长码码长
r = 2;
l1 = log(len)/log(r);
lc = 0;
if l1-round(l1)>0
   lc =  round(l1) + 1;
else
   lc =  round(l1);
   end
%进行编码
A = zeros(len,lc);
for   i = 1:1:len
   w = dec2bin([i - 1],lc);
   for    j = 1:1:lc
   A(i,j) = str2num(w(j));
   end
end
```

```
A
```

运行结果：

```
len =

     5

h1 =

     0.2161

A =

     0    0    0
     0    0    1
     0    1    0
     0    1    1
     1    0    0
```

(2) 对信源 $A=[0.3,0.2,0.1,0.2,0.2]$进行霍夫曼编码(基于 0、1 编码)。

```
clc;
clear;
A = [0.3,0.2,0.1,0.2,0.2]; % 信源消息的概率序列
A = fliplr(sort(A)); % 按降序排列
T = A;
[m,n] = size(A);
B = zeros(n,n - 1); % 空的编码表(矩阵)
for i = 1:n
  B(i,1) = T(i); % 生成编码表的第一列
end
r = B(i,1) + B(i - 1,1); % 最后两个元素相加
T(n - 1) = r;
T(n) = 0;
T = fliplr(sort(T));
t = n - 1;
for j = 2:n - 1 % 生成编码表的其他各列
  for i = 1:t
    B(i,j) = T(i);
end
  K = find(T = = r);
  B(n,j) = K(end); % 从第二列开始,每列的最后一个元素记录特征元素在该列的位置
  r = (B(t - 1,j) + B(t,j)); % 最后两个元素相加
  T(t - 1) = r;
  T(t) = 0;
  T = fliplr(sort(T));
  t = t - 1;
end
B; % 输出编码表
END1 = sym('[0,1]'); % 给最后一列的元素编码
END = END1;
```

```
t = 3;
d = 1;
for j = n - 2: - 1:1 % 从倒数第二列开始依次对各列元素编码
  for i = 1:t - 2
    if i>1 & B(i,j) = = B(i - 1,j)
      d = d + 1;
    else
      d = 1;
    end
    B(B(n,j + 1),j + 1) =- 1;
    temp = B(:,j + 1);

    x = find(temp = = B(i,j));
    END(i) = END1(x(d));
  end
  y = B(n,j + 1);
  END(t - 1) = [char(END1(y)),'0'];
  END(t) = [char(END1(y)),'1'];
  t = t + 1;
  END1 = END;
end
  A % 排序后的原概率序列
  END % 编码结果
for i = 1:n
  [a,b] = size(char(END(i)));
  L(i) = b;
end
avlen = sum(L. * A) % 平均码长
H1 = log2(A);
H =- A * (H1') % 熵
P = H/avlen % 编码效率
```

运行结果:

```
A =
  0.3000    0.2000    0.2000    0.2000    0.1000
END =
[ 01, 10, 11, 000, 001]
avlen =
  2.3000
H =
  2.2464
P =
    0.9767
```

（3）对于信源 $A=[0.4,0.3,0.1,0.09,0.07,0.04]$进行香农-费诺编码。

编码如下：

```
clc;
clear;
A = [0.4,0.3,0.1,0.09,0.07,0.04];
A = fliplr(sort(A)); % 降序排列
[m,n] = size(A);
for i = 1:n
  B(i,1) = A(i); % 生成 B 的第 1 列
end
% 生成 B 第 2 列的元素
a = sum(B(:,1))/2;
for k = 1:n - 1
  if abs(sum(B(1:k,1)) - a) <= abs(sum(B(1:k + 1,1)) - a)
    break;
  end
end
for i = 1:n % 生成 B 第 2 列的元素
  if i <= k
    B(i,2) = 0;
  else
    B(i,2) = 1;
  end
end
% 生成第一次编码的结果
END = B(:,2)';
END = sym(END);
% 生成第 3 列及以后几列的各元素
j = 3;
while (j ~= 0)
  p = 1;
  while(p <= n)
    x = B(p,j - 1);
    for q = p:n
      if x == -1
        break;
      else
        if B(q,j - 1) == x
          y = 1;
          continue;
        else
          y = 0;
          break;
        end
```

```
      end
    end
    if y==1
      q=q+1;
    end
    if q==p|q-p==1
      B(p,j)=-1;
    else
      if q-p==2
        B(p,j)=0;
        END(p)=[char(END(p)),'0'];
        B(q-1,j)=1;
        END(q-1)=[char(END(q-1)),'1'];
      else
      a=sum(B(p:q-1,1))/2;
      for k=p:q-2
        if abs(sum(B(p:k,1))-a)<=abs(sum(B(p:k+1,1))-a);
          break;
        end
      end
        for i=p:q-1
          if i<=k
            B(i,j)=0;
            END(i)=[char(END(i)),'0'];
          else
            B(i,j)=1;
            END(i)=[char(END(i)),'1'];
          end
        end
      end
    end
     p=q;
  end
  C=B(:,j);
  D=find(C==-1);
  [e,f]=size(D);
  if e==n
    j=0;
  else
    j=j+1;
  end
end
B
A
```

```
END
for i = 1:n
  [u,v] = size(char(END(i)));
  L(i) = v;
end
avlen = sum(L. * A)
```

运行结果：

```
B =
  0.4000         0   -1.0000   -1.0000   -1.0000   -1.0000
  0.3000    1.0000         0   -1.0000   -1.0000   -1.0000
  0.1000    1.0000    1.0000         0         0   -1.0000
  0.0900    1.0000    1.0000         0    1.0000   -1.0000
  0.0700    1.0000    1.0000    1.0000         0   -1.0000
  0.0400    1.0000    1.0000    1.0000    1.0000   -1.0000
A =
  0.4000    0.3000    0.1000    0.0900    0.0700    0.0400
END =
[ 0, 10, 110, 1110, 11110, 11111]
avlen =
  2.4100
```

本章小结

本章简要阐述了无失真信源编码的概念、原理，无失真等长编码和无失真变长编码定理，即香农第一定理；在此基础上，分析了几种实用的编码方法：香农编码、霍夫曼编码、费诺编码等；并对以上几种编码方法进行了 MATLAB 仿真。

相关知识

霍夫曼生平

著名的“霍夫曼编码”的发明人戴维·霍夫曼(David Albert Huffman)1925 年生于美国俄亥俄州，从小聪慧好学。他在俄亥俄州立大学毕业时只有 17 岁。然后他进入麻省理工学院，一边工作，一边深造，霍夫曼编码就是他在 1952 年做博士论文时发明的。这是一种根据字母的使用频率而设计的变长码，能大大提高信息的传输效率，至今仍有广泛的应用。

除了霍夫曼编码外，戴维·霍夫曼在其他方面也还有不少创造。比如他设计的二叉最优搜索树算法就被认为是同类算法中效率最高的，因而被命名为霍夫曼算法，是动态规划(dynamic programming)的一个范例。

戴维·霍夫曼在麻省理工学院一直工作到 1967 年。之后他转入加州大学的 Santa Cruz 分校，是该校计算机科学系的创始人，1970—1973 年任系主任，1994 年霍夫曼退休。戴维·霍夫曼曾获得 IEEE 的 McDowell 奖、IEEE-CS 的计算机先驱奖。1998 年 IEEE 下属的信息论分会为纪念信息论创立 50 周年，授予他 Golden Jubilee 奖。1999 年 6 月，他荣获以汉明码发明人命名的汉明奖章（Hamming Medal）。

戴维·霍夫曼于 1999 年 10 月 17 日因癌症去世，享年 74 岁。但他作为信息论的先驱，对计算机科学、通信等学科所做出的巨大贡献将永远为世人所铭记。

习 题 五

5.1　将下表所列的某六进制信源进行二进制编码，试问：

消息	概率	C_1	C_2	C_3	C_4	C_5	C_6
u_1	1/2	000	0	0	0	1	01
u_2	1/4	001	01	10	10	000	001
u_3	1/16	010	011	110	1101	001	100
u_4	1/16	011	0111	1110	1100	010	101
u_5	1/16	100	01111	11110	1001	110	110
u_6	1/16	101	011111	111110	1111	110	111

(1) 这些码中哪些是唯一可译码？

(2) 哪些码是非延长码？

(3) 对所有唯一可译码求出其平均码长和编译效率。

5.2　对于二进制码，若码长集合分别为：(1) {1,2,2,3}；(2) {1,2,3,3}。问：是否存在满足码长集合的即时码？

5.3　设有一简单离散信源 $\begin{bmatrix} S \\ P(S_i) \end{bmatrix}=\begin{bmatrix} s_1 & s_2 \\ 3/4 & 1/4 \end{bmatrix}$，对其进行近似于无失真的等长编码，若要求其编码效率为 96%，差错率低于 10^{-5}，试求符号联合编码长度。

5.4　要求同习题 5.3，比较信源 $\begin{bmatrix} S \\ P(S_i) \end{bmatrix}=\begin{bmatrix} s_1 & s_2 \\ 3/4 & 1/4 \end{bmatrix}$ N 长编码的效率。

5.5　设有离散无记忆信源 $p(x)=[0.37,\ 0.25,\ 0.18,\ 0.10,\ 0.07,\ 0.03]$：

(1) 求该信源符号熵 $H(X)$；

(2) 用霍夫曼编码编成二进制变长码，计算编码效率；

(3) 要求译码错误小于 10^{-3}，采用定长二元码要达到(2)中的霍夫曼编码效率，问需要多少个信源符号连在一起编码？

5.6　某信源有 8 个符号 $\{x_1, x_2, \cdots, x_8\}$，概率分别为 1/2，1/4，1/8，1/16，1/32，1/64，1/128，1/128，试编成 000，001，010，011，100，101，110，111 的码。

(1) 求信源的符号熵；

(2) 求出现一个“1”或一个“0”的概率，以及这种码的编码效率；

(3) 求出相应的香农码和费诺码，以及该码的编码效率。

5.7　对信源[0.32 0.22 0.18 0.16 0.08 0.04]分别进行香农编码、费诺编码以及霍夫曼编码，并计算其编码效率。

5.8　已知一信源包含8个消息符号，其出现的概率为[0.1 0.18 0.4 0.05 0.06 0.1 0.07 0.04]：

(1) 信源在每秒内发出一个符号，求信源的熵及信息传输速率；

(2) 进行霍夫曼编码，写出相应码字，并求出编码效率；

(3) 进行香农编码，写出相应码字，并求出编码效率；

(4) 进行费诺编码，写出相应码字，并求出编码效率。

5.9　已知二元信源{0,1}，其 $p_0=1/4$，$p_1=3/4$，试对序列11111100进行算术编码，并计算此序列的平均码长。

第6章 有噪信道编码

一、学习内容

1. 错误概率和译码规则。
2. 错误概率和编码方法。
3. 香农第二定理。
4. 线性分组码和卷积码。

二、学习目标

1. 掌握错误概率和译码规则的关系，错误概率的计算方法。
2. 掌握编码方法对错误概率的影响。
3. 掌握信道编码定理。
4. 了解线性分组码的概念及其生成矩阵、最小距离、检错和纠错能力的计算。

三、重点与难点

重点：最大后验概率准则、最大似然译码准则、汉明距离。

难点：对信道编码定理的理解。

从这一章开始介绍有噪声信道编码的问题，有噪声信道编码以提高信息传输的可靠性为目的，增加抗干扰能力，是要使从信源发出的信息经过信道传输后，尽可能准确地、不失真地再现在接收端，因此也称为纠错编码或抗干扰编码。信道编码通常通过增加信源冗余度的方式来实现。

信源编码之后的码字序列抗干扰能力很脆弱，在信道噪声的影响下容易产生差错，为了提高通信系统的有效性和可靠性，要在信源编码器和信道之间加上一个信道编码器，编码的第二部分则是针对传播的信道，把编制好的符号码又变换成适于信道中传输的信号序列，以便于在信道中传递，如声音信号、电信号、光信号，等等。如信息源产生的原始讯息是一篇文章，用电报传递的时候，就要经过编码，转换成电报密码的信号，然后才能经过信道传播。译码是对信息进行与编码过程相反的变换过程，就是把信号转换为讯息，如文字、语言等，这是第一步。第二步译码则是指将讯息还原为信息意义的过程。

通信的可靠性问题：

（1）在有噪信道中，怎样能使消息通过传输后发生的错误最少；

（2）在有噪信道中无错误传输的、可达的最大信息传输率。

本章首先介绍信道的基本模型，探讨信道传输信息的能力，讨论抗干扰信道编码的基本原理及信道编码定理；然后详细介绍线性码、卷积码等编码、译码原理及方法。

6.1 信道编码的概念

由于信道中存在噪声，因而信道传输信息的质量必然会下降。噪声越严重，传输信息的质量就会越差，当噪声严重到一定程度，传输信息就成为不可能。理想的信道，也就是无噪声的信道是不存在的。在有噪信道中传输消息是会发生错误的。信道编码即是对信源编码器输出的数字信息序列，按照一定的规则，人为地增加校验位，组成码序列，则码序列中的信息位与校验位是相关的，在接收端，信道译码器按已知的编码规则来译码，对收到的数字序列进行校验或纠错。信道编码的基本思想是根据相关性来检测和纠正传输过程中的错误。

6.1.1 译码规则

为了减少错误，提高可靠性，首先要分析错误概率与哪些因素有关，有没有办法加以控制，能控制到什么程度等问题。

1. 错误概率与信道统计特性

信道的统计特性可由信道的传递矩阵来描述。当确定了输入和输出对应关系后，也就确定了信道矩阵中哪些是正确传递概率，哪些是错误传递概率。例如，在二元对称信道中，单个符号的错误传递概率是 p，正确传递的概率是 $\bar{p}=1-p$。

2. 错误概率与译码规则

通信过程并不是在信道输出端就结束，还要经过译码过程（或判决过程）才到达消息的终端。因此，译码过程和译码规则对系统的错误概率影响很大。现举一个特殊例子来说明。设一个二元对称信道，其传输特性如图 6.1 所示。

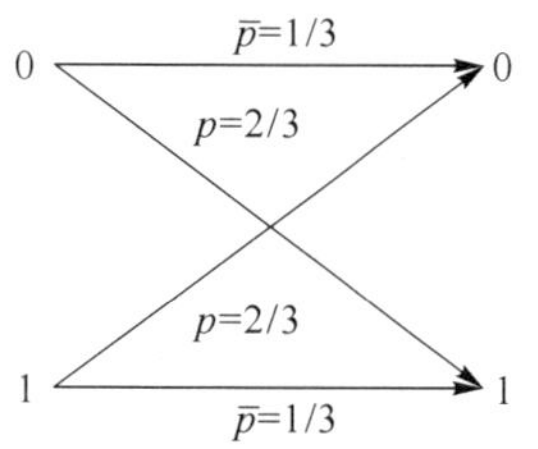

图 6.1 二元对称信道的特性

译码规则Ⅰ：一般二元对称信道输出端的译码器是将接收到的符号“0”译成发送的符号为“0”，接收到的符号“1”译成发送的符号为“1”。如果仍按照此译码器的译码规则，那么当发送符号为“0”，接收到符号仍为“0”，则译码器译为符号“0”为正确译码，因此对发送符号“0”来说，译对的可能性只有 1/3；而当发送符号为“0”，接收到符号却是“1”，则译成符号“1”为错误译码，译错的概率 $P_e^{(0)}$ 是 2/3。因为信道对称，对发送符号“1”来说，译错的概率 $P_e^{(0)}$ 也是 2/3。在此译码规则Ⅰ下，平均错误概率（假设输入端符号是等概率分布）

$$P_E = P(0)\cdot P_e^{(0)} + P(1)\cdot P_e^{(1)} = 2/3 \tag{6.1}$$

译码规则Ⅱ：接收到“0”译成发送的符号“1”；接收到“1”译成发送的符号“0”。则正确译码：发送符号为“0”，接收到符号却为“1”，译码器译为符号“0”；发送符号为“1”，接收到符号却为“0”，译码器译为符号“1”。错误译码：发送符号为“0”，接收到符号仍为“0”，译码器译为符号

“1”，$P_e^{(0)}=\frac{1}{3}$；发送符号为“1”，接收到符号仍为“1”，译码器译为符号“0”，$P_e^{(1)}=\frac{1}{3}$。

平均错误概率：

$$P_E = P(0)\cdot P_e^{(0)} + P(1)\cdot P_e^{(1)} = 1/3 \tag{6.2}$$

错误概率既与信道的统计特性有关，也与译码规则有关。

译码规则定义：设离散单符号信道的输入符号集为 $A=\{a_i\}$，$i=1,2,\cdots,r$；输出符号集为 $B=\{b_j\}$，$j=1,2,\cdots,s$。制定译码规则就是设计一个函数 $F(b_j)$，它对于每一个输出符号 b_j 确定一个唯一的输入符号 a_i 与其对应（单值函数）。即

$$F(b_j) = a_i \quad (i=1,2,\cdots,r;j=1,2,\cdots,s) \tag{6.3}$$

例 6.1 设信道输入 X 取值为(a_1,a_2,a_3)，信道输出 Y 取值为(b_1,b_2,b_3)，转移概率矩阵如下：

$$\boldsymbol{P}=\begin{matrix} & b_1 & b_2 & b_3 \\ a_1 & 0.4 & 0.2 & 0.4 \\ a_2 & 0.2 & 0.2 & 0.6 \\ a_3 & 0.1 & 0.5 & 0.4 \end{matrix}$$

设计译码规则 A 为 $\begin{cases}F(b_1)=a_1\\F(b_2)=a_2\\F(b_3)=a_3\end{cases}$

也可以设计另一个译码规则 B 为 $\begin{cases}F(b_1)=a_1\\F(b_2)=a_3\\F(b_3)=a_2\end{cases}$

译码规则选择的准则使平均错误概率最小。

平均错误概率的计算：在确定译码规则 $F(b_j)=a_i$ 后，若信道输出端接收到的符号为 b_j，则一定译成 a_i，若发送端发送的就是 a_i，这就为正确译码；若发送的不是 a_i，就认为错误译码。则收到符号 b_j 条件下译码的条件正确概率 $P[F(b_j)|b_j]=P(a_i|b_j)$。令 $P(e|b_j)$为条件错误概率，其中 e 表示除了 $F(b_j)=a_i$ 以外的所有输入符号的集合。

$$P(e \mid b_j) = 1 - P(a_i \mid b_j) = 1 - P[F(b_j) \mid b_j] \tag{6.4}$$

平均错误概率

$$P_E = E[P(e \mid b_j)] = \sum_{j=1}^{s} P(b_j)P(e \mid b_j) \tag{6.5}$$

如何设计译码规则 $F(b_j)=a_i$，使 P_E 最小？

由于式(6.5)的右边是非负项之和，可选译码规则使每一项为最小，即得 P_E 为最小。因为 $P(b_j)$与译码规则无关，所以只要设计译码规则 $F(b_j)=a_i$，使 $P(e|b_j)$为最小。即应选择 $P[F(b_j)|b_j]$最大。即选择译码函数：$F(b_j)=a^*$，$a^*\in A$，$b_j\in B$，并使之满足条件

$$P(a^* \mid b_j) \geqslant P(a_i \mid b_j),a_i \in A,a_i \neq a^* \tag{6.6}$$

即选择最大的后验概率作为译码条件，称为“最大后验概率准则”，也可称为“最小错误概率准则”。

由于通常情况下，已知信源的先验概率 $P(a_i)$、信道的传递概率 $P(b_j|a_i)$，则最大后验概率准则：

$$\frac{P(b_j \mid a^*)P(a^*)}{P(b_j)} \geqslant \frac{P(b_j \mid a_i)P(a_i)}{P(b_j)},a_i \in A,a_i \neq a^*,b_j \in B \tag{6.7}$$

$$P(b_j) \neq 0, b_j \in B$$

$$P(b_j \mid a^*)P(a^*) \geqslant P(b_j \mid a_i)P(a_i), a_i \in A, a_i \neq a^* \tag{6.8}$$

若输入符号的先验概率 $P(a_i)$ 均相等，则译码函数 $F(b_j)=a^*$，$a^* \in A$，$b_j \in B$，并满足 $P(b_j|a^*) \geqslant P(b_j|a_i)$，$a_i \in A$，$a_i \neq a^*$，因此可推出以下译码准则。

最大似然译码准则：收到 b_j 后，译成信道矩阵 $\boldsymbol{P}$ 的第 j 列中最大那个元素所对应的信源符号。

平均错误概率：

$$\begin{aligned} P_{\mathrm{E}} &= \sum_Y P(b_j)P(e \mid b_j) = \sum_Y \{1 - P[F(b_j) \mid b_j]\}P(b_j) = 1 - \sum_Y P[F(b_j) \mid b_j] \\ &= \sum_{X,Y} P(a_i b_j) - \sum_Y P[F(b_j) \mid b_j] \\ &= \sum_{X,Y} P(a_i b_j) - \sum_Y P[a^* b_j] = \sum_{Y,X-a^*} P(a_i b_j) \end{aligned} \tag{6.9}$$

平均正确概率：

$$\bar{P}_{\mathrm{E}} = 1 - P_{\mathrm{E}} = \sum_Y P[F(b_j) \mid b_j] = \sum_Y P(a^* b_j) \tag{6.10}$$

其中，$\sum\limits_{X-a^*}$ 为对输入符号集 A 中除 $F(b_j)=a^*$ 以外的所有元素求和。

$$P_{\mathrm{E}} = \sum_{Y,X-a^*} P(b_j \mid a_i)P(a_i) \tag{6.11}$$

在联合概率矩阵 $P(a_i)P(b_j|a_i)$ 中先求每列除去 $F(b_j)=a^*$ 所对应的 $P(a^* b_j)$ 以外所有元素之和，再对各列求和。

在矩阵 $P(a_i)P(b_j|a_i)$ 中先对 i 求和，除去译码规则中 $F(b_j)=a^*$ 所对应的 $F(b_j)=a^*$ $(j=1,2,\cdots,r)$，再对各行求和。

$$\begin{aligned} P_{\mathrm{E}} &= \sum_X \sum_{Y-a^* \text{对应的} b_j} P(a_i)P(b_j \mid a_i) \\ &= \sum_X P(a_i) \sum_Y \{P(b_j \mid a_i) \;\; F(b_j) \neq a^*\} = \sum_X P(a_i) P_{\mathrm{e}}^{(i)} \end{aligned} \tag{6.12}$$

其中，$P_{\mathrm{e}}^{(i)} = \sum\limits_Y \{P(b_j \mid a_i) \;\; F(b_j) \neq a^*\}$，为某个输入符号 a_i 传输所引起的错误概率。

当 $P(a_i)=1/r$ 时，
$$P_{\mathrm{E}} = \frac{1}{r} \sum_{Y,X-a^*} P(b_j \mid a_i) = \frac{1}{r} \sum_X P_{\mathrm{e}}^{(i)} \tag{6.13}$$

最大似然准则与最大后验概率准则的几点说明：

(1) 当输入符号等概时，最大似然准则等价于最大后验概率准则。

(2) 最大似然准则可直接从信道传递矩阵中选定译码函数，即收到 b_j 后，译成信道矩阵 $\boldsymbol{P}$ 中第 j 列中最大那个元素所对应的信源符号。

(3) 最大似然准则本身不再依赖于先验概率 $P(a_i)$，但当输入符号等概时，它使平均错误概率 P_{E} 最小。

(4) 当输入符号等概或先验概率未知时，采用最大似然准则。

例 6.2 已知信道矩阵

$$\boldsymbol{P} = \begin{bmatrix} 0.6 & 0.2 & 0.2 \\ 0.1 & 0.1 & 0.8 \\ 0.1 & 0.7 & 0.2 \end{bmatrix}$$

根据最大似然译码准则，选择译码函数

$$B:\begin{cases}F(b_1)=a_1\\F(b_2)=a_3\\F(b_3)=a_2\end{cases}$$

因为在矩阵的第一列中 $P(b_1|a_1)=0.6$ 为最大；第二列中 $P(b_2|a_3)=0.7$ 为最大；第三列中 $P(b_3|a_2)=0.8$ 为最大。在输入等概率分布时采用译码函数 B 可使信道平均错误概率最小，平均错误概率为

$$P_E=\frac{1}{3}\sum_{X-a^*,Y}P(b\mid a)=\frac{1}{3}[(0.1+0.1)+(0.2+0.1)+(0.2+0.2)]$$

$$=\frac{1}{3}\sum_{X}P_e^{(i)}=\frac{1}{3}[(0.2+0.2)+(0.1+0.1)+(0.1+0.2)]=0.3$$

若选用前述译码函数 A 则得平均错误概率为

$$P'_E=\frac{1}{3}\sum_{X-a^*,Y}P(b\mid a)=\frac{1}{3}[(0.1+0.1)+(0.2+0.7)+(0.2+0.8)]=0.7$$

可见，$P'_E>P_E$。

若输入不是等概分布，其概率分布为 $P(a_1)=\frac{1}{4}$，$P(a_2)=\frac{1}{4}$，$P(a_3)=\frac{1}{2}$，根据最大似然译码准则仍可选择译码函数为 B，计算其平均错误概率为

$$P''_E=\sum_{X}P(a_i)P_e^{(i)}=\frac{1}{4}(0.2+0.2)+\frac{1}{4}(0.1+0.1)+\frac{1}{2}(0.1+0.2)=0.3$$

但采用最小错误概率译码准则，它的联合概率矩阵 $[P(a_ib_j)]$ 为

$$[P(a_ib_j)]=\begin{bmatrix}0.15 & 0.05 & 0.05\\0.025 & 0.025 & 0.2\\0.05 & 0.35 & 0.1\end{bmatrix}$$

所以得译码函数为

$$C:\begin{cases}F(b_1)=a_1\\F(b_2)=a_3\\F(b_3)=a_2\end{cases}$$

计算平均错误概率

$$P'''_E=\sum_{Y}\sum_{X-a^*}P(a_i)P(b_j\mid a_i)=(0.05+0.05)+(0.025+0.025)+(0.05+0.1)=0.3$$

可见，$P''_E=P'''_E$，所以输入不是等概分布时最大似然译码准则的平均错误概率不是最小。

例 6.3 已知信道的转移概率矩阵为 $\begin{bmatrix}1/2 & 1/3 & 1/6\\1/6 & 1/2 & 1/3\\1/3 & 1/6 & 1/2\end{bmatrix}$，现有两种译码规则：

$$\text{规则 A}:\begin{cases}F(y_1)=x_1\\F(y_2)=x_2,\\F(y_3)=x_3\end{cases}\quad \text{规则 B}:\begin{cases}F(y_1)=x_1\\F(y_2)=x_3\\F(y_3)=x_2\end{cases}$$

设输入等概，求两种译码规则的错误概率。

解：设判决函数为 $F(y)=a^*$，根据平均错误概率公式得

$$p_E(A)=\sum_{a\neq a^*}p(y\mid x=a)/3=[(1/6+1/3)+(1/3+1/6)+(1/6+1/3)]/3=1/2$$

$$p_E(B)=\sum_{a\neq a^*} p(y\mid x=a)/3=[(1/6+1/3)+(1/3+1/2)+(1/6+1/2)]/3=2/3$$

费诺(Fano)不等式*

平均错误概率 P_E 与译码规则(译码函数)有关,而译码规则又由信道特性决定。由于信道中存在噪声,导致输出端发生错误,并使接收到输出符号后,对发送的是什么符号还存在不确定性。P_E 与信道疑义度 $H(X|Y)$有一定关系。

费诺不等式
$$H(X|Y)\leqslant H(P_E)+P_E\log(r-1) \tag{6.14}$$

证明: $\bar{P}_E=1-P_E=\sum_{Y} P(a^* b_j)$, $P_E=\sum_{Y,X-a^*} P(a_i b_j)$

$$H(P_E)+P_E\log(r-1)=P_E\log\frac{1}{P_E}+(1-P_E)\log\frac{1}{1-P_E}+P_E\log(r-1)$$
$$=\sum_{Y,X-a^*} P(a_i b_j)\log\frac{r-1}{P_E}-\sum_{Y}P(a^* b_j)\log\frac{1}{1-P_E} \tag{6.15}$$

而
$$H(X\mid Y)=\sum_{X,Y}P(a_i b_j)\log\frac{1}{P(a_i\mid b_j)}+\sum_{Y}P(a^* b_j)\log\frac{1}{P(a^*\mid b_j)} \tag{6.16}$$

$$H(X\mid Y)-H(P_E)-P_E\log(r-1)=\sum_{Y,X-a^*}P(a_i b_j)\log\frac{P_E}{(r-1)P(a_i\mid b_j)}+\sum_{Y}P(a^* b_j)\log\frac{1-P_E}{P(a^*\mid b_j)} \tag{6.17}$$

应用不等式
$$\log X\leqslant X-1 \tag{6.18}$$

$$\begin{aligned}H(X\mid Y)-H(P_E)-P_E\log(r-1)&\leqslant\sum_{Y,X-a^*}P(a_i b_j)\left[\frac{P_E}{(r-1)P(a_i\mid b_j)}-1\right]+\\&\quad\sum_{Y}P(a^* b_j)\left[\frac{1-P_E}{P(a^*\mid b_j)}-1\right]\\&=\frac{P_E}{r-1}\sum_{Y,X-a^*}P(b_j)-\sum_{Y,X-a^*}P(a_i b_j)+\\&\quad(1-P_E)\sum_{Y}P(b_j)-\sum_{Y}P(a^* b_j)\\&=P_E-P_E+(1-P_E)-(1-P_E)=0\end{aligned} \tag{6.19}$$

如图6.2所示为费诺不等式示意图。费诺不等式中的 $H(P_E)$表示错误概率 P_E 的熵:产生错误概率的平均不确定性;$P_E\log(r-1)$错误产生后,到底是哪个符号发送而造成错误的最大不确定性。

物理意义为进行一次判决后,关于 X 的疑义度可分成两项:(1)是否判对,疑义度为 $H(P_E)$;(2)如果判决出错(概率为 P_E),错在 $r-1$ 个符号中的哪一个,其疑义度不会超 $\log(r-1)$。

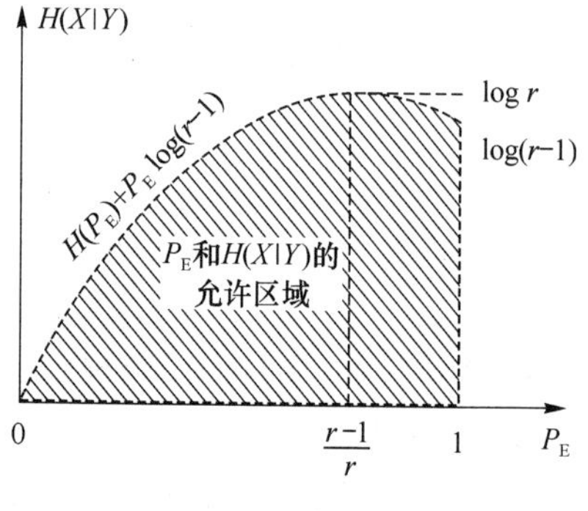

图 6.2　费诺不等式示意图

6.1.2　编码方法

上一节内容说明:当消息通过有噪信道传输时发生错误的概率与译码规则有关。一般来说,当信道给定即信道矩阵给定,不论采用什么译码规则,P_E 都不会等于或趋于零(除特殊信道外)。

1. 简单重复编码

二元对称信道如图 6.3 所示。

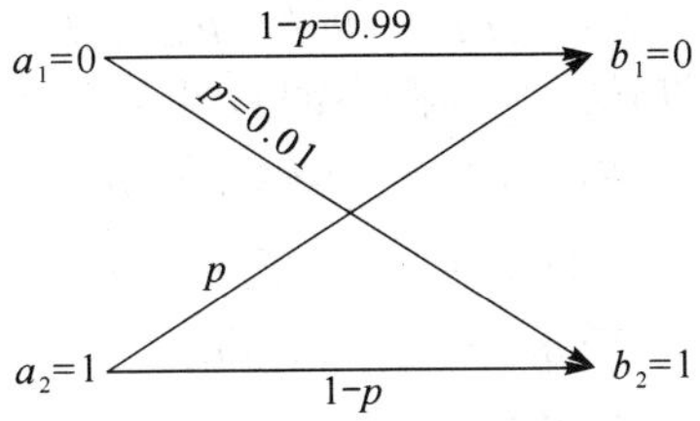

图 6.3　二元对称信道

信道传递矩阵:

$$[P]=\begin{bmatrix}0.99 & 0.01\\ 0.01 & 0.99\end{bmatrix}$$

若采用如下译码规则:

$$F(b_1=0)=(a_1=0)$$
$$F(b_2=0)=(a_2=0)$$

则计算可得:$P_E=0.01=10^{-2}$。

对于一般数据传输系统来说(例如数字通信,数据传输),这个错误概率已经相当大了。一般要求系统的错误概率在 $10^{-6}\sim10^{-9}$ 的范围内,有的甚至要求更低的错误概率。

那么,在上述统计特性的二元信道中,能否有办法使错误概率降低呢?

实际经验告诉人们,只要在发送端把消息重复发几遍,就可使接收端接收消息时错误减小,从而提高通信的可靠性。

重复编码($n=3$ 次),信道看成是 3 次扩展,输出端由于各个干扰,各个码元都可能发生错误,则有 8 个可能的输出序列。如在二元对称信道中,当发送符号 0 时,不是只发一个 0 而是连续发三个 0;同样发送符号 1 时也连续发送三个 1。信道输入端有两个码字 000 和 111,但在输出端,由于信道干扰的作用,各个码元都可能发生错误,则有 8 个可能的输出序列(如图 6.4 所示)。显然,这样一种信道可以看成是三次无记忆扩展信道。

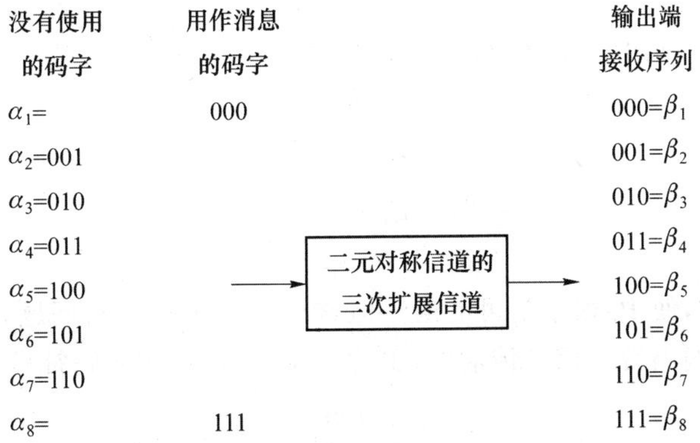

图 6.4　简单的重复编码

输入是在 8 个可能出现的二元序列中选两个作为符号,而输出端这 8 个可能的输出符号

都是接收序列。这时信道矩阵为

$$[P]=\begin{array}{c} \\ \alpha_1 \\ \alpha_8 \end{array}\begin{array}{c} \begin{array}{cccccccc} \beta_1 & \beta_2 & \beta_3 & \beta_4 & \beta_5 & \beta_6 & \beta_7 & \beta_8 \end{array} \\ \begin{bmatrix} \bar{p}^3 & \bar{p}^2 p & \bar{p}^2 p & \bar{p} p^2 & \bar{p}^2 p & \bar{p} p^2 & \bar{p} p^2 & p^3 \\ p^3 & \bar{p} p^2 & \bar{p} p^2 & \bar{p}^2 p & \bar{p} p^2 & \bar{p}^2 p & \bar{p}^2 p & \bar{p}^3 \end{bmatrix} \end{array}$$

根据极大似然译码规则(假设输入是等概率的),可得简单重复编码的译码函数为

$$\begin{aligned} F(\beta_1) &= \alpha_1, F(\beta_5) = \alpha_1 \\ F(\beta_2) &= \alpha_1, F(\beta_6) = \alpha_8 \\ F(\beta_3) &= \alpha_1, F(\beta_7) = \alpha_8 \\ F(\beta_4) &= \alpha_8, F(\beta_8) = \alpha_8 \end{aligned} \tag{6.20}$$

计算得译码后的错误概率为

$$\begin{aligned} P_E &= \sum_{Y,X-a*} p(\alpha_i)p(\beta_j \mid \alpha_i) = \frac{1}{M}\sum_{Y,X-a*} p(\beta_j \mid \alpha_i) \\ &= \frac{1}{2}[p^3 + \bar{p}p^2 + \bar{p}p^2 + \bar{p}p^2 + \bar{p}p^2 + \bar{p}p^2 + \bar{p}p^2 + p^3] \\ &= p^3 + 3\bar{p}p^2 \approx 3 \times 10^{-4} \quad (p = 0.01) \end{aligned} \tag{6.21}$$

也可根据择多译码规则,输出端接收序列中 0 多还是 1 多,如果有 2 个以上 0 就译为 0,如果有 2 个以上 1 就译为 1,即

$$\begin{aligned} P_{\mathrm{E}} &= \text{错 3 个码元的概率} + \text{错 2 个码元的概率} = \mathrm{C}_3^3 p^3 + \mathrm{C}_3^2 \bar{p} p^2 \\ &= p^3 + 3\bar{p}\, p^2 = 3 \times 10^{-4} \quad (p = 0.01) \end{aligned} \tag{6.22}$$

可见,择多译码准则与极大似然译码准则是一致的。

与原来 $P_E=10^{-2}$ 比较,显然这种简单重复的编码方法(现在 $n=3$,重复三次)已把错误概率降低了接近两个数量级。这是因为现在消息数 $M=2$,根据编码和译码规则使输入符号 a_1 和 4 个接收序列($\beta_1,\beta_2,\beta_3,\beta_5$)对应。而 a_8 与另 4 个接收序列($\beta_4,\beta_6,\beta_7,\beta_8$)对应。这样,当传送符号($a_1$ 或 a_8)时,若符号中有一位发生错误,译码器还能正确译出所传送的消息。但若传输中发生两位或三位错误,译码器就会译错。所以这种简单重复编码方法可以纠正发生一位的错误,译错的可能性变小了,因此错误概率降低。

结论:重复编码使 P_{E} 减小。因为当一位码出错时,可以正确译码,具有一位纠错能力,且当 n 增大, P_{E} 减小。

当 n 分别为 5,7,9,11 时, P_{E} 的结果为

$$\begin{aligned} n&=5, \quad P_{\mathrm{E}} \approx 10^{-5} \\ n&=7, \quad P_{\mathrm{E}} \approx 4 \times 10^{-7} \\ n&=9, \quad P_{\mathrm{E}} \approx 10^{-8} \\ n&=11, \quad P_{\mathrm{E}} \approx 5 \times 10^{-10} \end{aligned}$$

可见,当 n 很大时,使 P_{E} 很小是可能的。但这里带来了一个新问题,当 n 很大时,信息传输率就会降低很多。编码后的信息传输率(也称码率,单位:比特/码符号)定义为

$$R = \frac{\log M}{n} \tag{6.23}$$

若传输每个码符号平均需要 t 秒钟,则编码后每秒钟传输的信息(单位:bit/s):

$$R_t = \frac{\log M}{nt} \tag{6.24}$$

其中，M 是输入消息（符号）的个数，$\log M$ 表示消息集在等概率条件下每个消息（符号）携带的平均信息量（比特），n 是编码后码字的长度（码元的个数），R 是每个码符号可能携带的最大信息量。

对于以上信息，$M=2$，$n=1$，则码率 R 为

$$R=\frac{\log M}{n}=1 \text{ 比特 / 码符号}$$

$$R_t=1 \text{ bit/s}$$

$n=3$（重复三次），$M=2$，

$$R=\frac{1}{3} \text{ 比特 / 码符号}$$

$$R_t=\frac{1}{3} \text{ bit/s}$$

$n=5$ 时，$M=2$，

$$R=\frac{1}{5} \text{ 比特 / 码符号}$$

$$R_t=\frac{1}{5} \text{ bit/s}$$

$n=11$ 时，$M=2$，

$$R=\frac{1}{11} \text{ 比特 / 码符号}$$

$$R_t=\frac{1}{11} \text{ bit/s}$$

可以看到，尽管重复编码可使 P_E降低很多，但同时也使信息传输率降得很低。这个矛盾能否解决，能否找到一种更好的编码方法，使 P_E相当低，而 R 却保持在一定水平呢？从理论上讲这是可能的，即香农第二定理。

下面简单重复编码的方法为什么使信息传输率降低：

在未重复编码以前，输入端是有两个消息（符号）的集合，假设为等概率分布则每个消息（符号）携带的信息量是 $\log M=1$ 比特。

简单重复（$n=3$）后，可以把信道看成是三次无记忆扩展信道。这时输入端有 8 个二元序列可以作为消息（$a_1,\cdots,a_8$），但是这里只选择两个二元序列作为消息 $M=2$。这样每个消息携带的平均信息量仍是 1 比特，而传送一个消息需要付出的代价却是三个二元码符号，所以 R 就降低到 1/3 比特/码符号。

由此得到，如果在扩展信道的输入端把 8 个可能作为消息的二元序列都作为消息，$M=8$，则每个消息携带的平均信息量就是 $\log M=\log 8=3$ 比特，而传递一个消息所需的符号数仍为三个二元码符号，则 R 就提高到 1 比特/码符号。这时，信道如图 6.5 所示。

采用的译码规则只能规定接收端 8 个输出符号序列 β_j 与 a_i 一一对应。这样，只要符号序列中有一个码元符号发生错误就会变成其他所用的码字，使输出译码出现错误。只有符号序列中每个符号都不发生错误才能正确传输。所以得到正确传输的概率为 $\bar{p}^3$，于是错误概率为

$$P_E=1-\bar{p}^3\approx 3\times 10^{-2}\quad (p=0.01)$$

这时 P_E比单符号信道传输的 P_E大三倍。

结论：在一个二元信道的 n 次无记忆扩展信道中，若消息个数 M 不变的情况下，增大重复编码次数 n，可以使 P_E降低，但同时也使得 R 会降低，即消息传输率会降低。若输入端有 2^n个

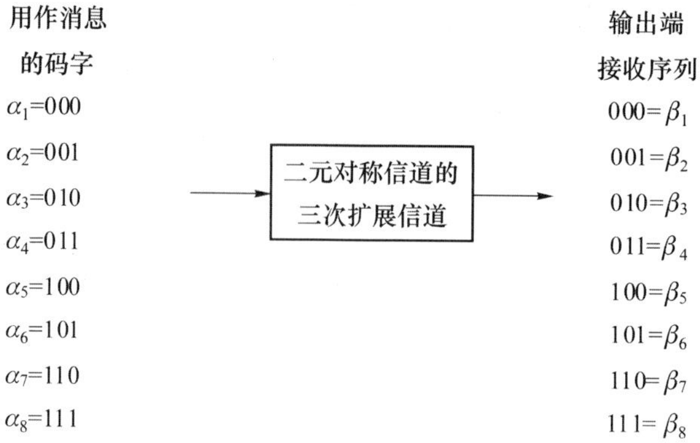

图 6.5　二元对称信道的三次扩展信道

符号序列可以作为消息，选出其中的 M 个作为消息传递，则 M 越大，P_E 和 R 也越大；M 越小，P_E 和 R 也越小。

2. 消息符号个数

n 次扩展信道的消息符号如图 6.6 所示。消息符号个数对错误概率的影响：当 $M=4$ 时，有 70 种选取方法，而选取方法不同，错误率也不同。

$$P_E=\frac{1}{M}\sum_{Y,X-a^*}p(\beta_j/\alpha_i)\approx 3\times 10^{-4}\quad (p=0.01)$$

$$R=\frac{\log M}{n}=\frac{\log 2}{3}=\frac{1}{3}\text{ 比特 / 码符号}$$

$$P_E=1-\bar{p}^3\approx 3\times 10^{-2}\quad (p=0.01)$$

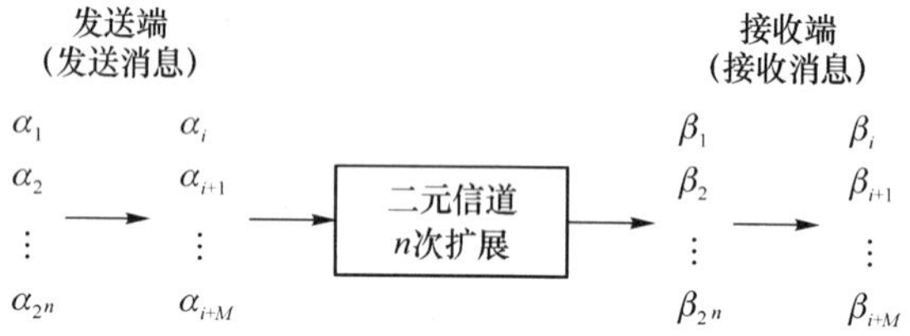

图 6.6　n 次扩展信道的消息符号

比较下面三种选取方法。

第一种：

$$\begin{array}{ccc} 0 & 0 & 0 \\ 0 & 1 & 0 \\ 1 & 0 & 0 \\ 1 & 1 & 0 \end{array}$$

按照最大似然译码规则，计算得第一种方法的错误率为

$$P_E\approx 1.99\times 10^{-2}$$

$$R=\frac{\log 4}{3}=\frac{2}{3}\text{ 比特 / 码符号}$$

第二种：

0	0	0
0	1	1
1	0	0
1	1	0

第二种方法的错误率为

$$P_E \approx 2 \times 10^{-2}$$

$$R = \frac{\log 4}{3} = \frac{2}{3} \text{ 比特 / 码符号}$$

第三种：

0	0	0
0	0	1
0	1	0
1	0	0

第三种方法的错误率为

$$P_E = 2.28 \times 10^{-2}$$

$$R = \frac{\log 4}{3} = \frac{2}{3} \text{ 比特 / 码符号}$$

比较可知，第一种方法最好，仔细观察发现，在第一种方法中，如果 000 有一位出错，我们就可以判定出错了；而在第二、三种方法中，如果 000 中任何一位出错，就变成了其他的合法的码字，我们无法判断是否出错。再仔细观察，发现第三种方法中，码字之间太“像”了，或者说太“近”了。这样当发送消息“000”传输时其中任一位发生错误，就变成了其他三个可能发送的消息，根本无法判断传输时有无发生错误。可见，错误概率与编码方法有很大关系。

3. 汉明距离

讨论以下例子，取 $M=4$，$n=5$，这 4 个码字按如下规则选取$\left(R=\frac{2}{5}\text{比特/码符号}\right)$：

设输入序列为：$a_i=(a_{i1} \quad a_{i2} \quad a_{i3} \quad a_{i4} \quad a_{i5})$，满足方程：

$$\begin{cases} \alpha_{i_3} = \alpha_{i_1} \oplus \alpha_{i_2} \\ \alpha_{i_4} = \alpha_{i_1} \\ \alpha_{i_5} = \alpha_{i_1} \oplus \alpha_{i_2} \end{cases} \tag{6.25}$$

$$\alpha_i = \begin{bmatrix} 1 & 0 & 0 & 0 & 0 \\ 0 & 1 & 0 & 0 & 0 \\ 1 & 1 & 0 & 0 & 0 \\ 1 & 0 & 0 & 0 & 0 \\ 1 & 1 & 0 & 0 & 0 \end{bmatrix} \begin{bmatrix} \alpha_{i_1} \\ \alpha_{i_2} \\ \alpha_{i_3} \\ \alpha_{i_4} \\ \alpha_{i_5} \end{bmatrix} \tag{6.26}$$

若译码采取最大似然准则(如图 6.7 所示)。

此码能纠正所有码字中一位码元错误，也能纠正其中两个两位码元的错误。

$$\bar{P}_E = \bar{p}^5 + 5\bar{p}^4 p + 2\bar{p}^3 p^2 \tag{6.27}$$

$$P_E = 1 - \bar{P}_E = 1 - (\bar{p}^5 + 5\bar{p}^4 p + 2\bar{p}^3 p^2) = 7.8 \times 10^{-4} \tag{6.28}$$

引进这样一个概念：汉明距离。

$$\left.\begin{matrix}00000\\00001\\00010\\00100\\01000\\10000\\10001\\00011\end{matrix}\right\}00000\quad \left.\begin{matrix}01101\\01100\\01111\\01001\\00101\\11101\\11100\\01110\end{matrix}\right\}01101\quad \left.\begin{matrix}10111\\10110\\10101\\10011\\11111\\00111\\00110\\10100\end{matrix}\right\}10111\quad \left.\begin{matrix}11010\\11011\\11000\\11110\\10010\\01010\\01011\\11001\end{matrix}\right\}11010$$

图 6.7　采取最大似然准则译码

汉明距离：在(n,k)线性码中，两个码字U,V之间对应码元位上符号取值不同的个数，称为码字U,V的汉明距离。

$$d(U,V)=\sum_{i=0}^{n-1}(u_i\oplus v_i) \tag{6.29}$$

在二元码中：

$$D(\alpha_i,\beta_j)=\sum_{k=1}^{n}\alpha_{ik}\oplus\beta_{jk} \tag{6.30}$$

如$\alpha_i=101111,\beta_j=111100$，则$D(\alpha_i,\beta_j)=3$。

在某一码书中，任意两个码字的汉明距离的最小值称为该码C的最小距离。

$$d_{\min}=\min\{D(C_i,C_j)\},\quad C_i\neq C_j \tag{6.31}$$

例如，(7,3) 码的两个码字$U=0011101,V=0100111$之间第 2 位、3 位、4 位和 6 位不同。因此，码字U和V的距离为 4。

对于几种码组的特性分析如表 6.1 所示。

表 6.1　六种码组的特性分析

	码 A	码 B	码 C	码 D	码 E	码 F
码字	0 1	000 111	000 010 100 110	000 001 010 100	00000 01101 10111 11010	000 001 010 011 100 101 110 111
消息数 M	2	2	4	4	4	8
码的最小距离 $d_{\min}$	1	3	1	1	3	1
信息传输率 R/(比特·码符号$^{-1}$)	1	1/3	2/3	2/3	2/5	1
错误概率 P_E(最大似然译码规则)	10^{-2}	3×10^{-4}	1.99×10^{-2}	2.28×10^{-2}	7.86×10^{-4}	3×10^{-2}

很明显，$d_{\min}$越大，P_E越小，在M相同的情况下也是一样。在二元对称信道的情况下，译码规则可以如下：

选择$F(\beta_j)=\alpha^*$，使之满足$D(\alpha^*,\beta_j)=D_{\min}(\alpha_i,\beta_j)$，称为最小距离译码准则，它等价于最

大似然译码准则，也就是收到一个码字后，把它译成与它最近的输入码字，这样可以使平均错误率最小：

$$p(\beta_j \mid \alpha^*) = \max_i p(\beta_j \mid \alpha_i) \tag{6.32}$$

$$p(\beta_j \mid \alpha_i) = p(b_{j_1} \mid \alpha_{i_1})p(b_{j_2} \mid \alpha_{i_2})\cdots p(b_{j_n} \mid \alpha_{i_n}) = p^{D_{ij}} \cdot \bar{p}^{(n-D_{ij})} \tag{6.33}$$

结论：编码时应尽量设法使选取的 M 个码字中任意两两不同码字的距离 $d(\alpha_i, \alpha_j)$尽量大，这样既可以保持一定的信息传输速率 R，又使 P_E尽可能小。译码时当收到 β_j后，译成与之汉明距离最小的输入序列 α^*，这样可以使 P_E达到最小。

6.2 香农第二定理

6.2.1 有噪信道编码定理

一个离散无记忆信道，信道容量为 C。当信息传输率 $R \leqslant C$ 时，只要码长足够长，总可以在输入符号集 X^n 中找到 $M=2^{nR}$个码字组成的一组码$(2^{nR}, n)$和相应的译码准则，使信道输出端的平均错误译码概率达到任意小。

信道容量 C 是平均互信息量的最大值：

$$C = \max_{p(x)} I(X,Y) \tag{6.34}$$

其单位是比特/符号。

证明：

$$p(C) = \prod_{i=1}^{M}\prod_{k=1}^{n} p(x_{i_k}) \tag{6.35}$$

$$p_e(C) = \frac{1}{2^{nR}}\sum_{i=1}^{M} p_{e/i}(C) \tag{6.36}$$

$$\begin{aligned} P_E &= \sum_C p(C)p_e(C) \\ &= \frac{1}{2^{nR}}\sum_{i=1}^{M}\sum_C p(C)p_{e/i}(C) \end{aligned} \tag{6.37}$$

$$P_E = \sum_C p(C)p_{e/1}(C) \equiv \bar{p}_{e/1} \tag{6.38}$$

$$E_i = \{(W_i, \vec{y}) \in G\}, i = 1,2,\cdots,M$$

$$E_1^C = \{(W_1, \vec{y}) \bar{\in} G\}, i = 1,2,\cdots,M$$

$$P_E = \bar{p}_{e/1} = p(E_1^C \cup E_2 \cup E_3 \cup \cdots \cup E_M) \tag{6.39}$$

$$p[\bigcup_k s_k] \leqslant \sum_k p(s_k) \tag{6.40}$$

$$P_E \leqslant p(E_1^C) + \sum_{i=2}^{M} p(E_i) \tag{6.41}$$

$$\begin{aligned} P_E &\leqslant \delta + \sum_{i=2}^{M} 2^{-n[I(X;Y)-3\delta]} \\ &= \delta + (2^{nR}-1)2^{-n[I(X;Y)-3\delta]} \\ &\leqslant \delta + 2^{-n(C-3\delta-R)} \end{aligned} \tag{6.42}$$

$$2^{-n(C-3\delta-R)} \leqslant \delta \tag{6.43}$$

$$P_E \leqslant 2\delta \tag{6.44}$$

6.2.2 有噪信道编码逆定理

如一个离散无记忆信道，信道容量为 C。当信息传输率 $R>C$ 时，则无论码长 n 多长，总找不到一种编码(2^{nR}，n)使信道输出端的平均错误译码概率达到任意小。

证明：

$$I(X^n;Y^n) = H(X^n) - H(X^n/Y^n) \leqslant nC \tag{6.45}$$

$$nR - H(X^n/Y^n) \leqslant nC \tag{6.46}$$

$$nR \leqslant H(X^n/Y^n) + nC \tag{6.47}$$

$$H(X \mid Y) \leqslant H(P_E) + P_E\log(r-1) \tag{6.48}$$

$$H(X^n \mid Y^n) \leqslant H(P_E) + P_E\log(M-1) \tag{6.49}$$

$$H(X^n \mid Y^n) \leqslant 1 + nP_E R \tag{6.50}$$

$$nR \leqslant 1 + nP_E R + nC \tag{6.51}$$

$$P_E \geqslant 1 - \frac{C}{R} - \frac{1}{nR} \tag{6.52}$$

当 $R>C$ 时，n 增大时，P_E 远离零值；当 $R\leqslant C$ 时，$n\to\infty$时，$P_E\to 0$。

这个定理是信道编码的理论依据，可以看出：信道容量是一个明确的分界点，当取分界点以下的信息传输率时，P_E 以指数趋近于 0；当取分界点以下的信息传输率时，P_E 以指数趋近于 1；因此在任何信道中，信道容量都是可达的、最大的可靠信息传输率。这个定理是一个存在定理，它没有给出一个具体可构造的编码方法，在它的证明过程中，码书是随机选取的，它有助于指导各种通信系统的设计，有助于评价各种系统及编码的效率。

从香农第一、第二定理可以看出，要做到有效和可靠的传输信息，我们可以将通信系统设计成两部分的组合，即信源编码和信道编码两部分，首先通过信源编码，用尽可能少的信道符号来表达信源，尽可能减少编码后信源的数据的剩余率，然后针对信道，对信源编码后的数据独立地进行信道编码，适当增加一些剩余度，使能纠正和克服信道中引起的错误和干扰。

可以证明，只要满足香农第一定理和第二定理，用两步编码的方法传输信息和一步编码的方法传输信息其效果是一样的。

从信道编码定理的公式出发，可知减小差错概率应增大码长 N 或增大可靠性函数 $E(R)$，而想增大 $E(R)$就要加大信道容量 C 或减小码率(传信率)R 。

(1) 增大信道容量 C

根据信道容量公式。信道容量 C 与带宽 W、信号平均功率 P_s 和噪声谱密度 N_0 有关。

扩展带宽：如开发新的宽带媒体，有线通信从明线(150 kHz)、对称电缆(600 kHz)、同轴电缆(到光纤 25 THz)，无线由中波、短波、超短波到毫米波、微米波。又如采取信道均衡措施如加感、时/域的自适应均衡器等。

加大功率：如提高发送功率、提高天线增益、将无方向的漫射改为方向性强的波束或点波束和分集接收等。

降低噪声：如采用低噪声器件、滤波、屏蔽、接地、低温运行等。

(2) 减小码率 R

每秒少传一些信息，占用更大带宽，减小信道的输入、输出符号集，在发送功率固定时提高信号间的区分度，从而提高可靠性。

6.2.3 信源信道编码定理

设有一离散无记忆平稳信道的每秒容量为 C，一个离散信源每秒的熵为 H，那么，如果 $H<C$，总存在一种编码系统，使得信源的输出以任意小的错误概率通过信道传输；反之，如果 $H>C$ 时，对任何编码系统，译码差错率大于 0。

例 6.4 有一个二元对称信道，错误率 $p=0.02$。设该信道以 1 500 二元符号/秒的速率传送消息，现有一条 0、1 等概，长度为 14 000 二元符号消息序列通过信道传输。求：(1) 信道能否在 10 s 内将消息序列无差错传输？(2) 实现该序列无差错传输的最短时间是多少？

解：

$$C=1-H(p)=1-H(0.02)=0.8596 \text{ 比特/符号}$$

$$C_t=0.8596\times 1500=1.288\times 10^3 \text{ bit/s}$$

$$1.288\times 10^3\times 10<14000\Rightarrow \text{不能在 10 s 内无差错传输}$$

$$R_t\leqslant C_t\Rightarrow \frac{14000}{T}\leqslant 1.288\times 10^3\Rightarrow T\geqslant 10.87 \text{ s}$$

6.3 差错控制概述

6.3.1 二元对称信道和错误格式

1. 二元对称信道特征

在信息论中详细讨论过二进制无记忆及有记忆信道特征，在第 2 章曾列举过二元对称无记忆信道的后验概率计算，并可由此计算出“后验熵”(损失熵)，它是信源平均信息量和信道实际传送的信息量之差，是造就接收误差的主要因素。

将信道看作线性时不变系统，且以二元对称无记忆信道为重点讨论。二元对称信道(BSC)通常是无记忆的，即传输的每个码元符号不相关或统计独立，因此产生的传输差错是随机性的，而这种信道主要是加性高斯白噪声导致随机差错，因而称其为随机信道。随机差错率是传输错误转移概率造成的。

2. 错误格式

将发生错误看成是因为加入(模 2 加)了某种“错误格式”E 的结果。由于随机差错可能发生在 n 长码字的某 1 位、某几位，甚至全错，因此其错误格式种类为 2^n-1(只有 1 个全 0 时的 E，没有差错)，在这 2^n-1 个可能的错误中，n 长码总错误概率为

$$P_{\Sigma}=\sum_{i=1}^{n}\binom{n}{i}P_{\mathrm{b}}^{i}(1-P_{\mathrm{b}})^{n-i} \tag{6.53}$$

随机信道产生错误的概率以错 1 位为最大。

6.3.2 差错控制分类

在数字或数据通信系统中，利用抗干扰编码进行差错控制，一般分为四类：前向纠错(FEC)、反馈重发(ARQ)、混合纠错(HEC)和信息反馈(IRQ)。

1. 前向纠错(FEC)

FEC 方式是在信息码序列中，以特定结构加入足够的冗余位——称为监督元(或校验

元)，接收端解码器可以按照双方约定的这种特定的监督规则，自动识别出少量差错，并能予以纠正。FEC 最适于高速数传而需实时传输的情况。

2. 反馈重发(ARQ)

在非实时数据传输中，常用 ARQ 差错控制方式。解码器对接收码组逐一按编码规则检测其错误。如果无误，向发送端反馈"确认"ACK 信息；如果有错，则反馈回 ANK 信息，以表示请求发送端重复发送刚刚发送过的这一信息。ARQ 优点在于编码冗余位较少，可以有较强的检错能力，同时编解码简单。由于检错与信道特征关系不大，在非实时通信中具有普遍应用价值。

3. 混合纠错方式(HEC)

此种方式是上述两种方式的有机结合，即在纠错能力内，实行自动纠错，而当超出纠错能力的错误位数时，可以通过检测而发现错码，不论错码多少，利用 ARQ 方式进行纠错。HEC 往往是一种折中性应用，如上述指出的，n 长码字错 1 位的概率 $P_e \approx nP_b$，比错 2 位时大得多，因此为使编解码结构避免较高速数传要求，常出现 1 位差错可以随时自动纠错，而 2 位以及更多错误则以 ARQ 纠错，但 HEC 也适于实时传输。

4. 信息反馈(IRQ)

这是一种全回执式最简单差错控制方式，接收端将收到的信码原样转发回发送端，并与原发送信码相比较，若发现错误，则发送端再进行重发。只适于低速非实时数据通信，是一种较原始的做法。

6.3.3 常用差错控制码

以下列出几种简单的常用差错控制码，便于理解纠错码原理。

1. 奇、偶校验码

对于一般的数字序列，为了能发现传输中的一位或更多差错，一种很简单的方法是在码字后面加 1 个冗余码元(校验元)。加 1 位监督元后，称为有检错功能的"码字"，码长为 n。此结果表明，当信码组的码重等于 $\sum_{i=1}^{k-1} m_i$ 为奇数，若加入 $C_0=1$，为偶校检码；偶数时加入 $C_0=0$ 构成偶校检码；反之亦反。实际上，奇偶检验码就是下面将介绍的(n,k)线性分组码的一种特例，即$(n,k)=(n,n-1)$，它们可以检测出奇数个错。

2. 水平-垂直校验码(方阵码)

方阵码的构成，是将 l 组 k 位信码先排为 l 行×k 列的阵列，然后按既定的奇(偶)校验规则，在每行及每列中分别加入奇偶校验位。因此，它的总码长为$(k+1)l+k=kl+l+k$。其中，信码数为 kl，校验位为 $l+k$ 位。因此它是$(kl+l+k,kl)$分组码。方阵码的检错优势在于它可以检测出突发错长度不大于 $k+1$ 位的行发生的突发错误，或不大于 $l+1$ 位的列突发错误。此种检错作用是相当于把 1 行或 1 列的突发错误分散到相邻各码组中，起到后面将介绍的"交织编码"的作用。它的好处是，可将突发错误的几个连续错位分散到相邻码字中各含 1 位错，于是就可纠正。这对于不设反馈信道的单向低速传输是有利的。

3. 恒重码(或等比码)

这是从 2^n 个码组中，只选出一些特定结构的码组作为许用码字，如"五中取三"码，就是从 $2^5=32$ 个码组中，只选用码重为 3 的 10 个码组作为传输码字，可代表 10 个信息符号(如 10 字阿拉伯数字)，而其余 22 个是禁用码组。

4. 重复码

重复码是与奇偶校验相反意义的一种简单分组码，它是码长为 n ，信码只有 1 位的 $(n,1)$分组码。如(3,1)重复码包括 000 及 111 两个码字。重复码付出$(n,1)$位的冗余代价，即有2^n-2 组为禁用，当然可以换取较大的可靠性。(3,1)码显然可以纠 1 位错，而作为检错码利用，可以有检出 2 位错的能力，这种码并非优秀，只是简单地用于很低速率的数据通信。

6.4 信道编码方法

香农第二定理指出，当信息传输速率低于信道容量时，通过某种编译码方法，就能使错误概率为任意小。目前已有了许多有效的编译码方法，并形成了一门新的技术——纠错编码技术，即信道编码。信道编码与信源编码都是一种编码，但两者的作用是完全不同的。

常用的纠错码按其码字结构形式和对信息序列处理方式的不同可分成两大类：分组码和卷积码。线性分组码是本章重点介绍的差错控制码，此码的思路与概念直观而条理清晰，并对编码中的一些重要参量和纠错能力提供一系列明确的概念。

6.4.1 线性分组码

1. 基本概念

线性分组码的线性是指码组中码元间的约束关系为线性；分组是指编码时将每 k 个信息位一组进行独立处理，变换成长度为 n $(n>k)$ 的二进制码组。线性分组码的编码过程分为两步：

(1) 把信息序列按一定长度分成若干信息码组，每组由 k 位组成；

(2) 编码器按照预定的线性规则(可由线性方程组规定)，把信息码组变换成 n 重 $(n>k)$ 码字，其中 $n-k$ 个附加码元是由信息码元的线性运算产生的。

信息码组长 k 位，有 2^k个不同的信息码组，则应该有 2^k个码字与它们一一对应。

线性分组码：通过预定的线性运算将长为 k 位的信息码组变换成 n 位的码字 $(n>k)$。由 2^k个信息码组所编成的 2^k个码字集合，称为线性分组码。

码矢：一个 n 重的码字可以用矢量来表示 $\boldsymbol{C}=[C_{n-1},C_{n-2},\cdots,C_1,C_0]$，所以码字又称为码矢。$(n,k)$ 线性码：信息位长为 k，码长为 n 的线性码。

如(3,1) 重复码，许用码组为(111,000)，禁用码组为(001,010,011,100,101,110)。接收端收到的码组为许用码组，说明传输无错；若为禁用码组，则传输一定有错。

编码效率(即编码速率/码率/传信率)：$R=k/n$。它说明了信道的利用效率，R 是衡量编码性能的一个重要参数。

2. 一致监督方程和一致监督矩阵

编码就是给已知信息码组按预定规则添加监督码元，以构成码字。在 k 个信息码元之后附加 $r(r=n-k)$ 个监督码元，使每个监督元是其中某些信息元的模 2 和。

例 6.5 $k=3$，$r=4$ 构成 (7,3) 线性分组码。设码字为$(C_6,C_5,C_4,C_3,C_2,C_1,C_0)$，$C_6$，$C_5$，$C_4$ 为信息元，C_3，C_2，C_1，C_0 为监督元，每个码元取“0”或“1”。

监督元可按下面方程组计算：

$$\begin{cases} C_3 = C_6 \qquad\quad + C_4 \\ C_2 = C_6 + C_5 + C_4 \\ C_1 = C_6 + C_5 \\ C_0 = \qquad\quad C_5 + C_4 \end{cases} \tag{6.54}$$

一致监督方程/一致校验方程：确定信息元得到监督元规则的一组方程称为监督方程/校验方程。由于所有码字都按同一规则确定，又称为一致监督方程/一致校验方程。由于一致监督方程是线性的，即监督元和信息元之间是线性运算关系，所以由线性监督方程所确定的分组码是线性分组码。

信息码组 (101)，即 $C_6=1$，$C_5=0$，$C_4=1$；由线性方程组得：$C_3=0$，$C_2=0$，$C_1=1$，$C_0=1$；即信息码组(101)编出的码字为(1010011)。其他 7 个码字如下：

$$\begin{cases} C_3 = C_6 \qquad\quad + C_4 \\ C_2 = C_6 + C_5 + C_4 \\ C_1 = C_6 + C_5 \\ C_0 = \qquad\quad C_5 + C_4 \end{cases} \Rightarrow \begin{cases} C_6 + 0 + C_4 + C_3 + 0 + 0 + 0 = 0 \\ C_6 + C_5 + C_4 + 0 + C_2 + 0 + 0 = 0 \\ C_6 + C_5 + 0 + 0 + 0 + C_1 + 0 = 0 \\ 0 + C_5 + C_4 + 0 + 0 + 0 + C_0 = 0 \end{cases} \tag{6.55}$$

将监督方程写成矩阵形式，得：

$$\begin{bmatrix} 1 & 0 & 1 & 1 & 0 & 0 & 0 \\ 1 & 1 & 1 & 0 & 1 & 0 & 0 \\ 1 & 1 & 0 & 0 & 0 & 1 & 0 \\ 0 & 1 & 1 & 0 & 0 & 0 & 1 \end{bmatrix} \begin{bmatrix} C_6 \\ C_5 \\ C_4 \\ C_3 \\ C_2 \\ C_1 \\ C_0 \end{bmatrix} = \begin{bmatrix} 0 \\ 0 \\ 0 \\ 0 \end{bmatrix} \tag{6.56}$$

令 $\boldsymbol{C}=[C_6 \quad C_5 \quad C_4 \quad C_3 \quad C_2 \quad C_1 \quad C_0]$，$\boldsymbol{0}=[0 \quad 0 \quad 0 \quad 0]$，

$$\boldsymbol{H} = \begin{bmatrix} 1 & 0 & 1 & 1 & 0 & 0 & 0 \\ 1 & 1 & 1 & 0 & 1 & 0 & 0 \\ 1 & 1 & 0 & 0 & 0 & 1 & 0 \\ 0 & 1 & 1 & 0 & 0 & 0 & 1 \end{bmatrix} \tag{6.57}$$

有 $\boldsymbol{H} \cdot \boldsymbol{C}^{\mathrm{T}} = \boldsymbol{0}^{\mathrm{T}}$ 或 $\boldsymbol{C} \cdot \boldsymbol{H}^{\mathrm{T}} = 0$。

$\boldsymbol{C}^{\mathrm{T}}$，$\boldsymbol{H}^{\mathrm{T}}$、$\boldsymbol{0}^{\mathrm{T}}$ 分别表示 $\boldsymbol{C}$，$\boldsymbol{H}$，$\boldsymbol{0}$ 的转置矩阵。系数矩阵 $\boldsymbol{H}$ 的后四列组成一个 4×4 阶单位子阵，用 $\boldsymbol{I}_4$ 表示，$\boldsymbol{H}$ 的其余部分用 $\boldsymbol{P}$ 表示。

$$\boldsymbol{P}_{4\times 3} = \begin{bmatrix} 1 & 0 & 1 \\ 1 & 1 & 1 \\ 1 & 1 & 0 \\ 0 & 1 & 1 \end{bmatrix} \quad \boldsymbol{I}_4 = \begin{bmatrix} 1 & 0 & 0 & 0 \\ 0 & 1 & 0 & 0 \\ 0 & 0 & 1 & 0 \\ 0 & 0 & 0 & 1 \end{bmatrix}$$

所以，

$$\boldsymbol{H}_{(7,3)} = [\boldsymbol{P}_{4\times 3} \quad \boldsymbol{I}_4] \tag{6.58}$$

推广到一般情况：对(n,k)线性分组码，每个码字中的 $r(r=n-k)$ 个监督元与信息元之间的关系可由下面的线性方程组确定：

$$
\begin{cases}
h_{11}C_{n-1} + h_{12}C_{n-2} + \cdots + h_{1n}C_0 = 0 \\
h_{21}C_{n-1} + h_{22}C_{n-2} + \cdots + h_{2n}C_0 = 0 \\
\vdots \\
h_{r1}C_{n-1} + h_{r2}C_{n-2} + \cdots + h_{rn}C_0 = 0
\end{cases} \tag{6.59}
$$

令系数矩阵为 $\boldsymbol{H}$，码字行阵列为 $\boldsymbol{C}$，则

$$
\boldsymbol{H}_{r\times n} = \begin{bmatrix} h_{11} & h_{12} & \cdots & h_{1n} \\ h_{21} & h_{22} & \cdots & h_{2n} \\ \vdots & \vdots & & \vdots \\ h_{r1} & h_{r2} & \cdots & h_{rn} \end{bmatrix}, \boldsymbol{C}_{1\times n} = [C_{n-1} \quad C_{n-2} \quad \cdots \quad C_0]
$$

则

$$
\boldsymbol{H}_{r\times n} \cdot \boldsymbol{C}_{n\times 1}^{\mathrm{T}} = \boldsymbol{0}_{r\times 1}^{\mathrm{T}} \text{ 或 } \boldsymbol{C}_{1\times n} \cdot \boldsymbol{H}_{n\times r}^{\mathrm{T}} = \boldsymbol{0}_{1\times r} \tag{6.60}
$$

称 $\boldsymbol{H}$ 为 (n,k) 线性分组码的一致监督矩阵。

一致监督矩阵特性：

对 $\boldsymbol{H}$ 各行实行初等变换，将后面 r 列化为单位子阵，于是得到下面的矩阵（行变换所得方程组与原方程组同解）：

$$
\boldsymbol{H}_{r\times n} = \begin{bmatrix} p_{11} & p_{12} & \cdots & p_{1k} & 1 & 0 & \cdots & 0 \\ p_{21} & p_{22} & \cdots & p_{2k} & 0 & 1 & \cdots & 0 \\ \vdots & \vdots & & \vdots & \vdots & \vdots & & \vdots \\ p_{r1} & p_{r2} & \cdots & p_{rn} & 0 & 0 & \cdots & 1 \end{bmatrix} \tag{6.61}
$$

监督矩阵 $\boldsymbol{H}$ 的标准形式：后面 r 列是一单位子阵的监督矩阵 $\boldsymbol{H}$。$\boldsymbol{H}$ 阵的每一行都代表一个监督方程，它表示与该行中"1"相对应的码元的模 2 和为 0。$\boldsymbol{H}$ 的标准形式还说明了相应的监督元是由哪些信息元决定的。例如，(7,3) 码的 $\boldsymbol{H}$ 阵的第一行为 (1011000)，说明此码的第一个监督元等于第一个和第三个信息元的模 2 和，依此类推。

$\boldsymbol{H}$ 阵的 r 行代表了 r 个监督方程，也表示由 $\boldsymbol{H}$ 所确定的码字有 r 个监督元。为了得到确定的码，r 个监督方程（或 $\boldsymbol{H}$ 阵的 r 行）必须是线性独立的，这要求 $\boldsymbol{H}$ 阵的秩为 r。若把 $\boldsymbol{H}$ 阵化成标准形式，只要检查单位子阵的秩，就能方便地确定 $\boldsymbol{H}$ 阵本身的秩。

3. 线性分组码的生成矩阵

线性码的封闭性：线性码任意两个码字之和仍是一个码字。

证明：若 $\boldsymbol{U}$ 和 $\boldsymbol{V}$ 为线性码的任意两个码字，故有

$$
\boldsymbol{HU}^{\mathrm{T}} = \boldsymbol{0}^{\mathrm{T}}, \boldsymbol{HV}^{\mathrm{T}} = \boldsymbol{0}^{\mathrm{T}} \tag{6.62}
$$

那么

$$
\boldsymbol{H}(\boldsymbol{U}+\boldsymbol{V})^{\mathrm{T}} = \boldsymbol{H}(\boldsymbol{U}^{\mathrm{T}}+\boldsymbol{V}^{\mathrm{T}}) = \boldsymbol{HU}^{\mathrm{T}} + \boldsymbol{HV}^{\mathrm{T}} = \boldsymbol{0}^{\mathrm{T}} \tag{6.63}
$$

即 $\boldsymbol{U}+\boldsymbol{V}$ 满足监督方程，所以 $\boldsymbol{U}+\boldsymbol{V}$ 一定是一个码字。

一个长为 n 的二元序列可以看作是 GF(2)（二元域）上的 n 维线性空间中的一点。长为 n 的所有 2^n 个矢量集合构成了 GF(2) 上的 n 维线性空间 V_n。把线性码放入线性空间中进行研究，将使许多问题简化而比较容易解决。

(n,k) 线性码是 n 维线性空间 V_n 中的一个 k 维子空间 V_k。

线性分组码的生成矩阵：

在由 (n,k) 线性码构成的线性空间 V_n 的 k 维子空间中，一定存在 k 个线性独立的码字：$g_1, g_2, \cdots, g_k$。码 C_1 中其他任何码字 C 都可表示为这 k 个码字的线性组合，即 $C = m_{k-1}g_1 + m_{k-2}g_2 + \cdots + m_0 g_k$。其中，$m_i \in \mathrm{GF}(2)$，$i = 0, 1, \cdots k-1$。

写成矩阵形式得：

$$\boldsymbol{C}_{1\times n}=[m_{k-1}m_{k-2}\cdots m_0]\begin{bmatrix}g_1\\g_2\\\vdots\\g_k\end{bmatrix}=\boldsymbol{m}_{1\times k}\boldsymbol{G}_{k\times n} \tag{6.64}$$

$\boldsymbol{m}=[m_{k-1}m_{k-2}\cdots m_0]$是待编码的信息组，$\boldsymbol{G}$是一个$k\times n$的矩阵。显然，

$$\boldsymbol{G}_{k\times n}=\begin{bmatrix}g_1\\g_2\\\vdots\\g_k\end{bmatrix}=\begin{bmatrix}g_{11}&g_{12}&\cdots&g_{1n}\\g_{21}&g_{22}&\cdots&g_{2n}\\\vdots&\vdots&&\vdots\\g_{k1}&g_{k2}&\cdots&g_{kn}\end{bmatrix} \tag{6.65}$$

G中每一行$g_i=(g_{i1},g_{i2},\cdots,g_{in})$都是一个码字。对每一个信息组$\boldsymbol{m}$，由矩阵$\boldsymbol{G}$都可以求得$(n,k)$线性码对应的码字。

生成矩阵：由于矩阵$\boldsymbol{G}$生成了(n,k)线性码，称矩阵$\boldsymbol{G}$为(n,k)线性码的生成矩阵。

(n,k)线性码的每一个码字都是生成矩阵$\boldsymbol{G}$的行矢量的线性组合，所以它的2^k个码字构成了由$\boldsymbol{G}$的行组成的n维空间$\boldsymbol{V}_n$的一个k维子空间$\boldsymbol{V}_k$。

线性系统分组码：通过行初等变换，将$\boldsymbol{G}$化为前k列是单位子阵的标准形式。

$$\boldsymbol{G}_{k\times n}=\begin{bmatrix}1&0&\cdots&0&q_{11}&q_{12}&\cdots&q_{1(n-k)}\\0&1&\cdots&0&q_{21}&q_{22}&\cdots&q_{2(n-k)}\\\vdots&\vdots&&\vdots&\vdots&\vdots&&\vdots\\0&0&\cdots&1&q_{k1}&q_{k2}&\cdots&q_{k(n-k)}\end{bmatrix}=[I_k\quad Q_{k\times r}] \tag{6.66}$$

将式(6.66)代入$\boldsymbol{C}_{1\times n}=(C_{n-1},C_{n-2},\cdots,C_0)=(m_{k-1},m_{k-2},\cdots,m_0)\boldsymbol{G}_{k\times n}$得

$$\begin{cases}C_{n-i}=m_{k-i},\quad i=1,2,\cdots,k\\C_{n-(k+j)}=m_{k-1}q_{1j}+m_{k-2}q_{2j}+\cdots+m_0q_{kj},j=1,2,\cdots,n-k\end{cases} \tag{6.67}$$

线性系统分组码：用标准生成矩阵$\boldsymbol{G}_{k\times n}$编成的码字，前面$k$位为信息数字，后面$r=n-k$位为校验字，这种信息数字在前校验数字在后的线性分组码称为线性系统分组码。

当生成矩阵G确定之后，(n,k)线性码也就完全被确定了，只要找到码的生成矩阵，编码问题也同样解决了。

例 6.6 (7,4)线性码的生成矩阵为

$$\boldsymbol{G}_{4\times 7}=\begin{bmatrix}1&0&0&0&1&0&1\\0&1&0&0&1&1&1\\0&0&1&0&1&1&0\\0&0&0&1&0&1&1\end{bmatrix}$$

若$\boldsymbol{m}_{1\times 4}=[1010]$，则：

$$\boldsymbol{C}_{1\times 7}=\boldsymbol{m}_{1\times 4}\boldsymbol{G}_{4\times 7}=[1\quad 0\quad 1\quad 0]\begin{bmatrix}1&0&0&0&1&0&1\\0&1&0&0&1&1&1\\0&0&1&0&1&1&0\\0&0&0&1&0&1&1\end{bmatrix}=[1010011]$$

生成矩阵与一致监督矩阵的关系：

由于生成矩阵 G 的每一行都是一个码字，所以 G 的每行都满足 $\boldsymbol{H}_{r\times n}\boldsymbol{C}_{n\times 1}^{\mathrm{T}}=\boldsymbol{0T}_{r\times 1}$，则有：

$$\boldsymbol{H}_{r\times n}\boldsymbol{G}_{n\times k}^{\mathrm{T}}=\boldsymbol{0}_{r\times k}^{\mathrm{T}} \quad 或 \quad \boldsymbol{G}_{k\times n}\boldsymbol{H}_{n\times r}^{\mathrm{T}}=\boldsymbol{0}_{k\times r}$$

线性系统码的监督矩阵 $\boldsymbol{H}$ 和生成矩阵 $\boldsymbol{G}$ 之间可以直接互换：

$$\boldsymbol{G}_{\mathrm{S}}=[I_k \quad Q_{k\times r}],\boldsymbol{H}_{\mathrm{S}}=[P_{r\times k} \quad I_r]$$

$$\boldsymbol{G}_{\mathrm{S}}\boldsymbol{H}_{\mathrm{S}}^{\mathrm{T}}=[I_k \quad Q_{k\times r}]\cdot[P_{r\times k} \quad I_r]^{\mathrm{T}}=[I_k \quad Q_{k\times r}]\cdot\begin{bmatrix}P_{r\times k}^{\mathrm{T}}\\ I_r\end{bmatrix}$$

$$=\boldsymbol{P}_{r\times k}^{\mathrm{T}}+\boldsymbol{Q}_{k\times r}=\boldsymbol{0}_{k\times r} \tag{6.68}$$

所以，

$$\boldsymbol{Q}_{k\times r}=\boldsymbol{P}_{r\times k}^{\mathrm{T}} \quad 或 \quad \boldsymbol{Q}_{k\times r}^{\mathrm{T}}=\boldsymbol{P}_{r\times k} \tag{6.69}$$

$$\begin{cases}\boldsymbol{G}_{\mathrm{S}}=[I_k \quad Q_{k\times r}]\\ \boldsymbol{H}_{\mathrm{S}}=[Q_{k\times r}^{\mathrm{T}} \quad I_r]\end{cases} \tag{6.70}$$

例 6.7 已知(7,4)线性系统码的监督矩阵为

$$\boldsymbol{H}_{(7,4)}=\begin{bmatrix}1&1&1&0&1&0&0\\0&1&1&1&0&1&0\\1&1&0&1&0&0&1\end{bmatrix} \tag{6.71}$$

根据监督矩阵与生成矩阵之间的关系，可直接写出它的生成矩阵

$$\boldsymbol{G}_{(7,4)}=\begin{bmatrix}1&0&0&0&1&0&1\\0&1&0&0&1&1&1\\0&0&1&0&1&1&0\\0&0&0&1&0&1&1\end{bmatrix} \tag{6.72}$$

对偶码：一个(n,k)线性码 $\boldsymbol{C}_{\mathrm{I}}$，如果以 $\boldsymbol{G}$ 作监督矩阵，而以 $\boldsymbol{H}$ 作生成矩阵，可构造另一个$(n,n-k)$线性码 $\boldsymbol{C}_{\mathrm{Id}}$，称码 $\boldsymbol{C}_{\mathrm{Id}}$ 为原码的对偶码。

(7,3)码的监督矩阵 $\boldsymbol{H}_{(7,3)}$ 是(7,4)码的生成矩阵 $\boldsymbol{G}_{(7,4)}$：

$$\boldsymbol{G}_{(7,4)}=\begin{bmatrix}1&0&0&0&1&0&1\\0&1&0&0&1&1&1\\0&0&1&0&1&1&0\\0&0&0&1&0&1&1\end{bmatrix}\xrightarrow{\text{标准形式}}\begin{bmatrix}1&0&1&1&0&0&0\\1&1&1&0&1&0&0\\1&1&0&0&0&1&0\\0&1&1&0&0&0&1\end{bmatrix}=\boldsymbol{H}_{(7,3)} \tag{6.73}$$

(7,4)码的监督矩阵 $\boldsymbol{H}_{(7,4)}$ 是(7,3)码的生成矩阵 $\boldsymbol{G}_{(7,3)}$：

$$\boldsymbol{H}_{(7,4)}=\begin{bmatrix}1&1&1&0&1&0&0\\0&1&1&1&0&1&0\\1&1&0&1&0&0&1\end{bmatrix}\xrightarrow{\text{标准形式}}\begin{bmatrix}1&0&0&1&1&1&0\\0&1&0&0&1&1&1\\0&0&1&1&1&0&1\end{bmatrix}=\boldsymbol{G}_{(7,3)} \tag{6.74}$$

4. 线性分组码的编码

(n,k)线性码的编码就是根据线性码的监督矩阵或生成矩阵将长为 k 的信息组变换成长为 $n(n>k)$的码字。

利用监督矩阵构造 (7,3) 线性分组码的编码电路：

设码字矢量为 $\boldsymbol{C}=[C_6C_5C_4C_3C_2C_1C_0]$，码的监督矩阵为

$$\boldsymbol{H}_{(7,3)}=\begin{bmatrix}1&0&1&1&0&0&0\\1&1&1&0&1&0&0\\1&1&0&0&0&1&0\\0&1&1&0&0&0&1\end{bmatrix} \tag{6.75}$$

由 $\boldsymbol{HC}^{\mathrm{T}}=\boldsymbol{0}^{\mathrm{T}}$ 得：

$$\begin{cases}C_3 = C_6 + C_4 \\ C_2 = C_6 + C_5 + C_4 \\ C_1 = C_6 + C_5 \\ C_0 = C_5 + C_4\end{cases} \tag{6.76}$$

根据方程组可直接画出（7,3）码的并行和串行编码电路如图 6.8 所示。

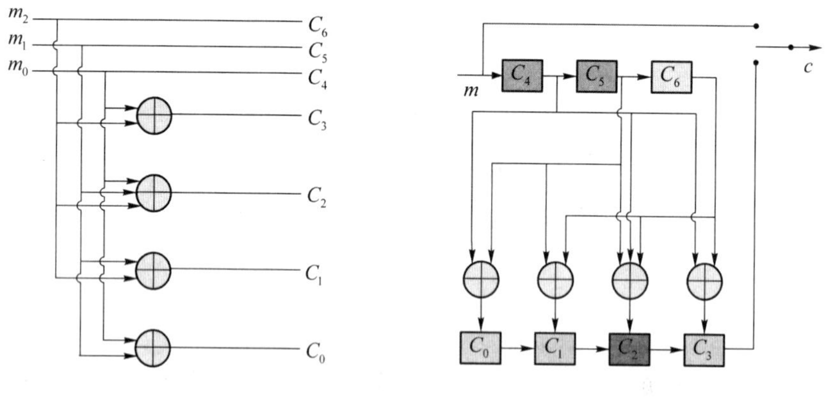

(a) 并行编码电路　　(b) 串行编码电路

图 6.8　(7,3)线性编码电路

5. 线性分组码的最小距离、检错和纠错能力

线性分组码的一个码字对应于 n 维线性空间中的一点，码字间的距离即为空间中两对应点的距离。因此，码字间的距离满足一般距离公理：

$$\begin{cases}① \quad d(U,V) \geqslant 0 & \text{非负性} \\ ② \quad d(U,V) = d(V,U) & \text{对称性} \\ ③ \quad d(U,V) + d(V,W) \geqslant d(U,W) & \text{三角不等式}\end{cases} \tag{6.77}$$

(1)最小距离 $d_{\min}$：在（n,k）线性码的码字集合中，任意两个码字间距离的最小值，称作码的最小距离。若 $C^{(i)}$ 和 $C^{(j)}$ 是任意两个码字，则码的最小距离表示为

$$d_{\min} = \min_{i \neq j}\{d(C^{(i)}, C^{(j)})\}, i,j = 0,1,\cdots,2^k - 1 \tag{6.78}$$

码的最小距离是衡量码的抗干扰能力(检、纠错能力)的重要参数。码的最小距离越大，码的抗干扰能力就越强。

(2) 汉明球：以码字 C 为中心，半径为 t 的汉明球是与 C 的汉明距离小于等于 t 的向量全体集合 $S_C^{(t)}$

$$S_C^{(t)} = \{R \mid d(C,R) \leqslant t\} \tag{6.79}$$

任意两个汉明球不相交最大程度取决于任意两个码字之间的最小汉明距离 $d_{\min}$。如图 6.9所示为 $d_{\min}=5$ 码距和纠错能力关系示意图。

(3) 汉明重量 $\boldsymbol{W}$：码字中非 0 码元符号的个数，称为该码字的汉明重量。在二元线性码中，码字重量就是码字中“1”的个数。最小重量 $\boldsymbol{W}_{\min}$ 即线性分组码 C_{I} 中，非 0 码字重量的最小值，称作码 C_{I} 的最小重量：

$$\boldsymbol{W}_{\min} = \min\{W(V), V \in C_{\mathrm{I}}, V \neq 0\} \tag{6.80}$$

最小距离与最小重量的关系：线性分组码的最小距离等于它的最小重量。

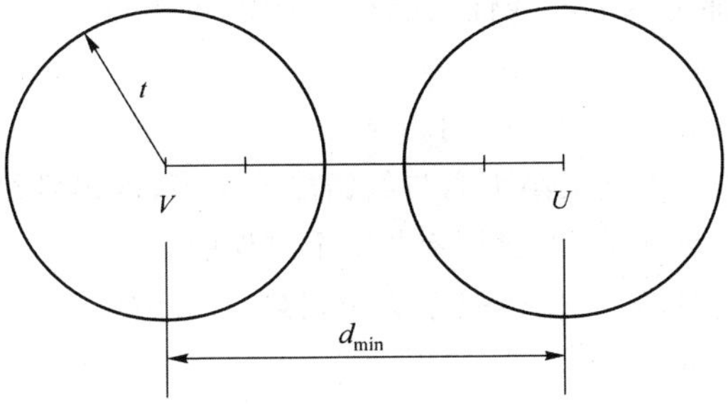

图 6.9　$d_{min}=5$ 码距和纠错能力关系示意图

证明：设线性码 C_I，且 $U\in C_I$，$V\in C_I$，又设 $U-V=Z$，由线性码的封闭性知，$Z\in C_I$。因此，$d(U,V)=W(Z)$，由此可推知，线性分组码的最小距离必等于非 0 码字的最小重量。

最小距离与检、纠错能力：一般地说，线性码的最小距离越大，意味着任意码字间的差别越大，则码的检、纠错能力越强。

检错能力：一个线性码能检出长度小于等于 l 个码元的任何错误图样，称码的检错能力为 l。

纠错能力：线性码能纠正长度小于等于 t 个码元的任意错误图样，称码的纠错能力为 t。

最小距离与纠错能力：(n,k) 线性码能纠 t 个错误的充要条件是码的最小距离为

$$d_{min}=2t+1 \quad 或 \quad t=\left\lfloor\frac{d_{min}-1}{2}\right\rfloor \tag{6.81}$$

其中，$\lfloor X \rfloor$为取实数 X 的最大整数。

证明：设发送的码字为 V，接收的码字为 R，U 为任意其他码字，则矢量 $\boldsymbol{V}$，$\boldsymbol{R}$，$\boldsymbol{U}$ 间满足距离的三角不等式：

$$d(R,V)+d(R,U)\geqslant d(U,V) \tag{6.82}$$

又设信道干扰使码字中码元发生错误的实际个数为 t'，且 $t'\leqslant t$

$$d(R,V)=t'\leqslant t \tag{6.83}$$

由于 $d(U,V)\geqslant d_{min}=2t+1$，代入式(6.82)得：

$$d(R,U)\geqslant d(U,V)-d(R,V)=2t+1-t'>t \tag{6.84}$$

式(6.84)表明：如果接收码字 R 中错误个数 $t'\leqslant t$，那么接收码字 R 和发送码字 V 间距离小于等于 t，而与其他任何码字间距离都大于 t，按最小距离译码把 R 译为 V。此时译码正确，码字中的错误被纠正。

最小距离与检错能力：(n,k) 线性码能够发现 l 个错误的充要条件是码的最小距离为

$$d_{min}=l+1 \quad 或 \quad l=d_{min}-1 \tag{6.85}$$

证明：设发送的码字为 V，接收的码字为 R，U 为任意其他码字，则矢量 $\boldsymbol{V}$，$\boldsymbol{R}$，$\boldsymbol{U}$ 间满足距离的三角不等式：

$$d(R,V)+d(R,U)\geqslant d(U,V) \tag{6.86}$$

又设信道干扰使码字中码元发生错误的实际个数为 l'，且 $l'\leqslant l$

$$d(R,V)=l'\leqslant l \tag{6.87}$$

由于 $d(U,V)\geqslant d_{min}=l+1$，代入式(6.86)得：

$$d(R,U)\geqslant d(U,V)-d(R,V)=l+1-l'>0 \tag{6.88}$$

如图 6.10 所示为 $d_{min}=4$ 码距和检错能力关系示意图。

最小距离与检、纠错能力：(n,k)线性码能纠 t 个错误，并能发现 l 个错误$(l>t)$的充要条件是码的最小距离为

$$d_{\min}=t+l+1 \quad 或 \quad t+l=d_{\min}-1 \tag{6.89}$$

证明：因为 $d_{\min}>2t+1$，根据最小距离与纠错能力定理，该码可纠 t 个错误。又因为$d_{\min}>l+1$，根据最小距离与检错能力定理，该码有检 l 个错误的能力。

纠错和检错不会发生混淆：设发送码字为 V，接收字为 R，实际错误数为 l'，且 $t<l'\leqslant l$。这时 R 与其他任何码字 U 的距离：

$$d(R,U)\geqslant d(U,V)-d(R,V)=t+l+1-l'>t+1>t \tag{6.90}$$

因而不会把 R 误纠为 U。

如图 6.11 所示为 $d_{\min}=5,t=1,l=3$ 码距和检错能力关系示意图。

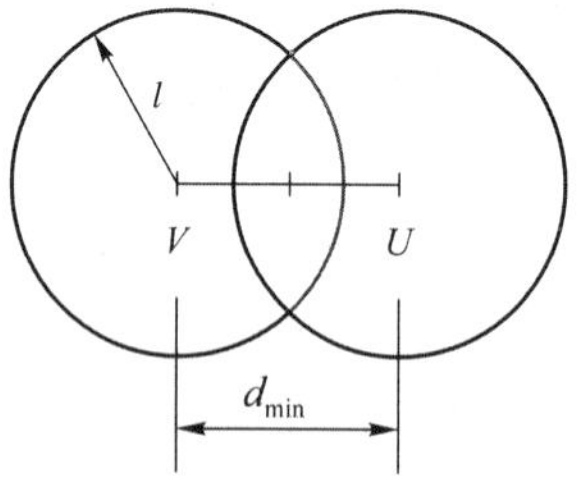

图 6.10　$d_{\min}=4$ 码距和检错能力关系示意图

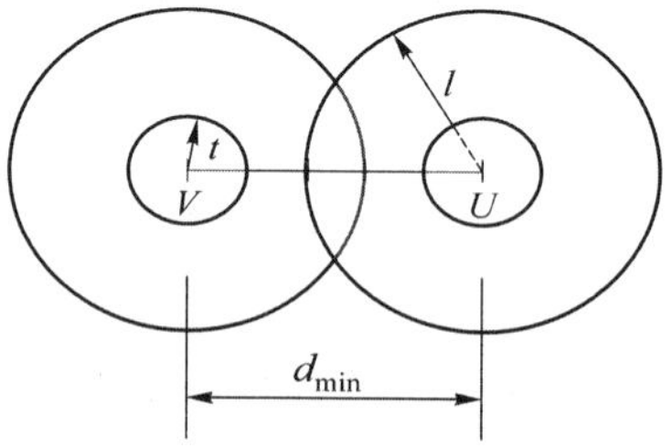

图 6.11　$d_{\min}=5,t=1,l=3$ 码距和检错能力关系示意图

当(n,k)线性码的最小距离 $d_{\min}$ 给定后，可按实际需要灵活安排纠错的数目。例如，对 $d_{\min}=8$ 的码，可用来纠 3 检 4 错，或纠 2 检 5 错，或纠 1 检 6 错，或者只用于检 7 个错误，如图 6.12所示。

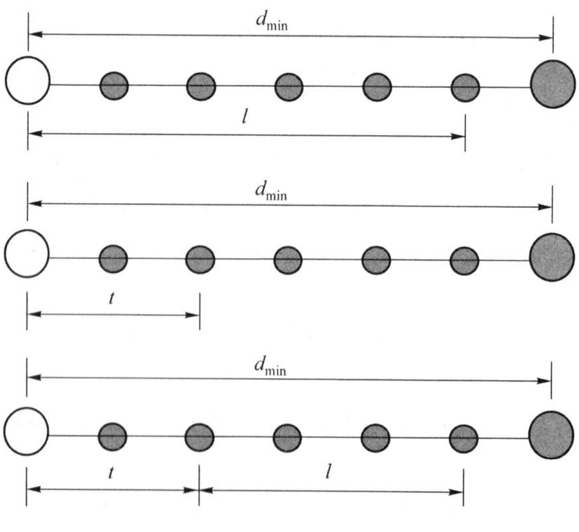

图 6.12　最小码距和检纠错能力

例 6.8　已知两码组为(0000)，(1111)。若用于检错能检出几位错码？若用于纠错，能纠正几位错码？若同时用于检错与纠错，问各能纠、检几位错码？

解：最小码距 $d_0=4$，所以，只用于检错时，$d_0\geqslant l+1\Rightarrow l\leqslant d_0-1=3$，能检 3 位错码；只用于

纠错时，$d_0 \geqslant 2t+1 \Rightarrow t \leqslant \frac{d_0-1}{2}$，有 $t=1$，能纠 1 位错码；同时用于检错与纠错时，有

$$\begin{cases} d_0 \geqslant l+t+1 \\ l>t \end{cases}$$

求解得

$$\begin{cases} t=1 \\ l=2 \end{cases}$$

故该码能同时检 2 位错码，纠 1 位错码。

例 6.9 有码字 $A_0=(001010)$，$A_1=(111100)$，$A_2=(010001)$，计算码的最小距离、最多检错位数、纠错位数及同时检错和纠错的位数。

解：设三个码字分别为 $A_0=(001010)$，$A_1=(111100)$，$A_2=(010001)$。两两码字之间的距离为

$$d(A_0,A_1)=W(A_0+A_1)=4$$
$$d(A_0,A_2)=W(A_0+A_2)=4$$
$$d(A_1,A_2)=W(A_1+A_2)=4$$

此码的最小码距 $d_0=4$。

(1) 此码用于检错，最多能检 $(d_0-1)=3$ 位错误；

(2) 此码用于纠错，能纠小于等于 $(d_0-1)/2=1.5$ 位错误，由于个数应为整数，因此可纠一位错误。

(3) 此码用于同时检错和纠错时，能检和能纠的个数 l 和 t 与最小码距之间应有如下关系：

$$d_0 \geqslant l+t+1 \quad (l>t)$$

可见，当 $d_0=4$ 时，有 $4 \geqslant 2+1+1$，得 $l=2$，$t=1$。即同时用于检错和纠错时，纠 1 位错同时最多能检 2 位错误。

6. 线性分组码的伴随式

(1) 伴随式和错误检测

用监督矩阵译码，接收到一个码字 $\boldsymbol{R}$ 后，检验 $\boldsymbol{H}\cdot\boldsymbol{R}^{\mathrm{T}}=0^{\mathrm{T}}$ 是否成立，这是检验码字出错与否的依据。若关系成立，则认为 $\boldsymbol{R}$ 是一个码字；否则判为码字在传输中发生了错误。伴随式/监督子/校验子：$\boldsymbol{S}=\boldsymbol{R}\cdot\boldsymbol{H}^{\mathrm{T}}$ 或 $\boldsymbol{S}^{\mathrm{T}}=\boldsymbol{H}\cdot\boldsymbol{R}^{\mathrm{T}}=\boldsymbol{0}^{\mathrm{T}}$。

下面讲解如何纠错。

设发送码矢 $\boldsymbol{C}=[C_{n-1},C_{n-2},\cdots,C_0]$，信道错误图样为 $\boldsymbol{E}=[E_{n-1},E_{n-2},\cdots,E_0]$，其中 $E_i=0$，表示第 i 位无错；$E_i=1$，表示第 i 位有错。$i=n-1,n-2,\cdots,0$。

接收码字

$$\begin{aligned}\boldsymbol{R}&=[R_{n-1},R_{n-2},\cdots,R_0]=\boldsymbol{C}+\boldsymbol{E}\\&=[C_{n-1}+E_{n-1},C_{n-2}+E_{n-2},\cdots,C_0+E_0]\end{aligned} \tag{6.91}$$

求接收码字的伴随式(接收码字用监督矩阵进行检验)：

$$\boldsymbol{S}^{\mathrm{T}}=\boldsymbol{H}\cdot\boldsymbol{R}^{\mathrm{T}}=\boldsymbol{H}\cdot(\boldsymbol{C}+\boldsymbol{E})^{\mathrm{T}}=\boldsymbol{H}\cdot\boldsymbol{C}^{\mathrm{T}}+\boldsymbol{H}\cdot\boldsymbol{E}^{\mathrm{T}} \tag{6.92}$$

由于 $\boldsymbol{H}\cdot\boldsymbol{C}^{\mathrm{T}}=\boldsymbol{0}^{\mathrm{T}}$，所以 $\boldsymbol{S}^{\mathrm{T}}=\boldsymbol{H}\cdot\boldsymbol{E}^{\mathrm{T}}$。

设 $\boldsymbol{H}=(h_1,h_2,\cdots,h_n)$，其中 h_i 表示 $\boldsymbol{H}$ 的列。代入式(6.92)得到：

$$\boldsymbol{S}^{\mathrm{T}}=h_1E_{n-1}+h_2E_{n-2}+\cdots+h_nE_0 \tag{6.93}$$

结论：伴随式仅与错误图样有关，而与发送的具体码字无关，即伴随式仅由错误图样决定；伴随式是错误的判别式。若 $\boldsymbol{S}=\boldsymbol{0}$，则判为没有出错，接收码字是一个码字；若 $\boldsymbol{S}\neq\boldsymbol{0}$，则判为有错。不同的错误图样具有不同的伴随式，它们是一一对应的。对二元码，伴随式 $\boldsymbol{S}$ 是 $\boldsymbol{H}$ 阵中与错误码元对应列之和。

例 6.10 (7,3)码接收矢量 $\boldsymbol{R}$ 的伴随式计算。

解：设发送码矢 $C=1010011$，接收码字 $R=1010011$，R 与 C 相同。

$$\boldsymbol{H}=\begin{bmatrix}1&0&1&1&0&0&0\\1&1&1&0&1&0&0\\1&1&0&0&0&1&0\\0&1&1&0&0&0&1\end{bmatrix}$$

但接收端译码器并不知道就是发送的码字，根据接收字 R 计算伴随式，把 $\boldsymbol{H}$ 和 $\boldsymbol{R}$ 代入得：$\boldsymbol{S}^{\mathrm{T}}=\boldsymbol{H}\cdot\boldsymbol{R}^{\mathrm{T}}=0^{\mathrm{T}}$。

因此，译码器判接收字无错。

若接收码字中有一位错误，如发送码矢 $C=1010011$，接收码字 $R=1110011$，伴随式为

$$\boldsymbol{S}^{\mathrm{T}}=\boldsymbol{H}\cdot\boldsymbol{R}^{\mathrm{T}}=\begin{bmatrix}1&0&1&1&0&0&0\\1&1&1&0&1&0&0\\1&1&0&0&0&1&0\\0&1&1&0&0&0&1\end{bmatrix}\cdot\begin{bmatrix}1\\1\\1\\0\\0\\1\\1\end{bmatrix}=\begin{bmatrix}0\\1\\1\\1\end{bmatrix} \tag{6.94}$$

由于 $\boldsymbol{S}^{\mathrm{T}}\neq\boldsymbol{0}$，译码器判有错。(7,3)码是纠单个错误的码，且 $\boldsymbol{S}^{\mathrm{T}}$ 等于 H 的第二列，因此判定接收字 R 的第二位是错的。由于接收字中错误码元数与码的纠错能力相符，所以译码正确。

当码元错误多于 1 个时，发送码字 $C=1010011$，接收码字 $R=0011011$，伴随式为

$$\boldsymbol{S}^{\mathrm{T}}=\boldsymbol{H}\cdot\boldsymbol{R}^{\mathrm{T}}=\begin{bmatrix}1&0&1&1&0&0&0\\1&1&1&0&1&0&0\\1&1&0&0&0&1&0\\0&1&1&0&0&0&1\end{bmatrix}\cdot\begin{bmatrix}0\\0\\1\\1\\0\\1\\1\end{bmatrix}=\begin{bmatrix}0\\1\\1\\0\end{bmatrix} \tag{6.95}$$

由于 $\boldsymbol{S}^{\mathrm{T}}$ 是第一列和第四列之和，不等于 0，但与 $\boldsymbol{H}$ 阵中的任何一列都不相同，无法判定错误出在哪些位上，只是发现有错。

(2) 伴随式计算电路

伴随式的计算可用电路来实现。

例 6.11 以(7,3)码为例，设接收码字为 $R=(R_6R_5R_4R_3R_2R_1R_0)$，伴随式为

$$S^{T} = H \cdot R^{T} = \begin{bmatrix} 1 & 0 & 1 & 1 & 0 & 0 & 0 \\ 1 & 1 & 1 & 0 & 1 & 0 & 0 \\ 1 & 1 & 0 & 0 & 0 & 1 & 0 \\ 0 & 1 & 1 & 0 & 0 & 0 & 1 \end{bmatrix} \begin{bmatrix} R_6 \\ R_5 \\ R_4 \\ R_3 \\ R_2 \\ R_1 \\ R_0 \end{bmatrix} = \begin{bmatrix} R_6 + R_4 + R_3 \\ R_6 + R_5 + R_4 + R_2 \\ R_6 + R_5 + R_1 \\ R_5 + R_4 + R_0 \end{bmatrix} = \begin{bmatrix} S_3 \\ S_2 \\ S_1 \\ S_0 \end{bmatrix} \tag{6.96}$$

根据式(6.96)可画出伴随式计算电路如图 6.13 所示。

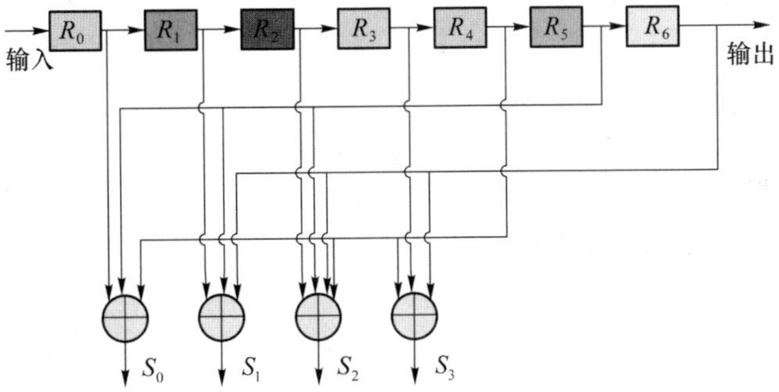

图 6.13 (7,3)码伴随式计算电路

6.4.2 汉明码

汉明码是一种线性分组码,其编码原理如下:

设码长为 n,信息位长度为 k,监督位长度为 $r=n-k$。如果需要纠正一位出错,因为长度为 n 的序列上每一位都可能出错,一共有 n 种情况,另外还有不出错的情况,所以必须用长度为 r 的监督码表示出 $n+1$ 种情况。而长度为 r 的监督码一共可以表示 2^r种情况。因此

$$2^r \geqslant n+1 \tag{6.97}$$

即 $r \geqslant \log(n+1)$。

例 6.12 假设 $k=4$,需要纠正一位错误,则

$$2^r \geqslant n+1 = k+r+1 = 4+r+1 \tag{6.98}$$

解得 $r \geqslant 3$。取 $r=3$,则码长为 $3+4=7$。用 $a_6, a_5, \cdots, a_0$ 表示这 7 个码元,用 S_1, S_2, S_3 表示三个监督关系式中的校正子,作如表 6.2 所示规定(这个规定是任意的)。

表 **6.2** S_1, S_2, S_3 错码的位置

0	0	1	a_0	1	0	1	a_4
0	1	0	a_1	1	1	0	a_5
1	0	0	a_2	1	1	1	a_6
0	1	1	a_3	0	0	0	无错

按照表 6.2 中的规定可知,仅当一个错码位置在 a_2, a_4, a_5 或 a_6 时校正子 S_1 为 1,否则 S_1 为 0。这就意味着 a_2, a_4, a_5, a_6 4 个码元构成偶校验关系:

$$S_1 = a_6 \oplus a_5 \oplus a_4 \oplus a_2 \tag{6.99}$$

同理,可以得到:

$$S_2 = a_6 \oplus a_5 \oplus a_3 \oplus a_1 \tag{6.100}$$

$$S_3 = a_6 \oplus a_4 \oplus a_3 \oplus a_0 \tag{6.101}$$

在发送信号时,信息位 a_6, a_5, a_4, a_3 的值取决于输入信号,是随机的。监督为 a_2, a_1, a_0 应该根据信息位的取值按照监督关系决定,即监督位的取值应该使式(6.99)、式(6.100)、式(6.101)中的 S_1, S_2, S_3 为 0,这表示初始情况下没有错码。即

$$a_6 \oplus a_5 \oplus a_4 \oplus a_2 = 0 \tag{6.102}$$

$$a_6 \oplus a_5 \oplus a_3 \oplus a_1 = 0 \tag{6.103}$$

$$a_6 \oplus a_4 \oplus a_3 \oplus a_0 = 0 \tag{6.104}$$

由式(6.102)、式(6.103)、式(6.104)进行移项运算,得到:

$$a_2 = a_6 \oplus a_5 \oplus a_4 \tag{6.105}$$

$$a_1 = a_6 \oplus a_5 \oplus a_3 \tag{6.106}$$

$$a_0 = a_6 \oplus a_4 \oplus a_3 \tag{6.107}$$

已知信息位后,根据式(6.105)、式(6.106)、式(6.107)即可计算出 a_2, a_1, a_0 三个监督位的值。接收端受到每个码组后,先按照式(6.105)、式(6.106)、式(6.107)计算出 S_1, S_2, S_3,然后查表可知错码情况。

例如,若接收到的码字为 0000011,按照式(6.105)、式(6.106)、式(6.107)计算得到:

$$S_1 = 0,\ S_2 = 1,\ S_3 = 1$$

查表可得在 a_3 位有一个错码。这种编码方法的最小汉明距离为 $d=3$,所以这种编码可以纠正一个错码或者检测两个错码。

6.4.3 循环码

循环码是 (n,k) 线性分组码中最重要的一个子类码,它的基本特点是编码电路及伴随式解码电路简单易行;其代数结构具有很多有用的特性,便于找到有效解码方法。

1. 循环码及其生成多项式

定义 6.1 设 C 是二元 (n,k) 线性码,如果对 $\forall c = (c_0, c_1, \cdots, c_{n-1}) \in C$,都有 $(c_{n-1}, c_0, c_1, \cdots, c_{n-2}) \in C$,则称 C 是循环码。

定理 6.1 循环码 C 的对偶码 $C^{\perp}$ 是循环码。

例如,$C=\{000,110,101,011\}$ 是 (3,2) 循环码,$C^{\perp}=\{000,111\}$ 是 (3,1) 循环码。

定理 6.2 设 C 是码长为 n 的循环码,令

$$I(C) = \{c_0 + c_1 x + \cdots + c_{n-1} x^{n-1} \mid (c_0, c_1, \cdots, c_{n-1}) \in C\} \tag{6.108}$$

设 $g(x) = g_0 + g_1 x + \cdots + g_{n-k} x^{n-k}$ 是 $I(C)$ 中次数最低的多项式,其中 $g_0 \neq 0, g_{n-k} \neq 0$,则:

(1) $g(x) \mid x^n + 1$,且 $I(C)$ 是由 $g(x)$ 生成的 $F_2[x]_{x^n-1}$ 的主理想,即

$$I(C) = (g(x)) = \{k(x)g(x) \mid k(x) 的次数\ \partial k \leqslant n-1-\partial g\} \tag{6.109}$$

其中,$F_2[x]$ 表示 F_2 上多项式的集合,而 $F_2[x]_{x^n-1}$ 或 $F_2[x]_{x^n+1}$ 表示 F_2 上次数不超过 $n-1$ 的多项式集合。

(2) C 是以矩阵

$$\boldsymbol{G} = \begin{bmatrix} g_0 & g_1 & g_2 & \cdots & g_{n-k} & & & \\ & g_0 & g_1 & \cdots & g_{n-k-1} & g_{n-k} & & \\ & & \ddots & \ddots & & \ddots & & \\ & & & g_0 & g_1 & \cdots & g_{n-k} \end{bmatrix}_{k \times n} = \begin{bmatrix} g(x) \\ xg(x) \\ \vdots \\ x^{k-1} g(x) \end{bmatrix} \tag{6.110}$$

为生成矩阵的 $[n,k]$ 线性码。

定理 6.3 设 $g(x)\in F_2[x]$ 满足 $g(x)\mid x^n-1$，令 $I(C)$ 是 $g(x)$ 在 $F_2[x]_{x^n+1}$ 中生成的理想，即 $I(C)=(g(x))$，则

$$C=\{(c_0,c_1,\cdots,c_{n-1})\mid c_0+c_1x+\cdots+c_{n-1}x^{n-1}\in I(C)\} \tag{6.111}$$

是一个二元 $(n,n-\partial g)$ 的循环码。

在 F_2 上，$x^n-1=x^n+1$，更一般地有：$f(x)-1=f(x)+1$，$f(x)=-f(x)$。

定义 6.2 设 C 是循环码，如果 $g(x)$ 是 $F_2[x]$ 中满足 $I(C)=(g(x))$ 的次数最低的多项式，则称 $g(x)$ 是 C 的生成多项式。

定理 6.4 (1) 长为 n 的二元循环码与 x^n+1 多项式因子一一对应；

(2) 设 $x^n-1=g_1^{e_1}(x)g_2^{e_2}(x)\cdots g_r^{e_r}(x)$，其中 $g_i(x)$ 是 $F_2[x]$ 上不可再分解的多项式，$e_i\geqslant 1$，$i=1,2,\cdots,r$，则长为 n 的二元循环码的个数为 $(e_1+1)(e_2+1)\cdots(e_n+1)$。

由定理 6.4 知，码长为 n 的二元循环码的个数取决于 x^n+1 因子的个数，因此码长从 1 到 10 的二元循环码的个数如表 6.3 所示。例如，码长为 2 的二元循环码分别是{00}，{00,11}，{00,01,10,11}，总个数为 3。

表 6.3 长从 1 到 10 的二元循环码的个数

长度 n	x^n+1 的分解式	e_i 取值	循环码个数和
1	$x+1$	$e_1=1$	2
2	$x^2+1=(x+1)^2$	$e_1=2$	3
3	$x^3+1=(x+1)(x^2+x+1)$	$e_1=e_2=1$	4
4	$x^4+1=(x+1)^4$	$e_1=4$	5
5	$x^5+1=(x+1)(x^4+x^3+x^2+x+1)$	$e_1=e_2=1$	4
6	$x^6+1=(x+1)^2(x^2+x+1)^2$	$e_1=e_2=2$	9
7	$x^7+1=(x+1)(x^3+x^2+1)(x^3+x+1)$	$e_1=e_2=e_3=1$	8
8	$x^8+1=(x+1)^8$	$e_1=8$	9
9	$x^9+1=(x+1)(x^2+x+1)(x^6+x^3+1)$	$e_1=e_2=e_3=1$	8
10	$x^{10}+1=(x+1)^2(x^4+x^3+x^2+x+1)^2$	$e_1=e_2=2$	9

2. 循环码的校验多项式

定义 6.3 设 $f(x)=a_nx^n+a_{n-1}x^{n-1}+\cdots+a_1x+a_0\in F_2[x]$，$a_n\neq 0$，则称

$$f_R(x)=x^nf\left(\frac{1}{x}\right) \tag{6.112}$$

为 $f(x)$ 的互反多项式。

这里，$f_R(x)=a_0x^n+a_1x^{n-1}+\cdots+a_{n-1}x+a_n$。在 $F_2[x]$ 上的多项式理论中有一个关于整除的性质，即 $f(x)\mid x^n+1$ 的充要条件是 $f_R(x)\mid x^n+1$。

定理 6.5 设 $g(x)$ 是二元 (n,k) 循环码 C 的生成多项式，令 $h(x)=\dfrac{x^n+1}{g(x)}$，则 $h_R(x)$ 是循环码 $C^{\perp}$ 的生成多项式。

例如，$g(x)=x+1$ 是 $(3,2)$ 循环码 $C=\{000,110,101,011\}$ 的生成多项式，而 $h(x)=\dfrac{x^3+1}{g(x)}=x^2+x+1$，故 $h_R(x)=x^2+x+1$ 为循环码 $C^{\perp}=\{000,111\}$ 的生成多项式。

定义 6.4 称循环码$C^{\perp}$的生成多项式 $h_R(x)$为循环码 C 的校验多项式,并称

$$\boldsymbol{H}=\begin{bmatrix} h_R(x) \\ xh_R(x) \\ \vdots \\ x^{n-k-1}h_R(x) \end{bmatrix}_{(n-k)\times n} \tag{6.113}$$

为 C 的校验矩阵。

例 6.13 求以 $g(x)=1+x^2+x^3$ 为生成多项式的(7,4)循环码 C 的生成矩阵及校验矩阵,并判断 $X_1=(1101001)$与 $X_2=(1111100)$是否是 C 中码字。

解:由于 $\dim C=4$,故 $g(x)$, $xg(x)$, $x^2g(x)$, $x^3g(x)$ 是 C 的基,故 C 的生成矩阵为

$$\boldsymbol{G}=\begin{bmatrix} g(x) \\ xg(x) \\ x^2g(x) \\ x^3g(x) \end{bmatrix}=\begin{bmatrix} 1 & 0 & 1 & 1 & 0 & 0 & 0 \\ 0 & 1 & 0 & 1 & 1 & 0 & 0 \\ 0 & 0 & 1 & 0 & 1 & 1 & 0 \\ 0 & 0 & 0 & 1 & 0 & 1 & 1 \end{bmatrix}$$

又 $h(x)=\dfrac{x^7-1}{g(x)}=x^4+x^3+x^2+1$,则 $h_R(x)=x^4+x^3+x^2+1$,由于

$$\dim C^{\perp}=7-\dim C=3$$

故$h_R(x)$,$xh_R(x)$,$x^2h_R(x)$是$C^{\perp}$的基,即

$$\boldsymbol{H}=\begin{bmatrix} h_R(x) \\ xh_R(x) \\ x^2h_R(x) \end{bmatrix}=\begin{bmatrix} 1 & 1 & 1 & 0 & 1 & 0 & 0 \\ 0 & 1 & 1 & 1 & 0 & 1 & 0 \\ 0 & 0 & 1 & 1 & 1 & 0 & 1 \end{bmatrix}$$

为 C 的校验矩阵。

计算得:$\boldsymbol{X}_1\boldsymbol{H}^{\mathrm{T}}=000$,$\boldsymbol{X}_2\boldsymbol{H}^{\mathrm{T}}=011\neq 000$,故 X_1是 C 中的码字,而 X_2不是 C 中的码字。

3. 循环码的编码

由于循环码一定是线性码,因此可以按线性码的编码与译码方式进行信息编码与译码,但由于循环码有比线性码更特殊的数学结构,因此循环码的编码与译码应更加简单。在实际工程中,循环码的编码与译码可以用电子设备直接实现。下面介绍除法电路编码法。

设 C 是二元(n,k)循环码,$g(x)=g_0+g_1x+\cdots+g_{n-k}x^{n-k}$是 C 的生成多项式,其中 $g_{n-k}=1$,$g_0=1$,则 C 的生成矩阵

$$\boldsymbol{G}=\begin{bmatrix} g_0 & g_1 & g_2 & \cdots & g_{n-k} & & & \\ & g_0 & g_1 & \cdots & g_{n-k-1} & g_{n-k} & & \\ & & \ddots & \ddots & & & \ddots & \\ & & & g_0 & g_1 & \cdots & & g_{n-k} \end{bmatrix}_{k\times n} \tag{6.114}$$

一定行等价于如下形式的矩阵

$$\boldsymbol{G}_1=[A_{k\times(n-k)},E_{k\times k}] \tag{6.115}$$

则 $\boldsymbol{G}_1$也是 C 的生成矩阵。由于对 $\forall X=(x_1,x_2,\cdots,x_k)\in F_2^k$,有

$$\boldsymbol{X}\boldsymbol{G}_1=(*,\cdots,*,x_1,x_2,\cdots,x_k) \tag{6.116}$$

因此,把 C 中码字的后 k 位看作是信息位,前 $n-k$ 位看作是校验位。设给定信息位 $c_{n-k},c_{n-k-1},\cdots,c_{n-1}$的值,即给定了原始信息,如何从它们中唯一地确定 $c_0,c_1,\cdots,c_{n-k-1}$ 使$c=(c_0,c_1,\cdots,c_{n-1})\in C$。

令

$$c(x)=c_{n-k}x^{n-k}+c_{n-k+1}x^{n-k+1}+\cdots+c_{n-1}x^{n-1} \tag{6.117}$$

由多项式的除法理论可知，存在唯一的多项式 $q(x)$ 及 $r(x)$ 使

$$c(x)=q(x)g(x)+r(x) \tag{6.118}$$

其中，$\partial r(x)<\partial g(x)=n-k$，则 $g(x)\mid[c(x)+r(x)]$，即

$$c(x)+r(x)\in I(C) \tag{6.119}$$

设 $r(x)=c_0+c_1x+\cdots+c_{n-k-1}x^{n-k-1}$，则

$$r(x)+c(x)=c_0+c_1x+\cdots+c_{n-k-1}x^{n-k-1}+c_{n-k}x^{n-k}+\cdots+c_{n-1}x^{n-1}\in I(C) \tag{6.120}$$

故$(c_0,c_1,\cdots,c_{n-k-1},c_{n-k},\cdots,c_{n-1})\in C$。因此给定原始信息 c_{n-k}，c_{n-k+1}，$\cdots$，c_{n-1}后，可以由多项式除法唯一确定 $c_0,c_1,\cdots,c_{n-k-1}$，使 $c=(c_0,c_1,\cdots,c_{n-1})\in C$。因此循环码的编码可以用多项式的除法电路实现。

以 $g(x)=g_{n-k}x^{n-k}+g_{n-k-1}x^{n-k-1}+\cdots+g_1x+g_0\in F_2[x]$为除式的除法电路的框图如图 6.14 所示，每个方框代表一个寄存器，共有 $n-k$ 个寄存器，从左向右分别叫第一级，第二级，…，第 $n-k$ 级；每个寄存器可以取值 0 或 1；每个⊕代表加法器，进行模 2 的加法运算；每个⊗代表乘法器，进行模 2 的乘法运算，经过的数都乘以某个 g_i，$i=0,1,\cdots,n-k$。每个寄存器开始时数值全为 0，从最右边的输入端每输入一个数，每个寄存器中的数向左边移出；寄存器 D_1 中的数移出后，输出的同时，经过每个乘法器进入对应加法器；其余各寄存器的数移出并经过加法器运算后，进入其各自的左边的寄存器，D_{n-k} 中的数变为 D_1 中的数乘上 g_0 加上输入的数。若从左方的输入端依次输入 n 个 F_2 中的元素 $a_{n-1},a_{n-2},\cdots,a_1$，$a_0$，当 a_0 输入以后，$n-k$ 个寄存器中的数就是用 $g(x)$除 $a(x)=\sum_{i=0}^{n-1}a_ix^i$ 所得的余式 $r(x)=\sum_{i=0}^{n-k-1}r_ix^i$ 的系数，从左往右依次为 $r_{n-k-1},r_{n-k-2},\cdots,r_1$，$r_0$；且从第 $n-k+1$ 个数输入后，直到第 n 个数输入为止，输出端的输出就依次是用 $g(x)$去除 $a(x)$所得的商的 $k-1$ 次项系数，$k-2$ 次项系数，…，零次项系数。

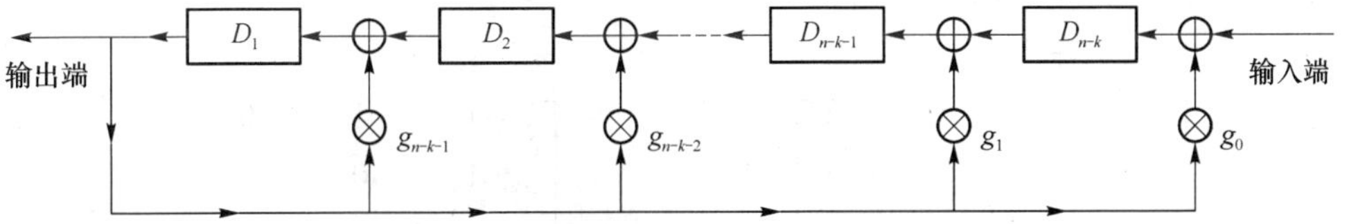

图 6.14　除法电路编码

特别地，当给定以 $g(x)$为生成多项式的循环码 C 的 k 个信息位的值 $c_{n-k},c_{n-k+1},\cdots,c_{n-1}$ 以后，从输入端依次输入下面 n 个元素

$$c_{n-1},c_{n-2},\cdots,c_{n-k-1},c_{n-k},\underbrace{0,\cdots,0}_{n-k\text{个}}$$

当最后一个 0 输入后，设 $n-k$ 个寄存器里的数从左向右依次为

$$c_{n-k-1},c_{n-k-2},\cdots,c_1,c_0$$

则 $c=(c_0,c_1,\cdots,c_{n-k-1},c_{n-k},\cdots,c_{n-1})$就是对原始信息$(c_{n-k},c_{n-k+1},\cdots,c_{n-1})$的编码。从而循环码的编码可以由除法电路自动完成。

例 6.14　求以 $g(x)=x^3+x+1$ 为生成多项式的(7,4)循环码的编码器，并对原信息 1001 进行编码，并说明编码器每一步的运算情况。

解：由于 $g(x)=x^3+x+1$，即 $g_0=g_1=g_3=1$，$g_2=0$。任何数乘 1 其结果不变，此时乘法器可用直通线路代替，而乘上 0 的乘法器可用断开的线路（即没有线路）表示，因此以 $g(x)=x^3+x+1$ 为生成多项式的(7,4)循环码的编码器如图 6.15 所示。

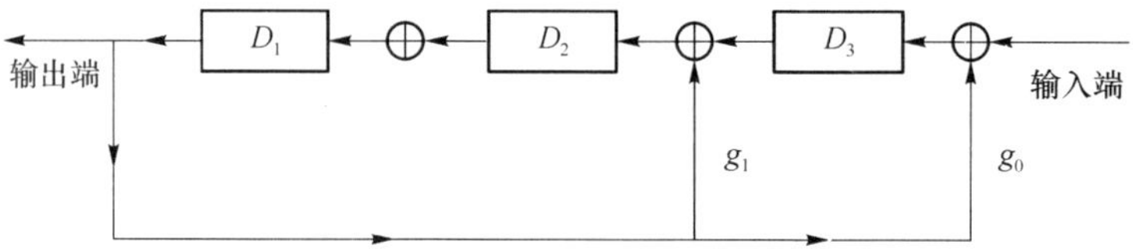

图 6.15　(7,4)循环码的编码器

这里，原始信息 $c_3c_4c_5c_6=(1001)$，从输入端依次输入的 7 个元素为 1001000，即 $a(x)=x^6+x^3$。

除法电路运算情况如下：

在输入前，$D_1=D_2=D_3=0$；

第一步，输入 1，则 $D_1=D_2=0, D_3=1$；

第二步，输入 0，则 $D_1=0, D_2=1, D_3=0$；

第三步，输入 0，则 $D_1=1, D_2=D_3=0$；

第四步，输入 1，则输出 1，且 $D_1=0, D_2=1, D_3=0$；

第五步，输入 0，则输出 0，且 $D_1=1, D_2=D_3=0$；

第六步，输入 0，则输出 1，且 $D_1=0, D_2=D_3=1$；

第七步，输入 0，则输出 0，且 $D_1=D_2=1, D_3=0$。

则 $c_0=0, c_1=c_2=1$，又 $c_3c_4c_5c_6=(1001)$，因此对信息(1001)的编码是 $(c_0, c_1, \cdots, c_6)=(0111001)$。

这样，编码器的输出(1010)是用 $g(x)$ 除 $a(x)=x^6+x^3$ 所得商的系数。以下是按生成矩阵编码的方法验证上述算法的正确性。

由于 C 的生成矩阵为

$$\boldsymbol{G}=\begin{bmatrix}1&1&0&1&0&0&0\\0&1&1&0&1&0&0\\0&0&1&1&0&1&0\\0&0&0&1&1&0&1\end{bmatrix}\begin{matrix}r_3+r_1\\\sim\\r_4+(r_1+r_2)\end{matrix}\begin{bmatrix}1&1&0&1&0&0&0\\0&1&1&0&1&0&0\\1&1&1&0&0&1&0\\1&0&1&0&0&0&1\end{bmatrix}=\boldsymbol{G}' \tag{6.121}$$

则对应信息(1001)的码字为 $(1001)G'=(0111001)$，即除法电路运算结果正确。显然，除法电路编出的循环码都是系统码。循环码也可用乘法电路进行自动编码。

4. 循环码的译码

由于循环码一定是线性码，因此线性码的译码方法对循环码当然有效。故循环码的译码也分为以下三步：

(1) 计算收到的码字 $a=(a_0, a_1, \cdots, a_{n-1})$ 的校验子 $S(a)$；

(2) 根据校验子 $S(a)$ 找出错误模式 $e(a)$；

(3) 将 a 译为码字 $a+e(a)$。

设 C 是二元(n, k)循环码，则 C 有唯一的如下形式的校验矩阵：

$$\boldsymbol{H}=(I_{n-k}\mid A_{(n-k)\times k}) \tag{6.122}$$

下面的定理给出了译码器计算收到的码字 a 的校验子的方法。

定理 6.6 设 $\boldsymbol{H}=(I_{n-k}|A_{(n-k)\times k})$是二元$(n, k)$循环码 C 的校验矩阵，$g(x)$是 C 的生成多项式，则对$\forall a=(a_0,a_1,\cdots, a_{n-1})\in F_2^n$ 的校验子 $S(a)=(s_0, s_1,\cdots, s_{n-k-1})$满足：

$$S_a(x)\equiv a(x)(\text{mod } g(x)) \tag{6.123}$$

其中，$a(x)=a_0+a_1x+\cdots+a_{n-1}x^{n-1}$，$S_a(x)=s_0+s_1x+\cdots+s_{n-k-1}x^{n-k-1}$。

由定理 6.6 知，对$\forall a=(a_0,a_1,\cdots,a_{n-1})\in F_2^n$，$a$ 的校验子是 $g(x)$除 $a(x)$所得的余式对应的向量，因此求 a 的校验子可以用 $g(x)$确定的除法电路自动完成。

定理 6.7 设 $g(x)$是二元(n, k, d)的循环码 C 的生成多项式，若收到的码字 a 满足：

$$\text{wt}(S(a))\leqslant \left[\frac{d-1}{2}\right] \tag{6.124}$$

则 a 应译为$a(x)+S_a(x)$所对应的码字，其中 $S(a)$是 a 的校验子。

例 6.15 设 C 是以 $g(x)=x^3+x^2+1$ 为生成多项式的(7,4,3)循环码，试译收到的码字 $a=(0110110)$。

解：由于 $a(x)=x+x^2+x^4+x^5$，则

$$S_a(x)\equiv x^5+x^4+x^2+x(\text{mod } g(x))\equiv x(\text{mod } g(x))$$

即 $S(a)=(010)$，又

$$\text{wt}(S(a))=1=\left[\frac{3-1}{2}\right]$$

由定理 6.7 知 $a(x)$应译为：

$$a(x)+S_a(x)=(x+x^2+x^4+x^5)+x=x^2+x^4+x^5$$

则 a 译为(0010110)。

例 6.15 中，若收到的码字满足定理条件，则译码十分方便。但若收到的码字不满足定理条件，如 $a=(1011100)$，而 $S_a(x)\equiv a(x)(\text{mod } g(x))=x^2+x+1(\text{mod } g(x))$，$S(a)=(111)$，从而

$$\text{wt}(S(a))=3>\left[\frac{3-1}{2}\right]$$

不满足定理条件，那么该如何译 a 呢？

定理 6.8 循环码的译码算法：设 $g(x)$是二元(n, k, d)循环码的生成多项式，若收到的码字 $w(x)$满足：

(1) 至多有$\left[\frac{d-1}{2}\right]$个错误发生；

(2) 至少有连续 k 位码元没有发生错误。

记 $S_i\equiv x^iw(x)(\text{mod} g(x))$，$i=1,2,\cdots$，找到 m 使 $S_m(x)$对应码字的汉明重量小于等于$\left[\frac{d-1}{2}\right]$，设 $x^{n-m}S_m(x)\equiv e(x)(\text{mod } x^n-1)$，则将 $w(x)$译为 $w(x)+e(x)$对应的码字。

例 6.16 设 C 是以 $g(x)=x^3+x^2+1$ 为生成多项式的(7, 4, 3)循环码，试译$a=(1011100)$。

解：$w(x)=(1011100)=1+x^2+x^3+x^4$，由于 $d=3$，则$\left[\frac{d-1}{2}\right]=1$，故要找 m 使 $S_m(x)$对应的码字的汉明重量小于等于 1。由 $S_i\equiv x^iw(x)(\text{mod} g(x))$得：

i	$S_i(x)$	i	$S_i(x)$
0	$1+x+x^2$	2	$x+x^2$
1	$1+x$	3	1

由于 $s_0(x)=1+x+x^2, s_1(x)=1+x, s_2(x)=x+x^2$ 对应的字的汉明重量都大于 1，而 $s_3(x)=1$ 对应的码字的汉明重量为 1，故 $m=3$。从而由定理 6.8 知错误模式 $e(x)$为

$$e(x) = x^{n-m}s_m(x) = x^{7-3}s_3(x) = x^4 \equiv x^4(\bmod x^7-1)$$

则 a 应译为

$$w(x)+e(x) = (1+x^2+x^3+x^4)+x^4 = 1+x^2+x^3$$

对应的码字为(1011000)。

例 6.17 设 $g(x)=1+x^4+x^6+x^7+x^8$ 是(15,7,5)循环码，若收到的字都至多发生 2 个错误，且至少连续 7 位没有发生错误，试译 $\alpha=(110011100010)$。

解：$w(x)=1+x+x^4+x^5+x^6+x^8+x^9+x^{13}$，由于 $\left[\frac{d-1}{2}\right]=\left[\frac{5-1}{2}\right]=2$，故要找最小的整数 m 使 $S_m(x)$ 对应的字的汉明重量小于等于 2，即 $S_m(x)$ 至多有 2 项非零。由 $S_i(x)\equiv x^i w(x)(\bmod g(x))$ 计算可得：

i	$S_i(x)$	i	$S_i(x)$
1	$1+x^2+x^5+x^7$	5	$x^2+x^3+x^4+x^5+x^6$
2	$1+x+x^3+x^4+x^7$	6	$x^3+x^4+x^5+x^6+x^7$
3	$1+x+x^2+x^5+x^6+x^7$	7	$1+x^5$
4	$x+x^2+x^3+x^4+x^5$		

则 $m=7$，故

$$e(x)= x^{n-m}s_m(x) = x^{15-7}s_7(x) = x^8(1+x^5) = x^8+x^{13} \equiv x^8+x^{13}(\bmod x^{15}-1)$$

从而 α 应译为

$$w(x)+e(x)= (1+x+x^4+x^5+x^6+x^8+x^9+x^{13})+(x^8+x^{13}) = 1+x+x^4+x^5+x^6+x^9$$

对应的码字 $c=(110011100100000)$。

循环码的上述译码都能由乘法或除法电路设备自动完成，因此循环码的编码、译码比线性码简单易行。

6.4.4 卷积码

卷积码是一种有记忆的编码，在任意给定的时间单元处，编码器的 n 个输出不仅与此时间单元的 k 个输入有关，而且也与前 m 个输入有关。卷积码通常表示为(n,k,m)。表示在一个二进制分组码(n,k)当中，包含 k 个信息位，码组长度为 n，每个码组的 $n-k$ 个校验位仅与本码组的 k 个信息位有关，而与其他码组无关。为了达到一定的纠错能力和编码效率($R_c=k/n$)，分组码的码组长度 n 通常都比较大。编译码时必须把整个信息码组存储起来，由此产生的延时随着 n 的增加而线性增加。

为了减小这个延时，人们提出了各种解决方案，其中卷积码就是一种较好的信道编码方

式。这种编码方式同样是把 k 个信息比特编成 n 个比特，但 k 和 n 通常很小，特别适宜于以串行形式传输信息，减小了编码延时。

与分组码不同，卷积码中编码后的 n 个码元不仅与当前段的 k 个信息有关，而且也与前面 $N-1$ 段的信息有关，编码过程中相互关联的码元为 nN 个。因此，这 N 时间内的码元数目 nN 通常被称为这种码的约束长度。卷积码的纠错能力随着 N 的增加而增大，在编码器复杂程度相同的情况下，卷积码的性能优于分组码。另一点不同的是：分组码有严格的代数结构，但卷积码至今尚未找到如此严密的数学手段，把纠错性能与码的结构十分有规律地联系起来，目前大都采用计算机来搜索好码。

下面通过一个例子来简要说明卷积码的编码工作原理。如前面已经指出，卷积码编码器在一段时间内输出的 n 位码，不仅与本段时间内的 k 位信息位有关，而且还与前面 m 段规定时间内的信息位有关，这里的 $m=N-1$ 通常用 (n,k,m) 表示卷积码（注意：有些文献中也用 (n,k,N) 来表示卷积码）。如图 6.16 所示为一个卷积码的编码器，该卷积码的 $n=2,k=1,m=2$，因此，它的约束长度 $nN=n\times(m+1)=2\times3=6$。

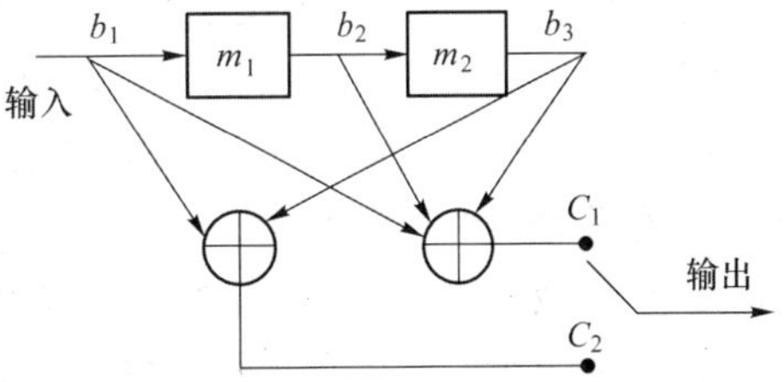

图 6.16　(2,1,2)卷积码编码器

在图 6.16 中，m_1 与 m_2 为移位寄存器，它们的起始状态均为零。C_1,C_2 与 b_1,b_2,b_3 之间的关系如下：

$$C_1=b_1+b_2+b_3 \tag{6.125}$$

$$C_2=b_1+b_3 \tag{6.126}$$

假如输入的信息为 $D=[11010]$，为了使信息 D 全部通过移位寄存器，还必须在信息位后面加 3 个零。表 6.4 列出了对信息 D 进行卷积编码时的状态。

表 6.4　信息 D 进行卷积编码时的状态

输入信息 D	1	1	0	1	0	0	0	0
b_3b_2	0 0	0 1	1 1	1 0	0 1	1 0	0 0	0 0
输出 C_1C_2	1 1	0 1	0 1	0 0	1 0	1 1	0 0	0 0

描述卷积码的方法有两类，也就是图解表示和解析表示。解析表示较为抽象难懂，而用图解表示法来描述卷积码简单明了。常用的图解描述法包括树状图、网格图和状态图等。基于篇幅原因这里就不详细介绍了。

卷积码的译码方法可分为代数译码和概率译码两大类。代数译码方法完全基于它的代数结构，也就是利用生成矩阵和监督矩阵来译码，在代数译码中最主要的方法就是大数逻辑译码。概率译码比较常用的有两种，一种称作序列译码，另一种称作维特比译码法。虽然代数译码所要求的设备简单，运算量小，但其译码性能（误码）要比概率译码方法差许多。因此，目前在数字通信的前向纠错中广泛使用的是概率译码方法。

维特比译码算法是一种卷积码的解码算法。缺点是随着约束长度的增加算法的复杂度增加很快。约束长度 N 为 7 时要比较的路径就有 64 条，为 8 时路径变为 128 条。所以维特比译码一般应用在约束长度小于 10 的场合中。

编码（举例约束长度为 7）：编码器 7 个延迟器的状态（0，1）组成了整个编码器的 64 个状态。每个状态在编码器输入 0 或 1 时，会跳转到另一个之中。比如 110100 输入 1 时，变成 101001（其实就是移位寄存器），并且输出也是随之而改变的。

解码的过程就是逆过程。算法规定 t 时刻收到的数据都要进行 64 次比较，就是 64 个状态每条路有两条分支（因为输入 0 或 1），同时，跳转到不同的两个状态中去，将两条相应的输出和实际接收到的输出比较，量度值大的抛弃（也就是比较结果相差大的），留下来的就称作幸存路径，将幸存路径加上上一时刻幸存路径的量度然后保存，这样 64 条幸存路径就增加了一步。在译码结束的时候，从 64 条幸存路径中选出一条量度最小的，反推出这条幸存路径（称作回溯），得出相应的译码输出。

这样的算法在 TI 的 C54x 的 DSP 上使用 100 MHz 的速率运行，都无法达到数据传输速度的要求，主要的时间消耗在每条路径的两次比较上，两次比较的时候一共需要从内存中取 3 个数（上一时刻幸存路径的量度，两个状态跳转相应的输出值），比较结束以后，还需要对内存写入 2 个数（幸存路径新的总量度，下一个跳转的状态），这样，每个时钟节拍需要比较的次数就是 64×2 次，每次存取数就要 5 次。一个数据包是 256 B，知道解码一包所大概需要的时间，加上其他的开销，最后实验出来的结果是大概 0.06 m，但是用 64 k 速率传输的时候只要 0.03 m 即可传完。

6.5 MATLAB 实现循环码编码

利用 MATLAB 验证循环码的编码方法。利用命令 p＝cyclpoly(n，k，'all')，可得到因式的各个生成多项式。

命令[H，G]＝cyclgen(n，p(1，:))可得以第一个 g1 为生成多项式的生成矩阵 $\boldsymbol{G}$ 和监督矩阵 $\boldsymbol{H}$；命令 C＝rem(Msg * G，2)可得相应的循环码组。

例 6.18 求出 $x^{15}+1$ 的所有因式，从中选择一个 11 次因式作为构造(15，4)循环码的生成多项式，用 MATLAB 编码得到所有许用码组。

```
clear all;
close all;
n = 15;
k = 4;
p = cyclpoly(n,k,'all');
[H,G] = cyclgen(n,p(1,:));
Msg = [0 0 0 0;0 0 0 1;0 0 1 0;0 0 1 1;
      0 1 0 0;0 1 0 1;0 1 1 0;0 1 1 1;
      1 0 0 0;1 0 0 1;1 0 1 0;1 0 1 1;
      1 1 0 0;1 1 0 1;1 1 1 0 ;1 1 1 1
      ];
C = rem(Msg * G,2) ;
C
```

实验结果及分析：

输入以下命令可分别求得码组和生成矩阵 C 为十六个循环码组：

```
>> C

C =
```

```
   0     0     0     0     0     0     0     0     0     0     0     0     0     0     0
   1     0     0     0     1     1     0     0     0     1     1     0     0     0     1
   1     0     0     1     0     1     0     0     1     0     1     0     0     1     0
   0     0     0     1     1     0     0     0     1     1     0     0     0     1     1
   1     0     1     0     0     1     0     1     0     0     1     0     1     0     0
   0     0     1     0     1     0     0     1     0     1     0     0     1     0     1
   0     0     1     1     0     0     0     1     1     0     0     0     1     1     0
   1     0     1     1     1     1     0     1     1     1     1     0     1     1     1
   1     1     0     0     0     1     1     0     0     0     1     1     0     0     0
   0     1     0     0     1     0     1     0     0     1     0     1     0     0     1
   0     1     0     1     0     0     1     0     1     0     0     1     0     1     0
   1     1     0     1     1     1     1     0     1     1     1     1     0     1     1
   0     1     1     0     0     0     1     1     0     0     0     1     1     0     0
   1     1     1     0     1     1     1     1     0     1     1     1     1     0     1
   1     1     1     1     0     1     1     1     1     0     1     1     1     1     0
   0     1     1     1     1     0     1     1     1     1     0     1     1     1     1

>> H
H =
   1     0     0     0     0     0     0     0     0     0     0     1     1     1     1
   0     1     0     0     0     0     0     0     0     0     0     1     0     0     0
   0     0     1     0     0     0     0     0     0     0     0     0     1     0     0
   0     0     0     1     0     0     0     0     0     0     0     0     0     1     0
   0     0     0     0     1     0     0     0     0     0     0     0     0     0     1
   0     0     0     0     0     1     0     0     0     0     0     1     1     1     1
   0     0     0     0     0     0     1     0     0     0     0     1     0     0     0
   0     0     0     0     0     0     0     1     0     0     0     0     1     0     0
   0     0     0     0     0     0     0     0     1     0     0     0     0     1     0
   0     0     0     0     0     0     0     0     0     1     0     0     0     0     1
   0     0     0     0     0     0     0     0     0     0     1     1     1     1     1
```

本章小结

1. 最大后验概率准则：选择译码函数 $F(b_j)=a^*$，$a^*\in A$，$b_j\in B$，使满足 $P(b_j|a^*)P(a^*)\geqslant P(b_j|a_i)P(a_i)\quad a_i\in A, a_i\neq a^*$。

2. 最大似然译码准则：若输入符号的先验概率 $P(a_i)$ 均相等，则译码函数 $F(b_j)=a^*$，$a^*\in A$，$b_j\in B$，并满足 $P(b_j|a^*)\geqslant P(b_j|a_i)$，$a_i\in A$，$a_i\neq a^*$。

3. 最小距离译码准则：选择 $F(\beta_j)=\alpha^*$，使之满足 $D(\alpha^*,\beta_j)=D_{\min}(\alpha_i,\beta_j)$。

4. 有噪信道编码定理：一个离散无记忆信道，信道容量为 C。当信息传输率 $R\leqslant C$ 时，只要码长足够长，总可以在输入符号集 X^n 中找到 $M\ (=2^{nR})$ 个码字组成的一组码 $(2^{nR},n)$ 和相应的译码准则，使信道输出端的平均错误译码概率达到任意小。

5. 有噪信道编码逆定理：如一个离散无记忆信道，信道容量为 C。当信息传输率 $R>C$

时，则无论码长 n 多长，总找不到一种编码（2^{nR}，n）使信道输出端的平均错误译码概率达到任意小。

6．信源信道编码定理：设有一离散无记忆平稳信道的每秒容量为 C，一个离散信源每秒的熵为 H，那么，如果 $H<C$，总存在一种编码系统，使得信源的输出以任意小的错误概率通过信道传输；反之，如果 $H>C$ 时，对任何编码系统，译码差错率大于 0。

7．线性分组码的概念及其生成矩阵、最小距离、检错和纠错能力的计算。

检错能力：一个线性码能检出长度小于等于 l 个码元的任何错误图样，称码的检错能力为 l。

纠错能力：线性码能纠正长度小于等于 t 个码元的任意错误图样，称码的纠错能力为 t。

最小距离与纠错能力：(n,k) 线性码能纠 t 个错误的充要条件是码的最小距离为 $d_{\min}=2t+1$ 或 $t=\left\lfloor\frac{d_{\min}-1}{2}\right\rfloor$，其中 $\lfloor X \rfloor$ 表示取实数 X 的最大整数。

8．汉明码、循环码及卷积码的编解码方法。

相关知识

汉明生平

汉明（Richard Wesley Hamming）于 1915 年 2 月 11 日出生在美国伊利诺伊州芝加哥市，于 1998 年 1 月 7 日去世。汉明于 1942 年在伊利诺伊大学 Urbana 分校获得博士学位，1945 年参与第二次世界大战时期著名的曼哈顿计划，是最早的电子数字计算机编程专家，他通过计算物理学家给出的方程，发现了原子弹爆炸不会导致大气层燃烧，从而从一个侧面促使美国政府正式试验并在对日战争中使用了原子弹。1946—1976 年，汉明在贝尔实验室与香农等人合作从事通信和计算机科学研究，1976 年以后在海军研究生院担任特聘教授。

汉明在通信、计算机、信号处理等多个学科贡献卓著，常见以其名字命名的科学术语有：

汉明码

汉明球与汉明界（Sphere-packing 界）

汉明距离

汉明矩阵

汉明窗

汉明崇尚科学思维堪与爱因斯坦比拟，其至理名言有：

Machines should work. People should think.（机器应当工作，人应当思考。）

The purpose of computation is insight, not numbers.（计算的目的是洞察理解，不是算出数字。）

It is better to solve the right problem the wrong way than to solve the wrong problem theright way.（错误方法解决正确问题强于正确方法解决错误问题。）

There are wavelengths that people cannot see, there are sounds that people cannot hear, and maybe computers have thoughts that people cannot think.（世上有人看不见的波长，世上有人听不见的声音，或许计算机有人想不到的思想。）

Does anyone believe that the difference between the Lebesgue and Riemann integralscan have physical significance, and that whether say, an airplane would or would not flycould depend on this difference?（真有人相信勒贝格积分与黎曼积分的差异能有物理意义吗？是否可以说，飞机能否飞行要依赖于这一差异？）

Newton said, "If I have seen further than others, it is because I've stood on the shouldersof giants." These days we stand on each other's feet!（牛顿说我能看得更远是因为我站在巨人的肩上。这些日子里我们却站在各自的脚上。）

The Institute for Advanced Study in Princeton, in my opinion, has ruined more good scientists than any institution has created.（以我的看法，普林斯顿高等研究院毁掉的好科学家多于任何研究所培养的好科学家。）

维特比简介

安德鲁·维特比（Andrew J. Viterbi），CDMA 之父，IEEE（美国电子电气工程协会）院士，高通公司创始人之一，高通首席科学家。他开发了卷积码编码的最大似然算法而享誉全球。

维特比于 1935 年 3 月 9 日出生在贝加莫（意大利北部的一个城市），1939 年随父母移民到美国。维特比就读于波士顿拉丁文学校，于 1952 年进入麻省理工学院电子工程专业。1957 年硕士毕业后获取南加州大学数字通信方向博士学位。随后作为加州大学洛杉矶分校、圣迭戈分校电子工程专业教授。1967 年他发明维特比算法，用来对卷积码数据进行译码。该算法已经成功应用于蜂窝电话系统、DNA 分析，以及隐马尔科夫模型诸多应用中。维特比同时还帮助发展了 CDMA 标准。

习 题 六

6.1 设有一离散无记忆信道，其信道矩阵为

$$\boldsymbol{P}=\begin{bmatrix}\frac{1}{2} & \frac{1}{3} & \frac{1}{6}\\ \frac{1}{6} & \frac{1}{2} & \frac{1}{3}\\ \frac{1}{3} & \frac{1}{6} & \frac{1}{2}\end{bmatrix}$$

若 $p(x_1)=\frac{1}{2}$，$p(x_2)=p(x_3)=\frac{1}{4}$。试求最佳译码时的平均错误概率。

6.2 已知 8 个码组（000000），（001110），（010101），（011011），（100011），（101101），（110110），（111000）。求该码组的最小码距。

6.3 题（6.2）给出的码组若用于检错，能检出几位错码？若用于纠错，能纠正几位错码？若同时用于检错与纠错，问纠错、检错的性能如何？

6.4 要求设计一个能够纠正 1 个错码的分组码（n, k），给定的码组中有 4 个信息位，即 $k=4$。

6.5 已知(7,3)码的生成矩阵为 $\boldsymbol{G}=\begin{bmatrix}1 & 0 & 0 & 1 & 1 & 1 & 0\\ 0 & 1 & 0 & 0 & 1 & 1 & 1\\ 0 & 0 & 1 & 1 & 1 & 0 & 1\end{bmatrix}$ 列出所有许用码组并求监督矩阵。

6.6 (15,7)循环码由 $g(x)=x^8+x^7+x^6+x^4+1$ 生成,试问接收码组 $T(x)=x^{14}+x^5+x+1$ 经过只有检错功能的译码器后,接收端是否要求重发?

6.7 已知某线性码监督矩阵为 $\boldsymbol{H}=\begin{bmatrix}1110100\\1101010\\1011001\end{bmatrix}$,列出所有许用码组。

6.8 已知(15,11)汉明码的生成多项式为 $g(x)=x^4+x^3+1$,试求其生成矩阵和监督矩阵。

6.9 已知(7,3)循环码的监督关系式为

$$x_6\oplus x_3\oplus x_2\oplus x_1=0$$
$$x_5\oplus x_2\oplus x_1\oplus x_0=0$$
$$x_6\oplus x_5\oplus x_1=0$$
$$x_5\oplus x_4\oplus x_0=0$$

试求该循环码的监督矩阵和生成矩阵。

6.10 证明 $x^{10}+x^8+x^5+x^4+x^2+x+1$ 为(15,5)循环码的生成多项式。求出该码的生成矩阵,并写出消息码为 $m(x)=x^4+x+1$ 时的码多项式。

第7章 限失真信源编码

一、学习内容

1. 信源的失真测度。
2. 信息率失真函数及其性质。
3. 信息率失真函数的计算。
4. 香农第三定理。
5. 限失真信源编码方法。

二、学习目标

1. 了解限失真编码、平均失真度的定义和信息率失真函数的定义和性质。
2. 了解平均失真度的取值区间以及离散和连续信源信息率失真函数的计算方法。
3. 了解常用的几种限失真信源编码方法。

三、重点与难点

重点：平均失真度。

难点：离散信源信息率失真函数。

编码分为信源编码和信道编码，其中信源编码又分为无失真和限失真。一般称无失真信源编码定理为第一极限定理，信道编码定理（包括离散和连续信道）称为第二极限定理，限失真信源编码定理称为第三极限定理，是连续信源/模拟信号编码的基础。

在前面几章的讨论中，其基本出发点都是如何保证信息的无失真传输。但在许多实际应用中，人们并不要求完全无失真地恢复消息，而是只要满足一定的条件，近似地恢复信源发出的消息就可以了。然而，什么是允许的失真？如何对失真进行描述？信源输出信息率被压缩的最大程度是多少？信息率失真理论回答了这些问题，其中香农的限失真编码定理定量地描述了失真，研究了信息率与失真的关系，论述了在限失真范围内的信源编码问题，已成为量化、数据转换、频带压缩和数据压缩等现代通信技术的理论基础。

案例一：

在传送语音信号时，由于人耳接受的带宽和分辨率是有限的，因此可以去掉频谱范围20 Hz～20 kHz的语音信号中低端和高端的频率，看成带宽只有300 Hz～400 Hz的信号。这样虽然会有一些失真，但是这些失真是允许的。

案例二：

在传送活动图像时，由于人眼的视觉暂留特性，我们只需每秒钟传送 25 帧的静止图像，人们看到的就是连贯的活动图像。所以在实际生活中，通常总是要求在保证一定质量的前提下，在信宿近似地再现信源输出的信息。因此，实际的信息传输率可以降低。

案例三：

音乐信号可以由 CD 格式压缩为 MP3 格式，其容量仅为原始信源信息量的 11%，而音质却没有明显的下降。而 VS1 格式居然可以把语音信号压缩到原来的 1%～2%，其可懂度没有明显下降。

由上述案例可知：实际应用上，其实允许一定的失真存在，于是对信息速率的要求就可以降低，问题是可以降低到什么程度，这就需要对信息率失真函数进行理论研究。

限失真信源编码主要用于波形信源或波形信号，如语音、电视图像、彩色静止图像等信号，它们不要求完全可逆地恢复，而是允许在一定限度可以有失真的压缩。

7.1 失真测度与失真矩阵

7.1.1 失真函数

从直观感觉可知，若允许失真越大，信息传输率可越小；若允许失真越小，信息传输率越大。所以信息传输率与信源编码所引起的失真(或误差)是有关的。

离散无记忆信源 U，信源变量 $U=\{u_1,u_2,\cdots,u_r\}$，概率分布为 $P(u)=[P(u_1),P(u_2),\cdots,P(u_r)]$。信源符号通过信道传输到某接收端，接收端的接收变量 $V=\{v_1,v_2,\cdots,v_s\}$。对应于每一对(u,v)，指定一个非负的函数：

$$d(u_i,v_j)=\begin{cases}0, & u_i=u_j\\ \alpha(>0), & u_i\neq u_j\end{cases} \tag{7.1}$$

称为单个符号的失真度(或失真函数)。通常较小的 d 值代表较小的失真，而 $d(u_i,v_j)=0$ 表示没有失真。失真函数是根据人们的实际需要和失真引起的损失、风险大小等人为规定的。

常用的失真函数有汉明失真和平方误差失真函数。

(1) 汉明失真

在离散对称信道$(r=s)$中，定义单个符号失真函数为

$$d(u_i,v_j)=\begin{cases}0, & u_i=u_j\\ 1, & u_i\neq u_j\end{cases} \tag{7.2}$$

称为汉明失真。

(2) 平方误差失真函数

如果信源符号代表信源输出信号的幅度值，则式(7.2)意味着较大的幅度差值要比较小的幅度差值引起的失真更为严重，严重程度用平方表示，对 $\forall i,j$，有

$$d(u_i,v_j)=(u_i-v_j)^2 \tag{7.3}$$

7.1.2 失真矩阵

若信源变量 U 有 r 个符号，接收变量 V 有 s 个符号，则 $d(u_i,v_j)$就有 $r\times s$ 个，它可以排列

成矩阵形式，即：

$$D=\begin{bmatrix} d(u_1,v_1) & d(u_1,v_2) & \cdots & d(u_1,v_s) \\ d(u_2,v_1) & d(u_2,v_2) & \cdots & d(u_2,v_s) \\ \vdots & \vdots & & \vdots \\ d(u_r,v_1) & d(u_r,v_2) & \cdots & d(u_r,v_s) \end{bmatrix} \tag{7.4}$$

为失真矩阵，D 是 $r\times s$ 阶矩阵。

例 7.1 二元对称信源，信源 $U=\{0,1\}$，接收变量 $V=\{0,1\}$，在汉明失真定义下，失真函数为

$$d(0,0)=d(1,1)=0,d(0,1)=d(1,0)=1$$

其失真矩阵为

$$D=\begin{bmatrix} 0 & 1 \\ 1 & 0 \end{bmatrix} \tag{7.5}$$

容易看出：对于离散对称信源，其汉明失真矩阵 D 为一个方阵，且对角线上的元素为零，即：

$$D=\begin{bmatrix} 0 & 1 & 1 & \cdots & 1 \\ 1 & 0 & 1 & \cdots & 1 \\ 1 & 1 & 0 & \cdots & 1 \\ \vdots & \vdots & \vdots & & \vdots \\ 1 & 1 & 1 & \cdots & 0 \end{bmatrix} \tag{7.6}$$

例 7.2 信源 $U=\{0,1,2\}$，接收变量 $V=\{0,1,2\}$，失真函数为 $d(u_i,v_j)=(u_i-v_j)^2$，求失真矩阵。

解：由失真定义得：

$$d(0,0)=d(1,1)=d(2,2)=0$$
$$d(0,1)=d(1,0)=d(1,2)=d(2,1)=1$$
$$d(0,2)=d(2,0)=4$$

所以失真矩阵 D 为

$$D=\begin{bmatrix} 0 & 1 & 4 \\ 1 & 0 & 1 \\ 4 & 1 & 0 \end{bmatrix} \tag{7.7}$$

例 7.3 离散无记忆信源输出二维随机序列 $U=(U_1U_2)$，其中 $U_i(i=1,2)$ 取自符号集 $\{0,1\}$，通过信道传输到信宿，接收 N 维随机序列 $V=(V_1V_2)$，其中 $V_i(i=1,2)$ 取自符号集 $\{0,1\}$，定义失真函数：

$$d(0,0)=d(1,1)=0$$
$$d(0,1)=d(1,0)=1$$

求符号序列的失真矩阵。

解：由 N 维信源序列的失真函数的定义得

$$d_N(u,v)=d_N(\alpha_i,\beta_j)=\frac{1}{N}\sum_{k=1}^{N}d(u_{i_k},v_{j_k}) \quad u\in U,v\in V \tag{7.8}$$

所以

$$d_N(00,00)=\frac{1}{2}[d(0,0)+d(0,0)]=0$$

$$d_N(00,01)=\frac{1}{2}[d(0,0)+d(0,1)]=\frac{1}{2}$$

类似计算其他元素值，得到信源序列的失真矩阵为

$$\boldsymbol{D}_N=\begin{bmatrix} 0 & \frac{1}{2} & \frac{1}{2} & 1 \\ \frac{1}{2} & 0 & 1 & \frac{1}{2} \\ \frac{1}{2} & 1 & 0 & \frac{1}{2} \\ 1 & \frac{1}{2} & \frac{1}{2} & 0 \end{bmatrix} \tag{7.9}$$

7.1.3 平均失真度

1. 试验信道

假设 U 是信源，V 是信宿，那么 U 和 V 之间必有信道。实际这里 U 指的是原始的未失真信源，而 V 是指失真以后的信源。因此，从 U 到 V 之间实际上是失真算法，所以这里的转移概率 $p(v_j|u_i)$ 是指一种失真算法，有时又把 $p(v_j|u_i)$ 称为试验信道的转移概率，如图 7.1 所示。

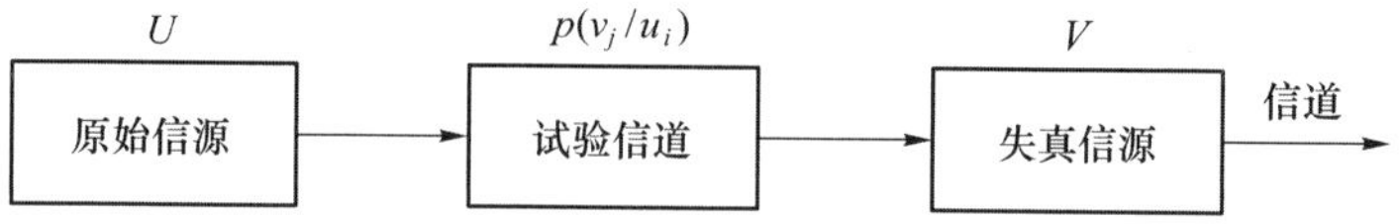

图 7.1　信道框图

2. 平均失真度

信源 U 和信宿 V 都是随机变量，故单个符号失真度 $d(u_i,v_j)$ 也是随机变量。显然，规定了单个符号失真度 $d(u_i,v_j)$ 后，传输一个符号引起的平均失真，即信源平均失真度。

$$\bar{D}=E[d(u_i,v_j)]=E[d(u,v)] \tag{7.10}$$

在离散情况下，信源 $U=\{u_1,u_2,\cdots u_r\}$，其概率分布 $P(u)=[P(u_1),P(u_2),\cdots P(u_r)]$，信宿 $V=\{v_1,v_2,\cdots v_s\}$。

若已知试验信道的传递概率为 $P(v_j|u_i)$ 时，则平均失真度为

$$\bar{D}=\sum_{UV}P(uv)d(u,v)=\sum_{i=1}^{r}\sum_{j=1}^{s}P(u_i)P(v_j\mid u_i)d(u_i,v_j) \tag{7.11}$$

7.2 信息率失真函数

7.2.1 D 失真许可信道

若平均失真度 $\bar{D}$ 不大于所允许的失真 D，即 $\bar{D}\leqslant D$，称此为保真度准则。

信源固定（给定 $P(u)$），单个符号失真度固定时〔给定 $d(u_i,v_j)$〕，选择不同试验信道，相当于不同的编码方法，所得的平均失真度是不同的。有些试验信道满足 $\bar{D}\leqslant D$，而有些试验信道

$\bar{D}>D$。凡是满足保真度准则，即平均失真度 $\bar{D}\leqslant D$ 的试验信道通称为 D 失真许可的试验信道。把所有 D 失真许可的试验信道组成一个集合，用符号 B_D 表示，即：

$$B_D=\{P(v_j\mid u_i):\bar{D}\leqslant D\} \tag{7.12}$$

7.2.2 信息率失真函数的定义

信源给定，且又具体定义了失真函数以后，总希望在满足一定失真的情况下，使信源传输给收信者的信息传输率 R 尽可能地小。即在满足保真度准则下，寻找信源必须传输给收信者的信息率 R 的下限值——这个下限值与 D 有关。

从接收端来看，就是在满足保真度准则下，寻找再现信源消息所必须获得的最低平均信息量。而接收端获得的平均信息量可用平均互信息 $I(U;V)$ 来表示，这就变成了在满足保真度准则的条件下，寻找平均互信息 $I(U;V)$ 的最小值。

如何寻找平均互信息 $I(U;V)$ 的最小值。由于 B_D 是所有满足保真度准则的试验信道集合，因而可以在 D 失真许可的试验信道集合 B_D 中寻找一个信道 $P(v_j|u_i)$，使 $I(U;V)$ 取极小值。又由于平均互信息 $I(U;V)$ 是 $P(v_j|u_i)$ 的 U 型凸函数，所以在 B_D 集合中，极小值存在。这个最小值就是在 $\bar{D}\leqslant D$ 的条件下，信源必须传输的最小平均信息量。即：

$$R(D)=\min_{P(v_j|u_i)\in B_D}\{I(U;V)\} \tag{7.13}$$

其中，$R(D)$ 为信息率失真函数或简称率失真函数。

7.2.3 信息率失真函数的性质

1. $\boldsymbol{R(D)}$ 函数的定义域

$R(D)$ 的定义域为 $0\leqslant D_{\min}\leqslant D\leqslant D_{\max}$，且

$$\begin{aligned}D_{\min}&=\min\Big[\sum_X\sum_Y p(x_i)p(y_j\mid x_i)d(x_i,y_j)\Big]\\&=\sum_{i=1}^{r}p(x_i)\min\Big[\sum_{j=1}^{s}p(y_j\mid x_i)d(x_i,y_j)\Big]\end{aligned} \tag{7.14}$$

$$\begin{cases}\sum\limits_{y_j}p(y_j\mid x_i)=1,\text{所有 }d(x_i,y_j)=\text{最小值的 }y_j\in Y,\\ p(y_j\mid x_i)=0,d(x_i,y_j)\neq\text{最小值的 }y_j\in Y,\end{cases}\quad i=1,2,\cdots,r \tag{7.15}$$

$$D_{\min}=\sum_X p(x_i)\min_Y d(x_i,y_j)=\sum_{i=1}^{r}p(x_i)\min_j d(x_i,y_j) \tag{7.16}$$

例 7.4 若失真矩阵 $[D]=\begin{bmatrix}0&1&\frac{1}{2}\\1&0&\frac{1}{2}\end{bmatrix}$，求 $D_{\min}$。

解：

$$D_{\min}=\sum_{i=1}^{r}p(x_i)\min_j d(x_i,y_j)=\sum_{i=1}^{r}p(x_i)\cdot 0=0$$

例 7.5 若信道传输矩阵为 $[P]=\begin{bmatrix}1&0&0\\0&1&0\end{bmatrix}$，求信息率失真函数。

解：

$$I(X;Y)=H(X)$$

$$R(0)=\min_{p(y_j|x_i)\in B_D}\{I(X;Y)\}=H(X)$$

例 7.6　若信源为 X,失真矩阵为 $\boldsymbol{D}$,试求 $D_{\min}$。

$$\begin{bmatrix} X \\ p(x) \end{bmatrix}=\begin{bmatrix} 0 & 1 & 2 \\ \frac{1}{3} & \frac{1}{3} & \frac{1}{3} \end{bmatrix},\quad [D]=\begin{bmatrix} 0 & 1 \\ \frac{1}{2} & \frac{1}{2} \\ 1 & 0 \end{bmatrix}$$

解:

$$D_{\min}=\sum_{i=1}^{r}p(x_i)\min_j d(x_i,y_j)$$

$$=\frac{1}{3}\cdot 0+\frac{1}{3}\cdot\frac{1}{2}+\frac{1}{3}\cdot 0=\frac{1}{6}$$

由于

$$\begin{cases}\sum_{y_j}p(y_j\mid x_i)=1,\text{所有 } d(x_i,y_j)=\text{最小值的 } y_j\in Y, \\ p(y_j\mid x_i)=0,d(x_i,y_j)\neq\text{最小值的 } y_j\in Y,\end{cases}\quad i=1,2,\cdots,r$$

$$\begin{cases}p(y_1\mid x_1)=1 \\ p(y_1\mid x_2)+p(y_2\mid x_2)=1 \\ p(y_2\mid x_3)=1\end{cases}$$

$$R(D_{\min})=R\left(\frac{1}{6}\right)=\min_{p(y_j|x_i)\in B_{D_{\min}}}I(X;Y)<H(X)$$

$$[D']=\begin{bmatrix} 0 & 1 \\ 0 & 0 \\ 1 & 0 \end{bmatrix}$$

$$d'(x_i,y_j)=d(x_i,y_j)-\min_j d(x_i,y_j),i=1,2,\cdots,r,j=1,2,\cdots,s$$

$$D'_{\min}=\sum_{i=1}^{r}p(x_i)\min_j d(x_i,y_j)=0$$

$$\begin{cases}p(y_1\mid x_1)=1 \\ p(y_1\mid x_2)+p(y_2\mid x_2)=1 \\ p(y_2\mid x_3)=1\end{cases}$$

$$R(D'_{\min})=R(0)<H(X)$$

$$\bar{D}=\sum_{X,Y}p(x_i,y_j)d(x_i,y_j)=\sum_{i=1}^{r}\sum_{j=1}^{s}p(x_i)p(y_j\mid x_i)d(x_i,y_j)$$

$$=\sum_{i=1}^{r}\sum_{j=1}^{s}p(x_i)p(y_j)d(x_i,y_j)$$

$$D_{\max}=\min\sum_{i=1}^{r}\sum_{j=1}^{s}p(x_i)p(y_j)d(x_i,y_j)$$

$$=\min\sum_{j=1}^{s}p(y_j)\sum_{i=1}^{r}p(x_i)d(x_i,y_j)$$

$$=\min_j\sum_{i=1}^{r}p(x_i)d(x_i,y_j)$$

$$R(D)=\begin{cases}H(X), & D=D_{\min}=0(\text{有条件})\\ 0, & D\geqslant D_{\max}\\ <H(X), & D_{\min}<D<D_{\max}\end{cases}$$

例 7.7 对于$\begin{bmatrix}X\\ p(x)\end{bmatrix}=\begin{bmatrix}x_1 & x_2\\ \frac{1}{3} & \frac{2}{3}\end{bmatrix}$，$[D]=\begin{bmatrix}0 & 1\\ 1 & 0\end{bmatrix}$，求 $D_{\max}$。

$$D_{\max}=\min\sum_{j=1}^{s}p(y_j)\sum_{i=1}^{r}p(x_i)d(x_i,y_j)$$

$$=\min\left\{p(y_1)\left[\frac{1}{3}\times 0+\frac{2}{3}\times 1\right]+p(y_2)\left[\frac{1}{3}\times 1+\frac{2}{3}\times 0\right]\right\}$$

$$=\min\left\{\frac{2}{3}p(y_1)+\frac{1}{3}p(y_2)\right\}$$

$$D_{\max}=\min\left\{\frac{1}{3}p(y_1)+\frac{1}{3}\right\}$$

$$D_{\max}=\min\left\{\frac{1}{3}p(y_1)+\frac{1}{3}\right\}=\frac{1}{3}\times 0+\frac{1}{3}=\frac{1}{3}$$

允许失真度 D 的下限可以是零，即不允许任何失真的情况。

$D_{\min}$的理解：失真矩阵每一行的最小值求加权和，即是对试验信道转移矩阵将输出 x 以概率为 1 转移到 y，使得 $d(x,y)$的值最小。此时对应于所确定的失真矩阵所求的平均失真为最小，即 $D_{\min}$。确定了 $D_{\min}$之后，就可以求得对应的信道转移矩阵，因此也就可以求得相应的 $R(D)$值。

$D_{\max}$的理解：对所有的输出 x 以概率 1 转移到同一个 y，所求得的平均失真最小的那个平均失真即为 $D_{\max}$。确定了 $D_{\max}$之后，就可以求得对应的信道转移矩阵，因此也就可以求得相应的 $R(D)$值。

2. $R(D)$是关于平均失真度 D 的下凸函数

$R(D)$是关于 D 的下凸函数，即对于任意 $0\leqslant\alpha\leqslant 1$ 和 $D_1,D_2\leqslant D_{\max}$，有：

$$R[\alpha D_1+(1-\alpha)D_2]\leqslant \alpha R(D_1)+(1-\alpha)R(D_2) \tag{7.17}$$

证明：设给定信源 X 和失真函数 $d(x_i,y_j)$，$i=1,2,\cdots,m$，$j=1,2,\cdots,n$，在 $R(D)$函数的定义域内选取两个允许失真度 D_1 和 D_2，并设两个试验信道 $P_1(y_j|x_i)$和 $P_2(y_j|x_i)$分别达到相应的信息率失真函数 $R(D_1)$和 $R(D_2)$，即分别满足保真度准则为

$$\bar{D}_1=\sum_i\sum_j p(x_i)p_1(y_j\mid x_i)d(x_i,y_j)\leqslant D_1 \tag{7.18}$$

$$\bar{D}_2=\sum_i\sum_j p(x_i)p_2(y_j\mid x_i)d(x_i,y_j)\leqslant D_2 \tag{7.19}$$

并且

$$I[P_1(y_j\mid x_i)]=R(D_1) \tag{7.20}$$

$$I[P_2(y_j\mid x_i)]=R(D_2) \tag{7.21}$$

令设

$$P(y_j\mid x_i)=\alpha p_1(y_j\mid x_i)+(1-\alpha)p_2(y_j\mid x_i) \tag{7.22}$$

对应的平均失真度 $\bar{D}$ 为

$$\bar{D}=\sum_i\sum_j p(x_i)p(y_j\mid x_i)d(x_i,y_j)$$

$$= \alpha \sum_i \sum_j p(x_i) p_1(y_j \mid x_i) d(x_i, y_j) + (1-\alpha) \sum_i \sum_j p(x_i) p_2(y_j \mid x_i) d(x_i, y_j)$$

$$\leqslant \alpha D_1 + (1-\alpha) D_2 \tag{7.23}$$

所以 $P(y_j|x_i)$是满足保真度准则 $\bar{D} \leqslant \alpha D_1 + (1-\alpha) D_2$ 的试验信道。

根据率失真函数的定义，有：

$$I[P_1(y_j \mid x_i)] \geqslant R[\alpha D_1 + (1-\alpha) D_2] \tag{7.24}$$

对于固定信源 X 来说，平均互信息是信道传递概率 $P(y_j|x_i)$的下凸函数，所以有：

$$I[P(y_j \mid x_i)] \leqslant \alpha I[p_1(y_j \mid x_i)] + (1-\alpha) I[p_2(y_j \mid x_i)] = \alpha R(D_1) + (1-\alpha) R(D_2) \tag{7.25}$$

综合上面两式得出：

$$R[\alpha D_1 + (1-\alpha) D_2] \leqslant \alpha R(D_1) + (1-\alpha) R(D_2) \tag{7.26}$$

即信息率失真函数 $R(D)$在定义域内是允许失真度 D 的下凸函数。

3. $R(D)$是$(D_{\min}, D_{\max})$区间上的连续和严格单调递减函数

由于 $R(D)$具有凸状性，这就意味着它在定义域内是连续的，并且 $R(D)$在定义域内是递减的，因为允许的失真越大，所需的信息率就越小，根据 $R(D)$的定义，它是在平均失真度小与或等于允许失真度 D 的所有信道集合 P_D 中，取 $I(X;Y)$的最小值。当允许失真度增大时，那么 P_D 的集合也就随之增大，在增大 P_D 集合中找出 $I(X;Y)$的最小值，那么结果不变或者比原来的小，因此 $R(D)$是递减的，即在 $0<D<D_{\max}$范围内，若 $D_1<D_2$，则 $R(D_1) \geqslant R(D_2)$。

下面证明它是严格递减的，即上式中等号不成立。

证明：如果上式中等号成立，则在(D_1, D_2)中 $R(D)$为常数，下面证明(D_1, D_2)中 $R(D)$不为常数。假设 $0<D_1<D_2<D_{\max}$，$P_1(y_j|x_i)$和 $P_m(y_j|x_i)$是分别达到相应的信息率失真函数 $R(D_1)$和 $R(D_{\max})$的两个试验信道，即：

$$\bar{D}_1 = \sum_i \sum_j p(x_i) p_1(y_j \mid x_i) d(x_i, y_j) \leqslant D_1$$

$$\bar{D}_m = \sum_i \sum_j p(x_i) p_2(y_j \mid x_i) d(x_i, y_j) \leqslant D_m \tag{7.27}$$

$$I[P_1(y_j \mid x_i)] = R(D_1) \tag{7.28}$$

$$I[P_m(y_j \mid x_i)] = R(D_{\max}) = 0 \tag{7.29}$$

总能找到足够小的 $\alpha>0$ 满足

$$D_1 < \alpha D_{\max} + (1-\alpha) D_1 < D_2 \tag{7.30}$$

不等式左边 $D_1 + \alpha(D_{\max} - D_1) > D_1$ 一定成立，不等式右边总能找到一个 α 使 $\alpha(D_{\max} - D_1) < (D_2 - D_1)$。令 $D_0 = \alpha D_{\max} + (1-\alpha) D_1$，则 $D_1 < D_0 < D_2$，现在定义一个新的试验信道，设其信道传递概率为

$$P(y_j \mid x_i) = \alpha p_m(y_j \mid x_i) + (1-\alpha) p_1(y_j \mid x_i) \tag{7.31}$$

对应的平均失真度为

$$\bar{D} = \sum_i \sum_j p(x_i) p(y_j \mid x_i) d(x_i, y_j)$$

$$= \alpha \sum_i \sum_j p(x_i) p_m(y_j \mid x_i) d(x_i, y_j) + (1-\alpha) \sum_i \sum_j p(x_i) p_1(y_j \mid x_i) d(x_i, y_j)$$

$$= \alpha \bar{D}_m + (1-\alpha) \bar{D}_1 \leqslant \alpha D_{\max} + (1-\alpha) D_1$$

$$= D_0 \tag{7.32}$$

可见新试验信道满足保真度准则，因此有：

$$I[P_1(y_j \mid x_i)] = R(D_0) \tag{7.33}$$

由于平均互信息是信道传递概率 $P(y_j|x_i)$的下凸函数，

$$\begin{aligned} I[P(y_j \mid x_i)] &\leqslant \alpha I\,[p_m(y_j \mid x_i)] + (1-\alpha)I[p_1(y_j \mid x_i)] \\ &= (1-\alpha)R(D_1) < R(D_1) \end{aligned} \tag{7.34}$$

所以 $R(D_0)<R(D_1)$，而 $D_1<D_0<D_2$，因此 $R(D)$在(D_1,D_2)内不为常数，即 $R(D_1)\geqslant R(D_2)$中等号不成立，$R(D)$是定义域内的严格递减函数。如图 7.2 所示，由于信息率失真函数 $R(D)$是严格的单调递减函数，因此在 P_D 中 $I(X;Y)$为最小的试验信道 $P(y_j|x_i)$必在 P_D 的边界上，即：

$$\bar{D} = \sum_i \sum_j p(x_i)p_1(y_j \mid x_i)d(x_i,y_j) = D \tag{7.35}$$

所以通常选择在 $\bar{D}=D$ 的条件下来计算信息率失真函数。

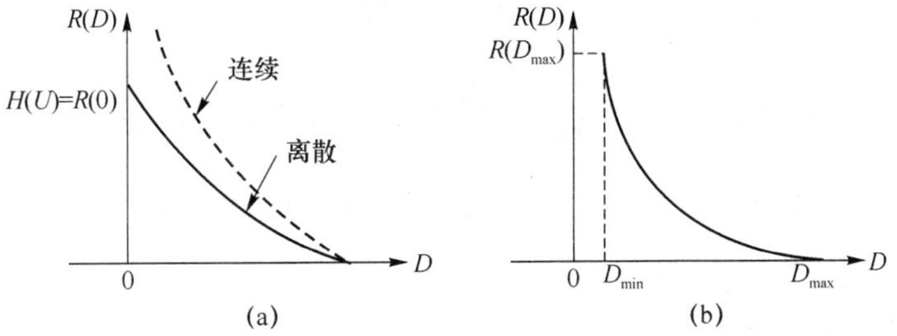

图 7.2　信息率失真函数的一般形状

7.3　信息率失真函数的计算

已知信源的概率分布 $P(u)$和失真函数 $d(u,v)$，就可求得信源的 $R(D)$函数。原则上它与信道容量一样，即在有约束条件下求极小值的问题。

适当选取试验信道 $P(v/u)$使平均互信息最小化：

$$I(U,V) = \sum_i \sum_j p(u_i)p(v_j \mid u_i)\log \frac{p(v_j \mid u_i)}{\sum_i p(u_i)p(v_j \mid u_i)} \tag{7.36}$$

其约束条件：

$$\begin{cases} p(v_j \mid u_i) \geqslant 0 \\ \sum_j p(v_j \mid u_i) = 1 \\ \sum_i \sum_j p(u_i)p(v_j \mid u_i)d(u_i,v_j) = D \end{cases} \tag{7.37}$$

特殊情况下的信息率失真函数的计算：对于等概、对称失真的信源，存在一个与失真矩阵具有同样对称性的转移概率分布达到信息率失真 $R(D)$。

计算步骤：

① 判断失真矩阵的情况，如果是对称失真等概分布的信源，则假设一个与失真矩阵具有同样对称性的转移概率矩阵；

② 以假设的转移概率矩阵及输入概率分布求平均失真度 D，并用 D 表示转移概率矩阵中的未知数，并重新表示转移概率矩阵；

③ 利用所求得的转移概率矩阵及输入概率分布求 $I(X;Y)$，即 $R(D)$。

例 7.8 设二元对称信源 $U=\{0,1\}$，其概率分布 $P(u)=[\omega \quad \bar{\omega}]$，$\omega\leqslant\frac{1}{2}$。而接收变量 $V=\{0,1\}$，设汉明失真矩阵为

$$D=\begin{bmatrix}0 & 1\\1 & 0\end{bmatrix}$$

计算这个信源的 $D_{\min}$ 和 $R(D_{\min})$。

解：因为最小允许失真度

$$D_{\min}=\sum_{i=1}^{r}P(u_i)\min_j d(u_i,v_j)=0$$

并能找到满足该最小失真的试验信道，且是一个无损无噪的试验信道，信道矩阵为

$$\boldsymbol{P}=\begin{bmatrix}1 & 0\\0 & 1\end{bmatrix}$$

因此

$$R(0)=\min_{P(v_j|u_i)\in B_D}\{I(U;V)\}=H(U)=H(\omega)$$

例 7.9 设二元对称信源 $U=\{0,1\}$，其概率分布 $P(u)=[\omega \quad \bar{\omega}]$，$\omega\leqslant\frac{1}{2}$。而接收变量 $V=\{0,1\}$，采用汉明失真测度，计算 $D_{\max}$ 和 $R(D_{\max})$。

解：可计算出最大允许失真度为

$$\begin{aligned}D_{\max}&=\min_V\sum_V d'(v)=\min\sum_U P(u)d(u,v)\\&=\min[P(0)d(0,0)+P(1)d(1,0);P(0)d(0,1)+P(1)d(1,1)]\\&=\min[(1-\omega);\omega]=\omega\end{aligned}$$

要达到最大允许失真度的试验信道，唯一确定为

$$\boldsymbol{P}=\begin{bmatrix}0 & 1\\0 & 1\end{bmatrix}$$

即这个试验信道能正确传送信源符号 $u=1$，而传送 $u=0$ 时，接收信号一定为 $v=1$。那么，凡发送符号 $u=0$ 时，一定都错了。而 $u=0$ 出现的概率为 ω，所以信道平均失真为 ω。在这种试验信道条件下，可计算得

$$R(D_{\max})=R(\omega)=I(U;V)=0$$

例 7.10 设输入符号集与输出符号集为 $X=Y=\{0,1,2,3\}$，且输入信源分布为等概率分布，设失真矩阵为

$$[d]=\begin{bmatrix}0 & 1 & 1 & 1\\1 & 0 & 1 & 1\\1 & 1 & 0 & 1\\1 & 1 & 1 & 0\end{bmatrix}$$

求 $D_{\max}$，$D_{\min}$ 及 $R(D)$。

解：

$$D_{\min}=\sum_x p(x)\min_y(d(x,y))=0$$

$$D_{\max}=\min_y(\sum_x p(x)d(x,y))=\frac{3}{4}$$

由于失真矩阵对称且输入信源等概分布，则有与之相同的信道转移矩阵，设为

$$\begin{bmatrix} 1-3\alpha & \alpha & \alpha & \alpha \\ \alpha & 1-3\alpha & \alpha & \alpha \\ \alpha & \alpha & 1-3\alpha & \alpha \\ \alpha & \alpha & \alpha & 1-3\alpha \end{bmatrix}$$

平均失真度为

$$D= \sum p(xy)d(xy) = \sum p(y \mid x)p(x)d(xy) = \frac{1}{4}\sum p(y \mid x)d(xy)$$

$$= \frac{1}{4} \times 12\alpha = 3\alpha$$

得
$$\alpha = \frac{1}{3}D$$

$$R(D)= I(X;Y) = \log 4 - H(1-D,\frac{1}{3}D,\frac{1}{3}D,\frac{1}{3}D)$$

$$= 2 - H(1-D,\frac{1}{3}D,\frac{1}{3}D,\frac{1}{3}D)$$

例 7.11 设二元信源为$\begin{bmatrix} X \\ P \end{bmatrix}=\begin{bmatrix} 0 & 1 \\ 0.5 & 0.5 \end{bmatrix}$，失真矩阵为$[d]=\begin{bmatrix} 0 & \alpha \\ \alpha & 0 \end{bmatrix}$，试求该信源的$D_{\max}$，$D_{\min}$及$R(D)$。

解：
$$D_{\min} = \sum_x p(x) \min_y(d(x,y)) = 0$$

$$D_{\max} = \min_y\Big(\sum_x p(x)d(x,y)\Big)= \frac{1}{2}\alpha$$

由于失真矩阵对称，在输入等概的情况下，有相同类型的信道转移矩阵，设为

$$\begin{bmatrix} 1-p & p \\ p & 1-p \end{bmatrix}$$

则
$$D = \sum p(xy)d(x,y) = \sum p(y \mid x)p(x)d(x,y) = \frac{1}{2}p\alpha + \frac{1}{2}p\alpha = p\alpha$$

有
$$p=\frac{D}{\alpha}$$

$$R(D)=\log 2-H\left(\frac{D}{\alpha}\right)=1-H\left(\frac{D}{\alpha}\right)$$

例 7.12 三元信源输入符号集为$\{0,1,2\}$且输入等概率分布，失真函数d_{ij}为：当$i=j$时，$d_{ij}=0$，当$i\neq j$时，$d_{ij}=1$，且$i,j=0,1,2$。(1)写出其失真矩阵；(2)求信息率失真函数及其定义域。

解：根据题意可得其失真矩阵为

$$\begin{bmatrix} 0 & 1 & 1 \\ 1 & 0 & 1 \\ 1 & 1 & 0 \end{bmatrix}$$

$$D_{\min} = \sum_x p(x) \min_y(d(x,y)) = 0$$

$$D_{\max} = \min_y(\sum_x p(x)d(x,y)) = \frac{2}{3}$$

由于失真矩阵对称且输入信源等概分布，则有与之相同的信道转移矩阵，设为

$$\begin{bmatrix} 1-2\alpha & \alpha & \alpha \\ \alpha & 1-2\alpha & \alpha \\ \alpha & \alpha & 1-2\alpha \end{bmatrix}$$

平均失真度为

$$D=\sum p(xy)d(xy)=\sum p(y\mid x)p(x)d(xy)=\frac{1}{3}\sum p(y\mid x)d(xy)$$
$$=\frac{1}{3}\times 6\alpha=2\alpha$$

得
$$\alpha=\frac{1}{2}D$$

$$R(D)=I(X;Y)=\log 3-H\left(1-D,\frac{1}{2}D,\frac{1}{2}D\right)$$

例 7.13 设输入符号与输出符号为 $X=Y=\{0,1,2,3\}$，且输入符号等概分布。设失真矩阵为

$$[d]=\begin{bmatrix} 0.2 & 1 & 1 & 1 \\ 1 & 0.4 & 1 & 1 \\ 1 & 1 & 0.6 & 1 \\ 1 & 1 & 1 & 0.8 \end{bmatrix}$$

求：$D_{\max}$，$D_{\min}$，$R(D_{\max})$，$R(D_{\min})$及其所对应的转移概率矩阵。

解：根据 $D_{\min}$ 和 $D_{\max}$ 的定义：

$$D_{\min}=\sum_x p(x)\min_y d(x,y)=0.2\times\frac{1}{4}+0.4\times\frac{1}{4}+0.6\times\frac{1}{4}+0.8\times\frac{1}{4}=0.5$$

$$D_{\max}=\min_y\sum_x p(x)d(x,y)$$
$$=\min\left\{0.2\times\frac{1}{4}+3\times\frac{1}{4},0.4\times\frac{1}{4}+3\times\frac{1}{4},0.6\times\frac{1}{4}+3\times\frac{1}{4},0.8\times\frac{1}{4}+3\times\frac{1}{4}\right\}$$
$$=0.85$$

$D_{\min}$所对应的转移概率矩阵为 $\boldsymbol{P}_1=\begin{bmatrix} 1 & 0 & 0 & 0 \\ 0 & 1 & 0 & 0 \\ 0 & 0 & 1 & 0 \\ 0 & 0 & 0 & 1 \end{bmatrix}$

$D_{\max}$所对应的转移概率矩阵为 $\boldsymbol{P}_2=\begin{bmatrix} 1 & 0 & 0 & 0 \\ 1 & 0 & 0 & 0 \\ 1 & 0 & 0 & 0 \\ 1 & 0 & 0 & 0 \end{bmatrix}$

因此，
$$R(D_{\min})=\underset{P_1}{I(X;Y)}=\log 4=2\ \text{比特/码符号}$$
$$R(D_{\max})=\underset{P_2}{I(X;Y)}=H(Y)-H(Y|X)=0\ \text{比特/码符号}$$

7.4 限失真信源编码定理

对于无失真信源编码来说，在允许一定失真的情况下，信源输出信息率最少可减少到信息

率失真函数 $R(D)$，有可能是多个信源符号(符号序列)对应一个码字(码字序列)。失真信源编码定理就是关于信息率和失真关系的一个极限定理，也称香农第三定理，保真度准则下的离散信源编码定理。

7.4.1 信源编码定理

设 $R(D)$ 是离散无记忆信源的信息率失真函数并且失真函数为有限值。对于任意的允许失真度 $D\geqslant 0$ 和任意小的正数 $\varepsilon>0$，当信源序列长度 n 足够长时，一定存在一种编码 C，其码字个数 $M=\exp\{n[R(D)+\varepsilon]\}$，而编码后的平均失真度 $\bar{D}(C_k)\leqslant D+\varepsilon$。

定理解释：对于任何失真度 $D\geqslant 0$，只要码长 n 足够长，总可以找到一种编码 C，使编码后每个信源符号的信息传输率：

$$R'=\frac{\log M}{n}=R(D)+\varepsilon \tag{7.38}$$

即

$$R'\geqslant R(D) \tag{7.39}$$

而码的平均失真度 $d(C)\leqslant D$。在允许失真 D 的条件下，信源最小的、可达的信息传输率是信源的 $R(D)$。

下面说明限失真信源编码定理的证明。

问题：设有达到 $R(D)$ 的试验信道 $p(v/u)$，要证明对于任意的 $R'>R(D)$ 时，存在一种信息传输率为 R' 的信源编码，其平均失真度 $\bar{D}(C)\leqslant D+\varepsilon$。

思路：产生码书；选取编译码方法；计算失真度。

方法：产生码书，在 V_n 空间随机抽取 $M=2nR'$ 个随机序列 v；编码方法，若存在与信源序列 u 构成失真典型序列对的序列 $v(\omega)$，则编码 $u\rightarrow v(\omega)$，否则编码 $u\rightarrow v(1)$；译码，再现 $v(\omega)$；失真度计算，在所有随机码书和 U_n 空间统计平均的基础上计算平均失真度。

证明：

$$M=2^{\{n[R(D)+\varepsilon]\}} \tag{7.40}$$

$$R'=\frac{\log M}{n}=R(D)+\varepsilon$$

$$R'\geqslant R(D)$$

$$\lim_{n\to\infty}p\left\{\left|\frac{X_1+X_2+\cdots+X_n}{n}-\mu\right|\geqslant\varepsilon\right\}=0 \tag{7.41}$$

$$\begin{bmatrix} X \\ p(x)\end{bmatrix}=\begin{bmatrix} a_1 & a_2 & \cdots & a_r \\ p(a_1) & p(a_2) & \cdots & p(a_r)\end{bmatrix}$$

$$I(X;Y)=R(D) \tag{7.42}$$

$$E[d(a_i,b_j)]\leqslant D \tag{7.43}$$

$$\bar{X}\in X^n=[\alpha_1,\alpha_2,\cdots,\alpha_{r^n}] \tag{7.44}$$

$$d(\alpha_i,\beta_j)=\sum_{l=1}^{n}d(a_{i_l},b_{j_l}) \tag{7.45}$$

$$p(\alpha_i)=\prod_{l=1}^{n}p(a_{i_l}) \tag{7.46}$$

$$p(\beta_j\mid\alpha_i)=\prod_{l=1}^{n}p(b_{j_l}\mid a_{i_l}) \tag{7.47}$$

$$p(\alpha_i\beta_j) = \prod_{l=1}^{n} p(a_{i_l} b_{j_l}) \tag{7.48}$$

$$p(\beta_j) = \prod_{l=1}^{n} p(b_{j_l}) \tag{7.49}$$

$$R_n(D) = nR(D) \tag{7.50}$$

$$f(\alpha_i) = \beta_j, \quad \alpha_i \in X^n \tag{7.51}$$

$$d[\alpha_i, f(\alpha_i)] = \min_{\beta_j \in C} d(\alpha_i, \beta_j) \tag{7.52}$$

$$p_0(\beta_j \mid \alpha_i) = \begin{cases} 1, \text{当 } \beta_j \in C \text{ 且 } d(\alpha_i, \beta_j) = d[\alpha_i, f(\alpha_i)] \\ 0, \text{其他} \end{cases} \tag{7.53}$$

$$\begin{aligned} d(C) = \frac{1}{n}\bar{D}(n) &= \frac{1}{n}\sum_{X^n}\sum_{Y^n} p(\alpha_i) p_0(\beta_j \mid \alpha_i) d(\alpha_i, \beta_j) \\ &= \frac{1}{n}\sum_{X^n} p(\alpha_i) d[\alpha_i, f(\alpha_i)] \end{aligned} \tag{7.54}$$

$$p(C) = p(\beta_1\beta_2\cdots\beta_M) = \prod_{j=1}^{M} p(\beta_j) \tag{7.55}$$

$$\bar{D}(C) = \sum_{C=1}^{S^{nM}} p(C) d(C) = \sum_{\beta_1,\cdots,} \cdots \sum_{\beta_M \in Y^n} p(\beta_1) p(\beta_2) \cdots p(\beta_M) d(C) \tag{7.56}$$

$$\bar{D}(C) = \sum_{\beta_1,\beta_2,\cdots,} \cdots \sum_{\beta_M \in Y^n} p(\beta_1) \cdots p(\beta_M) \cdot \frac{1}{n} \sum_{X^n} p(\alpha_i) d[\alpha_i, f(\alpha_i)] \tag{7.57}$$

$$S = \{\alpha_i : d[\alpha_i, f(\alpha_i)] \leqslant n(D+\delta)\}$$
$$T = \{\alpha_i : d[\alpha_i, f(\alpha_i)] > n(D+\delta)\}$$

$$\begin{aligned} \bar{D}(C) = &\sum_{\beta_1,\cdots,} \cdots \sum_{\beta_M \in Y^n} p(\beta_1) \cdots p(\beta_M) \cdot \frac{1}{n} \cdot \\ &\left\{ \sum_{\alpha_i \in S} p(a_i) d[a_i, f(a_i)] + \sum_{\alpha_i \in T} p(a_i) d[a_i, f(a_i)] \right\} \end{aligned} \tag{7.58}$$

$$\sum_{\alpha_i \in S} p(\alpha_i) d[\alpha_i, f(\alpha_i)] \leqslant n(D+\delta) \tag{7.59}$$

$$\max d(\alpha_i, \beta_j) = \max \sum_{l=1}^{n} d(a_{i_l}, b_{j_l}) = nD_{\max} \tag{7.60}$$

$$nD_{\max} > d[\alpha_i, f(\alpha_i)] > n(D+\delta) \tag{7.61}$$

$$\bar{D}(C) \leqslant D + \delta + D_{\max} \cdot \sum_{\beta_1,\cdots,} \cdots \sum_{\beta_M \in Y^n} p(\beta_1) \cdots p(\beta_M) \sum_{\alpha_i \in T} p(\alpha_i) \tag{7.62}$$

$$\Delta(\alpha_i, \beta_j) = \begin{cases} 1, \text{若 } d(\alpha_i, \beta_j) \leqslant n(D+\delta) \\ 0, \text{若 } d(\alpha_i, \beta_j) > n(D+\delta) \end{cases}$$

$$\begin{aligned} \sum_{\alpha_i \in T} p(\alpha_i) &= \sum_{\alpha_i \in X^n} p(\alpha_i) [1 - \Delta(\alpha_i, \beta_1)][1 - \Delta(\alpha_i, \beta_2)] \cdots [1 - \Delta(\alpha_i, \beta_M)] \\ &= \sum_{\alpha_i \in X^n} p(\alpha_i) \prod_{j=1}^{M} [1 - \Delta(\alpha_i, \beta_j)] \end{aligned} \tag{7.63}$$

$$\bar{D}(C) \leqslant D + \delta + D_{\max} \cdot \sum_{\beta_1,\cdots,} \sum_{\beta_M \in Y^n} p(\beta_1) \cdots p(\beta_M) \cdot \sum_{\alpha_i \in X^n} p(\alpha_i) \prod_{j=1}^{M} [1 - \Delta(\alpha_i, \beta_j)]$$

$$= D + \delta + D_{\max} \cdot \sum_{\alpha_i \in X^n} p(\alpha_i) \sum_{\beta_1, \cdots,} \cdots \sum_{\beta_M \in Y^n} \prod_{j=1}^{M} p(\beta_j)[1 - \Delta(\alpha_i, \beta_j)] \tag{7.64}$$

$$\Big[\sum_{x \in A} f(x)\Big]^M = \sum_{x_1 \in A \cdots} \cdots \sum_{x_M \in A} f(x_1) \cdots f(x_M) \tag{7.65}$$

$$\bar{D}(C) \leqslant D + \delta + D_{\max} \cdot \sum_{\alpha_i \in X^n} p(\alpha_i) \Big\{ \sum_{\beta_j \in Y^n} p(\beta_j)[1 - \Delta(\alpha_i, \beta_j)] \Big\}^M$$

$$= D + \delta + D_{\max} \cdot \sum_{\alpha_i \in X^n} p(\alpha_i) \Big[1 - \sum_{\beta_j \in Y^n} p(\beta_j) \Delta(\alpha_i, \beta_j)\Big]^M \tag{7.66}$$

$$\Delta_0(\alpha_i, \beta_j) = \begin{cases} 1, \text{若 } d(\alpha_i, \beta_j) \leqslant n(D + \delta) \text{ 并 } I(\alpha_i; \beta_j) \leqslant n[R(D) + \delta] \\ 0, \text{其他} \end{cases}$$

其中，$I(\alpha_i; \beta_j) = \log \dfrac{p(\beta_j | \alpha_i)}{p(\beta_j)}$。

$$\Delta_0(\alpha_i, \beta_j) \leqslant \Delta(\alpha_i, \beta_j) \tag{7.67}$$

$$\sum_{\beta_j \in Y^n} p(\beta_j) \Delta_0(\alpha_i, \beta_j) \leqslant \sum_{\beta_j \in Y^n} p(\beta_j) \Delta(\alpha_i, \beta_j) \tag{7.68}$$

$$p(\beta_j) \geqslant p(\beta_j \mid \alpha_i) \mathrm{e}^{-n[R(D)+\delta]} \tag{7.69}$$

$$\Big[1 - \sum_{\beta_j \in Y^n} p(\beta_j) \Delta(\alpha_i, \beta_j)\Big]^M \leqslant \Big[1 - \sum_{\beta_j \in Y^n} p(\beta_j) \Delta_0(\alpha_i, \beta_j)\Big]^M$$

$$\leqslant \Big[1 - \mathrm{e}^{-n[R(D)+\delta]} \cdot \sum_{\beta_j \in Y^n} p(\beta_j \mid \alpha_i) \Delta_0(\alpha_i, \beta_j)\Big]^M \tag{7.70}$$

$$(1 - xy)^M \leqslant 1 - x + \mathrm{e}^{-yM} \quad (\text{若 } 0 \leqslant x, y \leqslant 1,\ M > 0) \tag{7.71}$$

$$y = \mathrm{e}^{-n[R(D)+\delta]},\ x = \sum_{\beta_j \in Y^n} p(\beta_j \mid \alpha_i) \Delta_0(\alpha_i, \beta_j) \tag{7.72}$$

$$\Big[1 - \sum_{\beta_j \in Y^n} p(\beta_j) \Delta(\alpha_i, \beta_j)\Big]^M \leqslant 1 - \sum_{\beta_j \in Y^n} p(\beta_j \mid \alpha_i) \Delta_0(\alpha_i, \beta_j) + \exp[1 - \mathrm{e}^{-n[R(D)+\delta]} \cdot M] \tag{7.73}$$

$$\bar{D}(C) \leqslant D + \delta + D_{\max} \cdot \Big\{1 - \sum_{\beta_j \in Y^n} p(\beta_j \mid \alpha_i) \Delta_0(\alpha_i, \beta_j) + \exp[-\mathrm{e}^{-n[R(D)+\delta]} \cdot M]\Big\}$$

$$= D + \delta + D_{\max} \cdot \Big\{\sum_{\alpha_i \in X^n} \sum_{\beta_j \in Y^n} p(\alpha_i \beta_j)[1 - \Delta_0(\alpha_i, \beta_j)] + \exp[-\mathrm{e}^{-n[R(D)+\delta]} \cdot M]\Big\} \tag{7.74}$$

$$\bar{D}(C) \leqslant D + 2\delta + D_{\max} \cdot \sum_{\alpha_i} \sum_{\beta_j} p(a_i \beta_j)[1 - \Delta_0(\alpha_i \beta_j)] \tag{7.75}$$

$$\sum_{a_i} \sum_{\beta_j} p(\alpha_i \beta_j)[1 - \Delta_0(\alpha_i, \beta_j)] \leqslant p\{d(\alpha_i, \beta_j) > n(D + \delta)\} +$$

$$p\{I(\alpha_i; \beta_j) > n[R(D) + \delta]\} \tag{7.76}$$

$$d(\alpha_i, \beta_j) = \sum_{l=1}^{n} d(a_{i_l}, b_{j_l}) \tag{7.77}$$

$$\lim_{n \to \infty} p\{d(\alpha_i, \beta_j) > n(D + \delta)\} = 0 \tag{7.78}$$

$$I(\alpha_i; \beta_j) = \sum_{l=1}^{n} I(a_{i_l}; b_{j_l}) \tag{7.79}$$

$$E[I(a_i; b_j)] = I(X; Y) = R(D) \tag{7.80}$$

$$\lim_{n\to\infty} p\{I(\alpha_i;\beta_j) > n[R(D)+\delta]\} = 0 \tag{7.81}$$

$$p\{d(\alpha_i,\beta_j) > n(D+\delta)\} < \frac{\delta}{D_{\max}} \tag{7.82}$$

$$p\{I(\alpha_i;\beta_j) > n[R(D)+\delta]\} < \frac{\delta}{D_{\max}} \tag{7.83}$$

$$\bar{D}(C) \leqslant D + 4\delta \tag{7.84}$$

$$\bar{D}(C) \leqslant D + \varepsilon \tag{7.85}$$

$$M = e^{n[R(D)+\varepsilon]}$$

7.4.2 信源编码逆定理

不存在平均失真度为 D,而平均信息传输率 $R'<R(D)$的任何信源码,即对任意码长为 n 的信源码 C,若码字个数 $M<e^{n[R(D)]}$,一定有 $\bar{D}(C)>D$。

证明:

$$f(\alpha_i) = \beta_j, \alpha_i \in X^n$$

$$d[\alpha_i, f(\alpha_i)] = \min_{\beta_j \in C} d(\alpha_i, \beta_j)$$

$$p_0(\beta_j \mid \alpha_i) = \begin{cases} 1, 当\ \beta_j \in C, 且\ d(\alpha_i,\beta_j) = d[\alpha_i, f(\alpha_i)] \\ 0, 其他 \end{cases}$$

$$I(\vec{X};\vec{Y}) = H(\vec{Y}) \leqslant \log M \tag{7.86}$$

$$\log M \geqslant H(\vec{Y}) \geqslant I(\vec{X};\vec{Y}) \geqslant \sum_{l=1}^{n} I(X_l;Y_l) \tag{7.87}$$

$$R(D_l) \leqslant I(X_l;Y_l) \tag{7.88}$$

$$\begin{aligned} \log M &\geqslant \sum_{l=1}^{n} I(X_l;Y_l) \geqslant \sum_{l=1}^{n} R(D_l) \\ &= n\sum_{l=1}^{n} \frac{1}{n} R(D_l) \geqslant nR\left(\frac{1}{n}\sum_{l=1}^{n} D_l\right) \\ &= nR(D) \end{aligned} \tag{7.89}$$

$$R' = \frac{1}{n}\log M \geqslant R(D) \tag{7.90}$$

$$M \geqslant e^{n[R(D)]} \tag{7.91}$$

从逆定理可知:如果编码后平均每个信源符号的信息传输率 R' 小于信息率失真函数 $R(D)$,就不能在保真度准则下再现信源的信息。

保真度准则下的信源编码定理和逆定理在实际通信理论中有着重要的意义。这两个定理证实了在允许失真度 D 确定后,总存在一种编码方法,使编码后的信息传输率 R' 大于 $R(D)$,且可任意接近于 $R(D)$,而平均失真度小于允许失真度 D。反之,若 $R'<R(D)$,那么编码后的平均失真度将大于 D。如果用二进制符号来进行编码,在允许一定失真的情况下,平均每个信源符号所需二进制码符号的下限就是 $R(D)$。

由此可以看出,从香农第三定理可知:$R(D)$确实是允许失真度为 D 的情况下信源信息压缩的下限值。比较香农第一定理和第三定理可知:当信源给定后,无失真信源压缩的极限值是信源熵 $H(X)$,而有失真信源压缩的极限值是信息率失真函数 $R(D)$。在给定 D 后,一般

$R(D)<H(X)$，因此香农第三定理是有失真信源压缩的理论基础。

7.4.3 联合信源信道编码定理

香农第二定理和香农第三定理结合起来，可得信息传输的另一主要结论：若通过某信道来传送信源输出的信息，如果信道的信道容量 $C>R(D)$，则对信源和信道处理后，总能以保真度 $D+\varepsilon$ 再现信源的信息；如果 $C<R(D)$，则不管如何处理，在信道的接收端总有不能以保真度 D 的要求再现信源的信息。

在给定信源 X 和允许失真度 D 后，可以求得信源的信息率失真函数 $R(D)$，若设信源通过某信道传输，而信道的信道容量满足 $C>R(D)$，那么，根据香农第三定理，可以对给定的信源 X 先进行信源压缩编码，使编码后的信息传输率为

$$R' \geqslant R(D) \tag{7.92}$$

并且编码的平均失真度 $d(C)<D$，这时 R' 必满足

$$C > R' \geqslant R(D) \tag{7.93}$$

然后，把压缩后的信源通过信道传输，由于式(7.93)左半边不等式存在，根据香农第二定理，则存在一种信道编码，使压缩后的信源通过信道传输后，错误概率趋于 0，因此，在接收再现信源的信息时，总的失真或错误不会超过允许失真度 D。这意味着引起的失真是由信源压缩造成的，而信道传输不会造成新的失真或错误。反之，若 $C<R(D)$，即不能保证信源压缩后的信息率 $R'<C$，所以香农第二定理不能成立，这样信道中引起的失真或错误不可避免，必然会在接收端再现信源信息时，总的失真或错误大于 D。

香农三大定理的关系和比较如表 7.1、表 7.2 所示。

表 7.1 香农三大定理的关系和比较 1

无失真信源编码定理	限失真信源编码定理
信源冗余度压缩编码	信源的熵压缩编码
无失真、保熵	有失真、熵压缩
信源压缩的极限值：信源熵 $H(S)$	信源压缩的极限值：率失真函数 $R(D)$
存在性、构造性	存在性定理

表 7.2 香农三大定理的关系和比较 2

信道编码定理	限失真信源编码定理
给定信道特性 $p=p(y\|x)$	给定信源 $p=p(u)$ 及失真测度 $d(u,v)$
对于假设的信源 $p=p(x)$	对于假设的试验信道 $p=p(v\|u)$
寻求最优的信道编码 C_2	寻求最优的限失真编码 C_3
产生的误码率 p_e	产生的最大失真 D
信道编码存在的条件 $R<C$	限失真信源编码存在的条件 $R>R(D)$
信道容量公式 $C=\max\limits_{p_i}\{I(X,Y)\}$	信息率失真函数公式 $R(D)=\min\limits_{p(v\|u)\in B_D}\{I(U,V)\}$
存在符合条件的 C_2，使 $p_e\to 0$	存在符合条件的 C_3，使 $D'<D$

7.4.4 限失真信源编码定理的应用

允许一定失真的情况下，信源的 $R(D)$ 函数可以作为衡量各种压缩编码方法性能优劣的

一种尺度。

例 7.14 某二元对称信源$\begin{bmatrix} U \\ P(u) \end{bmatrix}=\begin{bmatrix} 0 & 1 \\ 0.25 & 0.75 \end{bmatrix}$,采用汉明失真。假设允许失真度$D=0.1$,试分析信息源所能压缩的理论极限值为多少?

分析:在保真度准则下信息源所能压缩的理论极限值,就是$R(D)$函数。

解:该二元对称信源的率失真函数为

$$R(D)=H(0.25)-H(0.1)=0.811-0.469=0.342\text{ 比特 / 码符号}$$

例 7.15 设某二元无记忆信源

$$\begin{bmatrix} U \\ P(u) \end{bmatrix}=\begin{bmatrix} 0 & 1 \\ \frac{1}{2} & \frac{1}{2} \end{bmatrix}$$

若假设此信源再现时允许失真存在,并定义失真函数为汉明失真。经过有失真信源编码后,得到的发送码字通过无噪无损广义信道传输,经译码后到达信宿,信宿得到的接收序列为$\hat{U}$,如图 7.3 所示。

(1) 计算图 7.3 所示的有失真编码方案的信息传输率R'和平均失真D;

(2) 图 7.3 所示的有失真压缩编码是否为最佳方案?

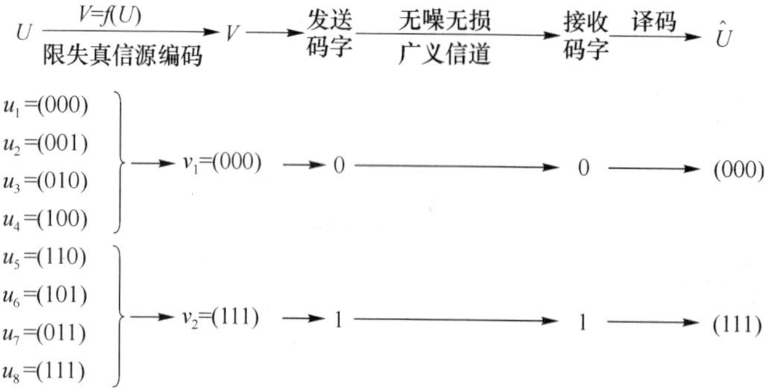

图 7.3 限失真压缩编码方法

解:(1) 图 7.3 中的有失真信源压缩编码方案为:将信源的输出每N(这里$N=3$)个符号组成一组,用矢量U表示。因为信源符号 0,1 是等概率分布的,所以U序列的不同形式共有$2^3=8$种,并且都是等概率分布,为了进行压缩,不是传输所有 8 种不同的信源序列U,而是只传输其中的两种。所采用的映射方法将$u_1=(000)$,$u_2=(001)$,$u_3=(010)$,$u_4=(100)$映射成$v_1=(000)$来传输;而把$u_5=(110)$,$u_6=(101)$,$u_7=(011)$,$u_8=(111)$映射成$v_2=(111)$来传输,即 8 种不同的U序列映射成 2 种V序列来传输。这时输入端只有$M'=2$个不同的消息,完全可以用 0 和 1 来传输,映射关系为$v_1=(000)\to 0$,$v_2=(111)\to 1$。由此可见,通过这种编码方法,把原来传输的三个二元信源符号压缩成一个二元符号。因此编码后的信息率为

$$R'=\frac{\log M'}{N}=\frac{1}{3}\text{ 比特 / 码符号}$$

从接收端来看,当收到码字 0 或 1 时,就译成对应的信源序列v_1和v_2。v_1和v_2就是再现的信源序列$\hat{U}$,它与实际发送的信源序列U之间存在着失真。这失真是进行信源压缩编码后人为引起的,接收序列$\hat{U}$与发送序列U之间有很大差异,如图 7.4 所示。

U	(000)	(001)	(010)	(011)	(100)	(101)	(110)	(111)
↓								
V	(000)	(000)	(000)	(111)	(000)	(111)	(111)	(111)
↓								
发送码字	0	0	0	1	0	1	1	1
↓ 无噪无损信道								
接收码字	0	0	0	1	0	1	1	1
↓								
$\hat{U}$	(000)	(000)	(000)	(111)	(000)	(111)	(111)	(111)

图 7.4　信源编码引起的失真

这种简单压缩编码的平均失真为

$$d(C)=\frac{1}{N}\sum_{U}E\left[d(u,v)\right]=\frac{1}{3}\times\frac{1}{8}\left[0+1+1+1+1+1+1+0\right]=\frac{1}{4}$$

可见，如图 7.3 所示的这种限失真编码方法压缩后信息率 $R'=1/3$ 比特/码符号，而产生的平均失真等于 1/4。

(2) 那么对于等概率分布的二元信源 U 而言，在允许平均失真等于 1/4 的情况下，这种压缩方法是否是最佳的呢？信源输出信息率是否还可以进一步压缩呢？根据香农第三定理的含义，若允许失真度 $D=1/4$ 时，总可以找到一种压缩方法，使信源输出信息率压缩到极限值 $R\left(\frac{1}{4}\right)$，可以求得

$$R\left(\frac{1}{4}\right)=1-H\left(\frac{1}{4}\right)\approx 0.189 \text{ 比特 / 码符号}$$

显然，$R\left(\frac{1}{4}\right)<R'$。所以，在允许失真度为 1/4 时，对等概率分布的二元信源来说，例 7.15中的压缩方法并不是最佳方法，即信源还可以进一步压缩。

1. 应用 1

定理：对任一连续非正态信源，若已知其方差为 σ^2，熵为 $H_c(U)$，并规定失真函数为 $d(u,v)=(u-v)^2$，则其 $R(D)$ 满足下列不等式：

$$H(U)-\frac{1}{2}\log 2\pi eD\leqslant R(D)\leqslant\frac{1}{2}\log\frac{\sigma^2}{D}\quad\text{（正态，上限）}\tag{7.94}$$

结论：在平均功率受限条件下，正态分布 $R(D)$ 函数值最大，它是其他一切分布的上限值，也是信源压缩比中最小的。所以人们往往将它作为连续信源压缩比中最保守的估计值。

2. 应用 2

利用连续信源的 $R(D)$ 函数，分析语音的波形编码：为了分析方便，假设语音服从平稳正态分布。

例 7.16　分析 PCM 编码及其压缩潜力：采样率为 8 kHz；量化位数为 8，信息率为 8×8=64 kbit/s；相关性为样点间独立，且每个样点 8 bit；入公用网要求信噪比为 26 dB。

$$\xi=\frac{\sigma^2}{D}\cong 26\text{ dB}\Rightarrow\frac{\sigma^2}{D}=400\text{ 倍}$$

其中，D 为噪声（允许失真）功率。

由正态分布的信息率失真函数的公式：

$$R(D) = \frac{1}{2}\log\frac{\sigma^2}{D} = \frac{1}{2}\log 400 = 4.3\ \text{bit}$$

实际语音的$R(D)$值要小于4.3 bit,因为语音不服从正态分布,而是近似服从拉普拉斯分布(一级近似)、伽玛分布(二级近似)。它们的$R(D)$函数值均小于正态分布的$R(D)$值。可见,4.3 bit至现用的PCM 8 bit,大约有一倍差距。

例7.17 若对语音编码进一步计入相关性,则其$R(D)$函数为

$$R(D) = \frac{1}{2}\log\frac{\sigma^2(1-\rho^2)}{D}$$

则可算出其$R(D)$值,即对应压缩比(相对于PCM编码64 kbit/s),如表7.3所示。

表7.3 R(D)值与其对应压缩比

信噪比/dB	35	32	28	25	23	20	17
$R(D)$/bit	4	3.5	2.5	2.34	2	1.5	1
压缩倍数	2	2.28	3.2	3.42	4	5.3	8

若计入语音实际分布,$R(D)$值小于正态分布值,以及$R(D)$的主观特征,在25～26 dB要求下,实际$R(D)$值大约等于2左右,可以获得大约4倍的压缩比。

$$R(D) = \frac{1}{2}\log\frac{\sigma^2(1-\rho^2)}{D}$$

$$D \leqslant \frac{\sigma^2(1-\rho)}{1+\rho}$$

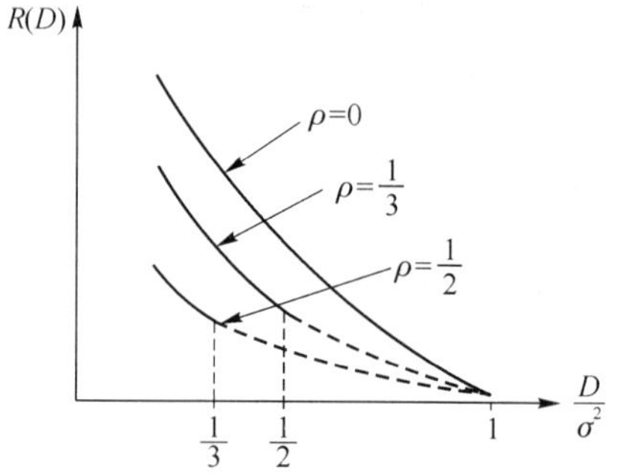

图7.5 $R(D)$函数曲线

结论:

$\rho\uparrow$, $R(D)\downarrow$,压缩比$K\uparrow$

$\frac{D}{\sigma^2}\uparrow$, $R(D)\downarrow$,压缩比$K\uparrow$

3. 应用3

参量编码:以英语为例,其音素大约为128～256个,按照通常讲话速率,每秒大约平均发出10个音素,这时语音信源给出的信息率为

$$I_{上限} = \log(256)^{10} = 80\ \text{bit/s}$$

$$I_{下限} = \log(128)^{10} = 70\ \text{bit/s}$$

$$K_{上限} = \frac{64\ \text{kbit}}{70\ \text{bit}} = 914\ 倍$$

$$K_{下限} = \frac{64\ \text{kbit}}{80\ \text{bit}} \approx 800\ 倍$$

7.5 限失真信源编码

7.5.1 预测编码

1. 预测编码的基本原理

预测编码(Prediction Coding)是根据某一种模型,利用以前的(已收到)一个或几个样值,

对当前的(正在接收的)样本值进行预测,将样本实际值和预测值之差进行编码。以图像为例,如果模型足够好,图像样本时间上相关性很强,一定可以获得较高的压缩比。具体来说,从相邻像素之间有很强的相关性特点考虑,比如当前像素的灰度或颜色信号,数值上与其相邻像素总是比较接近,除非处于边界状态。当前像素的灰度或颜色信号的数值,可用前面已出现的像素的值,进行预测(估计),得到一个预测值(估计值),将实际值与预测值求差,对这个差值信号进行编码、传送,这种编码方法称为预测编码方法。

预测编码的基本思想:建立一个数学模型→利用以往的样本数据→对新样本值进行预测→将预测值与实际值相减→对其差值进行编码,这时差值很少,可以减少编码码位。

2. 预测编码的分类

最佳预测编码:在均方误差最小的准则下,使其误差最小的方法。

线性预测:利用线性方程计算预测值的编码方法。非线性预测:利用非线性方程计算预测值的编码方法。线性预测编码方法,也称差值脉冲编码调制法(DPCM,Differention Pulse Code Modulation)。

如果根据同一帧样本进行预测的编码方法称作帧内预测编码。根据不同帧样本进行预测的编码方法称作帧间预测编码。

如果预测器和量化器参数按图像局部特性进行调整,称为自适应预测编码(ADPCM)。在帧间预测编码中,若帧间对应像素样本值超过某一阈值就保留,否则不传或不存,恢复时就用上一帧对应像素样本值来代替,称为条件补充帧间预测编码。在活动图像预测编码中,根据画面运动情况,对图像加以补偿再进行帧间预测的方法称为运动补偿预测编码方法。

3. DPCM 编码算法

一幅二维静止图像,设空间坐标(i,j)像素点的实际样本为 $f(i,j)$,$\hat{f}(i,j)$是预测器根据传输的相邻的样本值对该点估算得到的预测(估计)值。编码时不是对每个样本值进行量化,而是预测下一个样本值后,量化实际值与预测值之间的差。计算预测值的参考像素,可以是同一行扫描行的前几个像素,这种预测称作一维预测;也可以是本行、前一行或者前几行的像素,这种预测叫二维预测;除此之外,甚至还可以是前几帧图像的像素,这种预测就是三维预测。一维预测和二维预测属于帧内预测,三维预测则属于帧间预测。

实际值和预测值之间的差值:$e(i,j)=f(i,j)-\hat{f}(i,j)$。将差值 $e(i,j)$定义为预测误差,由于图像像素之间有极强的相关性,所以这个预测误差是很小的。编码时,不是对像素点的实际灰度 $f(i,j)$进行编码,而是对预测误差信号 $\hat{f}(i,j)$进行量化、编码、发送,由此而得名为差值脉冲编码调制法,简写 DPCM。

DPCM 预测编、解码的原理图如图 7.6 所示。

DPCM 系统包括发送端、接收端和信道传输三个部分。发送端由编码器、量化器、预测器和加减法器组成;接收端包括解码器和预测器等。DPCM 系统的结构简单,容易用硬件实现。

预测编码的步骤:

① $f(i,j)$与发送端预测器产生的预测值 $\hat{f}(i,j)$相减得到预测误差 $e(i,j)$。

② $e(i,j)$经量化器量化后变为 $e'(i,j)$,同时引起量化误差。

③ $e'(i,j)$再经过编码器编成码字发送,同时又将 $e'(i,j)$加上 $\hat{f}(i,j)$恢复输入信号 $f'(i,j)$。因存在量化误差,所以 $f(i,j)\neq f'(i,j)$,但相当接近。发送端的预测器及其环路作为发送端

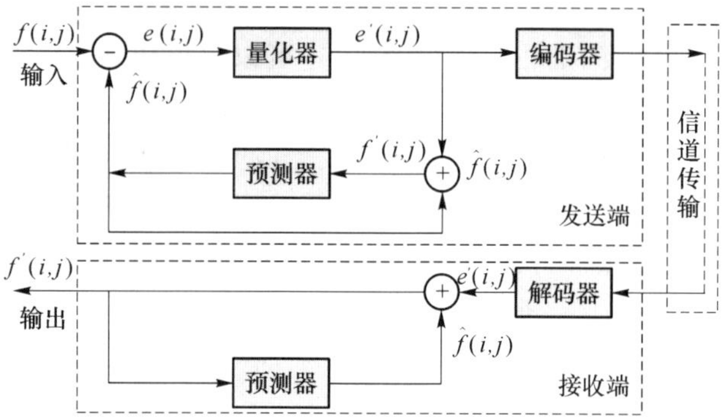

图 7.6 DPCM 预测编、解码原理图

本地解码器。

④ 发送端预测器带有存储器，它把 $f'(i,j)$ 存储起来以供对后面的像素进行预测。

⑤ 继续输入下一像素，重复上述过程。

4. 预测编码方法的特点

① 算法简单、速度快、易于硬件实现。

② 编码压缩比不太高，DPCM 一般压缩到 2～4 bit/s。

③ 误码易于扩散，抗干扰能力差。

7.5.2 变换编码

变换编码是于 1968 年 Pratt 首先提出，采用傅里叶变换。后来相继出现了 Walsh 变换、斜变换、K-L 变换以及离散余弦变换(DCT)等。

变换编码是从频域的角度减小图像信号的空间相关性，它在降低数码率等方面取得了和预测编码相近的效果。进入 20 世纪 80 年代后，逐渐形成了一套运动补偿和变换编码相结合的混合编码方案，大大推动了数字视频编码技术的发展。20 世纪 90 年代初，ITU 提出了著名的针对会议电视应用的视频编码建议 H.261，这是第一个得到广泛使用的混合编码方案。之后，随着不断改进的视频编码标准和建议，如 H.264，MPEG1/MPEG2/MPEG4，H.264 的推出，混合编码技术逐渐趋于成熟，成为一种应用最广泛的数字视频编码技术。

变换编码不是直接对空域图像信号进行编码，而是首先将空域图像信号映射变换到另一个正交矢量空间(变换域或频域)，产生一批变换系数，然后对这些变换系数进行编码处理。变换编码是一种间接编码方法，其中关键问题是在时域或空域描述时，数据之间相关性大，数据冗余度大，经过变换在变换域中描述，数据相关性大大减少，数据冗余量减少，参数独立，数据量少，这样再进行量化，编码就能得到较大的压缩比。典型的准最佳变换有 DCT(离散余弦变换)、DFT(离散傅里叶变换)、WHT(Walsh Hadama 变换)、HrT(Haar 变换)等。其中，最常用的是离散余弦变换。

在变换编码中的比特分配中，分区编码是基于最大方差准则；阈值编码是基于最大幅度准则。变换编码是失真编码的一种重要的编码类型。

一般来说，信号压缩是指将信号进行换基处理后，在某个正交基下变换为展开系数按一定量级呈指数衰减，具有非常少的大系数和许多小系数的信号，这种通过变换时限压缩的方法称为变换编码。

7.6 信源编码的应用

信源编码的目的是去除信源的冗余度，而现实生活中信源有语音、图像、视频等，这些都是具有压缩潜力的信源。

7.6.1 语音信息编码

语音信号一直是通信网中传输的主要对象。自从通信网数字化以来，降低语音信号的编码速率就成为通信中的一个重要问题。根据信息理论的分析，语音信号所需的编码速率可以远远低于仅按奈奎斯特采样定理和量化噪声分析所决定的编码速率。

几十年来的研究工作已在这方面取得巨大的进展：长途电话网标准的语音编码速率已从1972年原CCITT G.711标准中的64 kbit/s，降低到1995年原CCITT G. 723.1标准中的6.3 kbit/s。在移动通信中，1989年欧洲GSM标准中的语音编码速率为13.2 kbit/s，1994年在为半码速GSM研究的VSELP编码算法中，码速率为5.6 kbit/s，IS-96是美国高通公司为CDMA移动通信研制的一种CELP编码，具有4种码速率。对语音音质要求较低的军用通信，美国NSA标准的速率在1975年时已达到2.4 kbit/s。

目前，在实验室中已实现600 bit/s的低速率语音编码，特别是按音素识别与合成原理构造的声码器其速率可低于100 bit/s，已接近信息论指出的极限。

语音的数据量由两方面决定：采样频率和样本精度。对单声道信号而言，每秒钟的数据量(位数)=采样频率×样本精度。要减小数据量，就需要降低采样频率或者降低样本精度。但是人耳可听到的频率范围大约是20 Hz～20 kHz。根据奈奎斯特理论，要想不失真地重构信号，采样频率不能低于40 kHz。再考虑到实际中使用的滤波器都不可能是理想滤波器，以及考虑各国所用的交流电源的频率，为保证声音频带的宽度，所以采样频率一般不能低于44.1 kHz。这样，压缩就必须从降低样本精度这个角度出发，即减少每位样本所需要的位数。

线性预测编码(LPC，linear predictive coding)方法主要是针对语音的编码，这种编码方法称为音源特定编码法(source specific methods)。MPEG-1(Moving Picture Exports Group)和MPEG-2的声音压缩采用了另一种方法，称为子带编码(SBC，sub-band coding)方法，这也是一种功能很强而且很有效的声音信号编码方法。与音源特定编码法不同，SBC不局限于只对话音进行编码，也不局限于哪一种声源。这种方法的具体思想是首先把时域中的声音数据变换到频域，对频域内的子带分量分别进行量化和编码，然后根据心理声学模型确定样本的精度，从而达到压缩数据量的目的。

MPEG语音数据压缩的基础是量化。虽然量化会带来失真，但MPEG标准要求量化失真对于人耳来说是感觉不到的。在MPEG标准的制定过程中，MPEG-Audio委员会作了大量的主观测试实验。实验表明，采样频率为48 kHz、样本精度为16 bit的声音数据压缩到256 kbit/s时，即在6：1的压缩率下，即使是专业测试员也很难分辨出是原始声音还是编码压缩后的声音。

7.6.2 图像信息编码

图像信号的信息量特别巨大，这对图像信号的传输及存储都带来极大的不便。经过多年的研究，到20世纪80年代，图像信号压缩逐步进入建立标准的阶段。1989年CCITT提出电视电话/会议电视的压缩标准H.261，其压缩比达到25：1到48：1左右。1991年CCITT与

ISO 联合提出的“多灰度静止图像压缩编码”标准 JPEG，其压缩比为 24∶1。

静态图像压缩编码标准(JPEG，Joint Photographic Experts Group)是一个由 ISO 和 IEC 两个组织机构联合组成的专家组，负责制定静态的数字图像数据压缩编码标准，这个专家组开发的算法称为 JPEG 算法，并且成为国际上通用的标准(ISO/IEC 10918 号标准“多灰度连续色调静态图像压缩编码”)，又称为 JPEG 标准。

JPEG 是一个适用范围很广的静态图像数据压缩标准，既可用于灰度图像又可用于彩色图像。JPEG 专家组开发了两种基本的压缩算法，一种是采用以离散余弦变换(DCT，Discrete Cosine Transform)为基础的有损压缩算法，另一种是采用以预测技术为基础的无损压缩算法。在 DCT 方式中，又分为基本系统和扩展系统两类。基本系统是实现 DCT 编码与解码所需的最小功能集，是必须保证的功能，大多数的应用系统只要用此标准，就能基本上满足需求。扩展系统是为了满足更为广阔领域的应用要求而设置的。

有损压缩利用人的视觉特性，25∶1 的压缩比可以得到很好的质量。JPEG 压缩是有损压缩，它利用了人的视觉系统的特性，使用量化和无损压缩编码相结合来去掉视觉的冗余信息和数据本身的冗余信息。压缩编码大致分成以下 3 个步骤：

(1) 正向离散余弦变换(FDCT，Forward Discrete Cosine Transform)把空间域表示的图像变换成频率域表示的图像。

(2) 加权函数对 DCT 系数进行量化，这个加权函数对于人的视觉系统是最佳的。

(3) 霍夫曼可变字长编码器对量化系数进行编码。

译码或者称作解压缩的过程与压缩编码过程正好相反。

JPEG 算法处理的彩色图像是单独的彩色分量，因此它可以压缩来自不同颜色空间的数据，如 RGB，HSB 和 CMYK。在实际的 JPEG 压缩过程中，具体进行了以下的运算：

(1) 将图像从 RGB 空间变换到 YUV 空间。

(2) 将图像矩阵分块，对每一块单独进行 DCT 变换。DCT 变换矩阵的大小为 8×8。根据人眼对亮度信号比对色度信号更加敏感的生理特性，对 Y 分量划分为 8×8 块，对 U 和 V 分量划分为 16×16 的块。U 和 V 分量的每一块舍弃 1/2 的信息后形成一个 8×8 的矩阵。

(3) 对变换后的 DCT 矩阵进行量化处理，即用 JPEG 标准所推荐的亮度量化表和 JPEG 标准所推荐的色度量化表的量化矩阵分别对 Y 分量和 U 及 V 分量量化。量化的原则是低频部分用小的值量化，高频部分用大的值量化，量化的结果将会在高频部分出现大量的 0。

(4) 量化后的系数要重新编排，目的是为了增加连续的“0”系数的个数，就是“0”的游程长度，方法是按照 Z 字形的式样编排，如图 7.7 所示。这样就把一个 8×8 的矩阵变成一个 1×64 的矢量，频率较低的系数放在矢量的顶部。

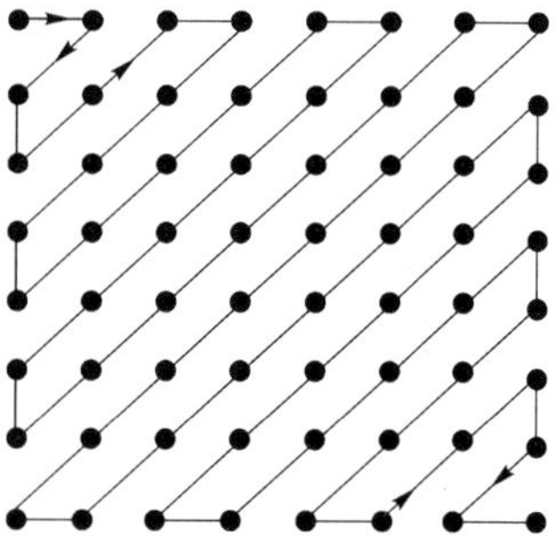

图 7.7 量化系数的 Z 字形扫描顺序

(5) 在第 4 步得到的数据的一个特点就是有大量连续的零。因此对此数据采用了行程编码。

(6) 对全部数据进行霍夫曼编码 。

7.6.3 视频信息编码

视频编码方式就是指通过特定的压缩技术，将某个视频格式的文件转换成另一种视频格式文件的方式。目前视频流传输中最为重要的编解码标准有国际电联的 H.261 和 H.263，运动静止图像专家组的M-JPEG和国际标准化组织运动图像专家组的MPEG系列标准，此外在互联网上被广泛应用的还有Real-Networks的RealVideo、微软公司的WMT以及Apple公司的QuickTime等。

MPEG是运动图像专家组的缩写，于1988年成立，是为数字视/音频制定压缩标准的专家组，目前已拥有300多名成员，包括IBM，SUN，BBC，NEC，INTEL，AT&T等世界知名公司。MPEG组织最初得到的授权是制定用于“运动图像”编码的各种标准，随后扩充为“及其伴随的音频”及其组合编码。后来针对不同的应用需求，解除了“用于数字存储媒体”的限制，成为现在制定“运动图像和音频编码”标准的组织。MPEG组织制定的各个标准都有不同的目标和应用，目前已提出MPEG-1，MPEG-2，MPEG-4，MPEG-7和MPEG-21标准。

视频图像数据有极强的相关性，也就是说有大量的冗余信息。其中冗余信息可分为空域冗余信息和时域冗余信息。压缩技术就是将数据中的冗余信息去掉(去除数据之间的相关性)，压缩技术包含帧内图像数据压缩技术、帧间图像数据压缩技术和熵编码压缩技术。

去除时域冗余信息可使用帧间编码技术，它包括以下三部分：

(1) 运动补偿。运动补偿是通过先前的局部图像来预测、补偿当前的局部图像，它是减少帧序列冗余信息的有效方法。

(2) 运动表示。不同区域的图像需要使用不同的运动矢量来描述运动信息。运动矢量通过熵编码进行压缩。

(3) 运动估计。运动估计是从视频序列中抽取运动信息的一整套技术。通用的压缩标准都使用基于块的运动估计和运动补偿。

去除空域冗余信息主要使用帧间编码技术和熵编码技术。

(1) 变换编码

帧内图像和预测差分信号都有很高的空域冗余信息。变换编码将空域信号变换到另一正交矢量空间，使其相关性下降，数据冗余度减小。

(2) 量化编码

经过变换编码后，产生一批变换系数，对这些系数进行量化，使编码器的输出达到一定的位率。这一过程导致精度的降低。

(3) 熵编码

熵编码是无损编码。它对变换、量化后得到的系数和运动信息，进行进一步的压缩。

下面介绍国际视频压缩标准发展历程。

1. H.261

H.261标准是为ISDN设计，主要针对实时编码和解码设计，压缩和解压缩的信号延时不超过150 ms，码率 $p\times 64$ kbit/s($p=1\sim 30$)。H.261标准主要采用运动补偿的帧间预测、DCT变换、自适应量化、熵编码等压缩技术。只有I帧和P帧，没有B帧，运动估计精度只精确到像素级。支持两种图像扫描格式：QCIF和CIF。

2. H.263

H.263标准是甚低码率的图像编码国际标准，它一方面以H.261为基础，以混合编码为核心，其基本原理框图和H.261十分相似，原始数据和码流组织也相似；另一方面，H.263也吸收了 MPEG 等其他一些国际标准中有效、合理的部分，如半像素精度的运动估计、PB 帧预测等，使它性能优于 H.261。H.263 使用的位率可小于 64 kbit/s，且传输比特率可不固定（变码率）。H.263 支持多种分辨率：SQCIF（128×96），QCIF，CIF，4CIF 和 16CIF。

3. MPEG-1/2

MPEG-1 标准用于数字存储体上活动图像及其伴音的编码，其数码率为 1.5 Mbit/s。MPEG-1 的视频原理框图和 H.261 的相似。MPEG-1 视频压缩技术的特点：① 随机存取；② 快速正向/逆向搜索；③逆向重播；④视听同步；⑤容错性；⑥编/解码延迟。MPEG-1 视频压缩策略：为了提高压缩比，帧内/帧间图像数据压缩技术必须同时使用。帧内压缩算法与 JPEG 压缩算法大致相同，采用基于 DCT 的变换编码技术，用以减少空域冗余信息。帧间压缩算法，采用预测法和插补法。预测误差可在通过 DCT 变换编码处理，进一步压缩。帧间编码技术可减少时间轴方向的冗余信息。

MPEG-2 被称为“21 世纪的电视标准”，它在 MPEG-1 的基础上作了许多重要的扩展和改进，但基本算法和 MPEG-1 相同。

4. MPEG-4

MPEG-4 标准并非是 MPEG-2 的替代品，它着眼于不同的应用领域。MPEG-4 的制定初衷主要针对视频会议、可视电话超低比特率压缩（小于 64 kbit/s）的需求。在制定过程中，MPEG 组织深深感受到人们对媒体信息，特别是对视频信息的需求由播放型转向基于内容的访问、检索和操作。MPEG-4 与前面提到的 JPEG 和 MPEG-1/2 有很大的不同，它为多媒体数据压缩编码提供了更为广阔的平台，它定义的是一种格式、一种框架，而不是具体算法，它希望建立一种更自由的通信与开发环境。于是 MPEG-4 新的目标就是定义为：支持多种多媒体的应用，特别是多媒体信息基于内容的检索和访问，可根据不同的应用需求，现场配置解码器。编码系统也是开放的，可随时加入新的有效的算法模块。应用范围包括实时视听通信、多媒体通信、远地监测/监视、VOD、家庭购物/娱乐等。

5. JVT：新一代的视频压缩标准

JVT 是由 ISO/IEC MPEG 和 ITU-T VCEG 成立的联合视频工作组（Joint Video Team），致力于新一代数字视频压缩标准的制定。JVT 标准在 ISO/IEC 中的正式名称为 MPEG-4 AVC（part10）标准；在 ITU-T 中的名称为 H.264（早期被称为 H.26L）。

6. H264/AVC

H264 集中了以往标准的优点，并吸收了以往标准制定中积累的经验，采用简洁设计，使它比 MPEG4 更容易推广。H.264 创造性了多参考帧、多块类型、整数变换、帧内预测等新的压缩技术，使用了更精细的分象素运动矢量（1/4、1/8）和新一代的环路滤波器，使得压缩性能大大提高，系统更加完善。

H.264 主要有以下几大优点：

（1）高效压缩：与 H.263+和 MPEG4 SP 相比，减小 50%比特率；

（2）延时约束方面有很好的柔韧性；

（3）容错能力；

（4）编/解码的复杂性可伸缩性；

（5）解码全部细节：没有不匹配；

（6）高质量应用；

（7）网络友善。

7.7 MATLAB 实现率失真函数曲线

7.7.1 实验原理

信息率失真函数 $R(D)$是关于失真度 D 的下凸函数，即对于任意 $0\leqslant\alpha\leqslant1$ 和 $D_1,D_2\leqslant D_{max}$，有 $R[\alpha D_1+(1-\alpha)D_2]\leqslant\alpha R(D_1)+(1-\alpha)R(D_2)$。

由于 $R(D)$具有凸状性，这就意味着它在定义域内是连续的，并且 $R(D)$在定义域内是递减的，因为允许的失真越大，所需的信息率就越小，根据 $R(D)$的定义，它是在平均失真度小于或等于允许失真度 D 的所有信道集合 P_D 中，取 $I(X;Y)$的最小值。当允许失真度增大时，那么 P_D 的集合也就随之增大，在增大 P_D 集合中找出 $I(X;Y)$的最小值，那么结果不变或者比原来的小，因此 $R(D)$是递减的，即在 $0<D<D_{max}$范围内，若 $D_1<D_2$，则 $R(D_1)\geqslant R(D_2)$。

7.7.2 实验内容

试编程实现信息率失真函数曲线的绘制。

MATLAB 参考程序：

```
clc;clear;
px = [1/4 1/4 1/4 1/4];   % 输入信源分布
d = [0 1 1 1
  1 0 1 1
  1 1 0 1
  1 1 1 0];   % 失真矩阵
[r,s] = size(d);   % 输入符号个数
RD = [ ]; % RD 序列初始化
D = [ ];
for S = - 100:1:10
  RD_1 = inf;   % 前一次信息率初始化
  err = inf;
  pxy_1 = ones(r,s)/s; % 转移概率矩阵初始化
  py_1 = px * pxy_1; % 计算各输出概率
  while err> = 0.0001
  % 计算新转移概率
    for i = 1:r
      sigma = 0;
      for j = 1:s
        sigma = sigma + py_1(j) * exp(S * d(i,j));
      end
      for j = 1:s
        pxy_2(i,j) = py_1(j) * exp(S * d(i,j))/sigma;
      end
    end
    py_2 = px* pxy_2;
```

```
    % 计算新一组概率下的 R(D):RD_2
    RD_2 = 0;
      for i = 1:r
        for j = 1:s
          RD_2 = RD_2 + px(i) * pxy_2(i,j) * log(pxy_2(i,j)/py_2(j));
        end
      end
    err = abs(RD_2 - RD_1) ;
    pxy_1 = pxy_2;    % 更新转移概率
    py_1 = py_2; % 更新输出概率
    RD_1 = RD_2; % 更新信息率
end
RD(end + 1) = RD_1;
pxy = zeros(r,s);    % 联合概率初始化
for i = 1:r
   pxy(i,:) = pxy_2(i,:). * px(i);    % 计算联合概率
   end
   D1 = sum(sum(d. * pxy));   % 计算平均失真度
   D(end + 1) = D1;   % 加入失真度序列
  if RD_2 < 0.0001
    break;    % 接近 0 的时候停止迭代
  end
end
plot(D,RD,'LineWidth',3)
title('信息率失真曲线 R(D)')
xlabel('允许的最大平均失真 D')
ylabel('必须传输的最小信息率')
```

运行结果如图 7.8 所示。

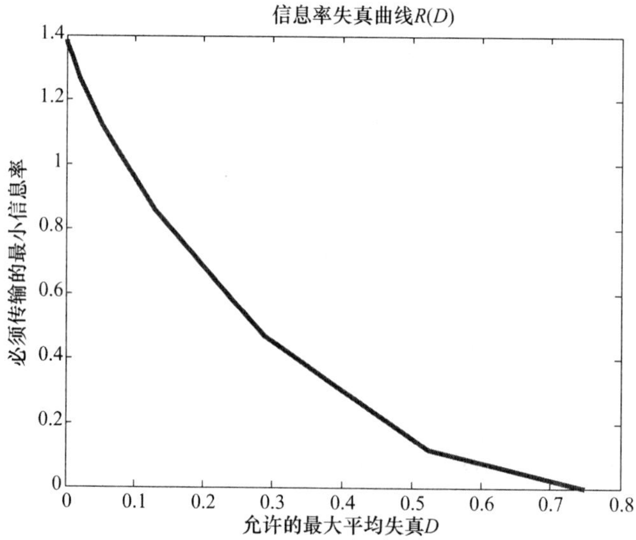

图 7.8　信息率失真曲线 $R(D)$

本章小结

本章阐述了信源的失真测度、信息率失真函数及其性质、信息率失真函数的计算，香农第三定理；分析了几种常用的限失真信源编码方法。

相关知识

傅里叶简介

傅里叶生于法国中部欧塞尔(Auxerre)一个裁缝家庭，8 岁时沦为孤儿，就读于地方军校，1795 年任巴黎综合工科大学助教，1798 年随拿破仑军队远征埃及，受到拿破仑器重，回国后被任命为格伦诺布尔省省长。

傅里叶早在 1807 年就写成关于热传导的基本论文《热的传播》，向巴黎科学院呈交，但经拉格朗日、拉普拉斯和勒让德审阅后被科学院拒绝，1811 年又提交了经修改的论文，该文获科学院大奖，却未正式发表。傅里叶在论文中推导出著名的热传导方程，并在求解该方程时发现解函数可以由三角函数构成的级数形式表示，从而提出任一函数都可以展成三角函数的无穷级数。傅里叶级数(即三角级数)、傅里叶分析等理论均由此创始。

傅里叶由于对传热理论的贡献于 1817 年当选为巴黎科学院院士。

1822 年，傅里叶终于出版了专著《热的解析理论》(Theorieanalytique de la Chaleur，Didot，Paris，1822)。这部经典著作将欧拉、伯努利等人在一些特殊情形下应用的三角级数方法发展成内容丰富的一般理论，三角级数后来就以傅里叶的名字命名。傅里叶应用三角级数求解热传导方程，为了处理无穷区域的热传导问题又导出了"傅里叶积分"，这一切都极大地推动了偏微分方程边值问题的研究。然而傅里叶的工作意义远不止此，它迫使人们对函数概念作修正、推广，特别是引起了对不连续函数的探讨；三角级数收敛性问题更刺激了集合论的诞生。因此，《热的解析理论》影响了整个 19 世纪分析严格化的进程。傅里叶 1822 年成为科学院终身秘书。

习 题 七

7.1　设输入符号集为 $X=\{0,1\}$，输出符号集为 $Y=\{0,1\}$。定义失真函数为

$$d(0,0)=d(1,1)=0$$

$$d(0,1)=d(1,0)=1$$

试求失真矩阵 $[d]$，当输入等概时，求 $D_{\max}$，$D_{\min}$，$R(D)$。

7.2　设输入输出符号集为 $X=Y=\{0,1\}$，输入概率分布 $p(0)=1/3$，$p(1)=2/3$。失真矩阵为 $\begin{bmatrix}0 & 1\\ 1 & 0\end{bmatrix}$，求 $D_{\max}$，$D_{\min}$，$R(D_{\max})$，$R(D_{\min})$ 及其所对应的转移概率矩阵。

7.3 输入等概分布，失真矩阵为$[d]=\begin{bmatrix}0.5 & 1\\ 2 & 1\end{bmatrix}$，求 $D_{\max}$，$D_{\min}$，$R(D_{\max})$，$R(D_{\min})$及其所对应的转移概率矩阵。

7.4 设二元信源 X 的信源空间为：

$$[X\cdot P]:\begin{cases}X & 0 & 1\\ P(X) & \omega & 1-\omega\end{cases}$$

令 $\omega\leqslant 1/2$，设信道输出符号集 Y：{0,1}，并选定汉明失真度。试求：

(1) $D_{\min}$，$R(D_{\min})$；

(2) $D_{\max}$，$R(D_{\max})$；

(3) 信源 X 在汉明失真度下的信息率失真函数 $R(D)$，并画出 $R(D)$的曲线；

(4) 计算 $R(1/8)$。

7.5 一个四进制等概信源：

$$[U\cdot P]:\begin{cases}U & 0 & 1 & 2 & 3\\ P(U) & \frac{1}{4} & \frac{1}{4} & \frac{1}{4} & \frac{1}{4}\end{cases}$$

接收符号集 V：{0,1,2,3}，其失真矩阵为

$$[D]=\begin{bmatrix}0 & 1 & 1 & 1\\ 1 & 0 & 1 & 1\\ 1 & 1 & 0 & 1\\ 1 & 1 & 1 & 0\end{bmatrix}$$

(1) 试求 $D_{\min}$，$R(D_{\min})$；

(2) 试求 $D_{\max}$，$R(D_{\max})$；

(3) 试求 $R(D)$，并画出 $R(D)$的曲线(去 4 到 5 个点)。

7.6 某二进制信源：

$$[U\cdot P]:\begin{cases}U & 0 & 1\\ P(U) & \frac{1}{2} & \frac{1}{2}\end{cases}$$

其失真矩阵为

$$[D]=\begin{matrix} & \begin{matrix}0 & 1\end{matrix}\\ \begin{matrix}0\\1\end{matrix} & \begin{bmatrix}0 & a\\ a & 0\end{bmatrix}\end{matrix}$$

(1) 试求 $D_{\min}$，$R(D_{\min})$；

(2) 试求 $D_{\max}$，$R(D_{\max})$；

(3) 试求 $R(D)$。

7.7 某二元信源 X 的信源空间为

$$[X\cdot P]:\begin{cases}X & a_1 & a_2\\ P(X) & \omega & 1-\omega\end{cases}$$

其中 $\omega<1/2$，其失真矩阵为

$$[D]=\begin{bmatrix}0 & d\\ d & 0\end{bmatrix}$$

(1) 试求 D_{min}, $R(D_{min})$；

(2) 试求 D_{max}, $R(D_{max})$；

(3) 试求 $R(D)$；

(4) 写出取得 $R(D)$的试验信道的各传输概率；

(5) 当 $d=1$ 时，写出与试验信道相对应得反向试验信道的信道矩阵。

7.8 设离散无记忆信源：

$$[U \cdot P]:\begin{cases} U & u_1 \quad u_2 \quad u_3 \\ P(U) & \frac{1}{3} \quad \frac{1}{3} \quad \frac{1}{3} \end{cases}$$

其失真度为汉明失真度。

(1) 试求 D_{min}, $R(D_{min})$，并写出相应试验信道的信道矩阵；

(2) 试求 D_{max}, $R(D_{max})$，并写出相应试验信道的信道矩阵；

(3) 若允许平均失真度 $D=1/8$，试问信源$[U \cdot P]$的每一个信源符号平均最少由几个二进制码符号表示？

7.9 设二元信源 X 的信源空间为

$$[U \cdot P]:\begin{cases} U & u_1 \quad u_2 \\ P(U) & \omega \quad 1-\omega \end{cases}$$

$\omega<1/2$，其失真度为汉明失真度。若允许平均失真度 $D=\omega/2$，试问每一个信源符号平均最少需要几个二进制码符号表示？

7.10 设信源符号有 8 种，而且等概率，即 $P(u_i)=\frac{1}{8}$。失真函数定义为

$$d(u_i, v_j)=\begin{cases} 0, i=j \\ 1, i \neq j \end{cases}$$

假如允许失真度 $D=\frac{1}{2}$，即只要求收到的符号平均有一半是正确的。设想这样的方案：

方案一。对于 u_1, u_2, u_3, u_4 这四个信源符号照原样发送，而对于 u_5, u_6, u_7, u_8 都以 u_4 发送。如题 7.10 图(a)所示。

方案二。对于 u_1, u_2, u_3, u_4 这四个信源符号照原样发送，而对于 u_5, u_6, u_7, u_8 分别以 u_1, u_2, u_3, u_4 发送。如题 7.10 图(b)所示。

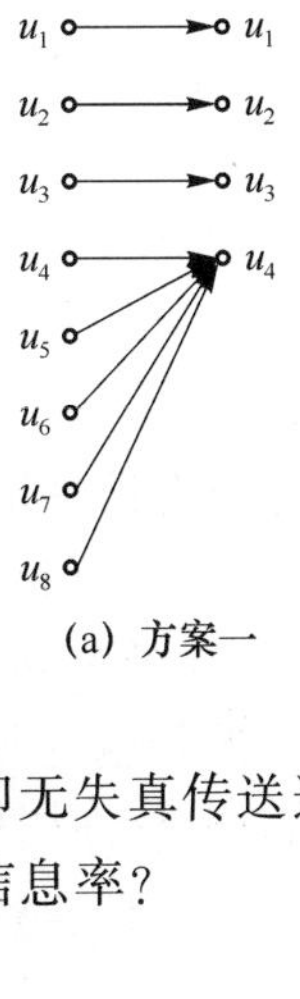

(a) 方案一

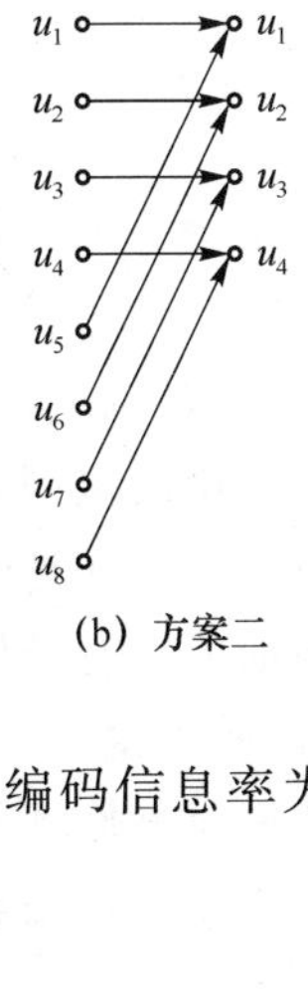

(b) 方案二

题 7.10 图

如果进行无失真编码，即无失真传送这个信源，编码信息率为$\log_2 8=3$ 比特/码符号。在上述要求下，试问需要多少信息率？

第8章 信息理论的应用与发展

一、学习内容

1. 信息理论的应用。
2. 信息论与其他学科的交叉发展。

二、学习目标

了解信息论的应用与发展。

三、重点与难点

信息论的应用。

随着信息技术的迅猛发展，信息理论在通信领域中发挥了越来越重要的作用，由于信息理论解决问题的思路和方法独特、新颖和有效，信息论已经渗透到其他科学领域。随着计算机技术的发展，信息熵已经不仅仅在通信领域中使用。首先，在理论研究方面，信息论所处的地位已远远超出了当年所界定的“通信的数学理论”的范畴，得到了不断的扩充和发展，出现了语义信息、语法信息与语用信息等研究与信息的意义有关的学科，以及面向智能研究的全信息理论。

8.1 信息理论的应用

1950 年后，信息论推广到物理学；20 世纪 60 年代，则推广应用于生物学和神经生理学；20 世纪 70 年代，则广泛渗透到各个科学领域，推动其他许多新兴学科进一步发展。信息论也在解决技术问题和其他科学问题的基础上，取得了新的进展。后来，信息论经过许多科学家的运用和发展，不但突破了香农信息论的范围，而且深化了香农信息论的内容，即从香农的所谓“狭义信息论”发展到了“广义信息论”。在近年来，移动通信、互联网通信、多媒体技术、计算机技术、空间技术等信息技术出现前所未有的发展速度。在这些领域，只要涉及信息的存储、传输和处理的就要用到香农信息论的理论——无失真通信的传输速率极限（即香农极限），无失真和限失真信源编码理论（即数据压缩原理）和信道编码理论（即纠错码理论）等。甚至日常生活娱乐中如数字激光影碟机、数字家庭音像系统等都普遍采用了纠错码技术和数据压缩技术。

当前，人们广泛运用信息论的规律和理论，去解决物理学、化学、生物学、心理学、管理学等各种学科的问题，不但推动了这些学科的发展，而且也促进对信息的产生、获取、变换、传输、存储、处理、显示、识别和利用的研究。信息方法为认识当代以电子计算机和现代通信技术为中心的新技术革命的浪潮，为认识论的研究和发展，将进一步提高人类认识与改造自然界的能力。

在技术应用方面，信息论为现代通信理论和技术的发展做出了不可磨灭的贡献，信息科学与材料科学、能源科学一起已成为现代高新技术领域的三大关键技术，信息产业已是当今社会中发展最快、效益最高、潜力最大、影响最广的最重要的支柱产业之一。

在社会经济领域，21 世纪人类社会将全面进入信息时代，智力、技术和信息已成为现代社会经济生活中不可缺少的重要资源。信息科学的迅速发展和信息高速公路的出现，使先进的技术和信息能够为不同国家和民族所使用，有利于国际性的合作和交往的发展，同时也为市场经济中资源的有效配置和利用提供了良好的社会环境，避免了项目的重复建设和产品的盲目生产。企业充分利用互联网上的有用信息和在互联网上做广告也为其利润的增加和经济的发展开辟了新的天地。

在思维方式方面，信息高速公路的开通和信息的快速传递将导致思维方式上的不断更新。互联网的开通大大加快了人们接受新思想、新信息的速度，促进了不同生活方式和思维模式的融合，使得那些原来遥不可及的事情变得唾手可得，原来不可思议的新事物变得司空见惯，原来不可接受的生活方式、思维模式和文化传统变得争相仿效。人们每天都能从网络上接受到大量的不同种类、具有不同文化特质和民族风格的信息，通过对不同民族的优良文化传统和独特的思维方式的学习和消化、分析和综合，加快了人们思维方式的变革和更新，促进了新的思维模式的形成，将人们从静态思维转向动态思维，从局域性思维转向全局性思维，从封闭性思维转向开放性思维，从单向性思维转向多向性思维。有利于全方位、多层次、多渠道地展开思维活动，促进跳跃性、联想性、创造性的思维网络的形成。所有这些对人类的文明和社会的进步都将起到积极的促进作用。

在第 7 章限失真信源编码应用中，介绍了语音信号编码以及图像信号编码，下面了解信息论在其他方面的应用。

1. 计算机文件的压缩

由于数据库的广泛应用，存储计算机文件所需的存储量问题日益突出。在过去的二十多年中对计算机文件的压缩已发展了至少二十余种不同的算法。目前，各种压缩方法已在计算机中得到广泛的应用。

例如，在编辑 Word 文件时，随着编辑次数增多，虽然内容增加不多，但是文档的大小却会迅速增大。因为 Word 在保存文档时，除了保存文档的内容外，还保存了一些编辑信息，这些信息的存在不但增大了文档的体积，而且会使打开文档的速度变慢，影响工作效率。因此，必须采用压缩算法缩小文件容量。

2. 模拟话路中数据传输速率的提高

20 世纪 50 年代初计算机开始在美国联网，当时模拟话路是几乎唯一可用的信道。最早的调制解调器，其速率只有 300 bit/s。带宽 4 kHz、信噪比 25 dB 的话路信道的极限速率应在 25 kbit/s 。在以后的三十多年中就开始了提高速率的长期的、极其成功的工作。

1967 年：速率为 4 800 bit/s ；1971 年：9 600 bit/s；1980 年：开始进入 14.4 kbit/s；1985 年：利用多维网格编码调制，速率达到 19.2 kbit/s ，非常接近于理论极限。

3. 降低信息传输所需的功率

在远距离无线通信，特别是深空通信中如何降低信息传输所需的功率至关重要。因为在这种情况下发送设备的功率和天线的尺寸都已成为设备生产和使用中的一个困难问题。正是在这个领域信息论获得了它第一批令人信服的成果。20 世纪 60 年代后期起，NASA 发射的所有深空探测器无一例外地在其通信设备中采取了信道编码措施。

根据信息理论的分析，采用低码率的信道编码可以降低传送单位比特所需的能量 E_b 与噪声功率谱密度 N_0 之比。现在利用不太复杂的信道编码就可以使同样误码率下所需的 E_b/N_0 比不采用信道编码时低 6 dB 左右。其中一些好的方案(如用 RS 码作为外码、卷积码作为内码的方案)可以使误码率在10^{-5}的情况下所需的 E_b/N_0 降到 0.2 dB，比不用信道编码时所需的 10.5 dB 降低了近 10 dB。

4. 计算机网中数据传输可靠性的保证

随着计算机技术的发展，计算机设备的布局变得愈来愈分散，各种终端及外围设备离主机也越来越远，这就产生了计算机网。近年来，由于计算机网还与分布式计算机系统相联系，因而变得更为重要。在用各种电缆连接而成的计算机网中电噪声和各种外界的电磁干扰是必须考虑的，因为它使传输的信息发生差错。一般情况下，局域网中的差错率在10^{-8}左右，广域网中的差错率在$10^{-3}\sim10^{-5}$。这样高的差错率在实际应用中是无法接受的，目前普遍采用的解决办法是带自动重发请求的差错检测码。

差错检测的方法从最简单的奇偶检验到比较复杂的循环冗余检验都被采用，但规模较大的网一般都用循环冗余检验，这种方法已被各种网络通信协议采用并成为标准。例如，ISO 制定的高级数据链路协议(HDLC)就采用原 CCITT V.41 的 CRC 码进行循环冗余检验，HDLC 在全世界已被广泛采用，这一标准有很广的应用领域，许多协议都是从它派生出来的。

5. 图像信号的复原与重建

图像信号的复原与重建是图像信号处理的一个重要内容，在实用中有很大的价值。20 世纪 80 年代以来，最大熵方法在图像复原与重建中取得了很大的成功。在退化图像复原中，图像退化的原因是多种多样的，如由于景物的运动、光学系统的不理想、噪声，等等。图像重构的形式也很多，如计算机层析图像、结晶学研究中用的光学干涉仪或无线电干涉仪的图像、核磁共振波谱仪图像等。在这些应用中最大熵方法较其他方法优越的主要原因是其合理性，即所得结果是我们可以而且能够期望的最好结果。同时也有一些派生的好处，如在盲解卷时同时给出卷积函数，在重建图像中可以同时对仪器中的某些参数进行校正，等等。

虽然最大熵方法在这些应用中目前还不能给出性能的解析表达式，但算法已比较成熟，如常用的剑桥算法等。

6. 模式识别与分类器设计

模式识别是一个在很多学科中都遇到的问题，具有相当普遍的意义。按照这一概念，相同类别的模式在空间中有较短的距离，但什么是距离一直是一个令人困惑的问题。从统计分类以及统计信息的观点来看，熵、鉴别信息(交叉熵)与互信息是各种不同情况下可以选用的比较合理的距离量度。20 世纪 80 年代以来，这一观点在模式分类中得到广泛承认并有重要的应用。

8.2 信息论与其他学科的交叉发展

信息论自从 20 世纪 40 年代中叶到 21 世纪初期，现已成为一门独立的理论科学，它给出一切传输、存储、处理信息系统的一般理论，实现有效、可靠地传输和存储信息的途径是走数字化的道路。这是通信技术领域数字化革命的数学或理论基础。

1946 年的计算机和 1947 年晶体管的诞生以及相应技术的发展，是这一革命的物理或物质基础。信息论是在长期的通信工程实践和理论研究的基础上发展起来的。当物理学中的电磁理论以及后来的电子学理论一旦有某些进展，很快就会促进电信系统的创造发明或改进。这是因为通信系统对人类社会的发展，其关系实在是太密切了。日常生活、工农业生产、科学研究以及战争等，一切都离不开消息传递和信息流动。通信系统是人类社会的神经系统，即使在原始社会也存在着最简单的通信工具和通信系统，这方面的社会实践是悠久漫长的。自从香农 20 世纪 40 年代末两篇论文发表后，苏联和美国的科学家采取了不同的研究途径进一步发展了信息论。柯尔莫哥洛夫、宾斯基和达布鲁新为首的一批著名数学家致力于信息论的公理化体系和更一般更抽象的数学模型，对信息论的基本定理给出了更为普遍的结果，为信息论发展成数学的一个分支做出了贡献。

20 世纪 50 年代，信息论向各门学科发起冲击；60 年代信息论进入一个消化、理解的时期，在已有的基础上进行重大建设的时期。研究重点是信息和信源编码问题。从此信息论迈入第二个阶段。我国数学家和信息科学专家在 20 世纪 50 年代将信息论引进中国，经过 60 余年的不懈努力，尤其从 20 世纪 80 年代中期以来，信息论得到快速发展。到 20 世纪 70 年代，由于数字计算机的广泛应用，通信系统的能力也有很大提高，如何更有效地利用和处理信息，成为日益迫切的问题。人们越来越认识到信息的重要性，认识到信息可以作为与材料和能源一样的资源而加以充分利用和共享。信息的概念和方法已广泛渗透到各个科学领域（如图 8.1 所示），它迫切要求突破香农信息论的狭隘范围，以便使它能成为人类各种活动中所碰到的信息问题的基础理论，从而推动其他许多新兴学科进一步发展。

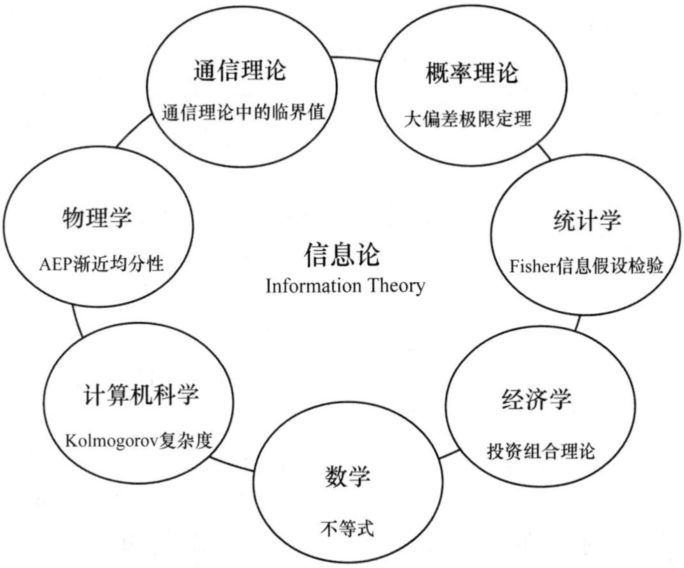

图 8.1　信息论与各学科的关系

8.2.1　密码学的应用

密码学是研究信息系统安全的学科，其理论基础包括信息保密性、信息完整性。信息保密性即防止信息被窃性攻击的能力，对信息内容进行加密变换（保密编码），以防止信息内容被窃取或泄露；信息完整性是防止信息被篡改、破坏性攻击的能力，是对数据来源和数据本身进行认证。

第 1 阶段：1949 年以前，属于古代密码学时代。

第 2 阶段：从 1949 年到 1975 年。1949 年香农发表的《保密系统的通信理论》一文。用信息论的观点对信息保密问题进行了全面的阐述，宣告了科学的密码学时代的到来。

香农发表的《保密系统的通信理论》论文的贡献：

① 将信息理论引入到密码，把数千年历史的密码学推向科学轨道，形成了科学的秘密钥密码学学科；

② 用概率统计的观点对信息源、密钥源、接收和截获的密文进行了数学描述和定量分析，提出了通用的秘密钥密码系统模型；

③ 用信息论的观点分析消息源、密钥源、接收和截获的密文，全面阐述了完全保密、纯密码、理论保密和实际保密等新概念，为密码学奠定了理论基础；

④指出“好密码的设计问题，本质上是寻找针对某些其他条件的一种求解难题的问题”。

第 3 阶段：1976 年至今。标志：1976 年 Diffie 和 Hellman 发表了《密码学新方向》一文，提出了公开钥密码系统的新概念，给现代密码学的理论与技术的发展带来了划时代的变革。

1. 密码系统安全性问题

无条件安全或完善保密性（unconditionally secure）：不论提供的密文有多少，密文中所包含的信息都不足以唯一地确定其对应的明文；具有无限计算资源（诸如时间、空间、资金和设备等）的密码分析者也无法破译某个密码系统。如图 8.2 所示为保密系统模型。

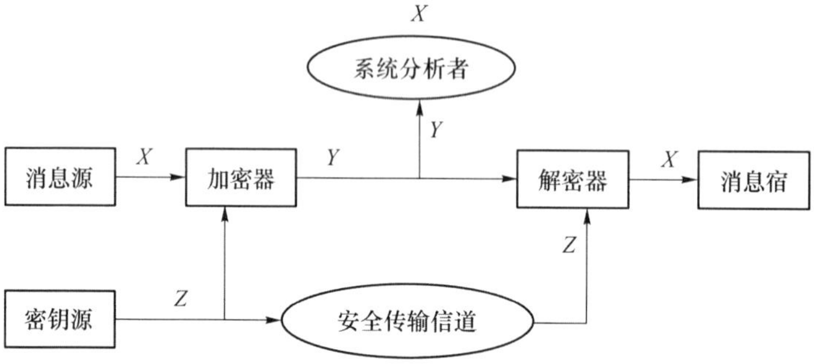

图 8.2 保密系统模型

保密的目的是使窃听者即使在完全准确地收到了接收信号的情况下也无法恢复出原始消息。下面从信息角度进行讨论。

一个保密系统(M,C,K,E,D) 其中，M 为明文集合，C 为密文集合，K 为密钥集合，E 为加密算法，D 为解密算法 。如果 $H(M)=H(M|C)$则该系统就称为完善的无条件保密系统。

完善保密系统存在的必要条件是 $H(M)\leqslant H(K)$。可见，要构造一个完善保密系统，其密钥量的对数（密钥空间为均匀分布的条件下）必须不小于明文集的熵。

2. 密码编码

加密器是将明文 M 变为密文 C 的数字（或模拟）变换器，密文 $C=E_{k_e}(M)$，E_{k_e} 为加密算法，k_e是加密密钥；解密器是由密文到明文的反变换器，明文 $M=D_{k_d}(C)$，D_{k_d} 为解密算法，k_d 解密密钥。

密码系统的保密性或安全性完全依赖于 ①加密、解密算法和②加密、解密密钥。

密码算法是一个密码系统的加、解密算法，在单钥密码体制中，收发两端使用同一密钥，且体制的安全性完全决定于密钥，因此必须对密钥严加保密。通信前，必须通过安全信道把密钥送到收端，单钥体制的密钥管理、传输和分配是一个异常复杂的问题，特别是在用户数目很多计算机通信网中。

在公钥体制中，加密密钥 k_e 可以公开，而解密密钥 k_d 必须保密，而且很难（或实际上不可能）由加密密钥 k_e 和密码算法推出解密密钥 k_d，也不可能由解密密钥 k_d 和密码算法推出加密密钥 k_e。对公钥密码体制来说，由于每个用户的加密密钥是公开的，可以像电话号码一样，刊登在公开的号码本上，或者保存在公用的数据库中，因此密钥的产生、分配、保管就要简单多了。公钥密码体制特别适用于通信网系统中。

3. 密码分析

密码编码学是保持明文（或密钥或二者）的秘密性，以防止非法用户窃取；密码分析学是在不知道密钥的情况下，恢复出明文（或密钥）的科学。

在设计一个密码体制的同时，往往必须对该体制进行密码分析，以发现其缺点，估计它的安全性；另一方面，敌手往往通过密码分析，对密码体制进行攻击，试图发现密码体制的弱点，以此为突破口，最终找到密钥，由密文恢复出部分或全部明文。

攻击即试图对密码进行分析。Kerckhoff 准则即攻击时总是假设密码分析者（或敌人）除了加密时使用的特定密钥以外，知道被分析密码体制的一切知识，包括密码算法的全部细节。攻击方法包括穷搜索（穷举）法和分析法两类。

穷搜索法对截收到的密文依次用各种可能的密钥试译，直到得到有意义的明文；或者在不变密钥的情况下，对所有可能的明文加密，直到得到与截获到的密文相同为止。

分析法利用一个或几个已知量（如已知密文或明文、密文对），寻求表示这些已知量与所要确定的未知量之间的数学关系；或者利用明文已知的统计规律进行破译，密码破译者对截收到的密文或密文之间的差，进行统计分析，总结出其间的统计规律，并与明文或明文之间的差进行对照比较，从中提取出明、密文之间的变换关系。

例 8.1 单表密码是一种简单的代换密码，采用一个固定的明文集到密文集的映射。设明文字符集 A 为 26 个英文字母，一个固定的代换字母表为 A'，即密钥。

A:A B C D E F G H I J K L M N O P Q R S T U V W X Y Z

A':X G U A C D T B P H S R L M V Q Y W I Z E J O K N F

若明文为 M=This is a book，则密文为 $C=E(m)$=ZBPIPIXGVVS。

对英文字母信源，代换方式的字母表共有 26! 种。

例 8.2 移位代换密码称加法密码，是单表密码的一种，代换字母表即明文字符集的 k 位位移。对 26 个英文字母的明文字符集进行移位代换密码（凯撒密码）。取密钥 $k=3$，则有下列代换表。

A:a b c d e f g h i j k l m n o p q r s t u v w x y z

A': D E F G H I J K L M N O P W R S T U V W X Y Z A B C

若明文为 M=This is a book，则密文为 C=WKLVLVDERRN。

凯撒密码易实现加密、解密，共 26 个代换字母表，显然，这 26 个表就是例 8.1 中 26! 种表中的一部分。

8.2.2 金融工程中的信息论问题

什么是金融投资组合？首先我们从掷硬币打赌谈起。

假设有一种可以不断重复的投资或打赌，其收益由掷硬币确定，硬币两面出现的可能性相同；出 A 面为投一亏一，出 B 面为投一赚二；假设开始只有 100 元，输了没法再借。

你会如何进行投资？几个人下不同的赌注，然后重复掷硬币，看谁最先变成赢家。有人可能为了尽快地变为富翁而全部押上资金。可是只要有一次输了，就会变成穷光蛋，并且永远失去发财机会。有人可能每次下注 10 元。但是，如果连输 10 次，也就完了。再说，如果已经是万元户了，下 10 元是不是太少了？每次将所有资金的 10％用来下注，这也许是个不错的主意。首先，假设下注的资金可以无限小；第二，长此以往，盈亏的次数大致相等时，总是赚的。假设平均两次，输一次赢一次，则资金会变为原来的(1＋0.2)×(1－0.1)＝1.08 倍。可是，以这样的速度变为富翁是不是太慢了，还有更快的方法。理论研究表明，每次将所有资金的 25％或 0.25 倍用来下注，你变为赢家的平均速度将最快。

前面的打赌中，硬币只有一个。如果同时有两个、三个或更多，各个硬币盈亏幅度不同，两面出现的概率也可能不同。怎样确定在不同硬币上的最优下注比例？如果不同硬币出现 A 面 B 面是不同程度相关的(如一个出 A 面，另一个十有八九相同——正相关，或相反——反相关)，又如何确定最优下注比例？这就是投资组合理论要解决的问题。

投资组合(portfolio)与其相关的几何增值理论，或称作熵理论，其中采用了同物理学和信息论中的熵函数相似的熵函数作为优化标准。组合投资策略可利用信息度量的一些性质在组合投资决策中进行最优策略的递推。

1. 单个资产的收益和风险

(1) 数学期望

若离散型随机变量的可能值为 $x_i(i=1,2,\cdots)$，其概率分布为 $P\{X=x_i\}=p_i, i=1,2,\cdots$，则当 $\sum_{i=1}^{\infty}|x_i|p_i<\infty$时，称 X 的数学期望存在，并且其数学期望记作 EX，定义为

$$\mathrm{EX}=\sum_{i=1}^{\infty}x_i p_i$$

(2) 期望收益

对于风险资产而言，其未来的收益是一个随机变量。在不同的经济条件下，这个随机变量将取不同的值，而每一种经济条件的出现都有其概率。把资产收益的不同取值乘以不同经济条件出现的概率，就能够对该资产未来的收益做出估计。

单个资产的期望收益公式：

$$E(r)=\sum_{i=1}^{n}p_i r_i \tag{8.1}$$

例 8.3 已知某种证券在市场状况较好的情况下的投资收益率为 45％，在市场情况较差的情况下的投资收益率为－15％，又已知未来市场状况转好的可能性为 60％，市场状况转坏的可能性为 40％，则该证券的期望收益为多少？

解：

$$\begin{aligned}E(r)&=45\%\times60\%+(-15\%\times40\%)\\&=0.27-0.06=0.21=21\%\end{aligned}$$

(3) 收益的方差

设 X 为一个随机变量(random variable),其数学期望 EX 存在,则称 $X-\mathrm{EX}$ 为 X 的离差(deviation),进一步,如果 $E(X-\mathrm{EX})^2$ 也存在,则称 $E(X-\mathrm{EX})^2$ 为随机变量 X 的方差,记作 DX 或 Var$X$,并称 $\sqrt{\mathrm{DX}}$ 为 X 的标准差。

在数学上,方差反映的是一个随机变量对于其数学期望的偏离程度。同时,由于我们把投资的风险定义为投资收益偏离预期收益的潜在可能性,因此我们可以用预期收益的方差来作为衡量风险的标准。

单个资产的方差公式

$$\sigma^2 = \sum_{i=1}^{n} p_i \left[r_i - E(r)\right]^2 \tag{8.2}$$

单个资产的标准差公式

$$\sigma = \sqrt{\sum_{i=1}^{n} p_i \left[r_i - E(r)\right]^2} \tag{8.3}$$

方差或者标准差的数值越大就表示投资收益偏离预期收益的幅度越大,也就意味着投资的风险越大。

例 8.4 已知某种证券在市场状况较好的情况下的投资收益率为 45%,在市场情况较差的情况下的投资收益率为 -15%,又已知未来市场状况转好的可能性为 60%,市场状况转坏的可能性为 40%,则该证券期望收益的方差和标准差为多少?

解:

$$\begin{aligned}\sigma^2 &= 60\% \times (45\% - 21\%)^2 + 40\% \times (-15\% - 21\%)^2 \\ &= 0.0864\end{aligned}$$

$$\sigma = \sqrt{0.0864} = 0.2939$$

2. 投资组合的风险与收益

(1) 投资组合的构成

资产组合就是由几种资产构成的组合。投资者可以按照各种比率(或者称为比重或权重)将其财富分散投资于 n 种资产上,假设投资者选择投在 n 种资产上的比重为 $w_1, w_2, \cdots, w_n$,则有如下限制条件:

$$w_1 + w_2 + \cdots + w_n = \sum_{i=1}^{n} w_i = 1, w_i \geqslant 0, \quad i = 1,2,\cdots,n \tag{8.4}$$

(2) 投资组合的收益

投资组合的收益率取决于两个因素:各种资产的类别;各种资产的投资比率。投资组合的期望收益率记作 $E(R_{\mathrm{p}})$,其大小等于投资组合中各种资产的平均收益率与各自的投资比重的乘积之和,即投资组合的收益公式

$$E(R_{\mathrm{p}}) = \sum_{i=1}^{n} w_i E(R_i) \tag{8.5}$$

(3) 投资组合的风险

投资组合的方差公式

$$\sigma_{\mathrm{p}}{}^2 = \sum_{i=1}^{n} w_i \left[E(R_i) - E(R_{\mathrm{p}})\right]^2 \tag{8.6}$$

投资组合的标准差公式

$$\sigma_p = \sqrt{\sum_{i=1}^{n} w_i \left[E(R_i) - E(R_p)\right]^2} \tag{8.7}$$

例 8.5 鸡蛋和篮子问题。假设用两个足够大的篮子贩运鸡蛋，运到目的地可赢利 200%（增值为原来的 3 倍），每个篮子在路上被打翻从而损失 100%的概率是 0.5，两个篮子是否被打翻是相互无关的，每个篮子各装价值多少资金的鸡蛋，可使多次贩运后，资金平均增值最快？

解：资金增值结果如表 8.1 所示。

表 8.1 资金增值结果

篮子数目	1	2	3	4
最优投资比例/(%)	25	23	21.1	19.2
几何平均收益/(%)	6.07	11.91	17.45	22.58

8.2.3 信息论在决策树中的应用

1. 决策树的概念

决策树(decision tree)又称为分类树(classification tree)，决策树是最为广泛的归纳推理算法之一，处理类别型或连续型变量的分类预测问题，可以用图形和 if-then 的规则表示模型，可读性较高。决策树模型透过不断地划分数据，使依赖变量的差别最大，最终目的是将数据分类到不同的组织或不同的分支，在依赖变量的值上建立最强的归类。

如图 8.3 所示，每个非叶子节点代表了一个属性，父子节点之间的连接线代表了父节点属性的取值或取值范围，叶子节点代表了分类。上述决策树所代表的输入对象包含了 3 个属性{年龄，是否学生，信誉}，年龄属性的取值为{青，中，老}，要分类的标签为{买，不买}。路径中的每一个分支是其连接的父节点所代表的属性的取值。父节点属性可能是离散的或者是连续的。

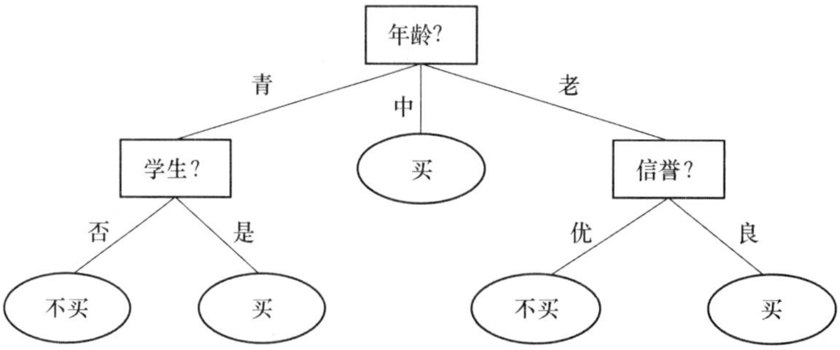

图 8.3 决策树的概念

2. ID3 算法

ID3 算法(interative dicremiser version 3)使用信息增益度选择测试属性。首先找出最有判别力信息增益(information gain)的属性，把数据分成多个子集，每个子集又选择最有判别力的属性进行划分，一直进行到所有子集仅包含同一类型的数据为止。最后得到一棵决策树，可以用它来对新的实例进行分类。

小概率事件比大概率事件包含的信息量大。如果某件事情是“百年一见”则肯定比“习以为常”的事件包含的信息量大。事件 a_i 的信息量 $I(a_i)$ 可如下度量：

$$I(a_i) = \log \frac{1}{P(a_i)} = -\log P(a_i)$$

其中，$P(a_i)$表示事件 a_i 发生的概率。假设有 n 个互不相容的事件 $a_1, a_2, a_3, \cdots, a_n$，它们中有且仅有一个发生，则其平均的信息量可如下度量：

$$H(a_1, a_2, \cdots, a_n) = E[\log \frac{1}{P(a_i)}] = -\sum_{i=1}^{n} P(a_i) \log P(a_i)$$

当 $P(a_i)=0$ 或者 $P(a_i)=1$ 时，信息量 $I(a_i)=0$，也就是不可能事件和必然事件的信息量为 0。

信息熵的定义：一个变量 X，它可能的取值有 n 多种，分别是 $x_1, x_2, \cdots, x_n$，每一种取到的概率分别是 $P_1, P_2, \cdots, P_n$，那么 X 的熵就定义为

$$H(X) = -\sum_{i=1}^{n} P_i \log P_i$$

一个变量可能的变化越多，它携带的信息量就越大。对分类系统来说，类别 C 是变量，它可能的取值是 $C_1, C_2, \cdots, C_n$，而每一个类别出现的概率是 $P(C_1), P(C_2), \cdots, P(C_n)$，因此 n 就是类别的总数。此时分类系统的熵就可以表示为

$$H(C) = -\sum_{i=1}^{n} P(C_i) \log P(C_i)$$

文本分类系统的作用就是输出一个表示文本属于哪个类别的值，而这个值可能是 C_1，$C_2, \cdots, C_n$，因此这个值所携带的信息量就是上式中的数值。ID3 算法即是信息量大小的度量。

Gain(S,A)是属性 A 在集合 S 上的信息增益：

$$\text{Gain}(S,A) = \text{Entropy}(S) - \text{Entropy}(S,A) \tag{8.8}$$

$$\text{Entropy}(S,A) = \sum (|S_V|/|S|)\text{Entropy}(S_V) \tag{8.9}$$

$\sum$ 是属性 A 的所有可能的值 V，S_V 是属性 A 有 V 值的 S 子集，$|S_V|$ 是 S_V 中元素的个数；$|S|$ 是 S 中元素的个数。用 $P(C_i, S_V)$ 表示 S_V 中包含有属于分类 C_i 的样本概率，$H(C_i, S_V)$表示子集合 S_V 中属于分类 C_i 的样本信息，则熵

$$\text{Entropy}(S_V) = \sum H(C_i, S_V) \tag{8.10}$$

例 8.6 如表 8.2 所示，分类 C 标签为 C_1＝买，C_2＝不买。则 $H(S)=H(C_1)+H(C_2)$。样本中买的人数为 641，不买的人数为 383，总样本为 1024。则可以计算熵：

$$H(S)=H(C_1)+H(C_2)=H(641,383)=0.9537$$

表 8.2 样本列表

计数	年龄	收入	学生	信誉	归类：买计算机？
64	青	高	否	良	不买
64	青	高	否	优	不买
128	中	高	否	良	买
60	老	中	否	良	买
64	老	低	是	良	买
64	老	低	是	优	不买
64	中	低	是	优	买

续表

计数	年龄	收入	学生	信誉	归类:买计算机?
128	青	中	否	良	不买
64	青	低	是	良	买
132	老	中	是	良	买
64	青	中	是	优	买
32	中	中	否	优	买
32	中	高	是	良	买
63	老	中	否	优	不买
1	老	中	否	优	买

现在考虑属性年龄 $Y=\{青,中,老\}$。$H(S(Y=青))=H(买=64+64,不买=64+64+128)=H(128,256)=0.9183$,同样求得 $H(S(Y=中))=0$,$H(S(Y=老))=0.9157$。所以

$$I(S,Y)=H(S)-H(S,Y)=0.9537-\sum(|S_V|/|S|)H(S_V)$$

$$=0.9537-\left(\frac{384}{1024}\times 0.9183+\frac{256}{1024}\times 0+\frac{384}{1024}\times 0.9157\right)$$

$$=0.2659 \text{ 比特 / 人}$$

$$收入信息增益=0.9537-0.9361=0.0176$$

$$学生信息增益=0.9537-0.7811=0.1726$$

$$信誉信息增益=0.9537-0.9048=0.0453$$

如图 8.4 所示为第一步构造图,如表 8.3 所示为青年样本列表。

表 8.3　青年样本列表

计数	年龄	收入	学生	信誉	归类:买计算机?
64	青	高	否	良	不买
64	青	高	否	优	不买
128	青	中	否	良	不买
64	青	低	是	良	买
64	青	中	是	优	买

对于青年分支,在 $S(Y=青)$ 样本空间条件下计算收入,学生和信誉属性的信息增益。如果选择收入作为节点,分高、中、低,则:$H(0,128)=0$ 收入高的青年人中,有 0 个买,128 个不买。所占比例为 128/384=0.3333。$H(64,128)=0.9183$,比例为 192/384=0.5。$H(64,0)=0$,比例为 64/384=0.1667。

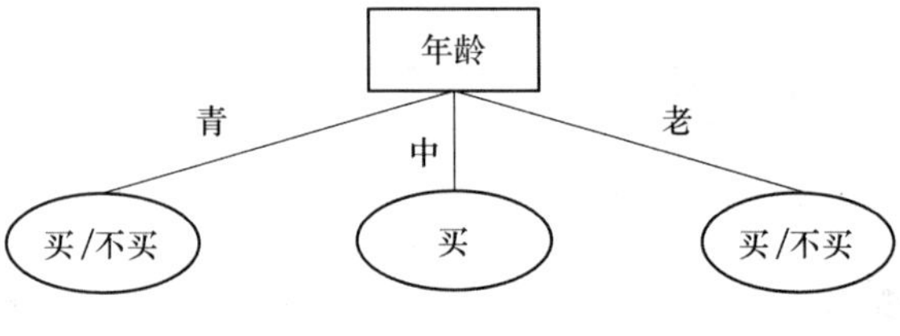

图 8.4　第一步构造图

$$\text{Gain}(收入)=H(128,256)-E(收入)=0.9183-0.4592=0.4591$$

如图 8.5 所示,一个父亲节点,被分解为了 k 个子节点。节点中 n 表示样本数,$H(n)$表示

这 n 个样本中，根据分类标签得到的熵 $H(n)=H(c_1,c_2,\cdots,c_k)$，其中 c_i 表示 n 个样本中属于分类 c_i 的样本数。该图所表示的属性信息增益为 $H(n)-\sum n_i/nH(n_i)$。

属性的内在信息为

$$\text{IntrinsicInfo}(S,A)=-\sum\frac{|S_i|}{|S|}\log_2\frac{|S_i|}{|S|} \tag{8.11}$$

式(8.11)中 S_i 表示属性 A 取值为 i 得到的 S 的子集 S_i。信息增益率为

$$\text{gainRatio}(S,A)=\text{Gain}(S,A)/\text{IntrinsicInfo}(S,A) \tag{8.12}$$

属性的增益率比增益有更高的好处，因为是对信息增益做了归一化处理。对于属性增益来说，其值通常和分支数有很大关系，分支越多的，增益值越大。

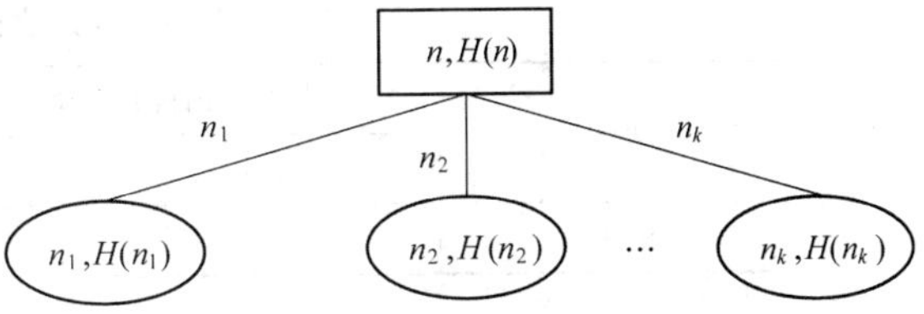

图 8.5　理解图

例 8.7　某建筑公司拟建一预制构件厂，一个方案是建大厂，需投资 300 万元，建成后如销路好每年可获利 100 万元，如销路差，每年要亏损 20 万元，该方案的使用期均为 10 年。另一个方案是建小厂，需投资 170 万元，建成后如销路好，每年可获利 40 万元，如销路差每年可获利 30 万元。若建小厂，则考虑在销路好的情况下三年以后再扩建，扩建投资 130 万元，可使用七年，每年赢利 85 万元。假设前 3 年销路好的概率是 0.7，销路差的概率是 0.3，后 7 年的销路情况完全取决于前 3 年，试用决策树法选择方案。

解：这个问题可以分前 3 年和后 7 年两期考虑，属于多级决策类型，如图 8.6 所示。

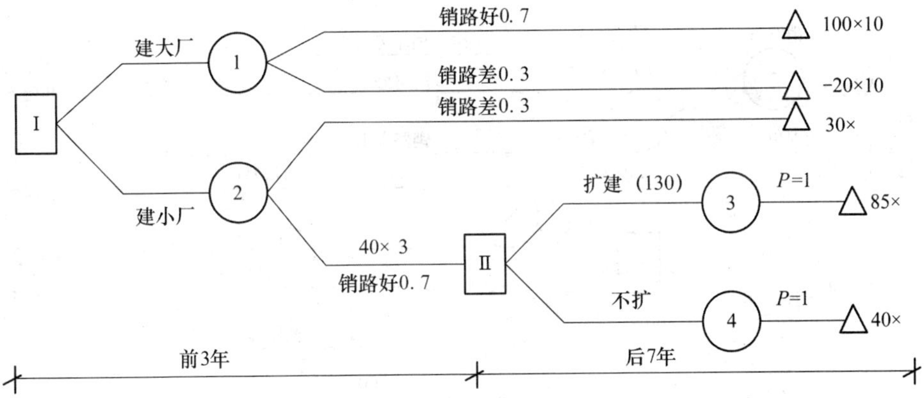

图 8.6　决策树图示

考虑资金的时间价值，各点益损期望值计算如下：

点①：净收益 $=[100\times(P/A,10\%,10)\times0.7+(-20)\times(P/A,10\%,10)\times0.3]-300=93.35$ 万元

点③：净收益 $=85\times(P/A,10\%,7)\times1.0-130=283.84$ 万元

点④：净收益 $=40\times(P/A,10\%,7)\times1.0=194.74$ 万元

可知决策点Ⅱ的决策结果为扩建，决策点Ⅱ的期望值为 $283.84+194.74=478.58$ 万元

点②：净收益 $=(283.84+194.74)\times0.7+40\times(P/A,10\%,3)\times0.7+30\times(P/A,10\%,10)\times0.3-170=345.62$ 万元

由上可知，最合理的方案是先建小厂，如果销路好，再进行扩建。在本例中，有两个决策点Ⅰ和Ⅱ，在多级决策中，期望值计算先从最小的分支决策开始，逐级决定取舍到决策能选定为止。

例 8.8 按照例 8.7，为了适应市场的变化，投资者又提出了第三个方案，即先小规模投资 160 万元，生产 3 年后，如果销路差，则不再投资，继续生产 7 年；如果销路好，则再做决策是否再投资 140 万元扩建至大规模（总投资 300 万元），生产 7 年。前 3 年和后 7 年销售状态的概率如表 8.4 所示，大小规模投资的年损益值如表 8.5 所示。试用决策树法选择最优方案。

表 8.4 销售概率表

项目	前 3 年销售状态概率		后 7 年销售状态概率	
	好	差	好	差
销路差	0.7	0.3	0.9	0.1

表 8.5 各年损益值及销售状态

销售状态	概率	损益值/(万元·年$^{-1}$)	
		大规模投资	小规模投资
销路好	0.7	100	60
销路差	0.3	−20	20

解：(1)绘制决策树（图 8.7）

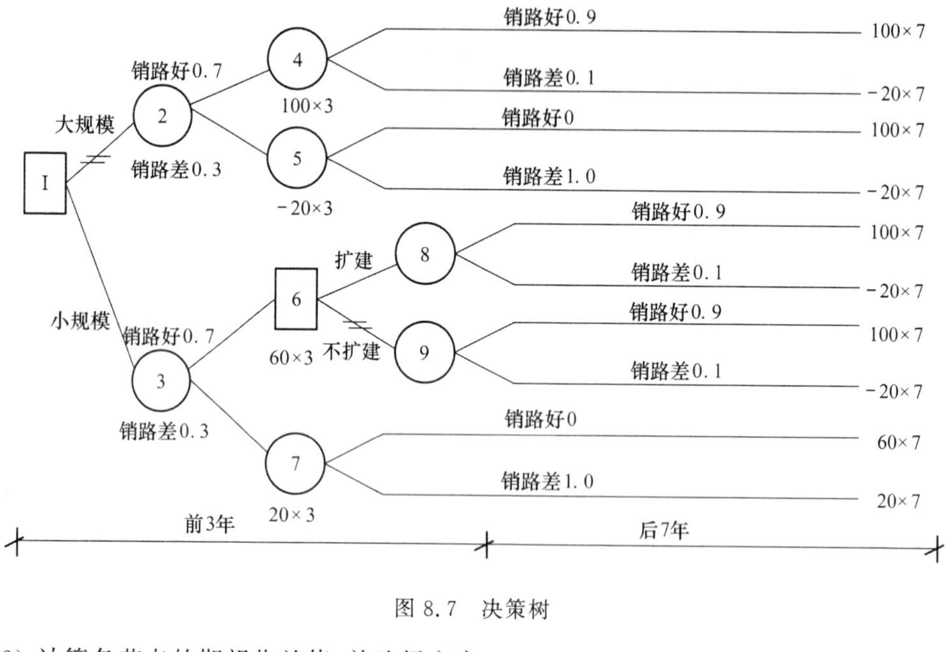

图 8.7 决策树

(2) 计算各节点的期望收益值，并选择方案

节点④：100×7×0.9＋(−20)×7×0.1＝616 万元

节点⑤：100×7×0＋(−20)×7×1.0＝−140 万元

节点②：(616＋100×3)×0.7＋[(−140)＋(−20)×3]×0.3−300＝281.20 万元

节点⑧：100×7×0.9＋(−20)×7×0.1−140＝476 万元

节点⑨:60×7×0.9+20×7×0.1=392 万元

节点⑧的期望收益值为 476 万元,大于节点⑨的期望损失值 392 万元,故选择 扩建方案,“剪去”不扩建方案。因此,节点⑥的期望损益值取扩建方案的期望损益值 476 万元。

节点⑦:60×7×0+20×7×1.0=140 万元

节点③:[(476+60×3)×0.7+140+20×0.3]-160=359.20 万元

节点③的期望损益值 359.20 万元,大于节点②的期望损益值 281.20 万元,故“剪去”大规模投资方案。

综上所述,投资者应该先进行小规模投资,3 年后如果销售状态好则再扩建,否则不扩建。

例 8.9 某房地产开发公司对某一地块有两种开发方案。

A 方案:一次性开发多层住宅 45 000 m^2 建筑面积,需投入总成本费用(包括前期开发成本、施工建造成本和销售成本,下同)9 000 万元,开发时间(包括建造、销售时间,下同)为 18 个月。

B 方案:将该地块分成东、西两区分两期开发。一期在东区先开发高层住宅 36 000m^2,建筑面积,需投入总成本费用 8 100 万元,开发时间为 15 个月。二期开发时,如果一期销路好,且预计二期销售率可达 100%(售价和销量同一期),则在西区继续投入总成本费用 8 100 万元开发高层住宅 36 000 m^2 建筑面积;如果一期销路差,或暂停开发,或在西区改为开发多层住宅 22 000 m^2 建筑面积,需投入总成本费用 4 600 万元,开发时间为 15 个月。

两方案销路好和销路差时的售价和销量情况汇总如表 8.6 所示。根据经验,多层住宅销路好的概率为 0.7,高层住宅销路好的概率为 0.6。暂停开发每季损失 10 万元,季利率为 2%。

表 8.6 售价和销量情况

开发方案				建筑面积/万元	销路好		销路差	
					售价/(元·m^{-2})	销售率/(%)	售价/(元·m^{-2})	销售率/(%)
A 方案	多层住宅			4.5	4 800	100	4 300	80
B 方案	一期	高层住宅		3.6	5 500	100	5 000	70
	二期	一期销路好	高层住宅	3.6	5 500	100		
		一期销路差	多层住宅	2.2	4 800	100	4 300	80
			停建					

表 8.7 利率情况

N	4	5	6	12	15	18
(P/A,2%,n)	3.808	4.713	5.601	10.575	12.849	14.992
(P/F,2%,n)	0.924	0.906	0.888	0.788	0.743	0.700

问题:(1)两方案销路好和销路差情况下分期计算季平均销售收入各为多少万元(假定销售收入在开发时间内均摊)?(2)绘制两级决策的决策树;(3)试决定采用哪个方案(计算结果保留两位小数)。

解:问题(1)计算季平均销售收入。

A 方案开发多层住宅:

销路好：4.5×4 800×100%÷6=3 600 万元

销路差：4.5×4 300×80%÷6=2 580 万元

B 方案一期：开发高层住宅。

销路好：3.6×5 500×100%÷5=3 960 万元

销路差：3.6×5 000×70%÷5=2 520 万元

B 方案二期：

开发高层住宅：3.6×5 500×100%÷5=3 960 万元

开发多层住宅，销路好：2.2×4 800×100%÷5=2 112 万元

开发多层住宅，销路差：2.2×4 300×80%÷5=1 513.6 万元

(2) 画两级决策树，如图 8.8 所示。

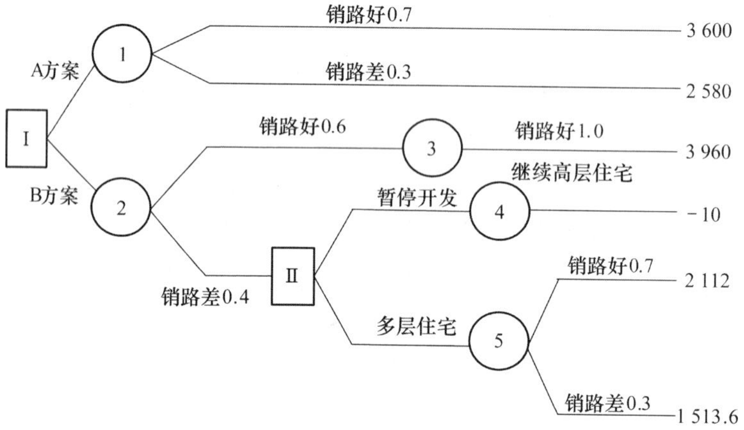

图 8.8 两级决策树

8.2.4 人工智能

人工智能(AI，Artificial Intelligence)从 1956 年正式开始研究到现在 60 多年的时间里获得了很大的发展。人工智能集信息论、计算机学科、控制论、神经生物学、语言学等多种学科于一体，引起众多学科的日益重视，已成为一门具有广泛应用的交叉学科和前沿学科。它是研究、设计和应用智能机器或智能系统，来模拟人类智能活动的能力，以延伸人类智能的科学。人类智能活动的能力是指人类在认识世界和改造世界的活动中，经过脑力劳动表现出来的能力。人工智能的目的就是利用各种自动化机械或者智能机器，尽量模仿、延伸和扩展人类的智能思维，从而实现计算机网络管理的人性化。

智能系统是一种以信息现象为主导因素的复杂系统。对于这种特殊的研究对象，传统科学研究方法论“分而治之”显露出严重的缺陷。对复杂系统进行分解的时候，往往会丢失它所分解出来的各个子系统之间相互联系和相互作用的信息。所以，按照“分而治之”方法论对分解出来的各个子系统进行“各个击破”之后，却无论如何都没有办法通过各个子系统的合成而恢复原有复杂系统的面貌。换言之，用传统的方法对于这种复杂系统实施“分而治之，各个击破”之后，却无法“合成还原”。

面对以信息为主导因素的复杂信息系统，需要关注的三个问题有系统的信息过程(而不是系统的物质和能量过程)、信息过程的系统性质(而不仅仅是信息过程的某些局部性质)以及反

映信息过程系统性质的机制特征(而不是其他特征)。

基于以上基本认识,总结出关于研究复杂信息系统的科学方法论,即“以信息观、系统观、机制观为标志的复杂信息系统科学研究方法论”。对于复杂信息系统的研究,必须把握信息的观念、信息的系统(整体)观念及反映信息整体性质的机制观念,即“信息保真”和“信息求真”。“信息保真”是不丢失信息;“信息求真”是要在信息保真的基础上探求信息过程的本质机制。

专家系统是一种模拟人类专家解决某些领域问题的计算机程序系统,专家系统内部含有大量的某个领域的专家水平的知识与经验,能够运用人类专家的知识和解决问题的方法进行推理和判断,模拟人类专家的决策过程,来解决该领域的复杂问题。专家系统是人工智能应用研究最活跃和最广泛的应用领域之一,涉及到社会各个方面,各种专家系统已遍布各个专业领域,取得很大的成功。

如图 8.9 所示为人工智能系统的运行框图。

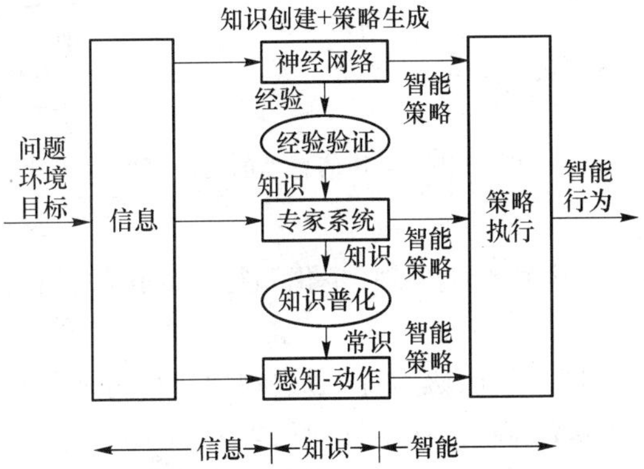

图 8.9　人工智能系统的运行框图

8.2.5　生命科学

生命科学的信息化是 21 世纪生命科学最重要的特点与发展趋势,这一趋势表明生命科学正在成为一门信息科学。

1. 信息论与现代分子生物学渊源

1953 年,H. Quastler 讨论了信息论在生物学中的应用;1970 年,H. A. Johnson 再次提出生物学中的信息理论问题。

2. 信息科学

1977 年 DNA 测序技术发展起来后,许多物种的基因组序列被测出来,使得人们可以用信息论的方法去研究遗传信息的编码,遗传信号的识别等问题。

生命可以描述为信息的传递,通过复制实现信息从亲代到子代的纵向传递,通过表达(转录、翻译)实现信息从 DNA 到蛋白质的横向传递。生命科学研究的结果最终都可以归结为序列、结构、网络或图像(脑电、心电、核磁共振)等数据,任何信息学方法都可用于生命科学研究。

美国国家生物技术信息中心(NCBI,National Center for Biotechnology Information)是美国国会于 1988 年批准成立的一个美国政府资助的研究机构,在其关于生物信息学的资料页中,显示了这样的介绍:“Biology in the 21st century is being transformed from a purely lab-based science to an information science as well.” IBM 公司计算生物学部门的主任 Ajay Royyuru 博士在基因地理工程项目中说:生命科学已经成为一种信息科学。

3. 生物信息学

生物信息学是采用信息科学技术，借助数学、生物学的理论、方法，对各种生物信息（包括核酸、蛋白质等）的收集、加工、储存、分析、解释的一门学科。如图 8.10 所示为生物信息学的发展历史。

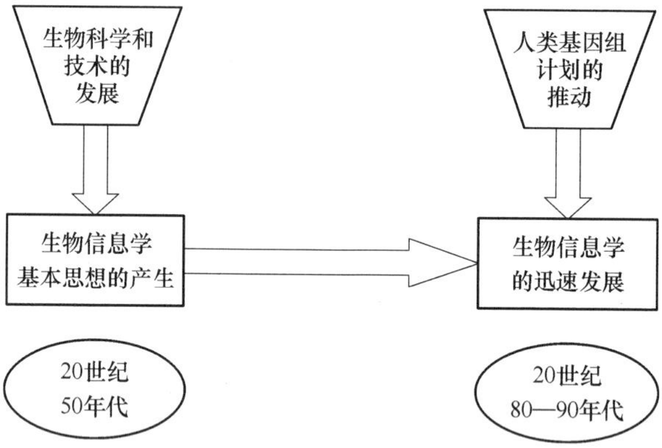

图 8.10　生物信息学的发展历史

(1) 生态系统的信息

在生态系统中，能够引起生物产生生理、生化和行为变化的各种信号。

(2) 物理信息

生态系统中的光、声、温度、湿度、磁力等，通过物理过程传递的信息。例如，植物有充足光照才开花、蜘蛛感觉到振动频率判断被捕生物的位置大小。

(3)化学信息

生物在生命活动过程中，产生一些可以传递信息的化学物质。例如，昆虫学家发现，一只雄飞蛾能够接收到几公里外雌飞蛾发出的某种信号，从而赶去相会。它们敏锐的触角能捕捉空气中不足 1/3 盎司的由雌飞蛾发出的该种信号（一种特殊的化学物质）。

(4) 行为信息

动物的特殊行为，对于同种或异种生物也能够传递某种信息，即生物的行为特征。例如，蜜蜂跳舞、孔雀开屏等。

那么生物是如何传递信息的呢？

俗话说：人有人言，兽有兽语。动物之间建立友善关系，双方必须彼此了解才行。这种了解的方式，一般地称它为禽言兽语。

动物并不像人那样，借助于语言进行交谈，它只是利用自己各种不同的情感，向同伴或共生的朋友发出危险警报，或者通知它们哪儿有食物，等等。例如，它们会发出一些吱吱的声音。动物也有着自己的语言，通常有声音语言、气味语言、行为语言。严格来讲，语言是人类特有的，动物没有语言，但有一些简单的“肢体语言”“行为表达”，但不是系统的。语言是一个体系，是文明的产物，思维的产物。

例如，猫的尾巴高高翘起，表示很强烈的好感。猫用耳朵蹭人的身体，表示想留下人的气味。猫躺在地上打滚，表示它很信任你，它在生人面前是不会这样的。它耳朵朝前，表示正在注意某种东西。它耳朵朝后，表示它害怕，或者要跟其他猫打架。

鱼类是低等动物，生活内容比较单调，它们不需要也不可能有丰富的语言。但是，在不同的条件下，许多鱼确实能够发出不同的声音来传递自己的信息。鱼类虽然没有声带，但它们会用各种各样的方法说话。有的鱼用鱼鳔来发声，气体通过鳔管，引起振动能发出声音；脊椎骨的振动可以通过与鱼鳔相连接的肌肉传递过来，引起鱼鳔的共振。

以前，人们认为蝙蝠在漆黑的夜晚能飞行自如，寻觅捕食，完全是靠体内发出的超声波。德国动物研究所的专家经过 4 年的观察，用一部高频录音机把人类听不到的超声录进磁带中，发现蝙蝠的"话语"可分为 5 大类：攻击音响、自己还击音响、双方消除成见和解音响、抗议音响和联络友谊音响。这些音响奠定了蝙蝠群的行动准则。

美国科学家长期研究大象，得出这样的结论：大象所发出的短暂的兴奋或恐惧的低鸣能感染同类。它们遇到危险时，即使相距很远，也能互相告知。大象还是个相当"爱说闲话"的家伙，它们彼此之间靠"交谈"交际，其声音几乎和人声的可听度一样。

有的鸟只会唱一支歌，如美国的白头鸟，而苍头燕雀，能唱四支歌，并表示出不同的意义：母爱、恋歌、求助等。

我国内蒙古地区有一种奇特的蜥蜴，叫沙蜥，它能适应沙漠干旱的环境。万一遇到了人，沙蜥就在人的周围忽前忽后地跑，然后突然来一个紧急"刹车"，停住脚步，把尾巴甩到背上，连连上下卷动，以此吓唬来人。如果来人并没有被吓退，沙蜥就会溜之大吉，躲进沙堆里。

响尾蛇的尾巴末端有一串角质环，中间是空的，充满了空气。摇动尾巴的时候，角质环中的空气就会产生振荡，发出"嘎啦嘎啦"的声响。一旦碰到敌害，响尾蛇便抖动尾巴，发出声响，把对方吓跑。

8.2.6 统计学

信息论在统计学中的应用一般指信息量在统计中的应用，也有编码定理与码结构在统计中的应用等问题。由于统计学研究的问题日趋复杂，如统计模型从线性到非线性，统计分布从单一分布到混合分布，因此信息量在统计中的作用日趋重要，在许多问题中以信息量作为它们的基本度量。

在统计领域里，统计计算技术近年来发展很快，它使许多统计方法，尤其是贝叶斯统计得到广泛的运用。贝叶斯计算方法有很多，其中一类是直接应用于后验分布以得到后验均值或后验众数的估计，以及这种估计的渐进方差或其近似。EM 算法就是一种迭代方法，主要用来计算后验分布的众数或极大似然估计。这种方法可以广泛地应用于缺损数据，如截尾数据、成群数据、带有讨厌参数的数据等所谓的不完全数据。EM 算法的最大优点是简单和稳定，主要目的是提供一个简单的迭代算法来计算极大似然估计，问题是如此建立的 EM 算法得到的估计序列是否收敛。它的特点与信道容量的递推渐近算法相似，但应用更为广泛。EM 算法实现简单，数值计算稳定，存储量小，并具有良好的全局收敛性。EM 算法是一种求参数极大似然估计的迭代算法，在处理不完全数据中有重要应用。

信息与统计相结合的其他典型问题还很多，如假设检验中的两类误差估计问题，试验设计问题，信息量在有效估计中的应用问题等，这些问题已使信息论与统计学形成相互推动发展的局面。

8.2.7 网络信息论

前面讨论的都是单用户信道，它是建立在点对点通信的基础上，涉及一个信源、一个信宿和相应信道；对于现代的移动通信、卫星通信、通信网、信息网，实际上都是多点对多点的多用户信道，涉及两个及两个以上信源或信宿及相应信道。两个以上信源指独立信源和相关信源，多用户信道即分布式信道，包括多址接入信道、广播信道、中继信道、随机接入信道等。在这些信息网中，怎样有效、可靠和安全地传输信息，是网络信息论所要研究的问题。

1961 年，香农发表了《双路通信信道》，为网络信息理论奠定基础；1971 年，Ahlswede 找出多元接入信道的信道容量区。1972 年，Cover 提出广播信道容量问题；之后 Slepain-Wolf 引入相关信源编码。20 世纪末网络信息理论蓬勃发展，得出许多重要的结论。

网络信息理论主要研究内容是分布式信源编码，即数据压缩；分布式通信，即确定网络的覆盖能力，解决冲突、协作和反馈等主要问题。

信息论基础与应用是通信和信息领域的专业基础课程，没有信息论的基础，从事通信与信息领域的研究和创新是不可能的事情；就不可能站在本学科的前沿。只有学好这门课，才能学好后继课程，将来进一步从事通信和信息领域的科研和创新。

附　　录

实验一　离散信源的信息熵

一、实验设备

1. 计算机。
2. 软件：MATLAB。

二、实验目的

1. 熟悉离散信源的特点；
2. 学习仿真离散信源的方法；
3. 学习离散信源平均信息量的计算方法；
4. 熟悉 MATLAB 编程。

三、实验原理

自信息的计算公式：

$$I(a) = \log_2 \frac{1}{p_a}$$

MATLAB 实现：I＝log2(1/p) 或 I＝－log2(p)。

信源输出的各消息的自信息量的数学期望为信源的信息熵，表达式如下：

$$H(X) = E[I(x_i)] = -\sum_{i=1}^{q} p(x_i)\log p(x_i)$$

MATLAB 实现：HX＝sum(－x. * log2(x))；或者 h＝h－x(i) * log2(x(i))；。

信源熵是信源的统计平均不确定性的描述，是概率函数 $p(x)$的函数。

四、实验内容及要求

1. 有条 100 字符英文信息，假定其中每字符从 26 个英文字母和 1 个空格中等概选取，那么每条信息提供的信息量为多少？若将 27 个字符分为三类，9 个出现概率占 2/7，13 个出现概率占 4/7，5 个出现占 1/7，而每类中符号出现等概，求该字符信源的信息熵。

设计思路：

每字符从 26 个英文字母和 1 个空格中等概选取，一共 100 个字符，那么可以组成 27^{100} 条消息，每条消息出现的概率是 $1/27^{100}$，由自信息量公式可得每条消息的自信息量。

2. 给定离散无记忆信源 X，其概率空间为

$$\begin{bmatrix} X \\ P \end{bmatrix} = \begin{bmatrix} 0 & 1 \\ 0.7 & 0.3 \end{bmatrix}$$

求该信源的熵和其二次、三次扩展信源的熵。

编写 MATLAB 函数文件：

```
function [H_X1,H_X2,H_X3] = t03(X1,P1)
% t03 求信源和其二次、三次扩展信源的熵
% 输入为 X1,P1,分别为信源符号和概率阵
% 输出为原离散信源的熵 H_X1 和二次、三次扩展信源的熵 H_X2、H_X3)
```

设计思路：

离散无记忆信源 X 熵，可将其概率代入信息熵的计算公式得到，二次，三次扩展信源，可先求出其概率空间。

3. 某离散二维平稳信源的概率空间：

$$\begin{bmatrix} X_1X_2 \\ P \end{bmatrix} = \begin{bmatrix} 00 & 01 & 02 & 10 & 11 & 12 & 20 & 21 & 22 \\ 1/4 & 1/18 & 0 & 1/18 & 1/3 & 1/18 & 0 & 1/18 & 7/36 \end{bmatrix}$$

设发出的符号只与前一个符号有关。求：

(a) 认为信源符号之间无依赖性时，信源 X 的信息熵 $H(X)$；

(b) 认为有依赖性时的条件熵 $H(X_2|X_1)$；

(c) 联合熵 $H(X_1X_2)$；

(d) 根据以上三者之间的关系，验证结果的正确性。

设计思路：

由离散二维平稳信源的概率空间，及信息熵、条件熵、联合熵的公式，可得到需要的结果。

4. 有两个二元随机变量 X 和 Y，它们的联合概率分布函数如下表：

Y \ X	0	1
0	1/8	3/8
1	3/8	1/8

同时定义另一随机变量 $Z=XY$，试求：

a. 熵 $H(X)$，$H(Z)$，$H(X,Z)$ 和 $H(X,Y,Z)$；

b. 条件熵 $H(X|Y)$，$H(X|Z)$，$H(Y|X,Z)$；

c. 互信息 $I(X;Y)$，$I(X;Z)$，$I(X;Y|Z)$。

设计思路：

计算各种情况的概率，X 的概率，Y 的概率，$Z=XY$ 联合概率等，然后代入公式求解。

基本要求：

1. 写出计算自信息量的 MATLAB 程序。
2. 写出计算离散信源平均信息量的 MATLAB 程序。
3. 掌握二元离散信源的最大信息量与概率的关系。
4. 将程序在计算机上仿真实现，验证程序的正确性并完成习题。

实验二　离散信道

一、实验目的

1. 深刻理解信道容量的概念；
2. 理解对称信道的概念与容量公式；
3. 使用 C,C++,MATLAB 或其他语言进行编程。

二、实验原理

平均互信息

$$I(X;Y) = H(X) - H(X \mid Y) = \sum_{X,Y} P(xy)\log\frac{P(x \mid y)}{P(x)}$$

$$= \sum_{X,Y} P(xy)\log\frac{P(xy)}{P(x)P(y)} = \sum_{X,Y} P(xy)\log\frac{P(y \mid x)}{P(y)}$$

$I(X;Y)$是输入信源的概率分布 $P(x)$的$\cap$型凸函数。对于一个固定的信道，都有一个最大的信息传输率。定义这个最大的信息传输率为信道容量 C(单位：比特/符号)，即$C=\max\limits_{P(x)}\{I(X;Y)\}$。

对于对称信道，当输入符号达到等概率分布时，输出符号一定也达到等概率分布。$C=\log s-H(p_1',p_2',\cdots,p_s')$，信道矩阵行矢量$\{p_1',p_2',\cdots,p_s'\}$。准对称信道的信道容量为：

$$C = \log r - H(p_1',p_2',\cdots,p_s') - \sum_{k=1}^{n} N_k \log M_k$$

其中，r 为输入符号集的个数；$\{p_1',p_2',\cdots,p_s'\}$为准对称信道矩阵中的行矢量。设矩阵可划分成 n 个互不相交的子集。其中，N_k 为第 k 子矩阵 Q_k 中行元素之和；M_k 为第 k 子矩阵 Q_k 中列元素之和。

三、实验内容及要求

设信道输入为等概率分布，即 $p=1/4, I=1,2,3,4$。给定信道的概率矩阵

$$\boldsymbol{P} = \begin{bmatrix} \frac{1}{2} & \frac{1}{2} & 0 & 0 \\ 0 & \frac{1}{2} & \frac{1}{2} & 0 \\ 0 & 0 & \frac{1}{2} & \frac{1}{2} \\ \frac{1}{2} & 0 & 0 & \frac{1}{2} \end{bmatrix}$$

通过计算机利用 MATLAB 软件编辑判断其是否为对称信道，如不是对称信道，则提示错误。计算平均互信息量，并最终得到信道容量的结果。

基本要求：

1. 根据给定信道的概率矩阵，编程判断其是否为对称信道，并求解其信道容量。
2. 将程序在计算机上仿真实现，验证程序的正确性并完成习题。

简要总结离散信道的特点及离散信道容量的计算。对于任意给定矩阵，如矩阵不满足信道矩阵的要求，要能提示错误。

实验三　离散信源编码

一、实验目的

1. 深刻理解可变长信源编码的概念；
2. 熟悉香农编码，费诺编码以及霍夫曼编码方法；
3. 使用 C，C++，MATLAB 或其他语言进行编程。

二、实验原理

1. 香农第一定理。
2. 香农编码方法。
3. 费诺码编码方法。
4. 霍夫曼码编码方法。

三、实验内容及要求

1. 对于给定的信源的概率分布，用 MATLAB 语言实现香农编码。
2. 对于给定的信源的概率分布，用 MATLAB 语言实现霍夫曼编码。
3. 对于给定的信源的概率分布，用 MATLAB 语言实现游程编码。

实验四　信道编码

一、实验目的

1. 深刻理解有噪信道编码的概念；
2. 熟悉线性分组码的编码方法；
3. 使用 C，C++，MATLAB 或其他语言进行编程。

二、实验原理

线性分组码的线性是指码组中码元间的约束关系为线性；分组是指编码时将每 k 个信息位一组进行独立处理，变换成长度为 n $(n>k)$ 的二进制码组。

本次仿真采用(7,4)汉明码，性能参数如下：

生成矩阵

$$\boldsymbol{G}=\begin{bmatrix}1&1&0&1&0&0&0\\0&1&0&0&1&0&0\\1&1&1&0&0&1&0\\1&0&1&0&0&0&1\end{bmatrix}$$

校验矩阵

$$
\boldsymbol{H}=\begin{bmatrix}1&0&0&1&0&1&1\\0&1&0&1&1&1&0\\0&0&1&0&1&1&1\end{bmatrix}
$$

可纠错误图样

伴随式 S=(S0,S1,S2)	陪集首 e=(e0 e1 e2 e3 e4 e5 e6)
0 0 0	0 0 0 0 0 0 0
1 0 0	1 0 0 0 0 0 0
0 1 0	0 1 0 0 0 0 0
0 0 1	0 0 1 0 0 0 0
1 1 0	0 0 0 1 0 0 0
0 1 1	0 0 0 0 1 0 0
1 1 1	0 0 0 0 0 1 0
1 0 1	0 0 0 0 0 0 1

码长 $n=7$,信息位 $k=4$,监督位 $n-k=3$,最小距离 $d=3$,码率 $k/n=4/7$。

三、实验内容及要求

采用(7,4)汉明码仿真,要求能纠正每一种单个随机错误,可以降低通信系统的误码率,提高有效性。

习题一参考答案

1.1　信息是指各个事物运动的状态及状态变化的方式。

消息是指包含信息的语言，文字和图像等。

信号是消息的物理体现。

消息是信息的数学载体，信号是信息的物理载体。

信号：具体的、物理的。

消息：具体的、非物理的。

信息：非具体的、非物理的。

同一信息，可以采用不同形式的物理量来载荷，也可以采用不同的数学描述方式。同样，同一类型信号或消息也可以代表不同内容的信息。

1.2　信息定义为事物存在方式或运动状态的不确定性的描述。对 x_i 的不确定性可表示为先验概率 $p(x_i)$ 的倒数的某一函数。自信息：

$$I(x_i) = \log \frac{1}{p(x_i)}$$

1.3　(1)可量度；(2)可识别；(3)可转换；(4)可存储；(5)可处理；(6)可传递；(7)可再生；(8)可压缩；(9)可利用；(10)可共享。

1.4　信源的核心问题是它包含的信息到底有多少，怎样将信息定量地表示出来，即如何确定信息量。

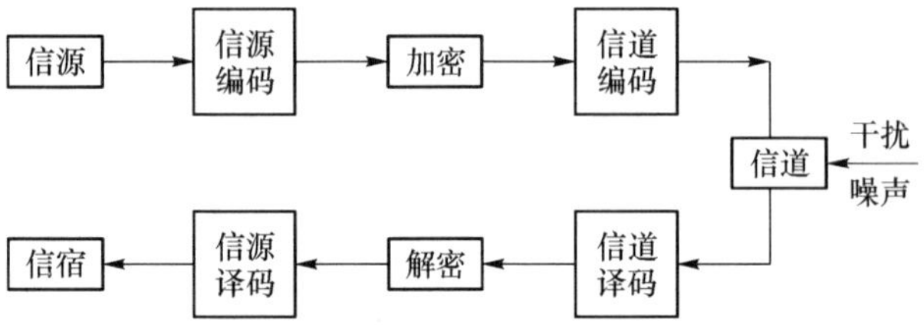

信宿需要研究的问题是能收到或提取多少信息。

信道的问题主要是它能够传送多少信息，即信道容量的多少。

1.5　信息论研究的主要内容是为设计有效的、可靠的通信系统提供理论依据。由于消息中包含着信息，所以消息的传输系统也是信息的传输系统，简称通信系统。人们通过消息的传输和处理过程来研究信息传输和处理过程中的共同规律。根据研究内容范围的大小，可对信息论进行分类：狭义信息论，也称经典信息论。主要研究信息的测度、信道容量、信源编码、信道编码。这部分内容是信息论的基础理论，又称香农信息理论。一般信息论主要是研究信息传输和处理问题。除了香农理论以外，还包括噪声理论、信号滤波和预测、统计检测与估计理论、调制理论、信息处理理论以及保密理论等。后一部分内容是以美国科学家维纳为代表。广义信息论不仅包括上述两方面的内容，而且包括所有与信息有关的自然和社会领域。如模式识别、计算机翻译、心理学、遗传学、神经生理学、语言学、语义学甚至包括社会学中有关信的问题。

习题二参考答案

2.1　从信息论的角度看,“12 枚硬币中,某一枚为假币”该事件发生的概率为 $P=1/12$。“假币的重量比真的轻,或重”该事件发生的概率为 $P=1/2$。为确定哪一枚是假币,即要消除上述两事件的联合不确定性,由于二者是独立的,因此有

$$I=\log 12+\log 2=\log 24\ \text{bit}$$

而用天平称时,有三种可能性:重、轻、相等,三者是等概率的,均为 $P=1/3$。因此天平每一次消除的不确定性为 $I=\log 3$ bit。因此,必须称的次数为 $\log 24/\log 3=2.9$ 次。所以,至少需称 3 次。

如何测量?给 12 枚硬币分别编号 1~12。

第一次测量:天平两边分别取编号为 1,2,3,4(左)与 5,6,7,8(右)的硬币进行称量。

结果:

1. 平衡:说明编号 9~12 中有一个非标准硬币。

第二次测量:天平两边分别取编号为 1,2,3(左)与 9,10,11(右)的硬币进行称量。结果:

(1) 平衡:说明编号 12 为非标准硬币。

第三次:取编号 1 的硬币与编号 12 的硬币进行称量,若编号 12 重,则 12 为非标准的重硬币;反之 12 为非标准的轻硬币。

(2) 右边轻:因为编号 1~3 为标准硬币,说明编号 9,10,11 有一个是非标准轻硬币。

第三次:取编号 9 与编号 10 进行称量。结果:若平衡,说明编号 11 为非标准轻硬币;否则,若编号 9 轻,则 9 是非标准轻硬币;若编号 10 轻,则 10 是非标准轻硬币。

(3) 右边重:同以上(2)。

2. 左重右轻:说明编号 9~12 为标准硬币,同时编号 1~4 中有一个非标准重硬币或编号 5~8 中有一个非标准轻硬币。

第二次:取 1,2,3,5(左)与 4,9,10,11(右)称量,剩余 6,7,8 未知。结果:

(1) 平衡:说明编号 6,7,8 中有一个非标准轻硬币。

第三次:取 6 和 7 进行称量。结果:若平衡,说明 8 轻;否则,若编号 6 轻,则 6 是非标准轻硬币;若编号 7 轻,则 7 是非标准轻硬币。

(2) 左边轻:则确定编号 5 是轻硬币或者编号 4 是重硬币。

第三次:取 5 和 9 进行称量。结果:若平衡,说明 4 是重硬币;否则 5 是轻硬币。

(3) 右边轻:说明 1,2,3 中有一个非标准重硬币。

第三次:取 1 和 2 称量。结果:若平衡,说明编号 3 为非标准重硬币;否则,若编号 1 重,则 1 是非标准重硬币;若编号 2 重,则 2 是非标准重硬币。

3. 左轻右重:同 2。

2.2　(1)

$$p(x_i)=\frac{1}{6}\times\frac{1}{6}+\frac{1}{6}\times\frac{1}{6}=\frac{1}{18}$$

$$I(x_i)=-\log p(x_i)=-\log\frac{1}{18}=4.170\ \text{bit}$$

(2)

$$p(x_i)=\frac{1}{6}\times\frac{1}{6}=\frac{1}{36}$$

$$I(x_i)=-\log p(x_i)=-\log\frac{1}{36}=5.170\ \text{bit}$$

(3) 两个点数的排列如下：

11	12	13	14	15	16
21	22	23	24	25	26
31	32	33	34	35	36
41	42	43	44	45	46
51	52	53	54	55	56
61	62	63	64	65	66

共有 21 种组合。其中 11,22,33,44,55,66 的概率是 $\frac{1}{6}\times\frac{1}{6}=\frac{1}{36}$，其他 15 个组合的概率是 $2\times\frac{1}{6}\times\frac{1}{6}=\frac{1}{18}$。

$$H(X)=-\sum_i p(x_i)\log p(x_i)=-\left(6\times\frac{1}{36}\log\frac{1}{36}+15\times\frac{1}{18}\log\frac{1}{18}\right)=4.337\ \text{比特 / 符号}$$

(4) 参考上面的两个点数的排列，可以得出两个点数求和的概率分布如下：

$$\begin{bmatrix} X \\ P(X) \end{bmatrix}=\begin{Bmatrix} 2 & 3 & 4 & 5 & 6 & 7 & 8 & 9 & 10 & 11 & 12 \\ \frac{1}{36} & \frac{1}{18} & \frac{1}{12} & \frac{1}{9} & \frac{5}{36} & \frac{1}{6} & \frac{5}{36} & \frac{1}{9} & \frac{1}{12} & \frac{1}{18} & \frac{1}{36} \end{Bmatrix}$$

$$\begin{aligned} H(X)&=-\sum_i p(x_i)\log p(x_i)\\ &=-\left(2\times\frac{1}{36}\log\frac{1}{36}+2\times\frac{1}{18}\log\frac{1}{18}+2\times\frac{1}{12}\log\frac{1}{12}+\right.\\ &\qquad\left.2\times\frac{1}{9}\log\frac{1}{9}+2\times\frac{5}{36}\log\frac{5}{36}+\frac{1}{6}\log\frac{1}{6}\right)\\ &=3.274\ \text{比特 / 符号} \end{aligned}$$

(5)
$$p(x_i)=\frac{1}{6}\times\frac{1}{6}\times 11=\frac{11}{36}$$

$$I(x_i)=-\log p(x_i)=-\log\frac{11}{36}=1.710\ \text{bit}$$

2.3 已知 8 个灯泡等概率损坏，所以先验概率 $P(x_1)=1/8$，即

$$I[P(x_1)]=\log_2\frac{1}{P(x_1)}=3\ \text{bit}$$

一次测量后，剩 4 个灯泡，等概率损坏，$P(x_2)=1/4$，即

$$I[P(x_2)]=\log_2\frac{1}{P(x_2)}=2\ \text{bit}$$

第一次测量获得的信息量 $=I[P(x_1)]-I[P(x_2)]=1$ bit。

经过二次测量后，剩 2 个灯泡，等概率损坏，$P(x_3)=1/2$，即

$$I[P(x_3)]=\log_2\frac{1}{P(x_3)}=1\ \text{bit}$$

第二次测量获得的信息量 $=I[P(x_2)]-I[P(x_3)]=1$ bit，第三次测量获得的信息量 $=I[P(x_3)]=1$ bit。至少要获得 3 个比特的信息量就可确切知道哪个灯泡已坏了。

2.4 对应 A,B,C 三袋，随意取出一个电阻事件的概率分别为

$$p(x_i)=\frac{1}{n},\ p(y_j)=\frac{1}{m},\ p(x_iy_j)=\frac{1}{nm}$$

$$I(x_i)=-\log p(x_i)=\log n \text{ bit}$$
$$I(y_j)=-\log p(y_j)=\log m \text{ bit}$$
$$I(x_iy_j)=-\log p(x_iy_j)=\log nm=I(x_i)+I(y_j)$$

2.5　依据题意，这一随机事件的概率空间为

$$\begin{bmatrix} X \\ P \end{bmatrix}=\begin{bmatrix} x_1 & x_2 \\ 0.8 & 0.2 \end{bmatrix}$$

其中，x_1表示摸出的球为红球事件，x_2表示摸出的球是白球事件。

a）如果摸出的是红球，则获得的信息量是

$$I(x_1)=-\log p(x_1)=-\log 0.8 \text{ bit}$$

b）如果摸出的是白球，则获得的信息量是

$$I(x_2)=-\log p(x_2)=-\log 0.2 \text{ bit}$$

c）如果每次摸出一个球后又放回袋中，再进行下一次摸取。则如此摸取 n 次，红球出现的次数为 $np(x_1)$次，白球出现的次数为 $np(x_2)$次。随机摸取 n 次后总共所获得信息量为

$$np(x_1)I(x_1)+np(x_2)\,I(x_2)$$

d）平均随机摸取一次所获得的信息量为

$$\begin{aligned} H(X)&=\frac{1}{n}[np(x_1)I(x_1)+np(x_2)\,I(x_2)] \\ &=-[p(x_1)\log p(x_1)+p(x_2)\log p(x_2)] \\ &=0.72 \text{ 比特 / 次} \end{aligned}$$

2.6　（1）此消息总共有 14 个 0、13 个 1、12 个 2、6 个 3，因此消息发出的概率是：

$$p=\left(\frac{3}{8}\right)^{14}\times\left(\frac{1}{4}\right)^{25}\times\left(\frac{1}{8}\right)^{6}$$

此消息的信息量是：$I=-\log p=87.811$ bit。

（2）此消息中平均每符号携带的信息量是：$I/n=87.811/45=1.951$ bit

2.7

$$H(X)=-p\log p-(1-p)\log(1-p)$$

显然，当 $p=0$ 或 $p=1$ 时，$H(X)=0$；当 $p=1/2$ 时，$H(X)=1$。题 2.7 解图给出了二进制熵函数与 p 的关系曲线。

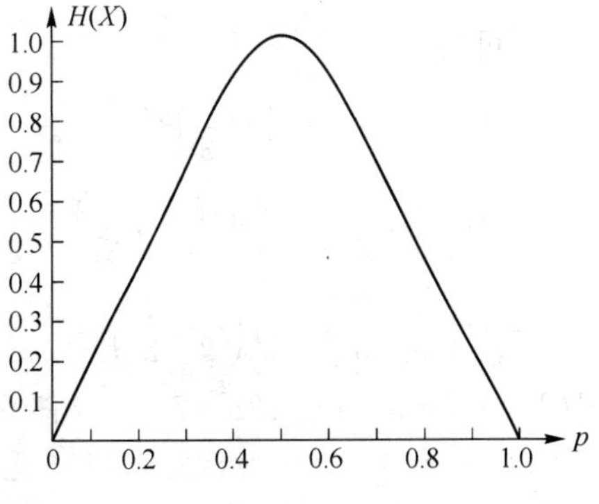

题 2.7 解图

从图可见，若信源 X 发符号“0”（或“1”）是确定事件，则信源 X 不提供任何信息量。若信源 X 以相同概率 0.5 发符号“0”和“1”，则信源 X 每发一个符号提供的平均信息量达到最大值

1 比特/符号。

2.8 (1) $H(X)=-\sum_i p(x_i)\log p(x_i)=-\left(\frac{1}{4}\log\frac{1}{4}+\frac{3}{4}\log\frac{3}{4}\right)=0.811\ \text{bit}$

$$p(x_i)=\left(\frac{1}{4}\right)^m\times\left(\frac{3}{4}\right)^{100-m}=\frac{3^{100-m}}{4^{100}}$$

(2) $$I(x_i)=-\log p(x_i)=-\log\frac{3^{100-m}}{4^{100}}=41.5+1.585m\ \text{bit}$$

(3) $$H(X^{100})=100H(X)=100\times 0.811=81.1\ \text{bit}$$

2.9 (1) 这个信源是平稳无记忆信源。因为有这些词语:“它在任意时间而且不论以前发生过什么符号……”

(2) $$H(X^2)=2H(X)=-2\times(0.4\log 0.4+0.6\log 0.6)=1.942\ \text{bit}$$

$$H(X_3\mid X_1X_2)=H(X_3)=-\sum_i p(x_i)\log p(x_i)=-(0.4\log 0.4+0.6\log 0.6)$$
$$=0.971\ \text{bit}$$

$$H_\infty=\lim_{N->\infty}H(X_N|X_1X_2\cdots X_{N-1})=H(X_N)=0.971\ \text{bit}$$

$H(X^4)=4H(X)=-4\times(0.4\log 0.4+0.6\log 0.6)=3.884\ \text{bit}$

(3) X^4 的所有符号:

0000	0001	0010	0011
0100	0101	0110	0111
1000	1001	1010	1011
1100	1101	1110	1111

2.10 (1) 因为 A,B,C,D 四个字母,每个字母用两个码,每个码为 5 ms,所以每个字母用 10 ms。当信源等概率分布时,信源熵为 $H(X)=\log 4=2$ bit。平均信息传递速率为 $\frac{H(X)}{10}=200$ bit/s

(2) 信源熵为

$$H(X)=\frac{1}{5}\log 5+\frac{1}{4}\log 4+\frac{1}{4}\log 4+\frac{3}{10}\log\frac{10}{3}=1.985\ \text{bit}$$

$$\frac{H(X)}{10}=198\ \text{bit/s}$$

2.11 根据熵函数的递增性,可得

$$H\left(\frac{1}{3},\frac{1}{3},\frac{1}{6},\frac{1}{6}\right)=H\left(\frac{1}{3},\frac{1}{3},\frac{1}{3}\right)+\frac{1}{3}H\left(\frac{1}{2},\frac{1}{2}\right)$$
$$=H\left(\frac{1}{3},\frac{2}{3}\right)+\frac{2}{3}H\left(\frac{1}{2},\frac{1}{2}\right)+\frac{1}{3}H\left(\frac{1}{2},\frac{1}{2}\right)$$
$$=H\left(\frac{1}{3},\frac{2}{3}\right)+H\left(\frac{1}{2},\frac{1}{2}\right)=1.918\ \text{比特/符号}$$

2.12 (1) $$H(X)=\log n=\log 128=7\ \text{比特/符号}$$

$$H(X^N)=NH(X)=3\times 10^5\times 7=2.1\times 10^6\ \text{比特/符号}$$

(2) $$H(X)=\log n\doteq\log 10\,000=13.288\ \text{比特/符号}$$

$$H(X^N)=NH(X)=1\,000\times 13.288=13\,288\ \text{比特/符号}$$

(3) $$N=\frac{H(X^N)}{H(X)}=\frac{2.1\times 10^6}{13.288}=158\,037$$

2.13
$$\begin{cases} p(S_1)=p(S_1)p(S_1|S_1)+p(S_2)p(S_1|S_2) \\ p(S_2)=p(S_2)p(S_2|S_2)+p(S_1)p(S_2|S_1) \end{cases}$$

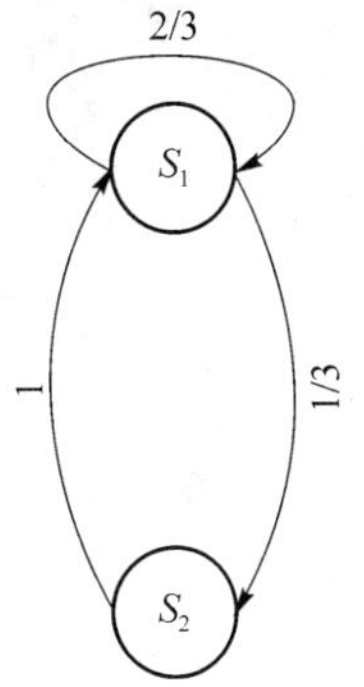

$$\begin{cases} p(S_1)=\frac{2}{3}p(S_1)+p(S_2) \\ p(S_2)=\frac{1}{3}p(S_1) \end{cases}$$

$$\begin{cases} p(S_2)=\frac{1}{3}p(S_1) \\ p(S_1)+p(S_2)=1 \end{cases}$$

$$\begin{cases} p(S_1)=3/4 \\ p(S_2)=1/4 \end{cases}$$

$$H_\infty=-\sum_i\sum_j p(S_i)p(S_j \mid S_i)\log p(S_j \mid S_i)$$

$$=-\left(\frac{3}{4}\times\frac{2}{3}\log\frac{2}{3}+\frac{3}{4}\times\frac{1}{3}\log\frac{1}{3}\right)$$

$$=0.689\ \text{bit}$$

2.14
$$\begin{cases} p(S_1)=p(S_1)p(S_1|S_1)+p(S_2)p(S_1|S_2) \\ p(S_2)=p(S_2)p(S_2|S_2)+p(S_1)p(S_2|S_1) \end{cases}$$

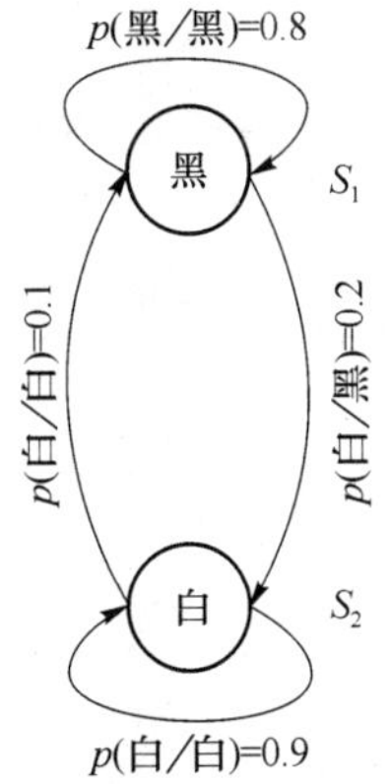

$$\begin{cases} p(S_1)=0.8p(S_1)+0.1p(S_2) \\ p(S_2)=0.9p(S_2)+0.2p(S_1) \end{cases}$$

$$\begin{cases} p(S_2)=2p(S_1) \\ p(S_1)+p(S_2)=1 \end{cases}$$

$$\begin{cases} p(S_1)=1/3 \\ p(S_2)=2/3 \end{cases}$$

$$H_\infty=-\sum_i\sum_j p(S_i)p(S_j \mid S_i)\log p(S_j \mid S_i)$$

$$=-\left(\frac{1}{3}\times 0.8\log 0.8+\frac{1}{3}\times 0.2\log 0.2+\frac{2}{3}\times 0.1\log 0.1+\frac{2}{3}\times 0.9\log 0.9\right)$$

$$=0.553\ \text{bit}$$

2.15 (1)

$$\begin{cases} p(S_1)=\frac{3}{4}p(S_1)+\frac{1}{4}p(S_3) \\ p(S_2)=\frac{2}{3}p(S_2)+\frac{1}{4}p(S_1) \\ p(S_3)=\frac{1}{3}p(S_2)+\frac{3}{4}p(S_3) \end{cases}$$

$$\begin{cases} p(S_1)=p(S_3) \\ p(S_2)=\frac{3}{4}p(S_1) \end{cases}$$

$$\begin{cases} p(S_1)=4/11 \\ p(S_2)=3/11 \\ p(S_3)=4/11 \end{cases}$$

(2)

$$H_\infty = -\sum_{i}^{3}\sum_{j}^{3}\sum_{k}^{3} p(S_i)p(S_j \mid S_i)\log p(S_j \mid S_i)$$

$$= -\left[\frac{4}{11}\times\frac{3}{4}\log\frac{3}{4} + \frac{4}{11}\times\frac{1}{4}\log\frac{1}{4} + \frac{3}{11}\times\frac{2}{3}\log\frac{2}{3} + \frac{3}{11}\times\frac{1}{3}\log\frac{1}{3}\right.$$

$$\left. + \frac{4}{11}\times\frac{1}{4}\log\frac{1}{4} + \frac{4}{11}\times\frac{3}{4}\log\frac{3}{4}\right]$$

$$= 0.840 \text{ bit}$$

2.16

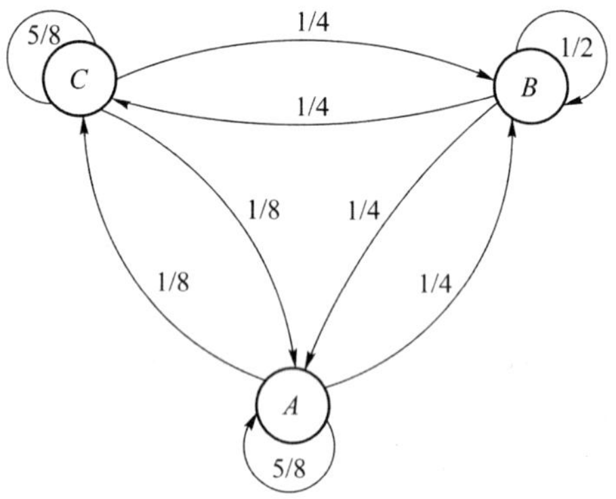

题 2.16 解图

$$\begin{cases} p(s_A) = \frac{5}{8}p(s_A) + \frac{1}{4}p(s_B) + \frac{1}{8}p(s_C) \\ p(s_B) = \frac{1}{4}p(s_A) + \frac{1}{2}p(s_B) + \frac{1}{4}p(s_C) \\ p(s_C) = \frac{1}{8}p(s_A) + \frac{1}{4}p(s_B) + \frac{5}{8}p(s_C) \end{cases}$$

$$\begin{cases} p(s_A) = p(s_B) = p(s_C) \\ p(s_A) + p(s_B) + p(s_C) = 1 \end{cases}$$

$$\begin{cases} p(s_A) = 1/3 \\ p(s_B) = 1/3 \\ p(s_C) = 1/3 \end{cases}$$

$$H_\infty = -\sum_{i}^{3}\sum_{j}^{3}\sum_{k}^{3} p(e_i)p(e_j \mid e_i)\log p(e_j \mid e_i)$$

$$= -\left[\frac{1}{3}\times\frac{5}{8}\log\frac{5}{8} + \frac{1}{3}\times\frac{1}{4}\log\frac{1}{4} + \frac{1}{3}\times\frac{1}{8}\log\frac{1}{8}\right.$$

$$+ \frac{1}{3}\times\frac{1}{4}\log\frac{1}{4} + \frac{1}{3}\times\frac{1}{2}\log\frac{1}{2} + \frac{1}{3}\times\frac{1}{4}\log\frac{1}{4}$$

$$\left. + \frac{1}{3}\times\frac{1}{8}\log\frac{1}{8} + \frac{1}{3}\times\frac{1}{4}\log\frac{1}{4} + \frac{1}{3}\times\frac{5}{8}\log\frac{5}{8}\right]$$

$$= 1.366 \text{ bit}$$

$$R = 1 - \frac{H_\infty}{H_0} = 1 - \frac{1.366}{\log 3} = 0.138$$

2.17 (1)

$$H(X_1,X_2,X_3)=H(X_1)+H(X_2\mid X_1)+H(X_3\mid X_2,X_1)$$
$$=H(X_1)+H(X_2\mid X_1)+H(X_3\mid X_2)$$

$$H(X_1)=-\frac{1}{2}\log\frac{1}{2}-\frac{1}{4}\log\frac{1}{4}-\frac{1}{4}\log\frac{1}{4}=1.5\text{ 比特/符号}$$

X_1,X_2的联合概率分布为

$p(x_{1_i}x_{2_j})$	1	2	3
1	1/4	1/8	1/8
2	1/6	0	1/12
3	1/6	1/12	0

$p(x_{2_j})=\sum_i p(x_{1_i}x_{2_j})$，$X_2$的概率分布为

1	2	3
14/24	5/24	5/24

那么 $H(X_2|X_1)=\frac{1}{4}\log 4+\frac{1}{8}\log 4+\frac{1}{8}\log 4+\frac{1}{6}\log\frac{3}{2}+\frac{1}{12}\log 3+\frac{1}{6}\log\frac{3}{2}+\frac{1}{12}\log 3$

$=1.209$ 比特/符号

X_2X_3的联合概率分布为

$p(x_{2_i}x_{3_j})$	1	2	3
1	7/24	7/48	7/48
2	5/36	0	5/72
3	5/36	5/72	0

$$H(X_3\mid X_2)=\frac{7}{24}\log 2+\frac{7}{48}\log 4+\frac{1}{8}\log 4+\frac{5}{36}\log\frac{3}{2}+\frac{5}{72}\log 3+\frac{5}{36}\log\frac{3}{2}+\frac{5}{72}\log 3$$

$=1.26$ 比特/符号

$$H(X_1,X_2,X_3)=1.5+1.209+1.26=3.969\text{ 比特/符号}$$

所以平均符号熵 $H_3(X_1,X_2,X_3)=\frac{3.969}{3}=1.323$ 比特/符号

(2) 设 a_1,a_2,a_3稳定后的概率分布分别为 W_1,W_2,W_3，转移概率距阵为

$$\boldsymbol{P}=\begin{bmatrix}\frac{1}{2} & \frac{1}{4} & \frac{1}{4}\\ \frac{2}{3} & 0 & \frac{1}{3}\\ \frac{2}{3} & \frac{1}{3} & 0\end{bmatrix}$$

由$\begin{cases}WP=W\\ \sum W_i=1\end{cases}$ 得到$\begin{cases}\frac{1}{2}W_1+\frac{2}{3}W_2+\frac{2}{3}W_3=1,\\ \frac{1}{4}W_1+\frac{1}{3}W_3=W_2,\\ W_1+W_2+W_3=1,\end{cases}$ 计算得到$\begin{cases}W_1=\frac{4}{7},\\ W_2=\frac{3}{14},\\ W_3=\frac{3}{14},\end{cases}$ 又满足不可约性和非

周期性：

$$H_\infty(X)=\sum_{i=1}^{3}W_iH(X\mid W_i)=\frac{4}{7}H\left(\frac{1}{2},\frac{1}{4},\frac{1}{4}\right)+2\times\frac{3}{14}H\left(\frac{2}{3},\frac{1}{3},0\right)=1.25\text{ 比特/符号}$$

（3）$H_0=\log 3=1.58$ 比特/符号，$H_1=1.5$ 比特/符号，$H_2=\frac{1.5+1.209}{2}=1.355$ 比特/符号。

$$\gamma_0=1-\eta_0=1-\frac{1.25}{1.58}=0.21,\gamma_1=1-\eta_1=1-\frac{1.25}{1.5}=0.617$$

$$\gamma_2=1-\eta_2=1-\frac{1.25}{1.355}=0.078$$

习题三参考答案

3.1 （1）$H(X)=-\sum_i p(x_i)=-\left(\frac{3}{4}\times\log_2\frac{3}{4}+\frac{1}{4}\times\log_2\frac{1}{4}\right)=0.811$ 比特/符号

$$\begin{aligned}H(Y\mid X)&=-\sum_i\sum_j p(x_i)p(y_j\mid x_i)\log p(y_j\mid x_i)\\&=-\left(\frac{3}{4}\times\frac{2}{3}\lg\frac{2}{3}+\frac{3}{4}\times\frac{1}{3}\lg\frac{1}{3}+\frac{1}{4}\times\frac{1}{3}\lg\frac{1}{3}+\frac{1}{4}\times\frac{2}{3}\lg\frac{2}{3}\right)\times\log 10\\&=0.918\text{ 比特/符号}\end{aligned}$$

$$\begin{aligned}p(y_1)&=p(x_1y_1)+p(x_2y_1)=p(x_1)p(y_1\mid x_1)+p(x_2)p(y_1\mid x_2)\\&=\frac{3}{4}\times\frac{2}{3}+\frac{1}{4}\times\frac{1}{3}=0.5833\end{aligned}$$

$$\begin{aligned}p(y_2)&=p(x_1y_2)+p(x_2y_2)=p(x_1)p(y_2\mid x_1)+p(x_2)p(y_2\mid x_2)\\&=\frac{3}{4}\times\frac{1}{3}+\frac{1}{4}\times\frac{2}{3}=0.4167\end{aligned}$$

$$\begin{aligned}H(Y)&=-\sum_j p(y_j)=-(0.5833\times\log 0.5833+0.4167\times\log 0.4167)\\&=0.980\text{ 比特/符号}\end{aligned}$$

$$I(X;Y)=H(X)-H(X\mid Y)=H(Y)-H(Y\mid X)$$

$$H(X\mid Y)=H(X)-H(Y)+H(Y\mid X)=0.811-0.980+0.918=0.749\text{ 比特/符号}$$

$$I(X;Y)=H(X)-H(X\mid Y)=0.811-0.749=0.062\text{ 比特/符号}$$

（2）$C=\max I(X;Y)=\log m-H_{mi}=\log 2+\left(\frac{1}{3}\lg\frac{1}{3}+\frac{2}{3}\lg\frac{2}{3}\right)\times\log 10$

$=0.082$ 比特/符号

其最佳输入分布为 $p(x_i)=\frac{1}{2}$。

3.2 联合概率 $p(x_i,y_j)$：

X \ Y	y_1	y_2	y_3
x_1	7/24	1/24	0
x_2	1/24	1/4	1/24
x_3	0	1/24	7/24

$$H(X,Y)=\sum_{ij}p(x_i,y_j)\log\frac{1}{p(x_i,y_j)}$$

$$=2\times\frac{7}{24}\log\frac{24}{7}+4\times\frac{1}{24}\log 24+\frac{1}{4}\log 4$$

$$=2.3\ 比特/符号$$

X 概率分布：

X	x_1	x_2	x_3
P	8/24	8/24	8/24

$$H(Y)=3\times\frac{1}{3}\log 3=1.58\ 比特/符号$$

$$H(X\mid Y)=H(X,Y)-H(Y)=2.3-1.58=0.72\ 比特/符号$$

Y 概率分布：

Y	y_1	y_2	y_3
P	8/24	8/24	8/24

3.3 (1)

$$p(x_1)=p(x_1y_1)+p(x_1y_2)=\frac{1}{8}+\frac{3}{8}=\frac{1}{2}$$

$$p(x_2)=p(x_2y_1)+p(x_2y_2)=\frac{3}{8}+\frac{1}{8}=\frac{1}{2}$$

$$H(X)=-\sum_i p(x_i)\log p(x_i)=1\ 比特/符号$$

$$p(y_1)=p(x_1y_1)+p(x_2y_1)=\frac{1}{8}+\frac{3}{8}=\frac{1}{2}$$

$$p(y_2)=p(x_1y_2)+p(x_2y_2)=\frac{3}{8}+\frac{1}{8}=\frac{1}{2}$$

$$H(Y)=-\sum_j p(y_j)\log p(y_j)=1\ 比特/符号$$

$Z=XY$ 的概率分布如下：

$$\begin{bmatrix}Z\\P(Z)\end{bmatrix}=\begin{Bmatrix}z_1=0 & z_2=1\\ \frac{7}{8} & \frac{1}{8}\end{Bmatrix}$$

$$H(Z)=-\sum_k^2 p(z_k)\log p(z_k)=-\left(\frac{7}{8}\log\frac{7}{8}+\frac{1}{8}\log\frac{1}{8}\right)=0.544\ 比特/符号$$

$$p(x_1)=p(x_1z_1)+p(x_1z_2)$$

$$p(x_1z_2)=0$$

$$p(x_1z_1)=p(x_1)=0.5$$

$$p(z_1)=p(x_1z_1)+p(x_2z_1)$$

$$p(x_2z_1)=p(z_1)-p(x_1z_1)=\frac{7}{8}-0.5=\frac{3}{8}$$

$$p(z_2)=p(x_1z_2)+p(x_2z_2)$$

$$p(x_2z_2)=p(z_2)=\frac{1}{8}$$

$$H(XZ)=-\sum_i\sum_k p(x_iz_k)\log p(x_iz_k)$$

$$=-\left(\frac{1}{2}\log\frac{1}{2}+\frac{3}{8}\log\frac{3}{8}+\frac{1}{8}\log\frac{1}{8}\right)=1.406\text{ 比特 / 符号}$$

$$p(y_1)=p(y_1z_1)+p(y_1z_2)$$

$$p(y_1z_2)=0$$

$$p(y_1z_1)=p(y_1)=0.5$$

$$p(z_1)=p(y_1z_1)+p(y_2z_1)$$

$$p(y_2z_1)=p(z_1)-p(y_1z_1)=\frac{7}{8}-0.5=\frac{3}{8}$$

$$p(z_2)=p(y_1z_2)+p(y_2z_2)$$

$$p(y_2z_2)=p(z_2)=\frac{1}{8}$$

$$H(YZ)=-\sum_j\sum_k p(y_jz_k)\log p(y_jz_k)=-\left(\frac{1}{2}\log\frac{1}{2}+\frac{3}{8}\log\frac{3}{8}+\frac{1}{8}\log\frac{1}{8}\right)$$

$$=1.406\text{ 比特 / 符号}$$

$$p(x_1y_1z_2)=0$$

$$p(x_1y_2z_2)=0$$

$$p(x_2y_1z_2)=0$$

$$p(x_1y_1z_1)+p(x_1y_1z_2)=p(x_1y_1)$$

$$p(x_1y_1z_1)=p(x_1y_1)=1/8$$

$$p(x_1y_2z_1)+p(x_1y_1z_1)=p(x_1z_1)$$

$$p(x_1y_2z_1)=p(x_1z_1)-p(x_1y_1z_1)=\frac{1}{2}-\frac{1}{8}=\frac{3}{8}$$

$$p(x_2y_1z_1)+p(x_2y_1z_2)=p(x_2y_1)$$

$$p(x_2y_1z_1)=p(x_2y_1)=\frac{3}{8}$$

$$H(XYZ)=-\sum_i\sum_j\sum_k p(x_iy_jz_k)\log p(x_iy_jz_k)$$

$$=-\left(\frac{1}{8}\log\frac{1}{8}+\frac{3}{8}\log\frac{3}{8}+\frac{3}{8}\log\frac{3}{8}+\frac{1}{8}\log\frac{1}{8}\right)=1.811\text{ 比特 / 符号}$$

(2)

$$H(XY)=-\sum_i\sum_j p(x_iy_j)\log_2 p(x_iy_j)$$

$$=-\left(\frac{1}{8}\log\frac{1}{8}+\frac{3}{8}\log\frac{3}{8}+\frac{3}{8}\log\frac{3}{8}+\frac{1}{8}\log\frac{1}{8}\right)=1.811\text{ 比特 / 符号}$$

$$H(X\mid Y)=H(XY)-H(Y)=1.811-1=0.811\text{ 比特 / 符号}$$

$$H(Y\mid X)=H(XY)-H(X)=1.811-1=0.811\text{ 比特 / 符号}$$

$$H(X\mid Z)=H(XZ)-H(Z)=1.406-0.544=0.862\text{ 比特 / 符号}$$

$$H(Z \mid X) = H(XZ) - H(X) = 1.406 - 1 = 0.406 \text{ 比特 / 符号}$$
$$H(Y \mid Z) = H(YZ) - H(Z) = 1.406 - 0.544 = 0.862 \text{ 比特 / 符号}$$
$$H(Z \mid Y) = H(YZ) - H(Y) = 1.406 - 1 = 0.406 \text{ 比特 / 符号}$$
$$H(X \mid YZ) = H(XYZ) - H(YZ) = 1.811 - 1.406 = 0.405 \text{ 比特 / 符号}$$
$$H(Y \mid XZ) = H(XYZ) - H(XZ) = 1.811 - 1.406 = 0.405 \text{ 比特 / 符号}$$
$$H(Z \mid XY) = H(XYZ) - H(XY) = 1.811 - 1.811 = 0 \text{ 比特 / 符号}$$

(3)

$$I(X;Y) = H(X) - H(X \mid Y) = 1 - 0.811 = 0.189 \text{ 比特 / 符号}$$
$$I(X;Z) = H(X) - H(X \mid Z) = 1 - 0.862 = 0.138 \text{ 比特 / 符号}$$
$$I(Y;Z) = H(Y) - H(Y \mid Z) = 1 - 0.862 = 0.138 \text{ 比特 / 符号}$$
$$I(X;Y \mid Z) = H(X \mid Z) - H(X \mid YZ) = 0.862 - 0.405 = 0.457 \text{ 比特 / 符号}$$
$$I(Y;Z \mid X) = H(Y \mid X) - H(Y \mid XZ) = 0.862 - 0.405 = 0.457 \text{ 比特 / 符号}$$
$$I(X;Z \mid Y) = H(X \mid Y) - H(X \mid YZ) = 0.811 - 0.405 = 0.406 \text{ 比特 / 符号}$$

3.4　联合概率 $p(x_i, y_j)$：

X \ Y	y_1	y_2	y_3
x_1	$a/2$	$a/2$	0
x_2	$(1-a)/2$	$(1-a)/4$	$(1-a)/4$

则 Y 的概率分布为：

Y	y_1	y_2	y_3
	$1/2$	$(1+a)/4$	$(1-a)/4$

(1) $H(Y)=\frac{1}{2}\log 2+\frac{1+a}{4}\log \frac{4}{1+a}+\frac{1-a}{4}\log \frac{4}{1-a}$

$$=\frac{1}{2}\log 2+\frac{1}{4}\log \frac{16}{1-a^2}+\frac{a}{4}\log \frac{1-a}{1+a}$$
$$=\frac{1}{2}\log 2+\frac{1}{4}\log 16+\frac{1}{4}\log \frac{1}{1-a^2}+\frac{a}{4}\log \frac{1-a}{1+a}$$
$$=\frac{3}{2}\log 2+\frac{1}{4}\log \frac{1}{1-a^2}+\frac{a}{4}\log \frac{1-a}{1+a}$$

取 2 为底：

$$H(Y)=\frac{3}{2}+\frac{1}{4}\log \frac{1}{1-a^2}+\frac{a}{4}\log \frac{1-a}{1+a}$$

(2) $H(Y|X)=-\left[\frac{a}{2}\log \frac{1}{2}+\frac{a}{2}\log \frac{1}{2}+\frac{1-a}{2}\log \frac{1}{2}+\frac{1-a}{4}\log \frac{1}{4}+\frac{1-a}{4}\log \frac{1}{4}\right]$

$$=-a\log 2+\frac{3(1-a)}{2}\log 2$$
$$=\frac{3-a}{2}\log 2$$

取 2 为底：

$$H(Y|X)=\frac{3-a}{2}$$

(3) $c=\max\limits_{p(x_i)} I(X;Y)=\max\limits_{p(x_i)}[H(Y)-H(Y|X)]$

$$=\max_{p(x_i)}\left(\frac{a}{2}\log 2+\frac{1}{4}\log\frac{1}{1-a^2}+\frac{a}{4}\log\frac{1-a}{1+a}\right)$$

取 e 为底：

$$\frac{\partial\left(\frac{a}{2}\ln 2+\frac{1}{4}\ln\frac{1}{1-a^2}+\frac{a}{4}\ln\frac{1-a}{1+a}\right)}{\partial a}$$

$$=\frac{1}{2}\ln 2+\frac{1}{4}\frac{2a}{1-a^2}+\frac{1}{4}\ln\frac{1-a}{1+a}+\frac{a}{4}\left(-\frac{1}{1-a}-\frac{1}{1+a}\right)$$

$$=\frac{1}{2}\ln 2+\frac{a}{2(1-a^2)}+\frac{1}{4}\ln\frac{1-a}{1+a}-\frac{a}{4}\frac{2}{1-a^2}$$

$$=\frac{1}{2}\ln 2+\frac{1}{4}\ln\frac{1-a}{1+a}$$

$$=0$$

$$\frac{1-a}{1+a}=\frac{1}{4}$$

$$a=\frac{3}{5}$$

所以

$$c=\frac{1}{2}\times\frac{3}{5}\log 2+\frac{1}{4}\log\frac{1}{1-\frac{9}{25}}+\frac{1}{4}\times\frac{3}{5}\log\frac{1}{4}$$

$$=\frac{3}{10}\log 2+\frac{1}{4}\log\frac{25}{16}+\frac{3}{20}\log\frac{1}{4}$$

$$=\frac{3}{10}\log 2+\frac{1}{2}\log\frac{5}{4}-\frac{3}{10}\log 2$$

$$=\frac{1}{2}\log\frac{5}{4}$$

3.5 (1) 此信道是准对称信道，信道矩阵中 Y 可划分成三个互不相交的子集 由于集列所组成的矩阵 $\begin{pmatrix}\bar{p}-\varepsilon & p-\varepsilon\\ p-\varepsilon & \bar{p}-\varepsilon\end{pmatrix}$，$\begin{pmatrix}2\varepsilon\\ 2\varepsilon\end{pmatrix}$ 而这两个子矩阵满足对称性，因此可直接利用准对称信道的信道容量公式进行计算。

$$C_1=\log r-H(p'_1,\ p'_2,\ p'_3)-\sum_{k=1}^{2}Nk\log Mk$$

其中，$r=2$，$N_1=M_1=1-2\varepsilon$，$N_2=2\varepsilon$，$M_2=4\varepsilon$，所以

$$C_1=\log 2-H(\bar{p}-\varepsilon,p-\varepsilon,2\varepsilon)-(1-2\varepsilon)\log(1-2\varepsilon)-2\varepsilon\log 4\varepsilon$$

$$=\log 2+(\bar{p}-\varepsilon)\log(\bar{p}-\varepsilon)+(p-\varepsilon)\log(p-\varepsilon)+2\varepsilon\log 2\varepsilon-(1-2\varepsilon)\log(1-2\varepsilon)-2\varepsilon\log 4\varepsilon$$

$$=\log 2-2\varepsilon\log 2-(1-2\varepsilon)\log(1-2\varepsilon)+(\bar{p}-\varepsilon)\log(\bar{p}-\varepsilon)+(p-\varepsilon)\log(p-\varepsilon)$$

$$=(1-2\varepsilon)\log 2/(1-2\varepsilon)+(\bar{p}-\varepsilon)\log(\bar{p}-\varepsilon)+(p-\varepsilon)\log(p-\varepsilon)$$

输入等概率分布时达到信道容量。

(2) 此信道也是准对称信道，也可采用上述两种方法之一来进行计算。先采用准对称信道的信道容量公式进行计算，此信道矩阵中 Y 可划分成两个互不相交的子集，由子集列所组

成的矩阵为$\begin{pmatrix} \bar{p}-\varepsilon & p-\varepsilon \\ p-\varepsilon & \bar{p}-\varepsilon \end{pmatrix}$，$\begin{pmatrix} 2\varepsilon & 0 \\ 0 & 2\varepsilon \end{pmatrix}$这两矩阵为对称矩阵，其中，$r=2$，$N_1=M_1=1-2\varepsilon$，$N_2=M_2=2\varepsilon$，所以

$$
\begin{aligned}
C &= \log r - H(\bar{p}-\varepsilon, p-\varepsilon, 2\varepsilon, 0) - \sum_{k=1}^{2} Nk \log Mk \\
&= \log 2 + (\bar{p}-\varepsilon)\log(\bar{p}-\varepsilon) + (p-\varepsilon)\log(p-\varepsilon) + 2\varepsilon\log 2\varepsilon - (1-2\varepsilon)\log(1-2\varepsilon) - 2\varepsilon\log 2\varepsilon \\
&= \log 2 - (1-2\varepsilon)\log(1-2\varepsilon) + (\bar{p}-\varepsilon)\log(\bar{p}-\varepsilon) + (p-\varepsilon)\log(p-\varepsilon) \\
&= (1-2\varepsilon)\log 2/(1-2\varepsilon) + 2\varepsilon\log 2 + (\bar{p}-\varepsilon)\log(\bar{p}-\varepsilon) + (p-\varepsilon)\log(p-\varepsilon) \\
&= C_1 + 2\varepsilon\log 2
\end{aligned}
$$

输入等概率分布〔$P(a_1)=P(a_2)=1/2$〕时达到此信道容量。比较此两信道容量，可得$C_2=C_1+2\varepsilon\log 2$。

3.6

$$
\begin{bmatrix}
\frac{1}{2} & \frac{1}{2} & 0 & 0 \\
0 & \frac{1}{2} & \frac{1}{2} & 0 \\
0 & 0 & \frac{1}{2} & \frac{1}{2} \\
\frac{1}{2} & 0 & 0 & \frac{1}{2}
\end{bmatrix}
$$

对称信道：

$$
C = \log m - H(Y \mid a_i) = \log 4 - \frac{1}{2} \times 2\log 2
$$

取 2 为底，$C=1$ 比特/符号。

3.7 根据题意，两个二元对称信道的信道矩阵为

$$
\boldsymbol{P}_1 = \boldsymbol{P}_2 = \begin{bmatrix} 1-p & p \\ p & 1-p \end{bmatrix}
$$

两个信道级联之后的信道矩阵为两个信道矩阵之积，所以：

$$
\boldsymbol{P} = \boldsymbol{P}_1\boldsymbol{P}_2 = \begin{bmatrix} 1-p & p \\ p & 1-p \end{bmatrix}\begin{bmatrix} 1-p & p \\ p & 1-p \end{bmatrix} = \begin{bmatrix} (1-p)^2+p^2 & 2p(1-p) \\ 2p(1-p) & (1-p)^2+p^2 \end{bmatrix}
$$

所以级联信道仍然是一个二元对称信道，其信道容量为

$$
C = 1 - H(2p(1-p))
$$

由于信道矩阵当在输入等概分布时，达到信道容量。

3.8 根据题意，可以写出信道转移矩阵：

$$
\begin{bmatrix}
\frac{1}{2} & \frac{1}{6} & \frac{1}{6} & \frac{1}{6} \\
\frac{1}{6} & \frac{1}{2} & \frac{1}{6} & \frac{1}{6} \\
\frac{1}{6} & \frac{1}{6} & \frac{1}{2} & \frac{1}{6} \\
\frac{1}{6} & \frac{1}{6} & \frac{1}{6} & \frac{1}{2}
\end{bmatrix}
$$

验证该信道上每个字母传输的平均信息量为 0.21 bit，即求在输入等概的情况下的 $I(X;Y)$。由于该信道是对称信道，其信道容量在输入等概时达到，即

$$I(X;Y)=\log 4-H\left(\frac{1}{2},\frac{1}{6},\frac{1}{6},\frac{1}{6}\right)=0.21 \text{ 比特 / 符号}$$

3.9　这是一个对称信道，所以

$$\begin{aligned}C&=\log s-H(p_1,p_2,\cdots,p_s)\\&=\log 3-H(1/2,1/3,1/6)\\&=0.126 \text{ 比特 / 符号}\end{aligned}$$

在这个对称信道中，每个符号平均能传输的最大信息量为 0.126 bit，只有当信道输入符号是等概率分布时可以达到这个最大值。

3.10　由题意有：

$$\begin{aligned}p(00\mid 00)&=p(0\mid 0)p(0\mid 0)=(1-p)^2\\p(01\mid 00)&=p(0\mid 0)p(1\mid 0)=(1-p)p\\p(10\mid 00)&=p(1\mid 0)p(0\mid 0)=p(1-p)\\p(11\mid 00)&=p(1\mid 0)p(1\mid 0)=p^2\end{aligned}$$

同理可求出其他的转移概率 p_{ij}。

故其二次扩展信道的信道矩阵为

$$\begin{bmatrix}(1-p)^2 & (1-p)p & (1-p)p & p^2\\(1-p)p & (1-p)^2 & p^2 & (1-p)p\\(1-p)p & p^2 & (1-p)^2 & (1-p)p\\p^2 & (1-p)p & (1-p)p & (1-p)^2\end{bmatrix}$$

从信道矩阵可以看出，该二次扩展信道是一个对称信道，当输入等概时达到信道容量，信道容量为

$$C=\log 4-H((1-p)^2,(1-p)p,(1-p)p,p^2)$$

3.11　假设 $P(0)=P(2)=1/2,P(1)=0$，则：

$$P(y=0)=\frac{1}{2}$$

$$P(y=1)=\frac{1}{2}$$

$$I(0,Y)=\sum_{y=1}^{2}P(y\mid 0)\log\frac{P(y\mid 0)}{P(y)}=\log 2$$

$$I(2,Y)=\sum_{y=1}^{2}P(y\mid 2)\log\frac{P(y\mid 2)}{P(y)}=\log 2$$

$$I(1,Y)=\sum_{y=1}^{2}P(y\mid 1)\log\frac{P(y\mid 1)}{P(y)}=0$$

所以 $C=\log 2=1$。

习题四参考答案

4.1

$$H_c(X)=-\int_{-\infty}^{+\infty}p(x)\log p(x)\mathrm{d}x=-\int_{-\infty}^{+\infty}p(x)\log\frac{1}{2}\lambda\mathrm{e}^{-\lambda|x|}\mathrm{d}x$$

$$=-\int_{-\infty}^{+\infty}p(x)\log\frac{1}{2}\lambda\mathrm{d}x-\int_{-\infty}^{+\infty}p(x)(-\lambda|x|)\log\mathrm{e}\mathrm{d}x$$

$$=-\log\frac{1}{2}+\log\mathrm{e}\int_{-\infty}^{+\infty}\frac{1}{2}\lambda\mathrm{e}^{-\lambda|x|}(\lambda|x|)\mathrm{d}x$$

$$=-\log\frac{1}{2}\lambda+\log\mathrm{e}\int_{-\infty}^{0}\frac{1}{2}\lambda\mathrm{e}^{\lambda x}\cdot\lambda(-x)\mathrm{d}x+\log\int_{0}^{+\infty}\frac{1}{2}\lambda\mathrm{e}^{-\lambda x}(\lambda x)\mathrm{d}x$$

$$=-\log\frac{1}{2}\lambda+2\log\mathrm{e}\int_{0}^{+\infty}\frac{1}{2}\lambda^2x\mathrm{e}^{-\lambda x}\mathrm{d}x$$

$$=-\log\frac{1}{2}\lambda-\log\mathrm{e}\left[(1+\lambda x)\mathrm{e}^{-\lambda x}\right]_0^{+\infty}$$

$$=-\log\frac{1}{2}\lambda+\log\mathrm{e}=\log\frac{2\mathrm{e}}{\lambda}$$

$$E(X)=0,D(X)=\frac{2}{\lambda^2}$$

$$H(X')=\frac{1}{2}\log 2\pi\mathrm{e}\frac{2}{\lambda^2}=\frac{1}{2}\log\frac{4\pi\mathrm{e}}{\lambda^2}=\log\frac{2\sqrt{\pi\mathrm{e}}}{\lambda}>\log\frac{2\sqrt{\mathrm{e}\cdot\mathrm{e}}}{\lambda}=H(X)$$

4.2

$H=\log n=\log 16=4$ 比特 / 符号

$I=NH=2.25\times10^6\times4=9\times10^5$ 比特 / 帧

$=10$

$$C_t=\frac{I}{t}=\frac{9\times10^6}{60}=1.5\times10^5\ \text{bit/s}$$

$$C_t=W\log\left(1+\frac{P_X}{P_N}\right)$$

$$W=\frac{C_t}{\log\left(1+\frac{P_X}{P_N}\right)}=\frac{1.5\times10^5}{\log(1+1000)}=15\ 049\ \text{Hz}$$

4.3 由题意有 $10\log\frac{S+N}{N}=10,\frac{S+N}{N}=10$ 即 $\frac{S}{N}=9$。

$$C_t=F\log\left(1+\frac{S}{N}\right)=3\ 000\times\log(1+9)=9\ 965.78\ \text{bit/s}$$

4.4 (1) $F=4$ kHz 时，实现无差错传输，则 $R\leqslant F\log\left(1+\frac{P}{N_0F}\right)$。取等号，即 $R=F\log\left(1+\frac{P_{\min}}{N_0F}\right)$得

$$P_{\min} = N_0 F(2^{\frac{R}{F}} - 1) = 5 \times 10^{-6} \times 10^{-3} \times 4 \times 10^3 \times (2^{\frac{5.6\times10^4}{4\times10^3}} - 1) = 0.327\ 66\ \text{W}$$

所以无差错传输所需要的最小功率 $P_{\min}=0.327\ 66\ \text{W}$

(2) $F\to\infty$时,实现无差错传输,则 $R\leqslant\lim\limits_{F\to\infty} C_t = \frac{Px}{N_0 \ln 2}$。取等号,则

$$P_{\min} = RN_0 \ln 2 = 5.6 \times 10^4 \times 5 \times 10^{-6} \times 10^{-3} \times \ln 2 = 1.941 \times 10^{-4} = 0.194\ 1\ \text{mW}$$

4.5 最大可能传输的速率为

$$R = C_t = F\log\left(1+\frac{S}{N}\right) = F\log\ [1+10^{\frac{1}{10}(\frac{S}{N})_{\text{dB}}}]$$

$$= 3\times10^3 \times \log\ (1+10^{\frac{3}{10}}) = 4\ 748.05\ \text{bit/s}$$

若 $\left(\frac{S}{N}\right)_{\text{dB}}=15$,则 $F=\frac{R}{\log\left(1+\frac{S}{N}\right)}=\frac{4\ 748.05}{\log\ (1+10^{\frac{15}{10}})}=944.36\ \text{Hz}$。

4.6

$$\lim_{F\to\infty} C_t = \frac{P_s}{N_0 \ln 2} = \frac{1}{10^{-4}\times\ln 2} = 1.4427\times10^4 < R_t = 1.5\times10^4\ \text{bit/s}$$

即信源输出信息速率大于信道所能提供的最大传输速率,所以单位时间内信源输出的信息量不能全部通过信道,否则会产生失真。

习题五参考答案

5.1 首先,根据克拉夫特不等式,找出非唯一可译码。

$$C_1: 6\times2^{-3} < 1$$

$$C_2: 2^{-1}+2^{-2}+2^{-3}+2^{-4}+2^{-5}+2^{-6} = \frac{63}{64} < 1$$

$$C_3: \frac{63}{64} < 1$$

$$C_4: 2^{-1}+2^{-2}+4\times2^{-4} = 1$$

$$C_5: 2^{-1}+5\times2^{-3} > 1$$

$$C_6: 2^{-2}+5\times2^{-3} < 1$$

C_4 通过尾随后缀法判断属于非唯一可译码。又根据码树构造码字的方法可知,C_1,C_3,C_6 的码字均处于终端节点,所以它们是即时码;C_2 属于唯一可译码,是延长码。

(1) C_1, C_2, C_3, C_6

(2) C_1, C_3, C_6

(3) $H(X)=\frac{1}{2}\log 2+\frac{1}{4}\log 4+4\ \frac{1}{16}\log 16=2$

$$l_1=3,\ \eta_1=\frac{H(X)}{l_1}=\frac{2}{3}$$

$$l_2=\frac{1}{2}\times1+\frac{1}{4}\times2+\frac{1}{16}\times3+\frac{1}{16}\times4+\frac{1}{16}\times5+\frac{1}{16}\times6=2.125,\eta_2=\frac{H(X)}{l_2}=0.941$$

$$l_3=\frac{1}{2}\times1+\frac{1}{4}\times2+\frac{1}{16}\times3+\frac{1}{16}\times4+\frac{1}{16}\times5+\frac{1}{16}\times6=2.125,\eta_3=\frac{H(X)}{l_3}=0.941$$

$$l_6=\frac{1}{2}\times2+\frac{1}{4}\times3+\frac{1}{16}\times3+\frac{1}{16}\times3+\frac{1}{16}\times3+\frac{1}{16}\times3=2.5,\eta_6=\frac{H(X)}{l_6}=0.8$$

5.2 (1) $\sum_{i=1}^{q}r^{-l_i}=\sum_{i=1}^{4}2^{-l_i}=2^{-1}+2^{-2}+2^{-2}+2^{-3}=1.125>1$，不满足 Kraft 不等式，不存在即时码。

(2) $\sum_{i=1}^{q}r^{-l_i}=\sum_{i=1}^{4}2^{-l_i}=2^{-1}+2^{-2}+2^{-3}+2^{-3}=1$，满足 Kraft 不等式，存在即时码。

5.3

$$H(S)=-\sum_{i=1}^{2}p_i\log p_i=0.811 \text{ 比特 / 符号}$$

$$\sigma^2=\sum_{i=1}^{2}p_i\,(\log p_i)^2-[H(S)]^2=0.4715$$

由编码效率

$$\frac{H(S)}{H(S)+\varepsilon}=96\%$$

$$0.811=0.811\times0.96+0.96\varepsilon\Rightarrow\varepsilon\approx0.034$$

$$P_\varepsilon\leqslant\frac{\sigma^2}{N\varepsilon^2}\Rightarrow N\geqslant\frac{\sigma^2}{\varepsilon^2P_\varepsilon}=\frac{0.4715}{(0.034)^2\times10^{-5}}\cong4.1\times10^7$$

可见，需要 4 100 万个信源符号联合编码，才能达到上述要求，这显然是不现实的。

5.4 $H(S)=0.811$ 比特/符号，对 $N=1,s_1\to0,s_2\to1,\bar{L}=1,R=\eta=\frac{H(S)}{\bar{L}}=0.811$。对信源进行二次扩展，可得：

a_i	$P(a_i)$	码 C	l_i
s_1s_1	9/16	0	1
s_1s_2	3/16	10	2
s_2s_1	3/16	110	3
s_2s_2	1/16	111	3

$$\bar{L}_2=\sum_{i=1}^{4}P(\alpha_i)\lambda_i=27/16 \text{ 码符号 /2 个符号}$$

$$\bar{L}=\frac{\bar{L}_2}{2}=\frac{27}{32}=0.84 \text{ 码符号 / 符号}$$

$$R=\eta=\frac{H(S)}{\bar{L}}=0.961$$

同一个信源，当要求编码效率达到 96%时，等长码需要 4 100 万个信源符号联合编码；变长码只需 2 个符号(二次扩展信源)联合编码。

5.5 (1) 信源符号熵 $H(X)=-\sum_{i=1}^{6}p(x_i)\log p(x_i)=2.26$ 比特/符号。

(2) 用霍夫曼编码编成的二进制变长码为{00,01,11,101,1000,1001}。平均码长：

$$\bar{L}=\sum_{i=1}^{6}l_ip(x_i)=0.37\times2+0.25\times2+0.18\times2+0.1\times3+0.07\times4+0.03\times4$$

$=2.3$ 码符号 / 符号

编码效率：

$$\eta=\frac{H(X)}{\bar{L}}=\frac{2.26}{2.3}=0.983$$

(3) 要求译码错误小于 10^{-3}，采用定长二元码要达到(2)中的霍夫曼编码效率。

第一步：根据

$$\eta=\frac{H(X)}{H(X)+\varepsilon}=0.983,\varepsilon=0.039$$

第二步：

$$\begin{aligned}\delta^2(X)&=E\{[I(x_i)-E(I(x_i))^2\}\\&=E\{[I(x_i)]^2\}-[H(X)]^2\\&=0.798\end{aligned}$$

要求译码错误小于 10^{-3}，令 $\delta=10^{-3}$，则需要一起编码的符号长度应满足

$$L\geqslant\frac{\delta^2(X)}{\varepsilon^2\delta}=5.2\times10^7$$

5.6 (1) $H(X)=\frac{1}{2}\log 2+\frac{1}{4}\log 4+\frac{1}{8}\log 8+\frac{1}{16}\log 16+\frac{1}{32}\log 32+\frac{1}{64}\log 64+\frac{1}{128}\log 128+\frac{1}{128}\log 128=1.984$。

(2) 每个信源使用 3 个二进制符号，出现 0 的次数为

$$3\times\frac{1}{2}+2\times\frac{1}{4}+2\times\frac{1}{8}+\frac{1}{16}+2\times\frac{1}{32}+\frac{1}{64}+\frac{1}{128}=2.398$$

出现 1 的次数为

$$1\times\frac{1}{4}+1\times\frac{1}{8}+2\times\frac{1}{16}+1\times\frac{1}{32}+2\times\frac{1}{64}+2\times\frac{1}{128}+3\times\frac{1}{128}=0.586$$

$$p(0)=\frac{2.398}{2.398+0.586}=0.804$$

$$p(1)=\frac{0.586}{2.398+0.586}=0.196$$

$$\bar{L}=3,\eta=\frac{H(X)}{\bar{L}}=0.661$$

(3) 相应的香农编码：

信源符号 x_i	符号概率 p_i	累加概率 P_i	$-\log p(x_i)$	码长 l_i	码字
x_1	1/2	0	1	1	0
x_2	1/4	0.5	2	2	10
x_3	1/8	0.75	3	3	110
x_4	1/16	0.875	4	4	1110
x_5	1/32	0.938	5	5	11110
x_6	1/64	0.969	6	6	111110
x_7	1/128	0.984	7	7	1111110
x_8	1/128	0.992	7	7	11111110

相应的费诺码：

<table>
<tr><th>信源符号 x_i</th><th>符号概率 p_i</th><th>第一次分组</th><th>第二次分组</th><th>第三次分组</th><th>第四次分组</th><th>第五次分组</th><th>第六次分组</th><th>第七次分组</th><th>二元码</th></tr>
<tr><td>x_1</td><td>1/2</td><td>0</td><td></td><td></td><td></td><td></td><td></td><td></td><td>0</td></tr>
<tr><td>x_2</td><td>1/4</td><td rowspan="7">1</td><td>0</td><td></td><td></td><td></td><td></td><td></td><td>10</td></tr>
<tr><td>x_3</td><td>1/8</td><td rowspan="6">1</td><td>0</td><td></td><td></td><td></td><td></td><td>110</td></tr>
<tr><td>x_4</td><td>1/16</td><td rowspan="5">1</td><td>0</td><td></td><td></td><td></td><td>1110</td></tr>
<tr><td>x_5</td><td>1/32</td><td rowspan="4">1</td><td>0</td><td></td><td></td><td>11110</td></tr>
<tr><td>x_6</td><td>1/64</td><td rowspan="3">1</td><td>0</td><td></td><td>111110</td></tr>
<tr><td>x_7</td><td>1/128</td><td rowspan="2">1</td><td>0</td><td>1111110</td></tr>
<tr><td>x_8</td><td>1/128</td><td>1</td><td>11111110</td></tr>
</table>

香农码和费诺码相同。平均码长为

$$\bar{L}=1\times\frac{1}{2}+2\times\frac{1}{4}+3\times\frac{1}{8}+4\times\frac{1}{16}+5\times\frac{1}{32}+6\times\frac{1}{64}+7\times\frac{1}{128}+7\times\frac{1}{128}$$

$$=1.984$$

编码效率为

$$\eta=\frac{H(X)}{\bar{L}}=\frac{1.984}{1.984}=1$$

5.7 (1) 信源熵：

$$H(X)=-0.32\log 0.32-0.22\log 0.22-0.18\log 0.18-0.16\log 0.16$$
$$-0.08\log 0.08-0.04\log 0.04$$
$$=2.352$$

(2)香农编码：

信源符号 x_i	符号概率 p_i	累加概率 P_i	$-\log p(x_i)$	码长 l_i	码字
x_1	0.32	0	1.644	2	00
x_2	0.22	0.32	2.184	3	010
x_3	0.18	0.54	2.474	3	100
x_4	0.16	0.72	2.644	3	101
x_5	0.08	0.88	3.644	4	1110
x_6	0.04	0.96	4.644	5	11110

平均码长：

$$\bar{L}=0.32\times2+0.22\times3+0.18\times3+0.16\times3+0.08\times4+0.04\times5$$
$$=2.84$$

编码效率：

$$\eta=\frac{H(X)}{\bar{L}}=\frac{2.352}{2.84}=0.828$$

(3) 费诺编码为：

信源符号 x_i	符号概率 p_i	1	2	3	4	编码	码长
x_1	0.32	0	0			00	2
x_2	0.22		1			01	2
x_3	0.18	1	0			10	2
x_4	0.16		1	0		110	3
x_5	0.08			1	0	1110	4
x_6	0.04				1	1111	4

平均码长：

$$\bar{L}=0.32\times2+0.22\times2+0.18\times2+0.16\times3+0.08\times4+0.04\times2=2.4$$

编码效率：

$$\eta=\frac{H(X)}{\bar{L}}=\frac{2.352}{2.4}=0.98$$

(4) 霍夫曼编码：

信源符号 x_i	符号概率 p_i	编码过程	编码	码长
x_1	0.32	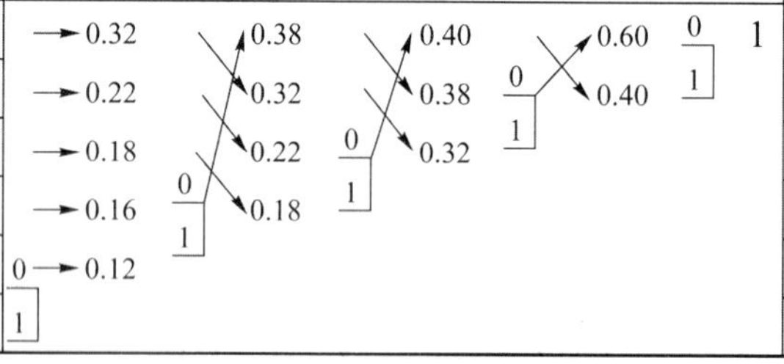	01	2
x_2	0.22		10	2
x_3	0.18		11	2
x_4	0.16		000	3
x_5	0.08		0010	4
x_6	0.04		0011	4

平均码长：

$$\bar{L}=0.32\times2+0.22\times2+0.18\times2+0.16\times3+0.08\times4+0.04\times2=2.4$$

编码效率：

$$\eta=\frac{H(X)}{\bar{L}}=\frac{2.352}{2.4}=0.98$$

5.8 (1)

$$H(X)=-\sum_{i=1}^{8}p(x_i)\log p(x_i)=2.55\ 比特/符号$$

信息传输速率

$$R_t = nH(X) = 1 \times H(X) = 2.55 \text{ bit/s}$$

(2) 对这 8 个符号进行霍夫曼编码为：1,001,011,0000,0100,0101,00010,00011。

平均码长：

$$\bar{L} = \sum_{i=1}^{8} l_i p(x_i) = 2.61 \text{ 码符号 / 符号}$$

$$\eta = \frac{H(X)}{\bar{L}} = \frac{2.55}{2.61} = 0.977$$

(3) 香农编码：

信源符号 x_i	符号概率 p_i	累加概率 P_i	$-\log p(x_i)$	码长 l_i	码字
x_1	0.4	0	1.32	2	00
x_2	0.18	0.4	2.47	3	011
x_3	0.1	0.58	3.32	4	1001
x_4	0.1	0.68	3.32	4	1010
x_5	0.07	0.78	3.84	4	1100
x_6	0.06	0.85	4.06	5	11011
x_7	0.05	0.91	4.32	5	11101
x_8	0.04	0.96	4.64	5	11110

平均码长：

$$\bar{L} = \sum_{i=1}^{8} l_i p(x_i) = 3.17 \text{ 码符号 / 符号}$$

$$\eta = \frac{H(X)}{\bar{L}} = \frac{2.55}{3.17} = 0.804$$

(4) 费诺编码为：{00,01,100,101,1100,1101,1110,1111}。

平均码长：

$$\bar{L} = \sum_{i=1}^{8} l_i p(x_i) = 2.64 \text{ 码符号 / 符号}$$

$$\eta = \frac{H(X)}{\bar{L}} = \frac{2.55}{2.64} = 0.966$$

5.9 根据算术编码的编码规则，可得：

$$P(S = 11111100) = p_0^2 p_1^6 = (3/4)^6 (1/4)^2$$

$$L = \left\lceil \log \frac{1}{P(S)} \right\rceil = 7$$

$$\begin{aligned} F(S) &= P(0) + P(10) + P(110) + P(1110) + P(11110) + P(111110) \\ &= 1 - \sum_{y \geqslant S} P(y) = 1 - P(11111111) - P(11111110) - P(11111101) - P(11111100) \\ &= 1 - P(111111) = 1 - (3/4)^6 = 0.822\,02 = 0.110\,100\,100\,111 \end{aligned}$$

又 $P(S) = A(S) = 0.000\,000\,101\,101\,100\,1$，所以 $F(S) + P(S) = 0.110\,101\,0$。

即得 $C = 0.110\,101\,0$，S 的码字为 1101010。平均码长 $\bar{L}$ 为 0.875。

习题六参考答案

6.1

$$p(x^* \mid y_j) \geqslant p(x_i \mid y_j)$$

$$p(y_j)p(x^* \mid y_j) \geqslant p(y_j)p(x_i \mid y_j)$$

$$p(x^* y_j) \geqslant p(x_i y_j)$$

$$[p(x_i y_j)] = \begin{bmatrix} \frac{1}{8} & \frac{1}{6} & \frac{1}{12} \\ \frac{1}{24} & \frac{1}{8} & \frac{1}{12} \\ \frac{1}{12} & \frac{1}{24} & \frac{1}{8} \end{bmatrix}$$

$$F(y_1) = x_1; F(y_2) = x_1; F(y_3) = x_3$$

$$P_{\mathrm{E}} = \sum_{Y, X-x^*} p(x_i y_j) = \frac{1}{24} + \frac{1}{12} + \frac{1}{8} + \frac{1}{24} + \frac{1}{12} + \frac{1}{12} = \frac{11}{24}$$

6.2　码距为两个码组模 2 加所得新码组的码重，最小码距为所有码距中的最小值。若是线性码，最小码距即是码的最小重量（全 0 除外）。该码组的最小码距 $d_0=3$。

6.3　该码组的最小码距 $d_0=3$。所以，只用于检错时，$d_0 \geqslant l+1 \Rightarrow l \leqslant d_0-1=2$，能检 2 位错码；只用于纠错时，$d_0 \geqslant 2t+1 \Rightarrow t \leqslant \frac{d_0-1}{2}=1$，能纠 1 位错码；同时用于检错与纠错时，有

$$\begin{cases} d_0 \geqslant l+t+1 \\ l > t \end{cases}$$

因 $t=1$ 时，$l>t$，取 $l=2$，$l+t+1=4>3$，此方程组无整数解，故该码组不能同时用于纠错和检错。

讨论：l 和 t 都是整数，在计算中要向下取整，而不应四舍五入。

6.4　由 $2^r-1 \geqslant n$ 或 $2^r \geqslant k+r+1$，这时要求监督位数 $r \geqslant 3$。若取 $r=3$，则 $n=k+r=7$。现在用 $a_6\ a_5\ a_4\ a_3\ a_2\ a_1\ a_0$ 表示这 7 个码元，用 $S_1\ S_2\ S_3$ 表示校正子，则这 3 个校正子恰好能够指明 $2^3-1=7$ 个错码的位置。

若规定校正子和错码位置的关系如下表，则仅当在 $a_6\ a_5\ a_4\ a_2$ 位置上有错码时，校正子 S_1 的值才等于 1；否则 S_1 的值为零。这就意味着 $a_6\ a_5\ a_4\ a_2$ 四个码元构成偶数监督关系 $S_1=a_6 \oplus a_5 \oplus a_4 \oplus a_2$。

$S_1\ S_2\ S_3$	错码位置	$S_1\ S_2\ S_3$	错码位置
001	a_0	101	a_4
010	a_1	110	a_5
100	a_2	111	a_6
011	a_3	000	无错码

同理，有 $S_2=a_6 \oplus a_5 \oplus a_3 \oplus a_1$，$S_3=a_6 \oplus a_4 \oplus a_3 \oplus a_0$。

在编码时，信息位 $a_6\ a_5\ a_4\ a_3$ 的值决定于输入信号，它们是随机的。监督位 $a_2\ a_1\ a_0$ 是按

监督关系确定的，应该保证 S_1, S_2, S_3 中的校正子等于 0，即

$$\begin{cases} a_6 \oplus a_5 \oplus a_4 \oplus a_2 = 0 \\ a_6 \oplus a_5 \oplus a_3 \oplus a_1 = 0 \\ a_6 \oplus a_4 \oplus a_3 \oplus a_0 = 0 \end{cases}$$

给定信息位后，为了计算监督位，按照上式计算结果：

信息位 $a_6a_5a_4a_3$	监督位 $a_2a_1a_0$	信息位 $a_6a_5a_4a_3$	监督位 $a_2a_1a_0$
0000	000	1000	111
0001	011	1001	100
0010	101	1010	010
0011	110	1011	001
0100	110	1100	001
0101	101	1101	010
0110	011	1110	100
0111	000	1111	111

在接收端解码时，对于每个接收码组，先按式

$$S_1 = a_6 \oplus a_5 \oplus a_4 \oplus a_2$$

$$S_2 = a_6 \oplus a_5 \oplus a_3 \oplus a_1$$

$$S_3 = a_6 \oplus a_4 \oplus a_3 \oplus a_0$$

计算出校正子 S_1, S_2 和 S_3，然后按照表判断错码的位置。

$S_1S_2S_3$	错码位置	$S_1S_2S_3$	错码位置
001	a_0	101	a_4
010	a_1	110	a_5
100	a_2	111	a_6
011	a_3	000	无错码

若接收码组为 0000011，则按上三式计算得到：$S_1=0, S_2=1, S_3=1$。这样，由上表可知，错码位置在 a_3。

6.5 (1) 许用码组 $A=(a_6a_5a_4)\cdot G$。列出所有许有码组如下：

$$\begin{matrix} 0&0&0&0&0&0&0 & \quad & 1&0&0&1&1&1&0 \\ 0&0&1&1&1&0&1 & \quad & 1&0&1&0&0&1&1 \\ 0&1&0&0&1&1&1 & \quad & 1&1&0&1&0&0&1 \\ 0&1&1&1&0&1&0 & \quad & 1&1&1&0&1&0&0 \end{matrix}$$

(2) 生成矩阵 $\boldsymbol{G}$ 为典型矩阵，有：

$$\boldsymbol{Q} = \begin{bmatrix} 1 & 1 & 1 & 0 \\ 0 & 1 & 1 & 1 \\ 1 & 1 & 0 & 1 \end{bmatrix}$$

所以

$$\boldsymbol{P}=\boldsymbol{Q}^{\mathrm{T}}=\begin{bmatrix}1&0&1\\1&1&1\\1&1&0\\0&1&1\end{bmatrix}$$

监督矩阵：

$$\boldsymbol{H}=[P,I_r]=\begin{bmatrix}1&0&1&1&0&0&0\\1&1&1&0&1&0&0\\1&1&0&0&0&1&0\\0&1&1&0&0&0&1\end{bmatrix}$$

6.6　分析：若码组在传输中发生错误，则接收码组 $R(x)$ 被 $g(x)$ 除时可能除不尽，而有余式，即有

$$\frac{R(x)}{g(x)}=\theta'(x)+\frac{r'(x)}{g(x)}$$

因此，就以余项是否为 0 来判别码组中是否有无错码。

因为

$$\frac{T(x)}{g(x)}=\frac{x^{14}+x^5+x+1}{x^8+x^7+x^6+x^4+1}$$

$$=x^6+x^5+x^3+\frac{x^7+x^6+x^3+x+1}{x^8+x^7+x^6+x^4+1}$$

所以接收码 $T(x)$ 有误，需重发。

6.7　本题中 $n=7,r=3,k=4$，H 为典型阵，有

$$\boldsymbol{P}=\begin{bmatrix}1&1&1&0\\1&1&0&1\\1&0&1&1\end{bmatrix}$$

所以

$$\boldsymbol{Q}=\boldsymbol{P}^{\mathrm{T}}=\begin{bmatrix}1&1&1\\1&1&0\\1&0&1\\0&1&1\end{bmatrix}$$

生成矩阵

$$\boldsymbol{G}=(I_K,Q)=\begin{bmatrix}1&0&0&0&1&1&1\\0&1&0&0&1&1&0\\0&0&1&0&1&0&1\\0&0&0&1&0&1&0\end{bmatrix}$$

许用码组 $A=B\cdot G=(a_6a_5a_4a_3)\cdot G$。列出所有许用码组如下：

0　0　0　0　0　0　0，　1　0　0　0　1　1　1
0　0　0　1　0　1　1，　1　0　0　1　1　0　0
0　0　1　0　1　0　1，　1　0　1　0　0　1　0
0　0　1　1　1　1　0，　1　0　1　1　0　0　1
0　1　0　0　1　1　0，　1　1　0　0　0　0　1

$$\begin{array}{ccccccc} 0&1&0&1&1&0&1, \\ 0&1&1&0&0&1&1, \\ 0&1&1&1&0&0&0, \end{array}\qquad \begin{array}{ccccccc} 1&1&0&1&0&1&0 \\ 1&1&1&0&1&0&0 \\ 1&1&1&1&1&1&1 \end{array}$$

6.8 生成多项式：

$$G(x)=\begin{bmatrix} x^{k-1}\cdot g(x) \\ x^{k-2}\cdot g(x) \\ \vdots \\ x\cdot g(x) \\ g(x) \end{bmatrix}=\begin{bmatrix} x^{10}\cdot g(x) \\ x^{9}\cdot g(x) \\ \vdots \\ x\cdot g(x) \\ g(x) \end{bmatrix}=\begin{bmatrix} x^{14}+x^{13}+x^{10} \\ x^{13}+x^{12}+x^{9} \\ x^{12}+x^{11}+x^{8} \\ x^{11}+x^{10}+x^{7} \\ x^{10}+x^{9}+x^{6} \\ x^{9}+x^{8}+x^{5} \\ x^{8}+x^{7}+x^{4} \\ x^{7}+x^{6}+x^{3} \\ x^{6}+x^{5}+x^{2} \\ x^{5}+x^{4}+x \\ x^{4}+x^{3}+1 \end{bmatrix}$$

故生成矩阵

$$\boldsymbol{G}=\begin{bmatrix}
1&1&0&0&1&0&0&0&0&0&0&0&0&0&0 \\
0&1&1&0&0&1&0&0&0&0&0&0&0&0&0 \\
0&0&1&1&0&0&1&0&0&0&0&0&0&0&0 \\
0&0&0&1&1&0&0&1&0&0&0&0&0&0&0 \\
0&0&0&0&1&1&0&0&1&0&0&0&0&0&0 \\
0&0&0&0&0&1&1&0&0&1&0&0&0&0&0 \\
0&0&0&0&0&0&1&1&0&0&1&0&0&0&0 \\
0&0&0&0&0&0&0&1&1&0&0&1&0&0&0 \\
0&0&0&0&0&0&0&0&1&1&0&0&1&0&0 \\
0&0&0&0&0&0&0&0&0&1&1&0&0&1&0 \\
0&0&0&0&0&0&0&0&0&0&1&1&0&0&1
\end{bmatrix}$$

$$\xrightarrow{\text{典型化}}\begin{bmatrix}
1&0&0&0&0&0&0&0&0&0&0&1&1&0&0 \\
0&1&0&0&0&1&0&0&0&0&0&0&1&1&0 \\
0&0&1&0&0&0&1&0&0&0&0&0&0&1&1 \\
0&0&0&1&0&0&0&1&0&0&0&1&1&0&1 \\
0&0&0&0&1&0&0&0&1&0&0&1&0&1&0 \\
0&0&0&0&0&1&0&0&0&1&0&0&1&0&1 \\
0&0&0&0&0&0&1&0&0&0&1&1&1&1&0 \\
0&0&0&0&0&0&0&1&0&0&0&0&1&1&1 \\
0&0&0&0&0&0&0&0&1&0&0&1&1&1&1 \\
0&0&0&0&0&0&0&0&0&1&0&1&0&1&1 \\
0&0&0&0&0&0&0&0&0&0&1&1&0&0&1
\end{bmatrix}=(I_K,Q)$$

所以

$$\boldsymbol{P}=\boldsymbol{Q}^{\mathrm{T}}=\begin{bmatrix}1&0&0&1&1&0&1&0&1&1&1\\1&1&0&1&0&1&1&1&1&0&0\\0&1&1&0&1&0&1&1&1&1&0\\0&0&1&1&0&1&0&1&1&1&1\end{bmatrix}$$

$$\boldsymbol{H}=(P,I_r)=\begin{bmatrix}1&0&0&1&1&0&1&0&1&1&1&1&0&0&0\\1&1&0&1&0&1&1&1&1&0&0&0&1&0&0\\0&1&1&0&1&0&1&1&1&1&0&0&0&1&0\\0&0&1&1&0&1&0&1&1&1&1&0&0&0&1\end{bmatrix}$$

6.9 (1) 求监督矩阵 $\boldsymbol{H}$

将监督关系改写成矩阵形式

$$\boldsymbol{H}\cdot\boldsymbol{A}^{\mathrm{T}}=\boldsymbol{0}\rightarrow\begin{bmatrix}1&0&0&1&1&1&0\\0&1&0&0&1&1&1\\1&1&0&0&0&1&0\\0&1&1&0&0&0&1\end{bmatrix}\begin{bmatrix}x_6\\x_5\\x_4\\x_3\\x_2\\x_1\\x_0\end{bmatrix}=\begin{bmatrix}0\\0\\0\\0\end{bmatrix}$$

所以监督矩阵

$$\boldsymbol{H}=\begin{bmatrix}1&0&0&1&1&1&0\\0&1&0&0&1&1&1\\1&1&0&0&0&1&0\\0&1&1&0&0&0&1\end{bmatrix}$$

(2) 求生成矩阵 $\boldsymbol{G}$

先将 $\boldsymbol{H}$ 典型化

$$\boldsymbol{H}\xrightarrow{\text{典型化}}\begin{bmatrix}1&0&1&1&0&0&0\\1&1&1&0&1&0&0\\1&1&0&0&0&1&0\\0&1&1&0&0&0&1\end{bmatrix}=(P\cdot I_r)$$

$$\boldsymbol{Q}=\boldsymbol{P}^{\mathrm{T}}=\begin{bmatrix}1&1&1&0\\0&1&1&1\\1&1&0&1\end{bmatrix}$$

所以

$$\boldsymbol{G}=[\,I_K Q\,]=\begin{bmatrix}1&0&0&1&1&1&0\\0&1&0&0&1&1&1\\0&0&1&1&1&0&1\end{bmatrix}$$

6.10 (1) 证明

令 $g(x)=x^{10}+x^8+x^5+x^4+x^2+x+1$。则①$g(x)$的最多次幂为 10,而 $r=n-k=15-5=10$,两者相等;② $g(x)$ 的常数项为 1,不是 0;③ $\dfrac{x^{15}+1}{g(x)}=x^5+x^3+x+1$,故 $g(x)$ 是 $(x^{15}+1)$的一个因子。

由此可知,$g(x)$是(15,5)循环码的生成多项式。

(2) 求该码的生成矩阵

由于 $g(x)$ 是(15,5)循环码的生成多项式,因此对应的生成矩阵为

$$\boldsymbol{G}=\begin{bmatrix} x^4 g(x) \\ x^3 g(x) \\ x^2 g(x) \\ xg(x) \\ g(x) \end{bmatrix}=\begin{bmatrix} x^{14}+x^{12}+x^9+x^8+x^6+x^5+x^4 \\ x^{13}+x^{11}+x^8+x^7+x^5+x^4+x^3 \\ x^{12}+x^{10}+x^7+x^6+x^4+x^3+x^2 \\ x^{11}+x^9+x^6+x^5+x^3+x^2+x \\ x^{10}+x^8+x^5+x^4+x^2+x+1 \end{bmatrix}$$

即

$$\boldsymbol{G}=\begin{bmatrix} 1&0&1&0&0&1&1&0&1&1&1&0&0&0&0 \\ 0&1&0&1&0&0&1&1&0&1&1&1&0&0&0 \\ 0&0&1&0&1&0&0&1&1&0&1&1&1&0&0 \\ 0&0&0&1&0&1&0&0&1&1&0&1&1&1&0 \\ 0&0&0&0&1&0&1&0&0&1&1&0&1&1&1 \end{bmatrix}$$

(3) 求消息码 $m(x)$ 的码多项式

方法一:先将 $\boldsymbol{G}$ 典型化:

$$\boldsymbol{G}=\begin{bmatrix} 1&0&0&0&0&1&0&1&0&0&1&1&0&1&1 \\ 0&1&0&0&0&1&1&1&1&0&1&0&1&1&0 \\ 0&0&1&0&0&0&1&1&1&1&0&1&0&1&1 \\ 0&0&0&1&0&1&0&0&1&1&0&1&1&1&0 \\ 0&0&0&0&1&0&1&0&0&1&1&0&1&1&1 \end{bmatrix}=[I_K Q]$$

则消息码 $m(x)$ 的码多项式为

$$T(x)=m(x)G(x)=x^{14}+x^{11}+x^{10}+x^8+x^7+x^6+x$$

它是 $m(x)$ 的系统码。

方法二:消息码 $m(x)$ 的码多项式可写为

$$T(x)=x^{n-k}m(x)+r(x)$$

其中,$r(x)$ 是 $x^{n-k}m(x)/g(x)$ 的余式。因为

$$\frac{x^{15-5}(x^4+x+1)}{x^{10}+x^8+x^5+x^2+x+1}=x^4+x^2+x+\frac{x^8+x^7+x^6+x}{x^{10}+x^8+x^5+x^2+x+1}$$

所以

$$r(x)=x^8+x^7+x^6+1$$

$$T(x)=x^{10}(x^4+x+1)+x^8+x^7+x^6+x$$
$$=x^{14}+x^{11}+x^{10}+x^8+x^7+x^6+x$$

习题七参考答案

7.1 根据已知条件,失真矩阵为:

$$\begin{bmatrix} 0 & 1 \\ 1 & 0 \end{bmatrix}$$

$$D_{\min}=\sum_x p(x)\min_y(d(x,y))=0$$

$$D_{\max}=\min_y\Big(\sum_x p(x)d(x,y)\Big)=\frac{1}{2}$$

由于失真矩阵对称，输入等概，则信道矩阵具有同样的对称性，设为：

$$\begin{bmatrix} 1-\alpha & \alpha \\ \alpha & 1-\alpha \end{bmatrix}$$

平均失真 $D=\sum p(xy)d(xy)=\alpha$，即 $\alpha=D, R(D)=I(X;Y)=1-H(1-D,D)$。

7.2 根据 $D_{\min}$ 和 $D_{\max}$ 的定义：

$$D_{\min}=\sum_x p(x)\min_y d(x,y)=0\times\frac{1}{3}+0\times\frac{2}{3}=0$$

$$D_{\max}=\min_y\sum_x p(x)d(x,y)=\min\{0\times\frac{1}{3}+1\times\frac{2}{3},1\times\frac{1}{3}+0\times\frac{2}{3}\}=\frac{1}{3}$$

$D_{\min}$ 所对应的转移概率矩阵： $\boldsymbol{P}_1=\begin{bmatrix} 1 & 0 \\ 0 & 1 \end{bmatrix}$

$D_{\max}$ 所对应的转移概率矩阵： $\boldsymbol{P}_2=\begin{bmatrix} 0 & 1 \\ 0 & 1 \end{bmatrix}$

当转移概率矩阵为 $\boldsymbol{P}_1$ 时，$p(y_1)=p(0)=p(0|x_1)p(x_1)+p(0|x_2)p(x_2)=\frac{1}{3}$

$$p(y_2)=p(1)=p(1\mid x_1)p(x_1)+p(1\mid x_2)p(x_2)=\frac{2}{3}$$

当转移概率矩阵为 $\boldsymbol{P}_2$ 时，$p(y_1)=p(0)=p(0|x_1)p(x_1)+p(0|x_2)p(x_2)=0$

$$p(y_2)=p(1)=p(1\mid x_1)p(x_1)+p(1\mid x_2)p(x_2)=1$$

因此，

$$R(D_{\min})=I(\underset{P_1}{X};Y)=\sum_i\sum_j p(y_i\mid x_j)p(x_j)\log\frac{p(y_i\mid x_j)}{p(y_i)}$$

$$=\frac{1}{3}\log 3+\frac{2}{3}\log\frac{3}{2}=\log 3-\frac{2}{3}$$

$$R(D_{\max})=I(\underset{P_2}{X};Y)=H(Y)-H(Y\mid X)=0$$

7.3 根据 $D_{\min}$ 和 $D_{\max}$ 的定义：

$$D_{\min}=\sum_x p(x)\min_y d(x,y)=0.5\times\frac{1}{2}+1\times\frac{1}{2}=0.75$$

$$D_{\max}=\min_y\sum_x p(x)d(x,y)=\min\{0.5\times\frac{1}{2}+2\times\frac{1}{2},1\times\frac{1}{2}+1\times\frac{1}{2}\}=1$$

$D_{\min}$ 所对应的转移概率矩阵： $\boldsymbol{P}_1=\begin{bmatrix} 1 & 0 \\ 0 & 1 \end{bmatrix}$

$D_{\max}$ 所对应的转移概率矩阵： $\boldsymbol{P}_2=\begin{bmatrix} 0 & 1 \\ 0 & 1 \end{bmatrix}$

当转移概率矩阵为 $\boldsymbol{P}_1$ 时，$p(y_1)=p(0)=p(0|x_1)p(x_1)+p(0|x_2)p(x_2)=\frac{1}{2}$

$$p(y_2)=p(1)=p(1\mid x_1)p(x_1)+p(1\mid x_2)p(x_2)=\frac{1}{2}$$

当转移概率矩阵为 P_2 时，$p(y_1)=p(0)=p(0|x_1)p(x_1)+p(0|x_2)p(x_2)=0$

$$p(y_2)=p(1)=p(1\mid x_1)p(x_1)+p(1\mid x_2)p(x_2)=1$$

因此，

$$R(D_{\min})=I(\underset{P_1}{X};Y)=\log 2=1\text{ 比特 / 符号}$$

$$R(D_{max}) = I(X;Y)_{P_2} = H(Y) - H(Y \mid X) = 0$$

7.4　(1) 最小允许失真度：$D_{min} = \sum_{i=1}^{2} p(a_i)\{\min_j d(a_i, b_j)\} = p(0) \cdot 0 + p(1) \cdot 0 = 0$，

则满足保真度 $\bar{D} = D_{min} = 0$ 的信道矩阵：

$$[P] = \begin{array}{c} \\ 0 \\ 1 \end{array}\begin{array}{c} \begin{array}{cc} 0 & 1 \end{array} \\ \begin{bmatrix} 1 & 0 \\ 0 & 1 \end{bmatrix} \end{array}$$

$p(b_j|a_i)=0$ 或 $p(b_j|a_i)=1(i=1,2)$，故此时 $H(X|Y)=0$。所以，

$$R(D_{min}) = R(0) = \min\{I(X;Y)\} = \min\{H(X) - H(X \mid Y)\} = H(X) = H(\omega)$$

(2) $D_{max} = \bar{D}'_{min} = \min_j\left\{\sum_{i=1}^{2} p(a_i) d(a_i, b_j)\right\}$

$$= \min_j\{p(0)d(0,0) + p(1)d(1,0); p(0)d(0,1) + p(1)d(1,1)\}$$

$$= \min_j\{p(1); p(0)\} = p(1) = \omega$$

此时 $I(X;Y) = 0$，所以，$R(D_{max}) = R(\omega) = 0$。

(3) 离散信源在汉明失真度下，$R(D) = H(X) - H(D) - D\log(r-1)$，所以，对此信源 $R(D) = H(X) - H(D) = H(\omega) - H(D)$，即

$$R(D) = \begin{cases} H(\omega) - H(D), & 0 \leqslant D < \omega \\ 0, & D \geqslant \omega \end{cases}$$

由上，可得 $R(D)$ 曲线如下：

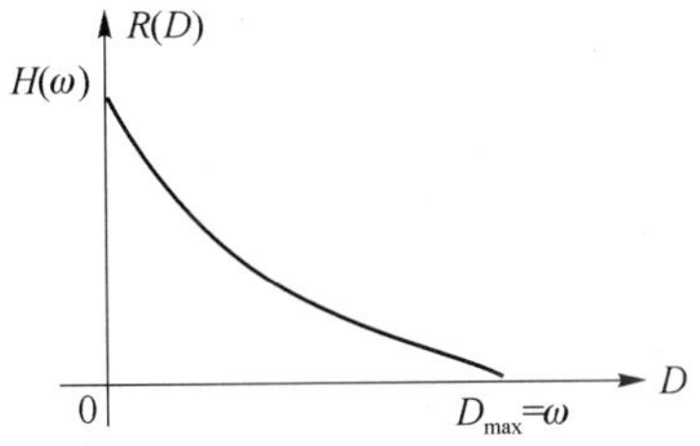

(4) $R(1/8) = H(\omega) - H(1/8) = H(\omega) - 0.5436$ 比特/符号

7.5　(1) 设输出符号集 $Y:\{b_1, b_2\}$ 最小允许失真度：

$$D_{min} = \sum_{i=1}^{4} p(u_i)\{\min_j d(u_i, b_j)\} = p(0) \cdot 0 + p(1) \cdot 0 + p(2) \cdot 0 + p(3) \cdot 0 = 0$$

则满足保真度 $\bar{D} = D_{min} = 0$ 的信道矩阵：

$$[P] = \begin{bmatrix} 1 & 0 & 0 & 0 \\ 0 & 1 & 0 & 0 \\ 0 & 0 & 1 & 0 \\ 0 & 0 & 0 & 1 \end{bmatrix}$$

$p(b_j|u_i)=0$ 或 $p(b_j|u_i)=1(i=1,2,3,4)$，故此时 $H(U|Y)=0$。所以，

$$R(D_{min}) = R(0) = \min\{I(U;Y)\} = \min\{H(U) - H(U \mid Y)\}$$

$$= H(U) = H\left(\frac{1}{4}, \frac{1}{4}, \frac{1}{4}, \frac{1}{4}\right) = 2 \text{ 比特 / 符号}$$

(2) $D_{max} = \bar{D}'_{min} = \min_j\{\sum_{i=1}^{4} p(u_i) d(u_i, b_j)\} = \min_j\left\{\frac{3}{4}, \frac{3}{4}, \frac{3}{4}, \frac{3}{4}\right\} = \frac{3}{4}$

此时 U,Y 相互独立，故 $I(X;Y)=0$，所以 $R(D_{\max})=R(\omega)=0$。

(3) 离散信源在汉明失真度下，$R(D)=H(X)-H(D)-D\log(r-1)$，所以，对此信源 $R(D)=H(U)-H(D)-D\log 3=2-H(D)-D\log 3$。即

$$R(D)=\begin{cases}2-H(D)-D\log 3, & 0\leqslant D<\dfrac{3}{4}\\ 0, & D\geqslant\dfrac{3}{4}\end{cases}$$

可计算得：
$D=0, R(0)=2$ 比特/符号

$D=\frac{1}{8}, R\left(\frac{1}{8}\right)=1.258$ 比特/符号

$D=\frac{1}{4}, R(\frac{1}{4})=0.792$ 比特/符号

$D=\frac{1}{2}, R(\frac{1}{2})=0.208$ 比特/符号

$D=\frac{3}{4}, R(\frac{3}{4})=0$ 比特/符号

可得 $R(D)$ 曲线如下：

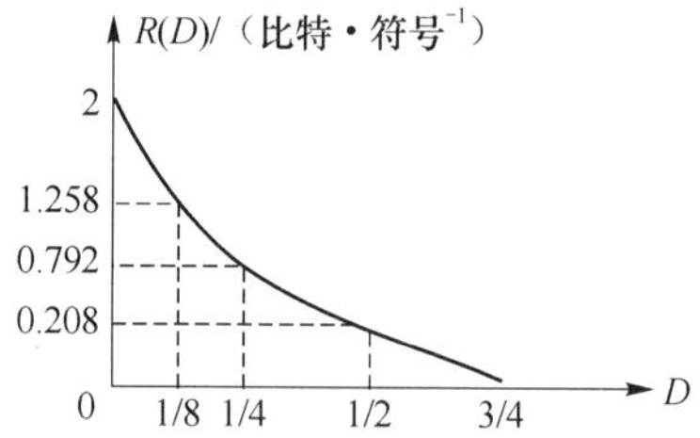

7.6 (1) 设输出符号集 $Y:\{b_1,b_2\}$。最小允许失真度：

$$D_{\min}=\sum_{i=1}^{2}p(u_i)\{\min_j d(u_i,b_j)\}=p(0)\cdot 0+p(1)\cdot 0=0$$

则满足保真度 $\bar{D}=D_{\min}=0$ 的信道矩阵：

$$[P]=\begin{bmatrix}1 & 0\\ 0 & 1\end{bmatrix}$$

$p(b_j|u_i)=0$ 或 $p(b_j|u_i)=1(i=1,2)$，故此时 $H(U|Y)=0$，所以，

$$\begin{aligned}R(D_{\min})&=R(0)=\min\{I(U;Y)\}=\min\{H(U)-H(U\mid Y)\}\\&=H(U)=\log 2=1\ \text{比特/符号}\end{aligned}$$

$$\begin{aligned}(2)\ D_{\max}&=\bar{D}'_{\min}=\min_j\left\{\sum_{i=1}^{2}p(u_i)d(u_i,b_j)\right\}\\&=\min_j\{p(0)d(0,0)+p(1)d(1,0);p(0)d(0,1)+p(1)d(1,1)\}\\&=\min_j\{\mathrm{a}\cdot p(1);\mathrm{a}\cdot p(0)\}=\frac{a}{2}\end{aligned}$$

此时 U,Y 相互独立，$I(U;Y)=0$，所以，$R(D_{\max})=R\left(\frac{a}{2}\right)=0$。

(3) 平均失真度 $\bar{D}=\sum_{i=1}^{2}\sum_{j=1}^{2}p(u_i)p(b_j\mid u_i)d(u_i,b_j)=a\sum_{i\neq j}p(a_i)p(b_j\mid a_i)$，因为，$p_{ei}=$

$\sum_{i\neq j} p(b_j \mid u_i)$，$\bar{D} = a\sum_{i\neq j} p(u_i) p_{e\ i} = aP_e$。

当失真度满足保真度准则时，$D=\bar{D}=aP_e$。

由费诺不等式：$H(U|Y) \leqslant H(P_e)+P_e\log(r-1)=H\left(\frac{D}{a}\right)+\frac{D}{a}\log(r-1)$

$$I(U;Y) = H(U) - H(U \mid Y) \geqslant H(U) - H\left(\frac{D}{a}\right) - \frac{D}{a}\log(r-1)$$

所以，在 D 定义域中选取适当值可得

$$R(D) = \min\{I(U;Y)\} = H(U) - H\left(\frac{D}{d}\right) - \frac{D}{d}\log(r-1)$$

对此信源 $R(D)=H(U)-H\left(\frac{D}{a}\right)=1-H\left(\frac{D}{a}\right)$，即

$$R(D) = \begin{cases} 1 - H\left(\frac{D}{d}\right), & 0 \leqslant D < \frac{a}{2} \\ 0, & D \geqslant \frac{a}{2} \end{cases}$$

7.7 (1) 最小允许失真度 $D_{\min} = \sum_{i=1}^{2} p(a_i)\{\min_j d(a_i, b_j)\} = p(0)\cdot 0 + p(1)\cdot 0 = 0$，则满足保真度 $\bar{D}=D_{\min}=0$ 的信道矩阵：

$$[P] = \begin{bmatrix} 1 & 0 \\ 0 & 1 \end{bmatrix}$$

$p(b_j|a_i)=0$ 或 $p(b_j|a_i)=1(i=1,2)$，故此时 $H(X|Y)=0$，所以，

$$R(D_{\min}) = R(0) = \min\{I(X;Y)\} = \min\{H(X) - H(X \mid Y)\} = H(X) = H(\omega)$$

(2)
$$\begin{aligned} D_{\max} = \bar{D}'_{\min} &= \min_j\left\{\sum_{i=1}^{2} p(a_i) d(a_i, b_j)\right\} \\ &= \min_j\{p(0)d(0,0) + p(1)d(1,0); p(0)d(0,1) + p(1)d(1,1)\} \\ &= \min_j\{d\cdot p(1); d\cdot p(0)\} = d\cdot p(1) = d\omega \end{aligned}$$

此时，X，Y 相互独立，$I(X;Y)=0$，所以，$R(D_{\max})=R(\omega)=0$。

(3)平均失真度 $\bar{D} = \sum_{i=1}^{2}\sum_{j=1}^{2} p(a_i)p(b_j \mid a_i)d(a_i, b_j) = d\sum_{i\neq j} p(a_i)p(b_j \mid a_i)$，因为，$p_{ei} = \sum_{i\neq j} p(b_j \mid a_i)$，所以，$\bar{D} = d\sum_{i\neq j} p(a_i)p_{e\ i} = dP_e$，当失真度满足保真度准则时，$D=\bar{D}=dP_e$。

由费诺不等式：

$$H(X \mid Y) \leqslant H(P_e) + P_e\log(r-1) = H\left(\frac{D}{d}\right) + \frac{D}{d}\log(r-1)$$

$$I(X;Y) = H(X) - H(X/Y) \geqslant H(X) - H\left(\frac{D}{d}\right) - \frac{D}{d}\log(r-1)$$

所以，在 D 定义域中选取适当值可得 $R(D)=\min\{I(X;Y)\}=H(X)-H\left(\frac{D}{d}\right)-\frac{D}{d}\log(r-1)$，

对此信源 $R(D)=H(\omega)-H\left(\frac{D}{d}\right)$，即

$$R(D) = \begin{cases} H(\omega) - H\left(\frac{D}{d}\right), & 0 \leqslant D < d\omega \\ 0, & D \geqslant d\omega \end{cases}$$

(4) $I(X;Y)$取得$R(D)$时的试验信道的信道矩阵为

$$[P_X]=\begin{bmatrix} \dfrac{\omega d^2-Dd-D\omega d+D^2}{\omega d^2-2D\omega d} & \dfrac{Dd-D\omega d-D^2}{\omega d^2-2D\omega d} \\ \dfrac{Dd\omega-D^2}{d^2-\omega d^2-2Dd+2Dd\omega} & \dfrac{d^2-\omega d^2-2Dd+Dd\omega+D^2}{d^2-\omega d^2-2Dd+2Dd\omega} \end{bmatrix}$$

检验:

$$\begin{aligned} p(y_1)&=\sum_{i=1}^{2}p(x_i)p(y_1\mid x_i)\\ &=\omega\frac{\omega d^2-Dd-D\omega d+D^2}{\omega d^2-2D\omega d}+(1-\omega)\frac{Dd\omega-D^2}{d^2-\omega d^2-2Dd+2Dd\omega}\\ &=\frac{d\omega-D}{d-2D} \end{aligned}$$

$$p(y_2)=\sum_{i=1}^{2}p(x_i)p(y_2\mid x_i)=\omega D+(1-\omega)(1-D)=\frac{d-d\omega-D}{d-2D}$$

$$p(x_1\mid y_1)=\frac{p(x_1)p(y_1\mid x_1)}{p(y_1)}=\frac{\omega\dfrac{\omega d^2-Dd-D\omega d+D^2}{\omega d^2-2D\omega d}}{\dfrac{d\omega-D}{d-2D}}=1-\frac{D}{d}$$

$$p(x_2\mid y_1)=\frac{p(x_2)p(y_1\mid x_2)}{p(y_1)}=\frac{(1-\omega)\dfrac{Dd\omega-D^2}{d^2-\omega d^2-2Dd+2Dd\omega}}{\dfrac{d\omega-D}{d-2D}}=\frac{D}{d}$$

$$p(x_1\mid y_2)=\frac{p(x_1)p(y_2\mid x_1)}{p(y_2)}=\frac{\omega\dfrac{Dd-D\omega d-D^2}{\omega d^2-2D\omega d}}{\dfrac{d-d\omega-D}{d-2D}}=\frac{D}{d}$$

$$p(x_2\mid y_2)=\frac{p(x_2)p(y_2\mid x_2)}{p(y_2)}=\frac{(1-\omega)\dfrac{d^2-\omega d^2-2Dd+Dd\omega+D^2}{d^2-\omega d^2-2Dd+2Dd\omega}}{\dfrac{d-d\omega-D}{d-2D}}=1-\frac{D}{d}$$

$$\begin{aligned} H(X\mid Y)&=-\sum_{i=1}^{2}\sum_{j=1}^{2}p(b_j)p(a_i\mid b_j)\log p(a_i\mid b_j)\\ &=-[p(y_1)p(x_1\mid y_1)\log p(x_1\mid y_1)+p(y_1)p(x_2\mid y_1)\log p(x_2\mid y_1)+\\ &\quad p(y_2)p(x_1\mid y_2)\log p(x_1\mid y_2)+p(y_2)p(x_2\mid y_2)\log p(x_2\mid y_2)]\\ &=-\Big[p(y_1)\Big(1-\frac{D}{d}\Big)\log\Big(1-\frac{D}{d}\Big)+p(y_1)\frac{D}{d}\log\frac{D}{d}+\\ &\quad p(y_2)\Big(1-\frac{D}{d}\Big)\log\Big(1-\frac{D}{d}\Big)+p(y_2)\frac{D}{d}\log\frac{D}{d}\Big]\\ &=-[p(y_1)+p(y_2)]\cdot\Big[\Big(1-\frac{D}{d}\Big)\log\Big(1-\frac{D}{d}\Big)+\frac{D}{d}\log\frac{D}{d}\Big]\\ &=H\Big(\frac{D}{d}\Big) \end{aligned}$$

所以,$I(X;Y)=H(X)-H(X|Y)=H(\omega)-H\Big(\dfrac{D}{d}\Big)$。

（5）$d=1$ 时与试验信道相对应的反向试验的信道矩阵为

$$[P_Y]=\begin{bmatrix}1-\dfrac{D}{d} & \dfrac{D}{d}\\ \dfrac{D}{d} & 1-\dfrac{D}{d}\end{bmatrix}$$

7.8 （1）最小允许失真度：

$$D_{\min}=\sum_{i=1}^{3}p(u_i)\{\min_j d(u_i,b_j)\}=p(u_1)\cdot 0+p(u_2)\cdot 0+p(u_3)\cdot 0=0$$

则满足保真度 $\bar{D}=D_{\min}=0$ 的信道矩阵：

$$[P]=\begin{bmatrix}1&0&0\\0&1&0\\0&0&1\end{bmatrix}$$

$p(b_j|a_i)=0$ 或 $p(b_j|u_i)=1(i=1,2,3)$，设输出符号集合 Y，则此时 $H(U|Y)=0$。所以，

$$\begin{aligned}R(D_{\min})&=R(0)=\min\{I(U;Y)\}=\min\{H(U)-H(U\mid Y)\}\\&=H(U)=\log 3=1.585\ \text{比特 / 符号}\end{aligned}$$

（2）$D_{\max}=\bar{D}'_{\min}=\min\limits_j\left\{\sum\limits_{i=1}^{3}p(a_i)d(a_i,b_j)\right\}=\min\limits_j\{p(u_1));p(u_2);p(u_3)\}=\min\limits_j\left\{\dfrac{1}{3};\dfrac{1}{3};\dfrac{1}{3}\right\}=\dfrac{1}{3}$，此时 $I(U;Y)=0$，所以，$R(D_{\max})=R\left(\dfrac{1}{3}\right)=0$。

（3）离散信源在汉明失真度下，$R(D)=H(X)-H(D)-D\log(r-1)$，所以，对此信源 $R(D)=H(U)-H(D)-D\log 2=\log 3-H(D)-D$，即

$$R(D)=\begin{cases}\log 3-H(D)-D, & 0\leqslant D<\dfrac{1}{3}\\[2ex] 0, & D\geqslant\dfrac{1}{3}\end{cases}$$

$D=\dfrac{1}{8}$时，$R\left(\dfrac{1}{8}\right)=\log 3-H\left(\dfrac{1}{8}\right)-\dfrac{1}{8}=0.9164$ 比特/符号，则信源的每一个符号平均最少可以用 0.916 4 个二进制码符号来表示。

7.9 离散信源在汉明失真度下，$R(D)=H(X)-H(D)-D\log(r-1)$，所以，对此信源 $R(D)=H(U)-H(D)=H(\omega)-H(D)$，即

$$R(D)=\begin{cases}H(\omega)-H(D), & 0\leqslant D<\omega\\ 0, & D\geqslant\omega\end{cases}$$

$D=\dfrac{1}{2}\omega$ 时，

$$\begin{aligned}R\left(\frac{1}{2}\omega\right)&=H(\omega)-H\left(\frac{1}{2}\omega\right)\\&=-\frac{1}{2}\omega\log\omega-(1-\omega)\log(1-\omega)+\frac{1}{2}(2-\omega)\log(2-\omega)-\frac{1}{2}(3-\omega)\end{aligned}$$

每个信源符号平均最少需要 $H(\omega)-H\left(\dfrac{1}{2}\omega\right)$个二进制码符号来表示。

7.10 方案一：编码后需要的信息率为

$$R' = H(u_1, u_2, u_3, u_4) = H\left(\frac{1}{8}, \frac{1}{8}, \frac{1}{8}, \frac{5}{8}\right) = 1.549 \text{ 比特/码符号}$$

方案二：编码后需要的信息率为

$$R' = H(u_1, u_2, u_3, u_4) = H\left(\frac{1}{4}, \frac{1}{4}, \frac{1}{4}, \frac{1}{4}\right) = 2 \text{ 比特/码符号}$$

可见，限失真信源编码需要的信息率小于信源熵 $H(U)$，而且不同的编码方案可能得到不同的信息率 R'。

上机作业参考答案

实验一　离散信源的信息熵

1. 程序代码：

```
clear all;clc;
%有条100字符英文信息,假定其中每字符从26个英文字母和1个空格中等概选取
%求每条信息提供的信息量
H1 = log 2(27^100)
```

2. 程序代码：

```
c = [0.3,0.7];
[y1,y2,y3] = t03(c)
%信源的熵和其二次、三次扩展信源的熵
function [H_X1,H_X2,H_X3] = t03(P1)
H_X1 = sum(-P1.*log2(P1));
x = zeros(1,length(P1)^2);
y = zeros(1,length(P1)^3);
a = 1;
b = 1;
for i = 1:length(P1)
for j = 1:length(P1)
x(a) = P1(i)*P1(j);
a = a+1;
end
end
H_X2 = sum(-x.*log2(x));
for i = 1:length(P1)
for j = 1:length(P1)
for k = 1:length(P1)
y(b) = P1(i)*P1(j)*P1(k);
b = b+1;
end
end
end
H_X2 = sum(-x.*log2(x));
H_X3 = sum(-y.*log2(y));
```

3. 设计思路：由离散二维平稳信源的概率空间，及信息熵，条件熵，联合熵的公式，可得到需要的结果。

程序代码：

```
P_X1X2 = [1/4 1/18 0;1/18 1/3 1/18;0 1/18 7/36]; % 联合分布
%(a)认为信源符号之间无依赖性时,信源 X 的信息熵 H(X);
P_X = sum(P_X1X2);
H_X = sum( - P_X. * log2(P_X));
fprintf('X 的信源熵：H_X = %6.3f\n',H_X);
%(b)认为有依赖性时的条件熵 H(X2|X1);
P_X1_X2 = [P_X1X2(:,1)/P_X(1),P_X1X2(:,2)/P_X(2),P_X1X2(:,3)/P_X(3)]; % 条件矩阵
P_X1_X2(find(P_X1_X2 = = 0)) = 1; % 将 0 换为 1
H_X1_X2 = sum( - P_X1X2. * log2(P_X1_X2));
fprintf('X 的条件熵：\n H_X1_X2 = %6.3f\n',H_X1_X2);
%(c)联合熵 H(X1X2)
P_X1X2(find(P_X1X2 = = 0)) = 1; % 将 0 换为 1
H_X1X2 = sum( - P_X1X2. * log2(P_X1X2));
fprintf('X 的联合熵：\n H_X1X2 = %6.3f\n',H_X1X2);
```

4. 设计思路：计算各种情况的概率，X 的概率，Y 的概率，$Z=XY$ 联合概率等，然后代入公式求解。

程序代码：

```
function [H_X1,H_X2,H_X3] = t05(X1,P1)
%t05
%输入为 X1,P1,分别为信源符号和概率阵
%输出为原离散信源的熵和扩展信源的熵
X2 = X_grow(2);
p0 = 0.7;
p1 = 1 - p0;
H_X1 = sum( - P1. * log2(P1));
l = length(X1);
P = zeros(1:l^2);
for i = 1:l^2
l1 = length(find(X2(i,:)));
P2(i) = p0^(l - l1) * p1^l1;
end
H_X2 = sum( - P2. * log2(P2));
%---------------------------------------
---------------
function s = X_grow(n)
s = zeros(2^n,n);
for i = 2:2^n
j = n;
% for j = 6: - 1:1
s(i,:) = s(i - 1,:);
s(i,j) = s(i - 1,j) + 1;
for j = n: - 1:1
```

```
if (s(i,j) = = 2)
s(i,j) = 0;
s(i,j - 1) = s(i,j - 1) + 1;
end
end
End
```

部分结果：

```
H1 =
475.4888
H_V_U =
0.9056
y1 =
0.8813
y2 =
1.7626
y3 =
2.6439
X 的信源熵：H_X = 1.543
X 的条件熵：
H_X1_X2 = 0.209
X 的条件熵：
H_X1_X2 = 0.472
X 的条件熵：
H_X1_X2 = 0.191
X 的联合熵：
H_X1X2 = 0.732
X 的联合熵：
H_X1X2 = 0.992
X 的联合熵：
H_X1X2 = 0.691
```

实验二　离散信道

MATLAB 程序代码如下：

```
clear all
x = [0.25 0.25 0.25 0.25];
f = [1/2 1/2 0 0;0 1/2 1/2 0;0 0 1/2 1/2;1/2 0 0 1/2];

hx = 0;
for i = 1:4
hx = hx - x(i) * log(x(i))/log(2);
end
hx
```

```
sum = 0;
for i = 1:4
for j = 1:4
t = f(i,j) * x(i)
sum = sum - t * log(f(i,j))/log(2);
end
end
h1 = sum;
disp('平均互信息量');
h1

hy = 0;
for j = 1:4
 sum1 = 0;
for i = 1:4
  p(j) = sum1 + (f(i,j) * x(i))
end
hy = hy - p(j) * log(p(j))/log(2);
end
hy

disp('信道 1 的信道容量')
c1 = hy - h1
```

运行结果为:

```
h1 = 0.1250
hx = 2
c1 = 0.1250
```

实验三　离散信源编码

1. function c = shannon(p)

```
% p = [0.2 0.15 0.15 0.1 0.1 0.1 0.1 0.1]
% shannon(p)
[p, index] = sort(p);
p = fliplr(p);
n = length(p);
pa = 0;
for i = 2:n
pa(i) = pa(i - 1) + p(i - 1)
end
k = ceil( - log2(p));
```

```
c = cell(1,n);
for i = 1:n
c{i} = ''
tmp = pa(i);
for j = 1:k(i)
 tmp = tmp * 2
 if tmp> = 1
tmp = tmp - 1
c{i}(j) = '1'
else
c{i}(j) = '0'
end
end
end
c = fliplr(c)
c(index) = c
```

2.

```
function c = huffman(p)
n = size(p,2);
if n = = 1
c = cell(1,1)
c{1} = ''
return
end
[p1,i1] = min(p);
index = [(1:i1 - 1),(i1 + 1:n)];
p =  p(index);
n = n - 1;
[p2,i2] = min(p);
index2 = [(1:i2 - 1),(i2 + 1:n)];
p =  p(index2);
i2 = index(i2);
index =  index(index2);
p(n) = p1 + p2;
c = huffman(p);
c{n + 1} = strcat(c{n},'1');
c{n} = strcat(c{n},'0');
index = [index,i1,i2];
c(index) = c
```

3.

```
image1 = imread('1.jpg');
imshow(image1);
%以下程序是将原图像转换为二值图像
image2 = image1(:);    %将原始图像写成一维的数据并设为 image2
```

```
image2length = length(image2);     % 计算 image2 的长度
for i = 1:1:image2length   % for 循环,在于转换为二值图像
if  image2(i)>= 127
image2(i) = 255;
else
image2(i) = 0;
end
end
image3 = reshape(image2,146,122);   % 重建二维数组图像,并设为 image3
figure, imshow(image3);

% 以下程序为对原图像进行游程编码,压缩
X = image3(:);
x = 1:1:length(X);  % 显示游程编码之前的图像数据
figure, plot(x,X(x));
j = 1;
image4(1) = 1;
for z = 1:1:(length(X) - 1)   % 游程编码程序段
if X(z) = = X(z + 1)
  image4(j) = image4(j) + 1;
else
data(j) = X(z);  % 代表相应的像素数据
j = j + 1;
image4(j) = 1;
end
end
data(j) = X(length(X));  % 最后一个像素数据赋给 data
image4length = length(image4);  % 计算游程编码后的所占字节数,记为 image4length
y = 1:1: image4length;
figure, plot(y, image4(y));

CR = image2length/ image4length;   % 比较压缩前与压缩后的大小

% 下面程序是游程编码解压
l = 1;
for  m = 1: image4length
for  n = 1:1: image4(m);
rec_image(l) = data(m);
l = l + 1;
end
end
u = 1:1: length(rec_image);  % 查看解压后的图像数据
figure, plot(u, rec_image(u));
```

```
rec2_image = reshape(rec_image,146,122);    % 重建二维图像数组
figure, imshow(rec_image);   % 显示解压恢复后的图像
```

通过 MATLAB 可以看出,程序运行过程中各个变量的值:

CR = 12.084

实验结果及分析:

```
p = [0.2 0.15 0.15 0.1 0.1 0.1 0.1 0.1]
c1 = shannon(p)
c2 = huffman(p)
```

结果:

```
c1 = 000    010    001   1110   1100   1011   1001   1000
c2 = 111   101    110   000   001   010   011   100
```

实验四　信道编码

```
function [output_h74] = h74(input_h74)   % h74.m(7,4)汉明码编码器
 % input_h74 输入序列
 % output_h74 输出编码序列
if(rem(length(input_h74),4) ~ = 0)
   input_h74 = [input_h74,zeros(1,4 - rem(length(input_h74),4))];
end
n = length(input_h74)/4;
u = zeros(1,n * 7);
j = 1;
for i = 1:4:n * 4
   u(j) = rem((input_h74(i) + input_h74(i + 2) + input_h74(i + 3)),2);
   u(j + 1) = rem((input_h74(i) + input_h74(i + 1) + input_h74(i + 2)),2);
   u(j + 2) = rem((input_h74(i + 1) + input_h74(i + 2) + input_h74(i + 3)),2);
   u(j + 3) = input_h74(i);
   u(j + 4) = input_h74(i + 1);
   u(j + 5) = input_h74(i + 2);
   u(j + 6) = input_h74(i + 3);
   j = j + 7;
end
output_h74 = u;
 % h74.m(7,4)汉明码编码器

function [h4_output,h7_output] = h47(h74_channel_output)    % h47.m(7,4)汉明码译码器
 % h74_channel_output 信道输入序列
 % h4_output 译码输出序列
 % h7_output 纠错后的信道输入序列
if(rem(length(h74_channel_output),7) ~ = 0)
h74_channel_output = [h74_channel_output,zeros(1,7 - rem(length(h74_channel_output),7))];
```

```
end
n = length(h74_channel_output)/7;
u4 = zeros(1,n * 4);
u7 = zeros(1,n * 7);
s = zeros(1,7 - 4);
e = zeros(1,7);
j = 1;
    for i = 1:7:n * 7
s(i) = rem((h74_channel_output(i) + h74_channel_output(i + 3) + h74_channel_output(i + 5) + h74_
channel_output(i + 6)),2);

s(i + 1) = rem((h74_channel_output(i + 1) + h74_channel_output(i + 3) + h74_channel_output(i + 4)
+ h74_channel_output(i + 5)),2);
s(i + 2) = rem((h74_channel_output(i + 2) + h74_channel_output(i + 4) + h74_channel_output(i + 5)
+ h74_channel_output(i + 6)),2);
   e(i) = s(i) * (1 - s(i + 1)) * (1 - s(i + 2));
   e(i + 1) = (1 - s(i)) * s(i + 1) * (1 - s(i + 2));
   e(i + 2) = (1 - s(i)) * (1 - s(i + 1)) * s(i + 2);
   e(i + 3) = s(i) * s(i + 1) * (1 - s(i + 2));
   e(i + 4) = (1 - s(i)) * s(i + 1) * s(i + 2);
   e(i + 5) = s(i) * s(i + 1) * s(i + 2);
   e(i + 6) = s(i) * (1 - s(i + 1)) * s(i + 2);
    for k7 = 0:6
    u7(i + k7) = rem(h74_channel_output(i + k7) + e(i + k7),2);
    end
    for k4 = 0:3
    u4(j + k4) = u7(i + 7 - 4 + k4);
   end
   j = j + 4;
  end
h4_output = u4;
h7_output = u7;
% h47.m(7,4)汉明码译码器

function [p] = smldPe55_74(snr_in_dB)
    % smldPe55_74.m 二进制双极性(7,4)汉明码通信系统蒙特卡罗仿真函数
% snr_in_dB 信噪比
% p 误码率
E = 1;
SNR = exp(snr_in_dB * log(10)/10); % Eb/N0
sgma = E/sqrt(2 * SNR);
N = 16;
loop = 10^5/N;
Ns = N * loop;
```

```
numoferr_74 = 0;

temp = 0;
dsource = zeros(1,N);
output_h74 = h74(dsource);
channel_output = zeros(1,length(output_h74));
[h4output,h7output] = h47(output_h74);
for j = 1:loop
    for i = 1:N
      temp = rand;
      if (temp<0.5)
        dsource(i) = 0;
      else
        dsource(i) = 1;
      end
    end
    output_h74 = h74(dsource);
    for i = 1:length(output_h74)
      if(output_h74(i) = = 0)
          r = - E + gngauss(sgma);
      else
          r = E + gngauss(sgma);
      end
      if (r<0)
          channel_output(i) = 0;
      else
          channel_output(i) = 1;
      end
    end
    [h4output,h7output] = h47(channel_output);
    for i = 1:N % length(h4output)
      if(h4output(i) ~ = dsource(i))
          numoferr_74 = numoferr_74 + 1;
      end
    end
end
numoferr_74,
p = numoferr_74/Ns;
%二进制双极性(7,4)汉明码通信系统的蒙特卡罗仿真函数

function [p_err,gamma_db] = p_e_hd_a(gamma_db_l,gamma_db_h,k,n,d_min)
%p_e_hd_a.m 硬判决性能估计函数
%p_err 误码率
%gamma_db 信噪比范围
```

```
%gamma_db_l >10  信噪比下界
%gamma_db_h      信噪比上界
%k  信息码长
%n  编码长度
%d_min 最小距离
gamma_db = [gamma_db_l:(gamma_db_h - gamma_db_l)/20:gamma_db_h];
gamma_b = 10.^(gamma_db/10);
R_c = k/n;
p_b = q(sqrt(2. * R_c. * gamma_b));
p_err = (2^k - 1). * (4 * p_b. * (1 - p_b)).^(d_min/2);
%p_e_hd_a.m 硬判决性能估计函数

function [p_err,gamma_db] = p_e_sd_a(gamma_db_l,gamma_db_h,k,n,d_min)
%p_e_sd_a.m 软判决性能估计函数
%p_err 误码率
%gamma_db 信噪比范围
%gamma_db_l >10  信噪比下界
%gamma_db_h      信噪比上界
%k  信息码长
%n  编码长度
%d_min 最小距离
gamma_db = [gamma_db_l:(gamma_db_h - gamma_db_l)/20:gamma_db_h];
gamma_b = 10.^(gamma_db/10);
R_c = k/n;
p_err = (2^k - 1). * q(sqrt(d_min. * R_c. * gamma_b));
%p_e_sd_a.m 软判决性能估计函数

%ce55_74.m 仿真绘图语句
echo on
SNRindB55741 = 0:16;
SNRindB55742 = 0:0.1:16;
smld_err_prb55 = zeros(1,length(SNRindB55741));
smld_err_prb74 = zeros(1,length(SNRindB55741));
SNR5574 = 0;
theo_err_prb5574 = zeros(1,length(SNRindB55742)); %
for i = 1:length(SNRindB55741)
   smld_err_prb55(i) = smldPe55(SNRindB55741(i));
   smld_err_prb74(i) = smldPe55_74(SNRindB55741(i));
end
for i = 1:length(SNRindB55742)
   SNR5574 = exp(SNRindB55742(i) * log(10)/10);
   theo_err_prb5574(i) = (1/2) * erfc(sqrt(2 * SNR5574)/sqrt(2));
   %Qfunct y = (1/2) * erfc(x/sqrt(2));
   %theo_err_prb(i) = Qfunct(sqrt(2 * SNR));
end
```

参考文献

[1] 傅祖芸. 信息论—基础理论与应用. 北京:电子工业出版社,2007.

[2] 李梅,李亦农. 信息论基础教程. 北京:北京邮电大学出版社,2008.

[3] 周荫清. 信息理论基础. 北京:北京航空航天大学出版社,2002.

[4] 张丽英,王世祥. 信息论与编码基础教程. 北京:清华大学出版社,2010.

[5] 曹雪虹. 信息论与编码. 北京:北京邮电大学出版社,2001.

[6] 陈运. 信息论与编码. 北京:电子工业出版社,2002.

[7] 傅祖芸. 信息论与编码. 北京:电子工业出版社,2006.

[8] 朱雪龙. 应用信息论基础. 北京:清华大学出版社,2001.

[9] 于秀兰,王永,陈前斌. 信息论与编码. 北京:人民邮电出版社,2014.

[10] 唐朝京,雷菁. 信息论与编码基础. 北京:电子工业出版社,2010.

[11] 王虹,刘雪冬. 信息理论与编码学习指导. 北京:人民邮电出版社,2011.

[12] 姜丹. 信息论与编码. 合肥:中国科技大学出版社,2001.

[13] 吴伟陵. 信息处理与编码. 北京:人民邮电出版社,2003.

[14] 鲁晨光. 广义信息论. 合肥:中国科技大学出版社,1993.

[15] 鲁晨光. 投资组合的熵理论和信息价值. 合肥:中国科技大学出版社,1997.

[16] COVER T M,THOMAS J A. 信息论基础. 阮吉寿,张华,译. 北京:机械工业出版社,2006.

[17] McELIECE R J. 信息论与编码理论. 北京:电子工业出版社,2006.

[18] R. W. 汉明. 编码与信息理论. 朱雪龙,译. 北京:科学出版社,1984.

[19] 田宝玉,杨洁,贺志强. 信息论基础. 北京:人民邮电出版社,2008.

[20] 戴善荣. 信息论与编码基础. 北京:机械工业出版社,2005.

[21] 周炯槃,丁晓明. 信源编码原理. 北京:人民邮电出版社,1996.

[22] 赵蓉,叶茵. 信息论基础. 北京:北京邮电大学出版社,2011.

[23] YEUNG R W. 信息论基础. 北京:科学出版社,2012.